教育解放心灵

| 中 国 好 校 长 丛 书 |

教育
解放心灵

周建华 /著

中国教育报刊社人民教育家研究院 /组编

北京师范大学出版集团
BEIJING NORMAL UNIVERSITY PUBLISHING GROUP
北京师范大学出版社

图书在版编目（CIP）数据

教育解放心灵/周建华著；中国教育报刊社人民教育家研究院组
编．—北京：北京师范大学出版社，2023.7（2024.3重印）
（中国好校长丛书）
ISBN 978-7-303-29082-6

Ⅰ.①教… Ⅱ.①周… ②中… Ⅲ.①校长－学校管理－研究
Ⅳ.①G471.2

中国国家版本馆 CIP 数据核字（2023）第 069864 号

图 书 意 见 反 馈　gaozhifk@bnupg.com　010-58805079
营 销 中 心 电 话　010-58802135　010-58802786
北师大出版社教师教育分社微信公众号　京师教师教育

出版发行：北京师范大学出版社 www.bnupg.com
　　　　　北京市西城区新街口外大街 12-3 号
　　　　　邮政编码：100088
印　　刷：保定市中画美凯印刷有限公司
经　　销：全国新华书店
开　　本：710 mm×1 000 mm　1/16
印　　张：26.25
字　　数：385 千字
版　　次：2023 年 7 月第 1 版
印　　次：2024 年 3 月第 2 次印刷
定　　价：89.00 元

策划编辑：伊师孟　　　　　责任编辑：朱前前
装帧设计：陈　涛　焦　丽　美术编辑：陈　涛　焦　丽
责任校对：段立超　　　　　责任印制：赵　龙

丛书编委会

编委会主任：吕同舟

编委会成员（按姓氏笔画为序）：

于发友　于维涛　毛亚庆　代蕊华　杨志成

吴蓉瑾　沈　杰　陈锁明　林伟明　周建华

秦建平　郭　垒　鲍传友　窦桂梅　缴润凯

丛书主编：齐林泉

编写说明

··········

中华文明延绵数千载，先贤辈出，群英荟萃。教育，是文明传播和民族振兴的根本。习近平总书记指出，要坚持把高质量发展作为各级各类教育的生命线，加快建设高质量教育体系。建设教育强国，基点在基础教育。基础教育搞得越扎实，教育强国步伐就越稳、后劲就越足。新时代中小学校长，是建设高质量基础教育体系的领军人物，是倡导和推进实施教育家办学的践行者和领航者。

近年来，由中国教育报刊社人民教育家研究院牵头组织、北京师范大学出版社出版的《新时代中小学校长群像》《领航者在行动》等以新时代中小学校长为书写对象，以传播教育智慧、推广办学经验、展示精神风貌、宣传先进事迹为宗旨的诸多图书，较为全面地呈现了近百位鲜活生动、有血有肉的新时代优秀校长的典型形象。他们来自全国不同地区，教育成长过程和办学治校经历也各不相同，但他们都扎根中国大地，以人民为中心，以推进教育现代化、建设教育强国、办好人民满意的教育为己任，在教育实践界和出版界产生了重要的影响。

为进一步扩大新时代中小学校长的影响力，精准定位读者群众，探索教育家型校长的成长规律，持续推进校长队伍的专业化水平，提升更广大校长的业务素养，进一步提高名校名校长的社会认知度，回应国家、社会对名校名校长的关切，我们推出"中国好校长丛书"。

本丛书立足于中小学校长办学实践，聚焦中小学校长专业发展，探寻教育家型校长办学经历及办学规律，着眼中小学校长的专业阅读与学习需求，以名校名校长的发展为个案，全面、系统地总结名校名校长的成功经验，展示名校名校长的精神风貌。每本书以校长为第一人称的方式进行写作，从校长成长、校长素养、校长与学校的共生发展等几个方面讲述个人的办学经历和思想体悟。校长成长重点呈现校长的学习与培训经历，校长素养重点突出校长的个人品质和业务素养，校长与学校的共生发展重点讲述校长与学校共同成长的故事，丰富中小学发展的实证研究，彰显学校的办学特色。

我们努力向大家送上一套呈现校长与学校互动关系的叙事丛书，通过深入挖掘校长与学校相互成长的故事，展示教育家型校长的教育人生，让校长在书中以第一人称的方式，讲述自己成长和学校发展的过程，总结教育家型校长的办学经验，体现新时代中小学校长风貌。我们也努力探索研究与出版并行，加强出版专业性的同时，充分依托中国教育报刊社人民教育家研究院，以探寻中国好校长专业成长规律为目标，开展课题研究或教研活动并凝练成果，进而将之转化服务学校。

夏至华夏，葱葱茏茏。在这个成长的季节，希望这套丛书能够给广大教育同仁尤其是中小学校长提供成长榜样、效法先锋，从而树立"躬耕教坛、强国有我"的志向和抱负，大胆实践，创新教育理念、教育模式、教育方法，筑梦教育新时代，追梦教育家。

"中国好校长丛书"编委会
于北京文慧园

序一

· · · · · · · · · ·

解放教育与解放心灵

朱永新

（第十四届全国政协副主席，民进中央常务副主席）

周建华的新书《教育解放心灵》即将出版，请我写序。

作为他的老师，自当从命。

建华是我在苏州大学任教时教的第一批学生。

那个时候，我先是跟着老教师听课，接着自己写教案、试讲，最后才独立上课。

第一次站在大学的讲台上，我看着比自己小不了多少的学生们，恨不能把自己知道的东西全部装进他们的脑袋。于是，我拼命地学习，"现学现卖"。在课堂上，我是他们的老师，讲起课来眉飞色舞，讲的内容天南海北、古今中外，学生们感觉我这个老师"很厉害"。在课堂外，我是他们的"哥们儿"，下午一起在数学楼边上的篮球场打球，晚上还有学生到我家蹭饭，师生之间情意深深。

建华就是其中和我走得比较近的一位学生。他在大学里练就的篮球基本功，为他日后在中学"征服"自己的学生，奠定了基础。当时他们班还有一位叫作游建华的"建华"，他后来担任《小学生数学报》的主编和江苏教育出版社的副总编辑，与我过从甚密。两个建华一直都是我的好朋友。

我差不多见证了建华成长的全过程。

大学毕业以后，他分配到家乡江苏盐城市建湖县的最基层的农村中学教书。一开始，他还是有点懵懵懂懂乃至困惑彷徨，记得还给我写过信诉说他的遭遇。但是他很快走了出来。他坚持每年订阅16种数学期刊，写18本备课笔记，读20本名著，听200节课，做10000道题，很快从新手成长为优秀教师，在江苏省高中青年数学教师优质课评选中名列前茅。

调到苏州新区工作之后，建华又搭上了信息化的快车，成为计算机辅助教学方面的小专家，走上了教学研究的快车道，从优秀教师成长为学科名师。那个时候，我已经担任苏州市分管教育的副市长，但是他从来没有找过我。直到离开苏州时，我才知道他已经是苏州实验中学的副校长了。

到中国人民大学附属中学工作以后，在刘彭芝校长的言传身教、耳提面命下，建华的视野更加开阔，经历更加丰富，思想更为成熟，从学科名师成为名校校长、正高级教师、中国数学学会会员、教育部"国培计划"专家、北京师范大学兼职教授等。

从普通的乡村教师到京城的名师名校长，建华的成长故事是很"励志"的，对于年轻教师也是很有启发的。这也是我非常乐意为这本书写序的原因之一。

我很喜欢这本书的书名——《教育解放心灵》。解放心灵，是建华成长的密码，也是他对于教育的期待。他说："自己一路走来，能够不断成长，最重要的原因就是'点亮自己的心灯，不断解放自己的心灵'。"

解放，的确是一个非常重要的词。中国改革开放最大的成功奥秘，其实就是解放了生产力，发展了人民群众的创造力。因为解放了农民，我们的餐桌开始丰富起来；因为解放了工人，我们的日用消费品开始丰富起来；因为解放了资本，我们的产业开始发展起来；更重要的是，因为解放了思想，我们的现代化事业迅速发展起来。

教育也是如此。因为改革开放，我们创造了穷国办大教育的奇迹，全面普及了义务教育，实现了高等教育从精英教育向大众化教育的转变。

如果说教育的发展是因为解放，那么，教育上存在的诸多问题，教育仍然没有达到人民群众真正满意的程度，其中的一个重要原因，也是因为教育的解放还不够。

中国教育的未来，仍然需要寄希望于解放。

首先，要解放学生，从分数的牢笼中解放孩子，让他们不再为分数而活着，让他们的个性得到张扬，让他们真正地成为自己；其次，要解放教师，从考试的镣铐中解放教师，让他们不再成为考试的囚徒，让他们真正地享受幸福完整的教学生活，体验教师职业带给他们的成长、尊严与快乐；再次，要解放校长，从评价排名的恐惧中解放校长，让他们聚精会神地思考教育，让他们成为真正的教育的行家里手；最后，我们还要解放教育厅的厅长、教育局的局长，把他们从一个个升学的指标中解放出来，让他们不要"仰人鼻息"，从对上负责变为对下负责，从对分数负责变为对未来负责。

一句话，只有解放教育，才能使我们的教育真正解放人的心灵。

建华把丰富人的心灵、促进人心灵的完整、培育心灵完整的人作为教育的首要目标，也作为他的教育理想的出发点。为了实现这个目标，他在课程建构、课堂教学、教师队伍建设、智慧校园建设、家校合作共育等方面进行了系统构架，并且具体落实到人大附中航天城学校的"十四五"教育发展规划纲要之中。从这所新学校的初步探索来看，建华关于解放心灵的愿景正在一点点变成现实。

只有解放心灵，才能使解放教育真正落到实处。

从这个角度来看，建华的思考与探索是有着很好的理论价值与实践意义的。希望建华能够继续努力，让更多的学生和教师放飞心灵、放飞理想，过一种幸福完整的教育生活。

2022 年 3 月 23 日夜定稿于北京滴石斋

序二

· · · · · · · · · · ·

教育家型校长的精神立柱

刘彭芝

（中央文史研究馆馆员，国家教育咨询委员会委员，创新人才教育研究会会长）

我 1997 年担任人大附中校长，周建华于 2001 年调入人大附中，2004 年任副校长。我们俩在同一个班子里工作了 15 年，他的所思所想，我很熟悉；他的所作所为，有许多是我们共同经历的。因此，读他的《教育解放心灵》，重温的亲切感油然而生。

一所学校，无论规模大小，校长都肩负着更多的责任，承担着更高的要求。办党和人民满意的教育，推动教育事业高质量可持续发展，呼唤更多的校长成长为优秀校长，进而成长为教育家型校长。

如何成长为优秀校长，进而成长为教育家型校长？周建华的教育实践给了我们诸多启示。他从乡镇中学的教师，成长为苏州名师，调入北京后曾任人大附中党委书记、副校长，现为人大附中联合学校总校常务副校长、人大附中航天城学校校长，为人大附中、人大附中联合学校总校以及人大附中航天城学校的发展作出了很大的贡献。

我曾概括关于教育家型校长的十二条心语：一是事业心，热爱教育事业，具有高尚品德，能将自己的一生奉献给教育事业；二是理想目标，有思想、有实践、有理想、有目标；三是赤子之心，有中国心、中国情、中国梦；四是奋斗精神，为了远大理想，坚韧不拔、执着追求，"刀山"敢上、"火海"敢闯；五是爱与尊重，能够将"爱与尊重"的理念深入骨髓和血液，自然流溢在行动中；六是解放学生，解放教师，解放员工，全心全意为他们服务，而不是替他们作决定；七是受人尊敬，努力培养学生尊敬他人，并受人尊敬，绝不做精致的利己主义者；八是好学深思，勤学习，善思考，细分析，勇创新，跟上时代脚步，坚持综合创新，探索未来教育；九是博大胸怀，能够吃大苦，耐大劳，在艰难困苦面前不退缩，在被冤枉陷害情况下仍向前；十是深入研究，深刻了解学生的成长规律，认真研究学生的心理特点，真正按教育规律办教育；十一是永不满足，低调做人，谦虚谨慎，不断学习，不断进步；十二是知行合一，教育家不是吹出来的，是干出来的。了解教育家的教育思想、教育理念、教育实践，到他的学校去看看就知道了。这十二条心语，在周建华那里得到了共鸣。

更为重要的是，教育家型校长要有精神立柱。如果说学校是一座大厦的话，那么校长的奉献精神、科学精神、法治精神、人文精神、改革精神、奋斗精神就是重要立柱。

第一，具备红烛精神。红烛精神就是奉献精神，要忠诚于党和人民的教育事业，立志为党和人民的教育事业奉献终生、奉献一切。校长要有为中国特色社会主义事业培养接班人的荣誉感和责任心，以正确的世界观、人生观和价值观，学为人师，行为世范，引领和培养德智体美劳全面发展的一代新人。要尊重和热爱学生，有燃烧自己、照亮他人的气度和胸怀。作为一名共产党员，作为一名校长，周建华对教育有忠诚之心和热爱之情，始终坚持用高标准要求自己，无论在哪个岗位上，都不断提高，勇创一流，追求卓越。

第二，具备科学精神。好校长就是要善于发现规律，按规律办事。掌握了规律，就掌握了真理；掌握了真理，才会有说服力和感召力，才会有无穷的智慧和力量。校长要按教育规律办事，按人才成长规律办事，按青少年身心发展规律办事，按管理工作规律办事，胸怀大局，着眼大事，找准工作切入点和着力点，做到因势而谋、应势而动、顺势而为。只有这样，才能站得高，看得远，想得深，干得准，有新作为，有大作为，由必然王国进入自由王国。无论是做教师，还是做校长，周建华都在努力用科学精神武装头脑，指导行动。

第三，具备法治精神。好校长就是要坚持依法治校。现代社会是法治社会，法治精神是现代文明的基石。一个好校长，必须也必然是依法治校的校长。法治是个框架，在这个框架中做事，不会出格。法治是个轨道，在这个轨道上做事，不会跑偏。法治更是理念和方法，应该体现在学校工作的各方面和全过程。校长最重要、最基础的工作就是用法治精神制定学校章程、规划和制度，用规章制度治理学校，才能趋利避害，逢凶化吉，事半功倍，无往而不胜。正是因为周建华具有并践行法治精神，人大附中航天城学校才能成为全国"依法治校"典型案例校。

第四，具备人文精神。好校长就是要有人文情怀。科学精神和法治精神让人有真理的力量，人文精神让人有人格的魅力。一个优秀的校长，应该是把真理的力量和人格的魅力结合起来的校长。人文精神的核心是以人为本。办一所学校，首先要避免的就是见物不见人、见事不见人，一定要从物中解放出来，从事中解脱出来，直奔人的主题，把人立起来。学校的"人"字，教师是一撇，学生是一捺，"人"立起来了，好校长自然会产生。周建华为人大附中航天城学校确立的"人文立校、科技强校、学术名校"的办学方略，以及"在一起，飞更远"的团队文化，很好地体现了人文精神。

第五，具备改革精神。好校长就是要有创新精神。四十多年来，我们创造了中国奇迹、中国经验、中国模式，讲出了中国好故事，传递了中国好声音，最根本的原因就在于坚持改革开放。国家如此，学校也不例外。抓改革就是抓发展，谋创新就是谋未来。教育工作面临的许多问题，都是改革中的问题，都是发展中的问题。改革中的问题只能通过全面深化改革来解决，发展中的问题只能通过加快发展来解决。一个好校长应该是一个改革者。在人大附中航天城学校，周建华领导构建的高质量立德树人全面培养体系、高质量课程教学体系，就是改革精神结出的硕果。

第六，具备奋斗精神。奋斗是立党立国之基，也是立校立身之基。奋斗是工作作风，也是精神状态。好学校都是奋斗出来的，好校长也都是奋斗出来的。新时代是奋斗的时代，新时代的校长不能躺平，不能佛系，只能是奋斗者，要以奋斗的工作作风和精神状态，走好优质均衡之路，走好内涵发展之路，怀抱理想，面朝目标，逢山开路，遇水搭桥，敢于担当，勇于创新，永不懈怠，一往无前。周建华几十年的教育生涯，充满了奋斗精神，正是这种精神使他不畏艰难，在奋斗中取得进步，在奋斗中得到升华。

科学精神和法治精神让我们的工作有精度；改革精神、奋斗精神让我们的工作有力度；而红烛精神、人文精神让我们的工作有温度。唯其如此，才有可能涌现更多的教育家型校长。

标 · 004 ·

在一年的时间内，我为三位正值壮年的校长的著作写了序言，先是曾任湖南长沙雅礼中学校长刘维朝的《刘维朝与个性教育》，接着是广东佛山沙滘中学校长彭志洪的《"和进教育"的行与思》（第二册），现在是人大附中航天城学校校长周建华的《教育解放心灵》。写序的过程充满喜乐。我由衷地为新时代的校长们在教育园地立德、立功、立言而高兴，我热切地期待新时代的教育园地涌现更多的教育家型校长。

目 录 C O N T E N T S

目 录 C O N T E N T S

回溯心路

认识你自己——因为认识就是解放。

——泰勒斯

一个人的人生感悟，离不开他的人生阅历。一位教师的教育思想，也离不开他的学习经历和从教经历。我的从教之路，从农村乡镇到繁华城市，再从繁华城市到首都北京，享受过乡村弯弯小河的宁静舒缓，沉浸过苏州淼淼太湖的浩瀚无垠，更倾心于北京巍巍长城的雄伟壮观。回溯这样的心路历程，就是在回眸自身的成长道路，更是在追溯自身教育思想的萌芽、孕育和生长过程。回首这样的心路历程，也是认识自己的过程，更是解放自己的过程。

一、10 年乡镇中学任教路：从新手教师到优秀教师

我中学在乡镇中学就读，于江苏省建湖县高级中学毕业，大学本科毕业后到乡镇中学任教。其中，在乡镇完全中学任教 8 年，乡镇省重点高中任教 2 年。这十年间，我从"三心二意"走上乡镇中学讲台，到"一心一意"要成为一名优秀教师，进而渐入佳境，再到乐此不疲。

（一）三次满分，我成了数学课代表

我自幼喜欢数学，对数学学习有浓厚的兴趣。记得在高三学习"排列组合"时，我连续三次测试获得满分——这是非常不容易的，因为解决排列组合问题，往往不是算"重"了，就是算"漏"了，做到不重不漏很难。因此，数学老师兼班主任吕立美老师便任命我为新的数学课代表。

到了高考填报志愿时，我征求吕老师意见。吕老师思考一下，说："你数学学得非常好，就填江苏师范学院数学系吧。"1981 年 9 月，我成了江苏师范学院（后更名为苏州大学）数学系的本科生。

有意思的是，1991 年年底，我们高中毕业 10 年后回母校聚会。班主任吕老师竟翻出 1981 年高考的成绩单，对我说："哎呀，建华，当时发现你数学高考是全班的最高分，我一高兴就让你读了数学专业。其实，刚刚发现，你语文是全校的最高分啊！我是不是耽误你了呀？"我说："老师，没事。您这是给我设定了新的目标，就是要努力成为数学老师里语文水平最高的！"吕老师和高中同学都被我逗笑了。

现在回想起来，尽管我自小就很喜欢数学，但高三学习时吕老师任命我为数学课代表，进一步促使我更喜欢数学，更想把数学学好。这无形之中，为我成为优秀的数学教师奠定了非常重要的基础。因而，日后当我成为人大附中副校长，以及后来担任人大附中航天城学校校长后，在遴选优秀教师苗子时，特别留意考察求职的老师是否喜欢其所学的专业，是否在专业学习的过程中获得

了独特的乐趣——"知之者不如好之者，好之者不如乐之者。"此外，在招聘面试的答辩环节，还特别注意考察求职教师专业思考的深度广度以及对专业问题的应变能力。

高三的求学经历还使我体会到，像吕老师这样优秀的教师，善于发现学生点滴闪光之处，及时给予褒扬，无疑会增强学生成长的动力，甚至会影响学生的职业选择及人生支点。陈景润在高中时，偏好数学的他记住了教他数学课的沈元老师讲过的一段话："自然科学的皇后是数学，数学的皇冠是数论，'哥德巴赫猜想'则是皇冠上的明珠。"这个在世界数学史上鲜少有人能够挑战的课题深深地吸引了陈景润，引发陈景润致力攻克了"哥德巴赫猜想"中的"1+2"，成为"哥德巴赫猜想"研究史上的里程碑。反之，一个不负责任的教师，真的可能毁掉孩子的一生。毕淑敏在《年少的伤痛》中曾言，年少时音乐老师的批评，使得她"不由自主地就弓了身子塌了腰，从此，这个姿势贯穿了我整个小学和青年时代"。而且，一辈子都没有开口唱过歌。长大后，已经明白老师的用意和苦衷，但"无法抹去她在一个少年心中留下的惨痛记忆，烙红的伤痕直到数十年后依然冒着焦煳的青烟"。因此，我做教师时，给自己定了个规矩："当众表扬学生，单独批评学生。"做校长后，又给自己立下了另一个规矩："当众表扬教师，单独与教师交换意见。"

（二）从"三心二意"到"一心一意"

20世纪80年代初期，教师的社会地位是相对较低的。那时，我在苏州大学求学，对教师职业的认识是模糊的，甚至一度"三心二意"——有过不做教师的念头。比如，我热爱写作，发表过一些散文，但没有成为作家；爱好篆刻，也发表过篆刻作品，但没有成为篆刻家；喜欢摄影，练就过硬的暗房技术，没有成为一名摄影家……

大学毕业时，我被计划分配到中国最基层的农村完全中学——建湖县高作中学，成为一名数学教师。该校远离县城，生活条件艰苦，办学设施简陋，生源也不够理想。

我住的房屋是危房，内墙是"二寸半"的墙，就是将黏土砖竖立起来砌的墙。遇到雨天屋顶经常漏雨，屋外下大雨，屋内下小雨；屋外雨渐止，屋内漏尚欢。江苏苏北阴雨天多，我常常在雨声叮咚中慢慢入睡。冬天，屋外刮大风，屋内钻小风，寒冷彻骨，我裹着被子阅读名著……在这样的房子中，我一住就是八年。需要说明的是，这样的房子还是学校照顾我的，因为我是正式分配到该校的第一位全日制本科毕业生。八年后，当我们因工作调动搬家时，才发现结婚置办的家具的腿接地部分已经腐烂了。

我记得有一个名词，叫作"国电"，很特别。"国电"是来自国家电网的电力的简称，是为了与学校自己发的电相区别。当然，"国电"一般在晚上十点半以后才会有。高作中学尚能自己发电，在乡镇中学也算是"凤毛麟角"了。学校发电的时间一般是晚上六点至晚上十点。在这里，我学会了发动十二匹柴油机，学会在电火花四溅中维修电刷……

因为读大学就有过"不当教师"的"三心二意"，现实艰苦的环境慢慢又使得"三心二意"浮上心头。可是，不做教师我又能做什么呢？特别是工作中经历的几件事，慢慢地在改变我的想法。

首先，我是该校新分配来的第一个全日制本科生，此前专科毕业的同事高三数学教得很不错，在全县有较好的业绩。同事们经常开玩笑，说："你这个本科生应该比人家专科生教得更好吧！"这在很大程度上激发了我不服输的心气。

更重要的是，学生求知若渴的眼神，深深地打动了我。回溯自己的求学之路，在自己上学的道路上，不正是遇到了像吕老师那样优秀教师的引领，自己才能通过刻苦学习考上大学吗？现在，完成大学学业成为一名教师，我到底应该怎么做？我常常问自己，我能做到像吕老师那样，成为撬动学生成长的重要的"支点"吗？

此外，校长怕我这唯一的本科生调走，鼓励我在这所学校"立志、立业、立功"；同事们真诚地鼓励我、关心我，常常在周末将我邀上他们家并不丰盛的餐桌；学生的纯朴与善良，以及发自内心对知识的无比渴望，促使我要当一名好教师，不能误人子弟。

1985 年秋天，我参加工作一月有余，县教研室在高作中学召开"高中数学教学研讨会"，学校安排我上一节研究课，执教的课题是"函数的单调性"，在该课的教学中，我大胆地以我对该知识的理解去激发学生的思考。第一，注重研究函数的思想方法的揭示。由实际问题，抽象概括出函数概念，画出函数图像，运用图像直观帮助深入研究函数性质，最终应用函数性质再回到生活生产实际中解决问题。第二，注重揭示研究函数的单调性的方法。首先，充分利用函数图像的直观性，初步描述函数的单调性。其次，将"函数值 y 随着 x 的增大而增大"由粗到精逐步用数学符号语言表达出来。最后，从正反两方面理解函数单调性的概念。

这节研究课，获得听课同行和教研室专家的一致好评。县教研室主任钱正玉老师给了我很高的评价。他鼓励我好好努力，争取成为优秀的数学教师。这给我很大的鼓舞，觉得自己还是有成为好教师的潜质的。静下心来，我认真思考了两方面的问题。

一是思考如何正确地认识自我。老子在《道德经》中说："知人者智，自知者明。胜人者有力，自胜者强。"柏拉图也说："最先和最后的胜利是征服自己，只有科学地认识自我，正确地设计自我，才能站在历史的潮头去开创崭新的人生。"我用"SWOT 方法"进行了自我分析。

优势（strengths）：我在学历、专业知识、数学思维，甚至在篆刻、篮球、书法、摄影等方面，都具有优势。

劣势（weaknesses）：我在教师责任感、经验、教育教学能力、对教育工作的纯粹、教学魅力、人生境界等方面，尚有诸多不足。

机会（opportunities）：学校对我很重视，刚参加工作就任教高一数学，对我的工作充分放手。

挑战（threats）：以往数学教师的教学业绩不错，我还兼任农业职业班班主任等。

这样的分析，使得我对自己有了比较清晰的认识。教师成长的基础是认识自我，发现自我；关键是挑战自我，完善自我；目标是实现自我，超越自我。

二是思考到底怎样才是好教师。刚参加工作时，我对好教师的认识是模糊的、朴素的。最初，我觉得关键是两条：第一，把课上好；第二，把班主任做好。就这样，从"三心二意"到"一心一意"，我怀揣"一定要当一名好教师"的理想，在教育道路上逐梦前行。

到底什么是好教师？三十余年教育实践中，我一直在思考，在探索，直至现在，才有了较为清晰的认识。好教师至少包括这样几个方面：

从党的要求看。习近平总书记号召全国广大教师做"有理想信念、有道德情操、有扎实学识、有仁爱之心"的"四有"好老师。习近平总书记提出教师要做学生的"四个引路人"，即做学生锤炼品格的引路人，做学生学习知识的引路人，做学生创新思维的引路人，做学生奉献祖国的引路人。对教育工作提出的"四个相统一"要求指：坚持教书和育人相统一，坚持言传和身教相统一，坚持潜心问道和关注社会相统一，坚持学术自由和学术规范相统一。他指出，教师要引导学生做到"六个下功夫"：要在坚定理想信念上下功夫，要在厚植爱国主义情怀上下功夫，要在加强品德修养上下功夫，要在增长知识见识上下功夫，要在培养奋斗精神上下功夫，要在增强综合素质上下功夫。2016 年 12 月 7 日，习近平总书记在全国高校思想政治工作会议中强调："教师做的是传播知识、传播思想、传播真理的工作，是塑造灵魂、塑造生命、塑造人的工作。教师不能只做传授书本知识的教书匠，而要成为塑造学生品格、品行、品味的'大先生'。"

从教育管理部门看。教育部出台了幼儿园、小学、中学教师的专业标准，这便是教师的基本要求。以教育部出台的《中学教师专业标准（试行）》为例，结构如下（见表 1-1）。

表 1-1　中学教师专业标准

维度	领域	表征条目
专业理念与师德	职业理解与认识	1～5
	对学生的态度与行为	6～9
	教育教学的态度与行为	10～14
	个人修养与行为	15～19
专业知识	教育知识	20～25
	学科知识	26～29
	学科教学知识	30～33
	通识性知识	34～37
专业能力	教学设计	38～40
	教学实施	41～46
	班级管理与教育活动	47～53
	教育教学评价	54～56
	沟通与合作	57～60
	反思与发展	61～63

从我自身的经历看。多年来，我也一直在研究好教师的特征，概括如下[1]：

（1）热爱教育事业，愿意将教育教学作为实现自身社会价值的终身追求。

（2）具有健康的身心素质，能够承担富有挑战性的、繁重的教学工作。

（3）具有较为扎实的学科知识基础，熟悉课程与教材内容。

（4）了解学生身心发展特点和学习需求，能够依据学生认知、技能与情感需求特点设计并组织教学。

（5）具有扎实的教学知识和实践能力，能够按照教学目标有效整合教材内容和学生需求进行教学过程设计，并善于应用信息技术增强教学效果，带给学生进步与成就体验。

（6）具有较强的研究意识和能力，善于研究课程教材、研究学生、评价

① 周建华.学校本位教师专业发展研究[D].北京：北京航空航天大学，2014.

教学成效、总结教学经验，并由此积累自己的实践智慧与研究成果。

（7）具备鲜明的个性特点和人格魅力，使学生能够"亲其师，信其道"，激励学生努力学习并不断取得进步。

（三）一帘幽梦

初为人师时，"新官上任三把火"。

高作中学除了普通高中班之外，还有一种高中班级叫农业职业班，既教授高中文化课程，也传授农业职业技能。该班的小江，令所有老师头疼。记得有一次，我正讲着高一立体几何中的"二面角"，突然发现小江全神贯注地埋头看一本厚厚的书。我拿过来一看，竟是琼瑶的《一帘幽梦》。我顿时火冒三丈，双手抓书，真想撕了这本小说。可是，他却做出了一个我怎么也没有想到的举动：冲上讲台，用双手高高抓起我的教材。他喘着粗气，向我示意：你撕了我的小说，我就撕了你的教材！

……

原来，学生都喜欢看琼瑶的小说。小江之所以冒风险在我的课上看，是因为其他同学都不敢在我的课上看。一下课，他得把书还给其他同学。如果被我没收了，他无法向同学"交代"。他说："老师您怎么惩罚我都行，可就是不能没收这本书。"沉思再三，我把书还给了他，并对他严厉地约法三章。

果然，挺长一段时间，小江的表现良好，我也暗自庆幸。可是此后不久的一个风雪之夜，我检查宿舍时，发现他夜不归宿。我找遍了他常去的几个地儿，均未找到。猛然想到，与他关系较好的另一个同学的父母刚在后街租了一间房，他会不会在那儿？好不容易摸到那儿，就听见里面叽叽喳喳。原来，他们正在用一把剪刀杀鸡，其中一位同学说："放心，周老师不知道这地方；就算万一知道了，这风雪天他也不会来。"我推门而入，他们惊呆了，杀鸡的动作定格了……原来，这只鸡是在租房的那位同学提议下，小江从老乡家偷来的。

返校路上，被狂风吹落的电线将我绊下车来，脖子上擦出了一道深深的血痕（幸好不是裸线！）。第二天一早，我第一时间通知了小江的家长，等家长到学校后，我和家长领着小江敲开了老乡的门，送上了赔偿的钱和褪了毛的鸡，取得了老乡的谅解。

到了中午，小街上的一群"社会青年"突然涌进学校，大呼小叫要揍小江。我挺身而出，把小江紧紧地护在我的身后。幸好校长和其他老师及时赶来，派出所的民警也及时赶来，劝退了"社会青年"。原来，小江的"江湖义气"很重，经常帮朋友打架，平时走道一走一踮脚，这些"社会青年"看着非常"不顺眼"，早就有了过节；再加之他这次偷的恰恰是这伙"社会青年"头领的亲戚家的鸡，因而"社会青年"正好找个由头来收拾收拾他。

就此，我与小江进行了一次长谈。他说："老师，你那次不但没有撕我的书，而且把书还给我，有点出乎我的意料，你挺'够哥儿们'。"他又说，今天这件事才使得他认识到，如果再不改，将来发展到打打砍砍，说不定哪天他就真没命了。他觉得老师是真心爱护他，是用生命来保护他、帮助他的，他一定痛改前非。他说，老师，我好似做了"一帘幽梦"。此后，小江与以前比判若两人，顺利地完成了高中学业。

我也受到了强烈的震撼：我们教师面对的是成长中的孩子，面对的是极易受到伤害、极其脆弱的心灵。"亲其师，信其道"，着实令人寻味再三。像小江这样的"个别生"，尤需良药治其病，而良药一定苦口吗？从此，我常披着落日的余晖家访，又伴着满天繁星踏入归途；活动课上，和学生赛上一场篮球；联欢会上，和学生"同唱一首歌"；乡间阡陌上，和学生畅谈理想；蛙鸣声声里，与学生同游学海……

记得诺贝尔经济学奖获得者、美国经济学家西奥多·舒尔茨在1979年获得诺贝尔经济学奖发表获奖演说时讲过：世界大多数是贫困人口，如果你懂得了穷人的经济学，那么你就会懂得经济学当中许多重要的原理；世界大多数贫穷人当中，又主要是以农业为生计的。如果你懂得了农业，那你就真正懂得了穷人的经济学。

　　我们是否可以对教育工作做这样的类比,如果你懂得了如何做问题学生的工作,那么你就懂得了德育工作中许多重要的原理;而问题学生往往又伴随着各种各样的心理障碍,如果你懂得了问题学生的心理,那么你就真正懂得了问题学生的德育工作。

　　2000年教师节,我已在苏州实验中学工作。早晨上班,小江捧着一束鲜花,突然站在我的面前。原来,他早就来苏州开出租车了。在《苏州晚报》上,他看到了我被评为江苏省特级教师、苏州市名教师的照片,特意来学校看我的。看着面前已娶妻生子的小江,想着一幕又一幕的往事,我感慨良多。帮助学生长大成人,使他们能遵纪守法,通过自己的诚实劳动,踏实做人,对自己负责,对家庭负责,当然也包括对社会负责,其实善莫大焉!

(四)心结

　　学生小花是两位"五保"老人收养的女孩。两位老人年事已高,家中生活异常困难。小花住校,每天吃饭只能用家中带来的咸菜下饭。学习异常刻苦,成绩也非常优秀。我总是选择她不在教室时布置收学费事项,但是她的眼神分明已经猜出端由。我一方面替她争取学校和乡里的文教办减免她的学费,另一方面把她悄悄拉到我们家中吃饭。为了减轻她家中的劳动负担,我带领学生成立互助小组,帮助她家割过稻子,挑过稻把。师生们的举动,深深地感动了村民和村干部,加大了对她的帮扶的力度,基本解决了她家的后顾之忧。有一次,她的父母互相搀扶着将一篮十几个鸡蛋送到我的办公室,我说不能收。两位老人哭了,说什么也要我收下。但我觉得,小花求学很不容易,两位老人更不容易。在老人的一再要求下,我收下了鸡蛋。因为小花即将参加高考,我爱人每天早晨给她煮一个鸡蛋,正好可以帮助她恢复由于长期苦学早已透支的体力。非常遗憾的是,小花的高考以几分之差落榜。原因在于,她的父母非常希望她考好,她自己也非常想考好,心理负担太大了,求成心切,功败垂成……

其实，早在刚开始模拟考试时，我就发现她这个问题，但是由于我当时没有足够的经验和本领来对她进行心理干预，尽管做了一些工作，但收效甚微。这，是我从教过程中的一大心结。我总觉得，老师应该帮助学生成为最好的自己，但是我当时的能力储备不足，无法实现这一想法。

遗憾之余，万千心结，促使自己更深入地研究每一个学生，更有能力地帮助每一个学生，研究教育教学规律，提高教学质量。

（五）岳父赋诗

岳父是我非常敬重、非常敬佩的人。

1925 年 6 月，岳父出生在皖北濉溪县的小张庄，岳父的父亲张老先生是当地的开明绅士，家境富有，良田数顷。张老先生对岳父这位张门长子的诞生，欣喜万分，取名继崇。后来张家事业进一步发达，在宿州和上海都设立了分号，声望日隆。张老先生作为社会贤达还当选为县参议员，乡亲皆尊称"参爷"。

抗日战争爆发后，皖北沦陷，日本兵、救国军、国民党轮流当政，更可怕的是乡里土匪横行，民不聊生。张家也因遭土匪绑票而开始衰落，岳父被送到国统区蒙城中学读书，毕业后在老家符离镇第一中心学校教书。生活在兵荒马乱中，岳父悄悄萌生了投笔从戎的想法，后来在淮海战役时，投奔了刘邓大军。

到了部队后，为了与旧家庭决裂，岳父自己改名叫张效天，估计是受了朱子家训"守分安命，顺时听天"的影响。岳父跟随刘邓大军一路南下，参加了渡江作战、解放南京、解放上海等战役。后来，刘伯承受命在南京组建中国人民解放军军事学院，作为部队里为数不多的知识青年，岳父被留在南京军事学院任教官，后来授衔时被授予少尉军衔。

1957 年开始的"反右"斗争中，岳父被错误地划为右派，并下放到建湖县高作公社（即我任教的那个镇）劳动。摘帽后留在建湖县秉文（钟庄）中学任教，并在当地成家立业。1979 年正式获得平反，1980 年在高作中学光荣离休，后又辗转去淮北等地发挥余热，1991 年罹患肺癌去世。

岳父的一生光明磊落、历尽坎坷，但他始终坚持真理、自强不息，他不断与命运抗争，从未低头，他含辛茹苦、忍辱负重，并最终坚持到了胜利。

岳父对子女的教育非常严格。记得在高作中学我第一次踏进张家的门，便被门上遒劲有力的对联深深吸引，"有志者，事竟成，破釜沉舟，百二秦关终属楚；苦心人、天不负，卧薪尝胆，三千越甲可吞吴"。这是清代著名文学家蒲松龄的自勉联。蒲松龄幼年有轶才，少年得意，十九岁科考便囊括县、府、道第一。从此他专心攻读，希望能博取功名、一酬壮志，谁知直至终老均未再得意于科场，反而屡试不第，至七十一岁方援为贡生。蒲松龄聪明颖慧、才智过人，青年时期热衷举业，却"年年文战垂翅归，岁岁科场遭铩羽"，抑郁侘傺。为了激励自己不断发愤读书和创作，在镇纸用的铜尺上刻上了此联。

岳父手书这副对联，既是对自身壮志未酬的些许抱憾，也是对儿女"有志者，事竟成"的殷切希望。岳父一生对己要求苛严，对他人则古道热肠。水乡河道多，同事们只要与他同渡，则渡河费必由他付竟也成了不成文的"规矩"。

内弟启中对平反后岳父作的一副对联仍记忆犹新，"十年寒霜浸岁月，百花凋零；一朝春雨润神州，万物峥嵘"。这充分反映了岳父当年沉冤昭雪、劫后新生时的心态！

主修文学的岳父平反后在高作中学改教了数学，其思维纵横捭阖、出神入化、深入浅出，堪为众师表率。记得我从教不久，在那时尚未成为我岳父、备受同事尊敬的"张老"处发现了几本《数学通报》期刊，便借来阅读，这为初出茅庐的我打开了教学研究的新天地。借，还；再借，再还……如此循环往复，我的专业水平也不断提升，渐渐地，我竟也撰写并发表了大量教学论文！

1990 年 9 月初，26 岁的我就任学校教导主任。9 月 29 日岳父赠诗三首：

一

成绩必须苦得来，莫走邪道吹拍抬。

流言蜚语不要怕，不遭人嫉是庸才。

二

有点成绩头不晕，领导表扬不发昏。

苦干实干继巧干，有识之士自识君。

三

礼为重来和为贵，先王之道斯为美。

先圣遗训如不忘，工作自有人教诲。

1990 年 10 月 1 日，岳父给我爱人赋诗一首：

爱情促成结夫妻，首先做好八相互。

有了条件大胆创，创业需要贤内助。

这些诗，奠定了我从教生涯的人生底色，我坚守不吹不拍不抬，苦干实干继巧干，工作过程中也正如岳父所言——有名家教诲。在家乡做数学教师和学校管理者，得到当年数学老师兼班主任吕立美老师的教诲。到人大附中后，更是得到当代教育家刘彭芝校长在学校管理上全方位的教诲。这些诗，每次读来都倍感亲切、温暖和莫大的激励。凝视这几首诗，我常常执念：如果岳父能长寿，给我写的诗必定能出一本书。现在，仅有的这几首诗弥足珍贵，只能永藏我心了。

（六）把软件练成硬件

走出大学校门，踏上中学讲台后，我逐渐发现走进了一个更长的学习路程。教学实践中，我也曾碰过许多"壁"。记得有一次公开课，我唱的是"独角戏"，丢了基础，忘了学生。下了课，自我感觉良好，可是评课的专家、老师给我泼了冷水：光顾表现自己，目中无人，不关心学生的学习。从多次的"碰壁"中，我深深体会到"学然后知不足，教然后知困"的内涵。以己昏昏，何以使人昭昭？不深入怎能浅出，不登高何以望远？不聚"远水"，怎解久渴？没有教师自身的高水平，何来学生的高素质？我认识到，自己与"一个好教师"的要求还相去甚远！于是，教室、课堂，是自我提高最重要的练功房；三尺讲台，是最好的练功台；学生，是促进教师提高的好助手。于是，我坚持在讲台上天天"练心"——提高自己的思想素质；"练情"——培养热爱每一个学生的感情；"练口"——锤炼准确而生动的教学语言；"练手"——练得一手好字、一笔好文章、一手好技术（现代教育技术）；"练艺"——提高课堂教学艺术、育人艺术。

我是如何练就过硬的教学基本功的呢？列举一组数字。

5秒。5秒我就可以在黑板上用三角板画出一个规范的正方体图形，而且一画就成形，不再用黑板擦修补。记得有一次，走上讲台准备用圆规画圆时，发现圆规折了一个脚，我就随手画了一个圆，赢得学生的满堂彩。我马上告诉学生，第一，几何问题的解决，很大程度上依赖于几何图形的直观作用，用直尺、圆规能作出非常规范美观的图形，便于几何问题的解决；第二，我坚持用尺规作图，是为了给同学们示范，告诉大家良好的习惯是如何养成的，养成良好的习惯是受益终身的；第三，有些学生总是觉得随手画图快，其实不然。我作正方体快的原因是利用了"对边平行且相等的四边形是平行四边形"这一性质。此后，我在指导青年教师时，发现随手画图，总是要与他讲一番上述道理。

16种数学期刊。尽管在农村中学工作时，手头很拮据，但是我每年都订阅16种中学数学期刊，花去我近一个月的工资。细细算来，每年可以从中读到3000多篇专业论文。同时，我还养成了阅读浏览各科期刊的习惯，及时了解各科的教改动态和教改成果。

18本备课笔记。从教以来，我基本不重复使用教案。针对不同的班级，设计不同的教案。每新教一次，必认真地重新设计教案。上完课后，坚持反思，只要有一得之见，就在备课本的背面写下教学后记。这个习惯，一直坚持至今。

它成为我进行教学研究弥足珍贵的素材。1997—1998 学年度，是我第一轮执教高三。仅备课笔记，我就写了满满 18 本。坚持在课前自己用钢板蜡纸刻好片子（就是后来所谓的"学案"），一年下来，自己研究的发给学生上课用的片子就有厚厚一叠。一年下来，我用简易滚筒油印机一分钟能油印出 20 张片子，成为全校油印水平最高的教师之一。1998 年的高考，我任教的文科班中有 3 人的成绩是满分，均分列全县第一，理科成绩也是全县同类学校第一。

20 本教育名著。我阅读了大量的教育著作，从孔子到朱熹，从陶行知到叶圣陶，从朱永新的《我的教育理想》到波利亚的《怎样解题》，从杜威的"问题教学法"到布卢姆的"发现法"，从顾泠沅的青浦实验到邱学华的尝试教学法，我兼收并蓄，广泛涉猎。工作前三年就阅读了 20 余本名著。我一本一本反复研读，一字一字摘录抄写，一张一张卡片制作，一本一本笔记汇集，大大小小十余本，我把它们视作"聚宝盆"，敝帚自珍。工作余暇，反复翻看，受益匪浅。

听课 200 多节。在高作中学时，为了迅速地提高自己的教学水平，我获得学校的支持，利用我中学班主任是县中教务主任的有利条件，经校长批准，我每周专门有半天去县城听课，每次往返 20 千米。我天未亮就骑车去县城，路上约需 55 分钟。听完半天的几节课后，再骑车往回赶。就这样，坚持了两年多，听课 200 多节。从中，我受益匪浅，从"不识好课"的新手教师，成长为善于"课比课"的"明白人"，进而成为能汲取众师之长、上出优质课的精进者。

10000 道题。为了培养学生的解题能力，使学生不至于也不能陷入题海，我自己则在题海中尽情遨游，苦中悟巧。刚开始工作的几年，我坚持着每天一套综合卷的"解题胃口"，还坚持每次取回县高中的所有高中单元卷和期中、期末卷，认真演练。我每年做题超过万道。

4 个课题和 4 次第一。有准备的人往往更容易抓住机遇。1992 年，江苏省开始了层层的优质课评选。学校评选，我得了第一；作为学校的代表，参加教学片评选，又得了第一；代表教学片参加县级评选，还得了第一；代表县参加市级评选，面对的全部是省重点高中的选手，我仍然是第一；代表市参加省级评选，这次面对的是老牌省重点高中的选手，在十二名选手中，我依然名列前茅。每次参加比赛前，我都根据我对整个高中数学的理解，从几何、代数方面各确定两个一共 4 个课题，重点准备，从教学理念、教学设计、学生活动、教学媒体等各个环节考虑多种方案，主要是为了应对学生不同的基础水平和教学过程中可能发生的可料的或不可料的情形。结果，每次比赛的课题都在我的"意料之中"。我觉得，这是一种巧合，或许也是一种必然，这种必然又来自过硬的教学基本功及充分的准备。

1993 年 2 月 18 日，《盐阜大众报》以"把'软件'练成'硬件'"为题，报道了我的情况，文中说"许多农村学校的办学设施这一'硬件'并不'硬'，作为教师，特别是青年教师，不应怨天尤人，而应积极弥补，把自身的教学基本功这一'软件'练成'硬件'"。

我先后被盐城市委表彰为"优秀共产党员"，被盐城市人民政府表彰为"优秀高校毕业生"。1994 年 7 月，我 30 岁时，破格晋升中学高级教师，这是江苏省教委在全省单列的指标，不占各地方的评审指标。而令我非常不安和愧疚的是，当年在高中教过我的老师，尚有一批未能评上高级教师。因而，我将江苏省教委和县教育局的激励、同事们的厚爱以及当年恩师的鼓励铭记心间，继续逐梦前行。

从自身的成长经历中，我深刻地体会到教育教学基本功对于教师成长的极端重要性。在人大附中做教学管理时，我对教师提出"顶天立地"的要求：教学理念顶天，教学基本功立地。号召教师将教学基本功这一"软件"练成"硬件"。我经常和老师们算一笔账：一位教师，如果教学基本功每天进步 1%，那么一年下来，他的教学基本功是年初的 37.8 倍；如果每天退步 1%，一年下来，则是年初的 3%。一位基本功每天进步的老师与一位基本功每天退步的老师，他们基本功的商是 1260！滴水穿石，久久为功，方能真正"顶天立地"。

那么，教师的教育教学基本功主要包括哪些方面呢？一般地，至少包括解题基本功（语文、英语教师写作基本功）、说课基本功、教学设计基本功、板书基本功、论文写作基本功、微课制作基本功以及了解学生、研究学生的基本功。

手中有书—胸中有法—目中有人，大致体现了教师教育教学基本功的进阶。夯实教师教育教学基本功，无疑有利于教师的专业成长。

（七）挡不住的诱惑

在乡村中学工作多年，我心中依然留有一份"诗和远方"，偶尔也写一写散文，并在报刊发表。[①]

俗话说，酒不醉人人自醉。诱惑是怎样醉人的一杯酒，至少我现在还说不完整。然而，书对我的诱惑，实实在在是挡不住的。

记得儿时，小伙伴家一本缺皮少底的"大书"被我悄悄借来。从春燕剪柳，读到蝉声恼人；从"稻菽翻起千重浪"，读到"鹅毛大雪漫天飞"，背着大人，偷偷地断断续续地读了两年多——长大后，才知道书名叫《林海雪原》。那时，特佩服邵剑波的智勇双全，总思忖"小白鸽"长得该有多漂亮。有意无意间，书中的一些词句从笔下"溜"进我的作文，害得老师一个劲地批"传阅"。儿时，书是那样的少，读书是挡不住的诱惑。

告别大学课堂，走上中学讲台，开始了教书生涯。这时才懂得，事业是更大的诱惑，缠缠绕绕终究无法抵挡。

在"日夜思虑其事，朝夕经纪其务"中，幡然醒悟：一个人的阅读史，就是一个人的精神发育史。保持阅读的"饥饿感"，方能听到精神发育那美妙的"拔节声"。为了使自己拥有能教好书的那"一桶水"，愈加执着地读书。

---

① 周建华.挡不住的诱惑 [N].江苏教育报，1993-07-28.

为了读更多的书，买书又成了一种诱惑。外出开会、出差必逛书店，必买书。但总觉"小打小敲"难成气候。于是，每年订阅了20多种学术期刊。这一来，每每囊中羞涩，不得不"少"修边幅，自然免不了妻的白眼。我则"理直气壮"，这叫"智力投资"，为了胸藏"锦绣"。酸溜溜的，总能博妻一笑。

偶尔在一位老教师（后为岳父）家中看到一本"文化大革命"后的《数学通报》期刊，便借来一阅。这一来借书又成了一种诱惑。借，还；再借，再还。老教师退休后，为我"借"劲所动，将他的藏书"一次性"地改"零售"为"批发"全给了我。

与书"纠缠"既久，"灵感"这"鬼精灵"便悄然而至。于是，写几页书又是另一种诱惑。

每当夜深人静，自办公室返家，坐回我的写字台，读书写书，不觉融进读书人、教书人有点儿"迂腐"的愉悦之中。妻常常一觉醒来，敦促我赶快入睡，我才不敢马虎，因为早晨起来，我还得教书。

直到那年底，忽收载有我教学论文"处女作"的杂志十册，我兴奋地将这尚带油墨香的书送一册给借给我书的老教师，他才说：小伙子，你这是"还本"，我还等着你"付息"呢！

随着小稿频频"挤"进各类书报之中，写书，真是挡不住的诱惑。记得有人说过，人生是一本书，写好这本书，不是很大的诱惑吗？写好自己人生这本书，引导学生写好人生之书，不是教师最大的诱惑吗？

读书、教书、买书、借书、写书……书的种种诱惑，实实在在是挡不住的。

阅读的诱惑挡不住。我读本科时教我们教育学课程的朱永新教授说："一个人的精神发育史就是他的阅读史，一个民族的精神境界取决于该民族的阅读水平，一个没有阅读的学校永远不可能有真正的教育。"人大附中著名的语文特级教师于树泉则认为："阅读，决定了一个人的精神'长相'。"他甚至说："三日不读书，便觉'面目可憎'！"我认为，教师专业阅读的"饥渴感"，在一定意义上就是专业成长的"饥渴感"。

阅读开阔了我的理论视野。为使工作和学习的时间取得"极大值"，我节玩嬉，少嗜好，一年三百六十五日，春夏秋冬常如一。坚持"学足三余"：寒暑假是学期之余，节假日是周月之余，深夜是一日之余。我阅读了大量的教育理论著作，理论视野开阔了，理论功底扎实了，对教育教学问题的思考力量也就增强了。比如，2000年前后，我学习到感知的基本规律，当时我正主持苏州市承担的省级CAI（用计算机辅助教学）课题实验，两者结合，茅塞顿开。就"感知规律在中学数学CAI中的应用"，我总结了这样几条经验：根据感知的经验律，提供学生丰富的感知材料；根据感知的强度律，增强首次感知的强度；根据感知的差异律，从背景中突出感知对象；根据感知的协同律，利用多种感觉器官协同活动；根据感知的活动律，使感知对象呈现运动状态。该成果发表于《数学通报》2001年第5期。

阅读带给我变革的力量。教育理念是教育变革的力量源泉，因为教育实践活动是受教育理念支配的。从2005年起，我阅读了大量的关于课程与教学的名著，对课程与教学改革产生了诸多想法。因此，当2007年北京市启动第八次课程改革，我主抓人大附中教育实验体（包括人大附中、人大附中分校、北航附中）自主安排新课程实验的申报及实施工作，我们大胆在课程结构、课程实施、课程评价、教师研训等方面，做了诸多创新实践，效果显著。后来我在担任人大附中航天城学校校长时，更是把课程改革作为促进学校发展的"牛鼻子"。明确"四方责任"，推动课程变革：学校——实施国家课程方案与课程标准，建构学校课程结构；学科教研组——建构小初高一体化的学科课程体系；教师——建构课程模块、打造精品课例；学生——选择适合自己的课程，对选择负责，让选择凸显价值。我坚持课程改革依赖教师，课程改革成就教师，课程改革的过程也是学校制度和文化变革的过程，能有力地促进学校成为新优质学校。

写作的诱惑也挡不住。专业写作提升我的研究能力。在长期的教育经历中，我慢慢积累了一些教育经验，专业写作的过程就是用理论框架反思自身的教育经验，将教育经验中蕴涵的教育规律明晰化，并概括为教育理论。

要特别指出的是，北京开放大学原副校长张铁道研究员总结的教师专业成长的"四会四能"，对此有非常精辟的分析。一是会做，能上好课，指向教师的实践能力，这是将教学知识内化为教学能力的过程。二是会说，能表达，指向教师的交流能力，这是将教学经验总结归纳交流的过程。三是会写，能研究，指向教师的研究能力，这是将教学实践性知识策略化、逻辑化的过程。四是会策划，能传播，指向教师的引领能力，这是将教学经验升华为教学专业知识并转化为教师能力成长课程的过程。他指出，教师研修需要实践"多本迭代"理念，即借助"书本"（知识学习）——"事本"（个人实践）——"话本"（同伴分享）——"文本"（书面表达）——"人本"（认识他人和自我）的相互迭代与强化，以达到促进自身实践能力发展的目的。[①]

二、6 年苏州实验中学任教路：从优秀教师到名师

1995 年暑假，我和大学同学如约回到母校苏州大学，进行毕业 10 年返校活动。我的一位大学老师告诉我，苏州新区正在举行面向全国的教师招聘，你何不去考一考？于是，我就去参加招考了。据说，我取得了第一名的好成绩。当即，苏州新区党工委组织部孙瑛部长亲自联系上我，动员我一定来苏州实验中学工作。

几经周折，来到苏州实验中学工作，这里崭新的气象令我奋进。苏州新区领导不但给我们解决了住房问题，给了很高的薪酬待遇，而且要求学校校长、

---

① 张铁道. 教师研修 2.0：理念、路径与方法 [M]. 北京：教育科学出版社，2021：17.

老师的精力全部用在学校和学生的发展上，不需要考虑学校发展所需"钱"的事儿。在苏州实验中学，我自己定下了这样的目标：下功夫深入研究学生，不断掌握运用信息技术，注重学科育人，积极投身教育科研，尽快从优秀教师成长为名师。

（一）他竟成了"小偷"

1995年秋天，我调入苏州实验中学不久，就遇到了一件令我非常困惑的事。一天放学后不久，学校通知我，班上有位学生偷了超市的文具和小食品，但总价不大，被超市保安送回了学校。我前去一看，原来是大元（化名）。我当时非常生气！他异常聪明，家里的经济条件也不差，但学习不是很努力。不愁吃，不愁喝，为什么他会偷超市的东西呢？大元吞吞吐吐地说，完全是好玩，文具打算送给同学，小食品准备自己吃……

在与大元谈心的同时，班干部也筹备好了一个主题班会。

班长动情地讲了一个国王选择继承人的故事。一位贤明的国王为没有孩子而担忧。一天，他发给每个孩子一些花的种子，宣布"哪个能把它培育出美丽的花朵，我就收他做义子和继承人"。于是，全城所有的孩子都种下了那些花种子。到了约定的日子，满城都是衣着漂亮的孩子和盛开的鲜花。只有一个叫雄日的孩子端着空花盆在一旁哭泣。国王上前询问。雄日哽咽着告诉国王，自己尽了最大的努力，但这些种子都没有发芽。哪知国王听后高兴地拉着他的手说："你就是我要选择的人！"人们在惊讶之余才明白，国王发给大家的是煮熟了的种子，不会发芽，他要考察孩子的诚信之心。

对此，学生纷纷表达自己的想法。诚信是比满分更为重要的一种神奇的东西。诚信是灿烂的阳光，使你的人生熠熠生辉；诚信是人生航程的灯塔，使你迷途知返，找准航向。守信用，忠言诺是人格的最高境界。

至此，大元对自己的错误有了深深的忏悔……

庄子曰："真者，精诚之至也。不精不诚，不能动人。故强哭者虽悲不哀；

强怒者虽严不威；强亲者虽笑不和；真悲无声而哀；真怒未发而威；真亲未笑而和。"（《庄子·渔父》）我认为，这里的"真"，在教育中指的是对学生真心实意的情感；这里的"真"，指的是教育教学和学生身心发展所固有的客观规律；这里的"真"，更是人民教师崇高的社会责任感。

这个案例，使我认识到，从农村到城市，我的教育对象变了，因此，我必须花大气力去研究城市学生。

名师首先是人师，是学生的人生之师、人格之师、德性之师、情感之师……在长期的教育实践中，我慢慢认识到，你要热爱学生，就得尊重学生；你要尊重学生，就得理解学生；你要理解学生，就得了解学生。

要成长为名师，就要了解学生并研究学生。你要了解学生的快乐，还要了解学生的痛苦，你更要了解他快乐的缘由，也要了解他痛苦的原因；你要了解学生的爱好，还要了解学生的厌恶；你要了解学生的学习兴趣与方式，还要了解学生学习的困难与挫折；你要了解学生的长处，还要了解学生的不足；你要了解学生的"朋友圈"，还要了解学生的"黑名单"；你要了解学生的大目标小目标甚至"没目标"，还要洞悉学生的随波逐流、得过且过；你要了解学生是真的"早恋"了，还是仅仅做出了"早恋"的"样子"……你不仅要基于现在去研究学生，而且要基于过去、放眼未来去研究学生。你不仅要基于学校、家庭的视角研究学生，而且要从社区、社会的大视角去研究学生……

为此，你要和学生朝夕相处，你要时时观察学生，时时了解学生，你就会不知不觉地时时研究学生。有了了解学生的基础，你才能更好地理解学生，尊重学生，热爱学生。

（二）第一笔积蓄，买了电脑

1996年春节前，也就是调入苏州实验中学工作半年后，我有了工作10多年后的第一笔积蓄，有12000多元。拿着这笔钱，我买了梦寐以求的电脑，PⅡ350，这在当时是最好的配置了。因为在农村中学工作时，脑子里已经装满了"多媒体""网络""信息高速公路""虚拟"等概念，但当时限于经济条件，愿望不能实现。买好电脑的日子里，一有空便学电脑知识、学操作技能。半年后，我在学校拿下第一批苏州市计算机应用技能考核的合格证书。当时，有一个非常好的数学软件《几何画板》，我和苏州市的几位青年教师认真学习研究这个软件，并用它来辅助教学。

1999 年 9 月，我被评选为苏州市学科带头人。苏州市教研室在我校召开了计算机辅助教学的研讨会，我重点介绍了用计算机辅助教学的经验，并且做了一节公开课，课题是"双曲线"，充分展示了计算机辅助教学的优势。

这堂课是"双曲线"这一节的第一课时，上课时，我用《几何画板》逐步展示课件的制作过程。《几何画板》软件的运用，不仅让学生看到了椭圆与双曲线的有机联系，更让学生顺利地完成"双曲线"概念的构建以及"双曲线"标准方程的推导。

1999 年 5 月，我作为江苏省教学研究重点课题"利用 CAI 优化中学数学教学"（苏州市教研室承担）课题组组长，牵头组织苏州市课题组老师对此课题的研究。

1999 年，在《中学数学月刊》第 5 期发表《当前数学多媒体课件制作的四个误区》，分析了四个误区，教学手段与教学思想错位；教学手段与教学目的错位；教学手段与教学内容错位；个体制作与集体智慧的错位。

1999 年，在《中学数学月刊》第 11 期发表《试论〈几何画板〉对立体几何图形的表现力》，2001 年在《中学数学月刊》第 2 期发表《如何表现"同时生成"或"连续变化"的圆锥曲线》，主要介绍在技术层面的一些突破。

2001 年，在《数学通报》第 5 期发表《感知规律在中学数学 CAI 的应用》，将教育理论、现代教育技术、数学教学作为一个整体考虑，进行实验研究，拓展了研究思路。该论文还获得江苏省第六届"五四杯"论文大赛一等奖。

我认识到，计算机、网络在教学中的应用，带来的已不仅是教学手段的更新，而是教学理念、教学内容、教学方式、教学效益的全面进步。研究中我发现，以往教学论总是提"教学三角形"（见图1-1），即教师、教材、学生处于教学三角形的三个顶点。我在研究中提出，将教育技术作为教学要素的第四个顶点，从"教学三角形"到"教学四面体"（见图1-2）。

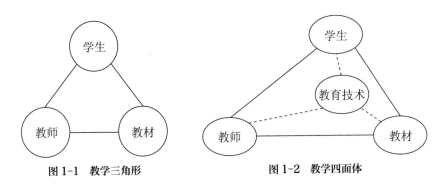

图 1-1　教学三角形　　　　　　　图 1-2　教学四面体

这样，教学论由平面丰富为立体，由此引发的研究课题至少有：现代教育技术与教材、现代教育技术与教师、现代教育技术与学生。

做一名优秀的教师，要学习，学习，再学习，活到老，学到老。记得敬一丹采访刘彭芝校长时，问道：您当人大附中校长的第一个想法是什么？刘彭芝校长脱口而出："学习"。人民教育家于漪老师在与"国培计划"学员交流时，学员问她，您做了一辈子老师，最大的感受是什么？于老师回答道："与其说一辈子做教师，不如说一辈子学做教师。"因此，当教师的过程，就是不断学习知识和更新知识的过程，也是不断将所学知识运用于实践的过程。

要成长为名师，还要不断学习掌握最新的现代教育技术，解决以往传统教学中因为教学技术限制而给学生带来的学习困难。杜威曾言：如果我们用过去的方式教给学生过去的知识，就是扼杀学生的未来。因此，我们只有用现在的方式（包括技术）教学生学过去的知识（当然也包括现在的知识），去解决当下的问题，学生才有可能面向未来。因此，我非常关注以下几点。

关注当今教育的发展态势。一是经济全球化时代为教育提供新机遇。教育受经济全球化影响最直接也非常深刻；因此，教育既要很好地坚守，也要积极地开放；全球思考、本土行动、区域推进，是我们教育变革应该采取的有效策略。二是信息技术发展给教育带来新动力。无论是大数据、云计算、互联网、虚拟现实、物联网技术，还是翻转课堂、微课程及在线教育，等等，都给教育发展带来了新的动力。因此，我们要推动现代信息技术与教育教学深度融合。三是回归本质使教育呈现新常态。基础教育要突出培养人的核心素养。新常态教育的终极目标是为每一个孩子的发展提供适合的教育，促进他们全面而有个性地发展。[①]

关注未来基础教育的趋势与走向。一是国际化趋势。从世界范围看，教育目的趋同，都注重培养完整的人；教育方式趋同：用核心素养刻画面向未来的人才培养规格，并用核心素养统领课程教学变革。因此，我们培养的人既要有国际视野，又要有民族精神，在国际视野中加深对民族文化的认同，在优秀民族文化的坚守中促进多元文化的理解。二是信息化趋势。在信息技术支持下，慕课、翻转课堂，个性学习、泛在学习、差异学习等，课堂的形态和学习方式的样态呈现多元化；在信息技术支持下，教育内容持续更新、教育样式不断优化、教育评价日益多元。三是特色化趋势。学校特色是个性化的教育生态，学生特色发展应体现在基础的全面发展和个性的充分发展，因此教育要发掘学生优势潜能，促进学生个性、兴趣、爱好的充分发展。四是生活化趋势。教育的本质是促进人的发展，教育本身就是生活化的情境，我们要帮助学生做好在未来社会生活的准备，学生面向未来的正确的价值观念、必备品格和关键能力要在当下生活中养成。[②]

关注未来学校的趋势。朱永新教授预言未来学校的趋势。比如，一是现在的学校将演变为学习中心，二是现在的教学概念将演变为学习的概念，三是现在的教师将演变为助教或成长伙伴，四是现在的教室将成为学习室，五是现在的标准化教育将演变为定制化或个性化的教育。[③]

....

① 孟宪彬.以"未来教育"视角探寻基础教育走向[J].现代教育管理，2016（5）.
② 同上。
③ 朱永新.未来学校：重新定义教育[M].北京：中信出版社，2019.

（三）从数学教师"写好英文字母"谈起

如何真正成为对学生的成长有较大影响力的老师？你给予学生的不仅仅是冷冰冰的知识，还有负载于知识之上的学科核心素养。一句话，既教书又育人，在学科教学中润物无声地育人。下面，是我的几则教学案例。

1. 写好英文字母的"数学老师"

提到英文字母，人们一般的反应是，那是英语教学和英语老师该管的事。那么，数学教学与英文字母有关系吗？有。

在数学教学中，我一方面管"大"，激励学生大胆猜想，大胆质疑，大胆批判；另一方面管"小"，小心求证，小心计算，小心书写（包括准确书写英文字母），旨在培养学生大胆思考、严谨表达的习惯。

例如，数学中的对数符号，老师在教学中一般不会关注它的书写，我在教学中对此却特别关注。第一次教学生书写对数符号，我会用红色粉笔在黑板上认真地画上四条横线，然后按照英文字母和数学符号的书写规范，写好对数符号（见图1-3）。写好对数符号后，我告诉学生：规范地写好每一个数学符号，是对数学学科的尊重和敬畏。

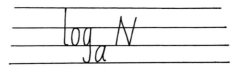

图 1-3　对数符号的规范书写

数学符号这件事很"小"，以至于诸多师生在数学学习中将它忽略不计了。然而，从培养学生严谨的学习习惯、认真做事、认真做人的角度看，这件事并不小，是大事！千里之行，始于足下。不积跬步，无以至千里。我们经常说，要想帮助学生成为怎样的人，教师首先要努力成为那样的人。要管好学生的数学符号，教师首先要管好自身的数学符号。其中折射的是教师对学科科学的敬畏，对学科育人价值的坚守。要培养学生的严谨习惯，教师的教学和示范首先要严谨。要立德树人，教师要先做好榜样。

2. 数学教学是思维活动的教学

"数学是思维的体操",这是加里宁的一句名言,它深刻地表明数学可以发展一个人的思维。历史发展亦表明,"数学是科学思维的工具"。因此,数学教学的任务就在于"要把主要注意力放在发展学生的数学思维上",以"形成和发展那些具有数学思维或数学家思维特点的智力活动结构,并且促进数学中的发现"。所以,"数学教学是思维活动的教学"。

我在数学教学实践中逐渐认识到,数学教学中存在着三种思维活动,这就是数学家的思维活动(它或隐或现地存在于课本之中),数学教师的思维活动和学生的思维活动,其关系如图1-4所示。

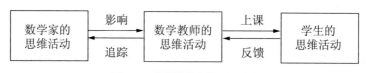

图 1-4 数学教学中的思维活动

那么,如何"把数学教学作为思维活动的教学"呢? 在多年数学教育实践的基础上,我提出了三个策略[①]:

第一,深钻教材,追踪数学家的思路。教材中的数学知识,是数学家思维活动的成果。从这些成果中,可以追踪数学家的思维过程。目前的数学教材是从少数公理、原理及基本概念出发,通过演绎,将数学知识展开。由于教材总是把知识和方法用定论的形式直接呈现在学生面前,再加之数学的特点之一是关系的确定性,由此往往引起理解的困难和僵化。而比数学知识更有价值的,是知识所承载的数学思想方法。实践表明,当前数学教学的主要问题是教师在钻研教材、"理解数学"上不用功,数学水平不高导致数学课教不好数学,甚至数学课不教数学,使数学越来越难学,使学生越学越糊涂。因此,教师必须在钻研教材,追踪数学家的思路上下功夫。

....

① 周建华.数学教学中的"思路教学"[J].中学数学,1993(5).

第二，模拟"发现"，"暴露"教师的思维活动。学生的思维往往是通过模仿教师的思维逐步形成的。因此，教师在深钻教材，追踪数学家思路的基础上，必须精心设计，模拟当年数学家发现的过程。而数学知识信息星罗棋布，怎样揭示知识之间的内在联系，寓数学思维的培养于知识教学之中，是数学教师的一个重要任务。要完成这一任务，教师应把主要精力放在引导学生对原发现的"再发现"上，亦即所提供的思维素材须经过"平坡"（降低为适度的难度）、"剪辑"（适度的思维歧路）、"简约"（缩短为学生力所能及的"捷径"）的"再编制"。否则，教师的分析"路路通"，学生的感叹是"我总是想不到"！教师以为易如反掌，学生视之难于登天。教师滔滔不绝，学生如闻天书。一旦陷入这样的境地，是断不能取得理想的教学效果的。

第三，放手探索，激活学生的思维活动。当学生对教师的思维活动感到是"非常自然的""可以学到手的""将来是可以用得上"的时候，教师应该放手，让学生自主探索，以此激活学生的思维活动。

以上几则数学教学案例，使我深刻地体会到，要成为名师，就要在学科育人上下功夫。具体地体现在"四个理解"上。

一是理解数学。教学实践表明，数学教学中出现的种种问题，往往首先是教师对数学的理解缺位、错位和漏位以及理解不透、不深而引起的。什么是数学？学生应该学习怎样的数学？这些问题应是每位教师不断思考的问题。理解数学是学科育人的前提。理解数学主要包括五个方面：（1）理解数学"是什么"，即"知其然"，了解数学知识的背景及逻辑意义；（2）理解"为什么"，即"知其所以然"，理解该知识的发生与发展，该知识在教材中的地位、前后的联系，后续学习的必要性；（3）寻求多元表征，即建立多元表征，这是因为基于学生的多元智能，应为学生构建多元认知通道；（4）建构内容联系，即建构知识之间的多元联系，形成结构化的知识体系；（5）挖掘思想方法，即深刻领悟数学内容所反映的思想方法。因此，要使学生看到数学的"树木"，教师应当先看见数学的"森林"。

二是理解学生。从数学教学的出发点看,数学教学应当基于数学内容和学生基本的学习情况和学习需求。从数学教学的目标看,数学教学要促进学生的发展,真正实现"数学教学育人"。简单地说,数学教学重要的特点之一便是,出发点是学生,归宿也是学生。因此,理解学生,特别是理解学生的认知特点和学习规律便是名师成长的必由之路。教师为什么要理解学生?因为教师的教学是为学生学习与发展服务的。理解是人类存在的基本事件,而理解的基本含义是:意义沟通、相互解释、设身处地、共同体验、宽容悦纳。教学实践表明,越是缺乏教学经验的教师,越会将教学中的困难、教学效果的低下归因于学生。而专家教师则会将上述问题归因于教师自身。进一步地,前者在课堂教学中往往照本宣科,以控制者和支配者的姿态出现,而后者则会更多地引导学生自由探究和讨论,以平等和开放的姿态出现。教学实践表明,学生的数学学习结果不是由老师"塞"进大脑的,更不是由教师悟得的所谓"秘籍"而"点石成金"的。教师应该去激发学生的学习兴趣,调用学生已有的社会活动(生活)经验和数学活动经验,在解决问题的基础上形成高峰体验,将经历的典型的学习过程和方法内化为新的数学活动经验和能力,促进学生良好认知结构的形成。教师理解学生的意义在于:促进教师尊重学生,这是教师教学理念先进性的重要标志;促进教师提高教学行为的针对性和有效性,创造适合学生的教学;促进教师换位思考,积极寻找学生认识的合理性,悦纳学生的行为和认识;促进教师解放学生,给予学生自主发展的时间和空间。教师要理解学生什么呢?主要包括理解学生的身心发展规律,理解学生数学学习过程以及学生是如何解决数学问题的,要善于理解学生的学习错误以及"错误中的合理成分",还要善于理解"学生是如何理解老师"的。①

三是理解教学。教学活动是师生积极参与、交往互动、共同发展的过程。

①　周建华.数学有效教学课例研究的内涵与价值[J].中学数学月刊,2015(6).

数学教学应当是教师引领学生走向数学、学习数学和应用数学解决问题的过程，而不是将数学知识"灌"给学生。因此，通过课堂教学实践与研究，帮助教师认识和理解数学教学的价值追求、基本特点及规律，促进学生有效地学习和发展，无疑是名师成长的重要环节。教师理解数学教学至少要把握以下几点：（1）数学教学应顺应学生的学习心理，让学生在迫切的要求下学习。研究表明，学习过程中，激发学生的学习动机、学习兴趣和价值追求，营造宽松、和谐、自由及平等的课堂文化，是促进认知发展的支柱和动力。（2）数学教学是思维活动的教学。数学思想方法教学的三条标准：其一，思维方法应是非常自然的；其二，学生能学得到手的；其三，学生今后能用得上的。进行数学思想方法教学，主要举措是：深钻教材，追踪数学家的思路；模拟发现，稚化教师的思路；放手探索，激活学生的思路。（3）数学教学可以通过设计结构化的"问题串"来组织好课堂教学的层次和结构。研究表明，教师根据教学内容的特点和不同学生的发展水平，通过"问题串"来提高所呈示的知识和经验的结构化程度，组织好从简单到复杂的有序累积过程，是提高课堂教学效率和效益的有效途径。（4）教学设计的核心是设计学生的学习活动。研究表明，离开学习活动，既不能表现学生的能力也不能发展学生的能力。因此，精心设计和组织各类发挥学生自主性的行为活动与认知活动，是促成行为结构与心理结构迅速互化的有效途径。（5）注重教学评价任务的设计与实施，是高质量课堂教学不可或缺的环节。教学评价任务设计是介于教学目标设计与教学活动设计的中间环节，一方面将教学目标细化、实化，另一方面对教学活动的设计起到引领作用。教学评价设计的框架是，纵向结构是评价要素（可以是核心知识、思想方法、关键能力，也可以是问题串或作品等）的结构分解，横向是可观察表现的水平分级。①

四是理解技术。上一节中，对此已有较充分的论述，在此不再赘述。

① 周建华. 数学有效教学课例研究的内涵与价值 [J]. 中学数学月刊，2015（6）.

（四）走上教学研究的快车道

苏霍姆林斯基说："如果你想让教师的劳动能够给教师带来乐趣，使天天上课不至于变成一种单调乏味的义务，那你就应引导每一位教师走上从事研究的这条幸福的道路上来。"回顾自身作为一线教师，在教学研究中，注重从自身教学实践中发现问题，然后通过反思或分析解决这些问题，落脚点在"教学"，着眼点在"育人"上，是为了"教学"而"研究"，为了"育人"而"研究"。通过研究，提高教学的质量；通过研究，提高育人的质量；通过研究，教学相长，促进了自身的发展。

波斯纳曾总结教师专业发展的公式：经验＋反思＝成长。教学经验可以从对教学经历的反思中积累，教学研究的起点是问题，重点是行动，核心是反思，反思的成果再应用于指导教学实践的变革。请看下面几则案例。

1. 数学辅导课的反思与改进 ①

数学辅导课是数学教学的一个重要环节；但数学辅导课往往成了"解题课""算法课""机械练习课"。如何上好数学辅导课，没有得到数学教师很好的重视，现结合自己的教学实践，围绕"激趣、开智、育德"几方面，例谈如下：

（1）请"能士"算"名题"

我国古代和近代，相继涌现一大批著名的数学家，他们的杰出贡献为世界所瞩目，是中华民族的骄傲。教学中，通过例题将他们的贡献讲出来，发挥其教育功能，可以有效地培养学生民族自豪感和热爱祖国、热爱科学的情感，充分调动学生的积极性和创造性。

例（古算术问题） 把绳三折来量井深，井外余绳 4 尺；把绳四折来量，井外余绳 1 尺。求井深和绳长各多少？（人教版原《初中代数》第一册）

此题选自明朝数学家程大位著《算法统宗》。辅导课上，我结合该题用简

---

① 周建华. 激趣·开智·育德——数学辅导课的反思与改进 [N]. 中国教育报，1992-09-15.

练的语言向学生介绍程大位的志向及贡献，并在《算法统宗》里选出一些趣味性强的题目：

> 肆中饮客乱纷纷，薄酒名醨厚酒醇。
>
> 厚酒一瓶醉三客，薄酒三瓶醉一人。
>
> 共同饮了一十九，三十三客醉颜生。
>
> 试问高明能算士，几多醨酒几多醇?

然后请"高明能算"的同学算一算，学生情绪激昂，跃跃欲试。

（2）借"捉鬼"喻"空集"

数学概念是推理和论证的基础，在整个数学中有着极其重要的地位。而概念教学往往单调、枯燥，学生兴趣不高，教学效果不佳。如何变枯燥为生动，化平淡为神奇呢?

例如，"空集"这一概念，对高一学生来说是全新的知识，课上讲过后，发现不少学生对此理解不深。辅导课上，我先在黑板上写下："空集与捉鬼"五个字。只见学生聚精会神，兴趣盎然。我看准时机，发问点拨：如果我把全世界的"鬼"都捉到一个盒子里，这个集合（盒子）里有元素（鬼）吗? "一石激起千重浪"，学生议论纷纷。有位学生说，按照唯物论的观点，世界上根本就没有"鬼"，那么这个集合里就没有元素，是空集。按照唯心论的观点，世界上有"鬼"，那么这个集合里的元素就数不清，不是空集。一席话，引起学生的极大兴趣。

至此，概念的理解可谓"水到渠成"，辩证唯物主义观点的教育则"润物无声"。

（3）谈"射门"话"解题"

美国著名数学家波利亚说："掌握数学意味着什么? 那就是善于解题。"但我在教学中发现，不少学生解题时漫无目的，思维混乱，不得要领。这一点，在进入高三总复习阶段表现得尤为突出。解题要时刻围绕目标，有强烈的目标意识。然后展示选自学生中的典型"错例"，加以剖析，并进行下列三个层次的辅导：解题目标及思维方向，强烈的目标意识能使问题快算巧解，要善于将终极目标分解为步骤目标。最后，我话锋一转：人生之题比数学之题更复杂、更难解，要有"振兴中华"的目标意识，更要把这个大目标分解为一步步的小目标，不断去实现一个又一个目标。三言两语，使学生顿首沉思……这样，谈"射门"话"解题"言"人生"，借以启迪思维，培养能力，陶冶思想，如化雨春风。

本文发表于《中国教育报》1992年9月15日第3版的头条，题目是《激趣·开智·育德——数学辅导课的反思与改进》。这是我运用案例法对数学辅导课所做的反思，是我在农村完全中学任教时做的"小切口"的教学研究。文章的题目，点明了数学辅导课的价值取向：激发兴趣，开发智力，涵育德性。《中国教育报》（中小学教育专刊）时任编辑鲍东明先生还给我写了一封热情洋溢的信：

周建华同志：

你寄来的有关数学辅导课体会的文章，我收到了并仔细拜读了。我感到，你抓住了常常被老师们所忽视的问题，就是数学辅导课该怎么上。你从自己的体会出发，来谈这个问题，使文章有声有色，也足见你有一定的文学功底。鉴于此我已把你的文章发表在今天出版的本报第三版"中小学教育"专刊头条位置上，先寄上五张报纸，请查收。

……

鲍东明先生的来信，既使我感受到专家编辑的专业水准，又感受到来自专家编辑的热情和鼓励，促进我在教学研究的道路上更加坚定信心，执着前行。

2. 教学反思——教法改进的感知 ①

教学是由教学目标、教学过程和教学反思三个主要因素构成的有机整体，整个教学活动可以看作是由这三个因素之间不断相互作用的动态过程。其中教学反思之所以必要，根本在于它是总结、研究和改进教学工作的一种有效方法，它有助于教学理论与教学实践相结合，是提高中学教师自身业务水平的重要途径，是提高课堂教学的科学化水准，使教学逐步趋于最优化的有效手段。从这个意义上说，它更是青年教师教学技艺迅速提高的捷径之一。

那么，教学反思应从哪些角度入手呢？众所周知，教师、学生、教材是构成课堂教学的三个基本要素，这三要素之间充满着矛盾。课堂教学是以学生为主体，教师为主导，处理这些矛盾的过程，从而体现教学过程的复杂性，导致教学反思的内容的多样性。

（1）教材反思

教材是按照数学教学大纲和数学学科的科学性、系统性、严密性、实用性、教育性以及教学法的要求，为在校学生学习和教师教学编写的教学专门用书，是教学的依据。

教材的安排顺序有其科学性的考虑，但并不等于说，这种安排顺序就一点也不能改变。特别是，当今教育教学改革正向纵深发展，因而处理教材的模式不可能是一成不变的。

案例 1　充要条件的提前教学

"充要条件"是一个重要的数学概念，在中学数学的判断与证明中经常用到它，在高等数学许多论证中更是一个不可缺少的概念。因此在高考、数学竞赛中几乎都设置与充要条件有关的试题。20 世纪 90 年代，高中教材将充要条件安排在高二《曲线和方程》一节，是探求轨迹方程

---

① 周建华. 教学反思：教法改进的感知 [J]. 中学数学月刊，1998（10）.

的需要。但这时无论从教学课时，还是学生的认识与思维能力都不允许也很难将充要条件涉及的有关数学分支中的应用一一展现。再加上多数教师往往忽视后继教学，这样势必对学生进一步理解与掌握，尤其是灵活运用产生较大的障碍。

鉴于此，我将"充要条件"教学提前至高一一开始。其可行性缘于：第一，这部分内容相对独立；第二，学生从初一起就已涉及了大量的三类条件（充分但不必要条件、必要但不充分条件、充要条件），只不过由于知识程度不够不能予以术语表达罢了。第三，笔者参加"江苏省首届青年数学教师高中优质课评选"时，抽签的课题正是充要条件（提前教学），效果甚好。

教学实践表明，将"充要条件"提前教学至少有这样几点好处：从高一开始，就有计划、有目的地根据当时的可能与需要，穿插题例，反复"再现"，不断"深化"，在学中用，在用中学，有利于加深对充要条件的理解与掌握。借助充要条件，能深化对其他教学知识如数学概念、定理的理解，增强应用定义的自觉意识。充要条件，是逻辑的重要基础之一，充要条件的提前教学与训练，无疑给学生逻辑思维的培养提供了更多的"载体"，正确地运用条件的充分性，必要性和充要性指导解题，对提高学生的解题能力也是大有裨益的。

此后的新一轮课程改革中，充要条件已经提前到高一开始教学了。

（2）学生反思

医生看病，要对症下药。教师教学，何尝不是如此。教师教学一定要做到从学生实际出发，有的放矢，因材施教。如果教师"目中无人"，常常费力不讨好，自己讲得大汗淋漓，而学生受益不了。所以，一定要下一番功夫去了解自己教育的对象，如学生对学习本门学科的态度和兴趣、原有的知识水平和能力、学习方法和习惯等。苏联教育家马卡连柯在论教师的修养时指出："应当了解每一个学生的生活和个性，了解他们的志向、疑虑、弱点和长处。"他还说："对教师来说，发展视觉也是必要的，要善于研究人的面容。"一般地，分析研究学生的方法主要有档案法、调查法、谈话法及观察法等。

案例2 "老板"

1992年教师节前夕，一名学生给我寄来贺卡。她写道：您的课上得真好，我们喜欢您！老师，告诉您一个秘密，您知道我们为什么叫您"老板"吗？是因为，您和我们在一起时从来不笑，平时老是板着脸，上课也老是板着脸（简称"老板"），我们又怕您。

我当时看完一笑了之：第一，我教的是数学，有什么好笑的吗？第二，我笑起来，好像不是很好看；第三，也是一个重要的原因，在我刚工作时，有位"经验丰富"的教师曾经对我说过，小周啊，你对学生可千万不能笑。你不笑，学生小笑；你小笑，学生大笑；你大笑，学生疯笑；你疯笑，学生就该拆教室了！

然而，过几天又翻看这张贺卡时，促使我不得不反复审视"老板"：

——教学工作中是否有情感因素？

——情感在教学工作中的功能如何？如何应用？

——中学生的情感有何特征？

——师生情感的发展大致有几个阶段？各个阶段又有哪些特点？

这样反思的几个问题时时萦绕在我的心头，带着这样的问题，发现教育理论界在此时恰好有了"情知对称"的提法，教学实践的摸索研究，就此取得了一系列的研究成果：《"人际关系"教育在数学教学中的作用》在1995年第1期《数学教师》发表，《情趣·理趣·谐趣》在1994年第6期《中学教研（数学）》发表。《激励理论及其在中学数学教学中的应用》获江苏省第三届"五四杯"论文大赛一等奖。

从此，我在课堂教学中有了发自内心的、真诚而又得体的笑容。至今，我还将学生的那张贺卡珍藏在心底。

（3）教法反思

教学方法是教师为了完成教学任务所采取的各种办法和手段。数学教学不仅要注意教什么，而且要注意怎样教。学生的发展主要取决于数学教学的活动方式。教师的主导作用正是体现在对教学方式的选择和不断改进上。

案例3　一道例题的三轮教法

题目：已知 θ 是第二象限的角，则 $\dfrac{\theta}{2}$ 是第几象限的角？

第一轮教法，由 $2k\pi+\pi/2<\theta<2k\pi+\pi$（$k\in\mathbf{Z}$）得 $\dfrac{\theta}{2}$ 的范围，再对 k 奇偶性进行讨论，最终得到 $\dfrac{\theta}{2}$ 在第一、第三象限。

第二轮教法，引导学生穷尽所有情形，得到图1-5。如果 θ 是第二象限的角，只要在图中找数字2所在的象限（一和三），便是答案。余类推。

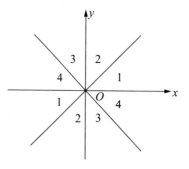

图1-5　$\dfrac{\theta}{2}$ 所在的象限

第三轮教法，第一步，同第一轮讨论的 $\dfrac{\theta}{2}$ 所在象限；第二步，仿照该题，还可以考虑其他几种情形吗？结论如何？第三步，有否值得改进的地方？改进什么呢？你有方法改进吗？第四步，归纳你的结论；第五步，你还能得到什么结论？引导学生深化研究 $\dfrac{\theta}{3}$ 所在象限的方法。

上述第一轮教法，是我大学刚毕业时采用的，明显有传统的强调知识传授的痕迹（它是重要的，但不是全部的）；第二轮教法，主要展现的是我深入研究教材后，得到的一个"绝活"，是典型的"抛结果""变魔术"的做法，没有学生自身的内心体验和主动参与，其结果不言而喻；第三轮教法，引导学生自己去探究、归纳，展现生动的发现过程，并使学生在这个过程中有丰富的情感体验，风雨过后见彩虹。

"数学是思维的体操"，这是加里宁的一句名言。这道例题三轮教学的反思，触发我对数学教学中的思维教学进行了深层次的研究，并在理念上提升。数学学习，与其说是学习数学知识，倒不如说是学习数学思维活动。因此，数学教学是数学思维活动的教学，这也是数学教学作用于学生发展最重要的功能之一。

就此先后取得的研究成果有：《数学教学中的"思路教学"》，载《中学数学》1993 年第 5 期；《中学数学教学》，《人大复印资料》1993 年第 7 期全文转载；《把数学教学作为思维活动的教学：〈锥体体积公式〉教学谈》，载《数学通报》1994 年第 8 期；《丰富课堂环境，发掘智力潜能》，载《数学通报》2000 年第 3 期；《"研究性学习"在高中数学教学中的应用》，载《中学数学月刊》2001 年第 8 期，《中学数学教学》，《人大复印资料》2002 年第 1 期全文转载。

（4）效果反思

以往的教学中，我对教学效果主要关注以下几个层面：

一是学生对教学大纲所规定的知识与技能掌握的情况，理解与巩固的程度。

二是学生运用知识分析问题，解决问题的能力。

三是与以上两方面相关的教与学两方面的情况的回顾与反思。

但一道练习题，触发我更深层次的反思。

案例 4　惊人的降雨量

降雨量是指单位面积的水平地面上降下雨水的深度。用上口直径 34 cm，下口直径 24 cm，深为 35 cm 的水桶来测降雨量。如果在一次下雨过程中，用此水桶盛得的雨水深度是桶深的 1/5，则此次降雨量是 _____ mm（精确到 0.1 mm）。

这是我 1998 年执教高三时给学生留的一道练习题，全班 48 人中仅有 6 人做对。有一名学生的答案竟然是 3789.3 mm，另有 3 人答案也大致在此范围（正确答案为 37.9 mm）——多么惊人的降雨量！

这惊人的降雨量引发了我的深思。数学，是研究现实世界空间形式和数量关系的学科。然而，我们的数学教学是否偏离学生的现实生活太远了？此外，以往的教学中，我们对学生检验答案的意识、方法与能力的训练，几乎是个"盲点"，而这恰恰是全面提高学生素质的一个重要的"支点"。因此，这"惊人的降雨量"，绝非全是学生的责任。教师更不能斥之为"粗心大意"而心安理得。于是，我就此精心设计了一节课。

课一开始，我出示上述错误答案后，学生纷纷议论开了："哇！3789.3 mm ≈ 3.8 m 是正常人身高的两倍多！""不可思议！题中桶里原来的水深才 7 cm"……我看准时机，发言点拨：工厂生产的产品，需经质量检验合格，方能出厂。数学解题何尝不是如此？接着，我简明扼要地介绍了几位科学家对此的精辟论述。

诺贝尔奖获得者丁肇中说过："我总是反复检查自己的工作，这样，我到现在为止，实验结果还没有出过错误。"

剑桥大学心理学教授巴特利特说："测定智力技能的唯一最佳标准，可能是检测并摒弃谬误的速度。"

美国著名的数学教育家波利亚在《怎样解题》中将解题划为四步，其最后一步便是对前面各个环节做审查和核验。

那么，中学数学中常用的检验方法主要有哪些呢？我出示了从学生错误答案中筛选出的若干"范例"，引导学生据此总结出常识性检验法、量纲检验法、一题多解检验法等10种中学数学常用检验方法。

至此，课堂教学渐趋高潮，我顺水推舟道：上述这些检验只是必要性检验，即使检验正确，也还不足以保证解题的正确——尽管如此，这些方法仍不失为简易、有效的检验法！如果把上述10种中的某几种方法结合起来使用，将会收到事半功倍的效果。

我继续引导：上述检验方法的总结，对我们有哪些启示呢？请同学们就此谈谈看法。

"即使错误答案被检验发现了，这种发现仍然是令人遗憾的。""对！这就启发我们尽可能少地出现错误的答案——要重视对解题结果的检验，更要重视对解题过程的检验。""我们应该回过头去查一查导致这些错误的原因，这样，我们才能采取相应的对策。""我也说一点，扎实的数学基本功，也是减少错误答案的重要因素之一。""我认为，在学习、生活中，我们应该像丁先生那样，时时检查自己的工作，既看结果，又看过程。"……

这节课，学生反响极好，更令我感慨良多。课堂教学是实施素质教育的主渠道，企图毕其功于一役，在一节或几节课中便达成素质教育丰富的内涵，无疑是不现实的。然而，它确实又必须通过每一节课来实现，唯其如此，才能真正将素质落实在教学的全过程中。因此，在数学教学中真正落实立德树人根本任务，应该大处着眼，小处入手，润物无声，久久为功。

日常的教学工作是繁重、琐碎和平凡的，上述几个案例也是极为普通的素材。然而，正是这种对琐碎工作的自觉反思，做出点点滴滴的改进与创新，才使得我们的教学在规范化、科学化、高效化的轨道上不断地得以前进。因此，教学反思始终面临这样的任务：

第一，揭示教学过程的各种要素。

第二，把握各个要素之间关系的整体结构特征。

第三，依据反思、分析所获得的信息，实施改进教学过程和教学方法。

上述成果在《中学数学月刊》1998 年第 10 期发表，并被评为江苏省该年度中学数学教学优秀论文一等奖。

3. 学法指导反思——为促进学生的学习而教 [1]

数学，历来是高中生觉得"难"和"繁"，也是投入精力最多的学科之一。因此，在数学教学中加强学法指导，以促进学生的学习，提高教学效益，减轻学生课业负担，便成为当务之急。学习方法是否科学，是学生能否学好数学的极其重要的因素。

学法指导实验在我国 20 世纪 80 年代就开始了。我从 1989 年起，历时九年，对千余名高中生（有农村完中的，也有集镇、城市省重点高中的）进行大量的调查，并于 1989 年 9 月—1995 年 7 月，进行了两轮"高中数学学法指导实验研究"。首轮实验主要研究高中生数学学习方法的现状，学习不得法的表现及其成因，以及在中学数学教学中加强学法指导的原则和方法，引导学生掌握"四环一步学习法"程序图。[2] 第二轮实验主要探讨中学数学学法指导的内容，以及在数学课堂教学中通过教法改革加强学法指导的途径。[3] 表 1-2 是 1995 年 4 月，我对两个实验班（合计 98 人）的问卷调查结果的统计：

表 1-2　学法指导问卷结果统计表

调查内容	人数
掌握或学会了某些学习方法	82
培养了较好的学习习惯	73

① 周建华. 高中数学学法指导的困惑与元认知开发 [J]. 中学数学，1998（4）.

② 周建华. 当代高中生数学学习方法探微 [J]. 中学数学，1995（5）.

③ 周建华. 试论中学数学教学中的学法指导 [J]. 全国首届中小学教师、教研员"教研杯"论文大赛一等奖，中央教科所主办，1996（9）.

调查内容	人数
有效地提高了数学学习成绩	88
能灵活选用合适的数学学习方法	17
能对自己的数学学习加以剖析、调整	18
提高了数学学习能力	21

这一调查分析，使我颇为困惑：学法指导实验对提高学生学习成绩有较显著的效果，但为什么数学学习能力的提高严重滞后于数学学习成绩的提高呢？这种困惑又说明学法指导面临什么样的危机与挑战呢？

教学实践表明，学生经过学法指导训练后，掌握或学会了某些学习方法，但也只会依赖于过去形成的学习方法和习惯，而不会选用这些学习方法，或者是不知道根据数学情境的特点，灵活选用合适的学习方法，而是教条地搬用这些学习方法。特别值得注意的是，绝大多数学生还不会对自身的数学学习活动加以认知，找出阻碍自己学习发展或发展迟缓的症结所在，从而不断调整自己的数学学习活动，以促进自己数学学习的进步和发展。个别学生虽然对数学学习方法掌握和运用较好，但由于不会灵活调节和控制自己的学习活动，其学业整体水平提高和持续发展以及对其他学科的正迁移也不尽如人意。以致数学学法指导在实践上不能更加有效地深入发展，理论上也难以日臻完善。其原因，从实践上看，恐怕在于数学学法指导过程中注意到获取知识的手段如何运用，而忽视了手段和对象之间的内在联系并由此产生的对学习对象整体调节、监控和整体处理的方法。

从理论上看，长期以来，教育工作者大都是将学习视为一个感知、注意、理解构成的认知过程，这种观点是不全面的。从元认知的角度考虑，数学学习活动不仅是对所学材料的识别、加工和理解的认知过程，而且是一个对该过程进行积极监控、调节的元认知过程。这一观点强调了要从过程的角度深入地分析数学学习活动，特别是该过程中主体积极监控、调节自身学习活动的思维过程。因此，数学教学必须同时从这两方面入手，并有机地将两者结合起来，在学法指导的实践中边摸索、边探讨，深入地涉足这个领域。鉴于此，我自 1995 年 9 月起，进行了第三轮"数学学法指导实践研究"（苏州市"九五"规划立项课题），主要研究元认知在教学学法指导中的应用。

我执教的高二年级甲班（实验班，采用开发元认知的学法指导）和乙班（对照班，采用普通的学法指导），在学完高二课程后，进行 A（基础）、B（自学能力）、C（综合能力）三项测验结果进行比较（两班学生原有基础相当，且均为笔者所教），由于采用了不同的学法指导方法，因而教学效果大相径庭。而且，甲班学生由数学学习向其他学科学习的正迁移能力，学科间学业成绩的正相关性，甚至班级自主管理能力，亦明显优于乙班。当然，从教学伦理出发，此后，结合教学，我慢慢地也将乙班的开发元认知的学法指导相关内容补上。

总之，开展学法指导的研究实验，使之在实践上更见成效，在理论上更臻完善，仍然是我们面临的重大课题。

从研究一般的课型的改进，到教学分析与改进，再到研究对学生的学法指导，这样的经历使得我对教学研究有了更深刻的认识。

教学研究的本质。教学研究既具有一般科学研究的本质，又基于教学活动的特点，对教学活动进行研究。其本质，反映在以下三点：第一，教学研究是一种认识活动。教学研究就是针对教学实践中的某一问题加以分析研究，通过问题的解决或改进，不断深化对学生身心发展规律和教育教学规律的认识。教学研究是一种基于解决问题的规律认识活动。第二，教学研究是一种价值活动。教学研究伴随着解决教学问题的过程，会促进教学质量的提升，这个过程也是教学追求、教学价值不断升华的过程。第三，教学研究是一种艺术活动。教学研究在解决问题的过程中，教师的教学会通过不断创新，使之更合乎教学规律、学生身心发展规律。而创新是艺术的生命。教学研究也是一种艺术活动。因为，教学研究会提升教师的教学艺术。①

教学研究的特点。一是交互性。教学过程是师生间交互作用的过程，因此教学研究在研究教和学各自活动规律的基础上，要着重探讨师生之间的交互作用。二是微观性。一线教师的教学研究不宜做涉及面广、层次多元、结构复杂的"宏大研究"，而应该做侧重于教学微观的、心理层面的"微研究"，即抓住具体的微观的变量，注重对教学活动内部起重要作用的教师和学生的心理因素进行研究，见微知著，这样所获得的结果也才有理论价值和实践价值。三是多因素性。教学活动是由多因素、多变量构成的，既涉及教师方面也涉及学生方面，甚至涉及家长方面，还与教学理念、教学目标、教学方法、教学环境、教学评价、教学管理等多因素有关。四是限制性。一般地，教学研究结果的概括性往往较低，大多数教学研究都是通过选取一定的样本，在某种条件下进行的。这样，往往使得教学研究结果的推广受到限制。②

教学研究的内容。一是研究学科，即研究学科的核心知识、核心思想，以及学科学习对于人的独特作用；二是研究教学，结合自身教学，研究教学规律，运用教学规律，提高教学质量；三是研究教育技术，即注重现代教育技术与教学的有机整合，深刻理解教育可以放大优秀教师的教学效果，未来不使用现代教育技术的教师会被很好使用现代教育技术的教师所取代；四是研究学生，即研究学生的身心发展规律，研究学生的学习，研究学生的学情，促进学生的学习，促进学生的发展，在学科教学中促进完整的人的发展。

教学研究的方式。一是以叙事体验成长，增长教学智慧；二是以案例诠释理念，解决教学问题；三是以行动解读案例，改进教学行为；四是让经验回归课堂，从经验中反思概括出教学规律，形成教学理性。教学研究的开展，对教学研究规律的把握，有力地促进我形成自己的教学风格与思想。③

① 王嘉毅.教学研究的本质与特点[J].教育研究，1995（8）.
② 同上。
③ 乔晖.教师教学研究方式的选择[J].中国教育学刊，2009（1）.

我很认同这样的理念：教育是伟大的科学，研究的是人的身心，只有在创新思辨中才能超越向前；教师是崇高的职业，传递的是人的真情，只有在无私奉献中才有魅力无限；教学是复杂的艺术，生发的是人的智慧，只有在实践反思中才能高歌凯旋。

我认为，一位数学教师，如果仅仅停留于传授数学知识的层面，那他便是一名教书匠，是经师；如果还能够体现数学的思维，那他是一位智者；如果还能给学生无形的文化熏陶、精神陶冶，那他才是人师！

在长期的数学教学实践中，我形成了自己的教学思想：以知启智，以智怡心；即用数学知识启迪学生的智慧，用智慧陶冶学生的心灵。通过数学教学，我希望：学生学会并运用客观研究的方式，超越数学知识与现象以认识隐藏于背后的本质（是什么，为什么），领略"冷而严肃的数学美"，发展理性思维，养成理性精神，善于独立思考，不怕失败，勇于坚持，能体会到数学应用之妙，数学文化之博大精深，更能充分体会到由智力满足带来的快乐，核心素养发展带来的快乐。

教育科研，使我走上了事半功倍的快车道。作为苏州实验中学分管教育科研的副校长，又促使我不用扬鞭自奋蹄，在教育科研的道路上奋力前行。1998 年 5 月，我被评为苏州市教育科研先进个人；1999 年 9 月，我被评为苏州市普通中学数学中青年学科带头人；2000 年 9 月，我被评为苏州市名教师。2000 年 5 月，我 36 岁时，被评为江苏省中学数学特级教师。

三、20 年人大附中任教路：从名师到优秀校长

2001 年 9 月，我来到人大附中任教，继续在成为专家教师的道路上前行。同时，因为刘彭芝校长发现了我的学校管理潜能，搭建平台，让我又在成为优秀校长的道路上奔跑。

（一）震惊：面对摆在我面前的商调函

在一次全国课程改革交流会上，我到会场较晚，就坐在长条桌靠门口的一侧。对面的一侧，一位女士一直在埋头书写。当我发言时，讲了几句后，她便停止了书写，盯着我看并听我讲完。等晚上散会时，她很快地从里面出来，告诉我她是人大附中校长，并邀我晚上一起用餐。晚餐时聊了一些简单的情况，刘校长便将次日的行程给安排好了：明天上午，请人大附中王珉珠书记陪我在人大附中参观半天。她自己明天上午有个大会报告，中午回学校陪我餐叙，到时再说其他事。第二天上午，王书记陪我参观学校，向我介绍刘校长办学的各种创新举措，令我眼界大开，非常敬佩。中午，刘校长如约在她的办公室陪我餐叙。边用餐，边进一步了解我各方面的情况。饭后，刘校长让我讲一节课。我记得讲的课题是"充要条件"，刘校长组织了不少人听课。下课后，刘校长让我休息一会儿。我估计她去征求听课的老师们的意见了。大约一节课时间，刘校长回到了办公室，让我等她一会儿，她去人民大学办点事。又过了一小时许，刘校长回来了。她将人民大学开具的商调函放在我面前："周老师，我们学校决定调进你。你回去办调动手续吧。"

面对摆在我面前的商调函，我震惊了：第一，震惊于刘彭芝校长的魄力。从与我见面，到开具商调函，不到24小时！第二，震惊于刘校长的能力。看似兴之所至的安排，其实从参观到交流，从课堂教学到课后评课，再到亲自谈话考察，主要的考察环节在不知不觉中进行了。第三，震惊于刘校长的效率。一小时取回商调函，如此高的效率！这高效率的背后，应是刘校长的高影响力，而高影响力的背后就应该是高成就了。从"震惊"中慢慢平复，细细想来，这不正应验了岳父当年赋诗中的"有识之士自识君"吗？

其实，在此之前，上海市某区经过考核，已经准备引进我，并且给我发出了商调函。后来，因为该区教育局及相关学校的人事变化，此事耽搁了。没想到，与刘校长仅仅见了一面，便决定引进我到人大附中任教。两相比较，令我非常感慨。

感慨之余，此事于我的另一重要影响是开启了我的管理心智，使得日后我担任人大附中航天城学校校长以后，学着像刘彭芝校长一样"不拘一格降人才"，去爱才、识才、育才、用才。现已是人大附中航天城学校美术组教研组长的张昱老师以"一位美术老师的航路"为题，记录了入职人大附中航天城学校和成长的"一波三折"。

1. 从"迷航"到"试航"

2015年初冬，人大附中联合学校总校来人民大学招聘教师。研三在读的我，向人大附中各成员校海投了一遍简历。但心中很忐忑，因为我没有教师资格证。万万没想到，第三天，接到了人大附中航天城学校的一面通知。一面，顺利通过。二面，试讲。讲的是人物绘画，自己感觉讲得很成功。周建华校长模仿学生提问：老师，这么大一张纸，我应该把人物画到什么位置呢？我马上反应出——忘了讲构图，于是顺水推舟地补充讲了构图。

三面。与我竞争的仅剩一位老师了。周校长提问："如果您顺利入职人大附中航天城学校，您将如何开展教育教学工作？"我们两位给出的是截然不同的答案，我是想实现面向未来的创新教育，而另一位老师主张直面传统积淀，从国粹入手开展课程教学……此后，人事副校长问到了我最害怕的问题："你拿到教师资格证了吗？"我已知道，另一位教师是有教师资格证的……

心灰意冷地回到宿舍，食不知味。

突然一个陌生号码响起："请您马上回到面试地点，我们还想跟你聊一聊。"我抓上书包就飞奔回去，周校长斩钉截铁地说："我们打算录取你加入我们学校！""可是我没有教师资格证啊……"我怯怯地回答。"没关系，还有一年时间，我们可以等你考下来！"

这一次，终于雀跃地跨出了人大附中航天城学校的校门。

遇到了如此开明的校长竟然舍得放手等我的"敲门砖"，要知道，当年我去面试90%的学校一听我没有教师资格证，立马就冷眼相看礼貌拒绝了，而周校长竟然肯等我把证考完。

2016年7月，教师资格考试成绩出来，面试没过，我感觉天要塌了，明明全身心扑在上面练习，为何还是没通过，懊恼、后悔、委屈……最终，在半年内，我拿下了教师资格证，顺利地在2016年12月入职了。

2. 从"领航"到"自航"

2017年8月，人大附中航天城学校正式开学前的第一次科研年会——暨人航小学一年级教师培训会召开，当时学校领导班子只有三位，教师团队只有33位教师，其中不乏像我一样刚刚毕业的应届生。

周校长在会上发表了"人生，在这里起航"的演讲，提出了"站上讲台——站稳讲台——站好讲台"的要求，并指导每个学科进行课程体系构建，以便"谋定而动，实至势成"。

我将全部的经历投入课程建构与实施。当时周校长对我的课程方案评价是：学习课程标准，有课程育人意识；学习小学六个年级的课本，基础课程全扫描，拓展课程、社团建设通盘考虑，还注意了学科融合……

听了周校长的评价，我像是吃了定心丸，知道自己方向对了，就好像有了导航一般，可以继续做细做深了。我重点在四个方面进行开拓：一是中小学一体化美术课程建构及实施，二是美术课堂教学方式变革，三是美术社团活动模式创新＋课程成果汇报展览；四是"人航娃"系列文创产品研发。

回味此事，我一直特别感谢张昱老师的坚持！也很庆幸我的坚持！这是因为，海淀区新教师的招录工作基本上在每年7月就截止了。而2016年因为种种特殊原因一直到12月才截止——张昱老师正巧赶上！张老师的坚持，她说是"不想放弃一所好学校";我的坚持,是不想放弃一位优秀教师的"好苗子"!

(二)"让我再看这个世界最后一眼吧"

刚到人大附中,我接了高一年级三个班的数学课以及一个班的班主任。这个班的原班主任是一位青年教师,尽管工作很努力,但由于经验不足,班级带得比较乱,但这个班的班长又异常能干。

接班的那天的早读,我在教室巡视一遍刚回到办公室,班长主动找我谈话了……结束谈话时,班长很认真地对我说:"周老师,我对你很有信心!"引得周围的同事发出了善意的笑声。

到了中午下课,我刚准备找她谈话时,她冲进了我的办公室,把一张纸条拍在我的办公桌上:"老师,这是×××的纸条,我刚刚发现,她人不见了!"纸条上赫然写着:"让我再看这个世界最后一眼吧。"此时,距上午最后一节课下课刚刚五六分钟。我马上组织学生在校园内找人,并要求学生守住校门,十分钟后派人赶紧告诉我消息。十分钟后,找遍了所有的地方,没找到。我反复地看纸条,猛然醒悟:"快,上楼顶!"终于,在八楼的楼顶找到了她。我迅速通知她父亲立即来校。将她领下楼后,我与她谈了近半小时,她一言不发。此时,正好她父亲赶到。我在室外拦住她的父亲,简要地说明情况,并要求她父亲进去后不要说话,只管抱着女儿哭。她父亲说,老师我哭不出来啊。我对他说,你女儿只要哭了,我就有办法,就没事;如果她不哭,那就麻烦了。终于,在父亲的真情感染下,女孩抱着父亲,号啕大哭……

原来,她与班上一个男孩很要好,被男孩母亲发现了。男孩母亲昨晚打电话告诉她,男孩不会再与她来往了。而女孩父母离异后,继母与她多有隔阂,昨晚为这事继母还骂了她。今天早晨,男孩果然没有理会她,没有像往常一样与她一起上学……

所有这些,对于接班刚半天的我,毫无思想准备。那么,我为什么要求她父亲抱着她只管哭呢？主要是基于以下几点考虑：

其一，是运用了心理学上的"对比效应"。例如，把鲜艳与模糊的颜色并列，鲜艳的颜色更鲜艳，模糊的颜色就显得更模糊。因为刚才上楼的途中班长告诉我，女孩的父亲平素对她的要求非常严厉，近乎苛刻……

其二，是运用了心理干预上的"宣泄效应"。让女孩积压在心底的种种委屈、巨大的心理孤独甚至想轻生的念头通过痛哭宣泄出来，释放出来，待情绪平静后，方能因势利导做好工作。

后来，我又寻求了学校心理教师的帮助，对她进行了心理干预，取得了较为理想的效果。当然，也没有忘记通知学校封好通往楼顶的通道。

其实，每个人在成长道路上都会遭遇困难。有些困难，孩子自己扛过去了。有些困难，孩子自己扛不过去，这时老师或家长适时搭把手、助把力，这对孩子成长而言非常重要。如果在这时，孩子感觉到"叫天天不应，叫地地不灵"，那极有可能引发极端事件，后果不堪设想。所以，教师、家长应该具备"读心术"和"舒心术"，了解孩子的心理，及时帮助孩子排除障碍，健康成长。

做了校长以后，除了要处理来自学生的突发事件外，还要处理来自老师的冲突或突发事件。除了自觉运用心理学、管理学、教育学相关原理外，我觉得非常重要的一点，就是与教师真诚地沟通。比如，有个别老师会不自觉地对学生发火、对同事发火。我曾以"不要发火"为题，和老师沟通：

要成人之美，不要乘人之危；

要尊重同事，不要文人相轻；

要互相补台，不要互相拆台；

要做铺路石，不要做绊脚石；

要互相敬重，不要互相腹诽；

要当众夸赞同事，要单独交换意见，不要当众对同事发火！

……

回溯心路

从乡镇中学到城市中学，再到人大附中，我教的学生变了，促使我研究不同学生的特点，用心感悟以"爱与尊重"呵护孩子心灵的真谛，自如地运用教育规律和心理学原理去解决学生的心理障碍，去创造适合每个学生的教育。

爱教育，是教育力量的源泉，是教育成功的基础。你爱教育事业，教育事业也会爱你，你才能获得事业上的乐趣。

爱学生，学生才会爱你，才会让你在与他们的交往中忘记了外面的世界，忘记了物质的贫乏，忘记了经济的拮据，忘记了生活的烦恼，而体验教育生活的别致美好。

了解学生，尊重学生，要求学生。既要了解学生的个性，又要了解学生的共性，把握学生的身心发展规律，才能更好地在尊重学生的基础上以情换情，以情激情，以情导行。尊重学生，要求学生，更好地用爱心呵护孩子的心灵。

此外，做了校长以后，我工作的着眼点在学生，着力点在教师。我既要关注学生，又要关注教师。教师把学生捧在手心里，放在心尖上。我则既要把学生捧在手心里，放在心尖上；又要把教师捧在手心里，放在心尖上。

2003—2004学年，我在人大附中被临时调至高三实验班接班主任。开学几天后的一个早晨，学生小C没穿校服，踏着早读的铃声，晃晃悠悠地来了。我在教室的走廊中将他截住，本想了解一下为什么没穿校服，然后请他注意改正，就准备让他参加早读的。可是，我问他为什么没穿校服时，他编造了一堆假话来搪塞我。而且，态度越来越差，最后竟对我置之不理，嘴里嘟嘟哝哝地进教室了。看到这样的情形，早读的语文老师看不下去，说了小C。小C马上又大声地顶撞语文老师。这一来，班长忍不住了，大声说了小C。小C马上又骂起了班长。小Z同学是个急性子，平素与班长特要好，拍案而起，颇有大动干戈之势。我一看事态快要失控，马上对小C说，今天老师可能方式不太好，咱们这样好不好，先把这事放一放，大家都冷静地想一想，今天正好因天气原因不能出课间操，课间操时间咱们再说好不好？正好上课铃响，我便示意语文老师开始上课。

课间操时间，我准时来到教室，我首先对同学们说，我已经到宿舍看过，小C的校服是很脏了，我之所以反复追问他，是因为我觉得他没有对我说真话；而小C没有对我说真话，寻找许多理由搪塞，我觉得主要是为了表明他并非故意破坏学校的规定。在此，我真诚地向小C道歉！其实，大家都知道，小C以往经常不穿校服，今天，是我做班主任以来小C第一次没穿校服，也是咱们班第一人次没穿校服。然后，我请班长上台讲话。班长也真诚地向小C道歉，小Z也上台讲话，最后是小C，他已经是感动得热泪盈眶。这时，我走上讲台，将我们的四双手叠放在一起，然后，让班长设计一句话，我们一起大声喊出来，拥抱在一起……

其实，许多孩子说谎或行为出格，往往是因为安全需求和尊重需求而导致的。我用"冷处理"顺利地解决了实验班棘手的个别学生不穿校服问题。事后，有同学告诉我说，当时好多女生都感动得哭了，根本没有想到，老师会这样处理这个问题。良好的"首因效应"[①]，使得这个班级的孩子们很快接受了我，成为好朋友。这个班级从此变得更加团结，更加大气。

2004年高考，该班考上清华北大的就有28人之多。7月18日，我们班召开最后一次班会，班会后开拔去毕业旅行。孩子们把我请上讲台，然后由班长读他们写给我的信，不到两分钟，我就泪流满面，泣不成声，男儿有泪不轻弹，既有依依不舍，又有从心底涌起的阵阵幸福……

教育实践中，遇到学生的问题或冲突，老师们往往会自觉不自觉地控制不住脾气，严厉地批评学生一番，甚至训斥学生一通。这样的后果，往往是赢得了"威严"，丢失了"人心"。反之，适度包容学生之过，常常既能赢得"信赖"，

---

① 由初次见面时所形成的对一个人的印象，被称为"首因效应"。19世纪德国著名心理学家艾宾浩斯说："保持和重现在很大程度上依赖于在有关的心理活动第一次出现时的注意和兴趣的强度。在第一次生动鲜明的经验之后，被烫伤的儿童就避火，挨了打的狗见了鞭子就逃。"

又能赢得"人心"。因为，批评不只是要让学生"低下头"，而是要让学生更好地"抬起头"。让学生"抬起头"的老师，才可能是学生成长的依靠；让学生一直"低下头"的老师，往往是学生成长的"噩梦"。

（三）数学特级教师管后勤

2004 年 7 月，刚送走高三毕业班，刘彭芝校长找我谈话，交给我一个非常"重要"的任务：分管后勤。我当时心里嘀咕：我是搞教学的，怎么让我去管后勤呢？刘校长似乎看出了我的心思，对我说："别以为让你管后勤是'大材小用'，告诉你，前面也有搞教学的去管后勤的，但没有拿下，希望你能拿下！"

后勤的一些员工听说我分管后勤，也有疑虑："数学先生"会管后勤吗？

1. 这样报加班合理吗

分管后勤后，我很快就体验到分管后勤与分管教学的"不一样"。分管教学，面对的是教师，教师习惯和你"讲道理"；后勤员工，与教师不同，他们特别注意"讲感情"。而作为学校管理者，又非常需要"讲原则"。面对这样的局面，怎么办？

记得分管后勤不久，到了报当月工作量的时候，某位领导给某工种的员工每人报了近 50 个加班。我一想，天天算加班，每天都得加两个班，这显然不合理。可是，这样报加班的做法已经延续了一段时间了。我和总务田主任统一了意见，决定改变这种做法。就在我俩商量出方案，准备征求员工意见时，次日早晨一上班，一个后勤员工便和总务主任发生了激烈的冲突，我赶到时立即和其他领导一起制止了冲突。

原来，这位员工"听说"要把他们的加班费全部扣除，而加班费在他们的收入中占有较大的比重。后来，我耐心地给这位员工解释新的方案。基本思路是：第一，真正的加班才能计入加班工作量，加班费决不能虚报；第二，加班费的标准应该合理，会做适当的提高（原先值一个夜班的薪酬标准较低）；第三，加班必须认真负责，如出现事故，则要追究责任。

在征求员工意见的基础上，我们又进一步修订了方案，最终报请校务会批准后，按照新的方案管理加班，并对其他相关涉及加班的工种一并做了合理的规定。

诸如此类，是我们在学校管理中经常碰到的情形，让我反思良多。第一，做学校管理工作，要敢于"动真碰硬"，对于一些棘手的难题，必须迎难而上，不能回避矛盾。第二，涉及员工的切身利益，哪怕是明显不合理的切身利益，切忌简单化、粗暴化处理，既要看到其中大家都看得见的"不合理"的部分（比如1天加班超过2个工日），还要看见"不合理"中蕴含的"合理部分"（比如加班的薪酬标准过低），最终要在这两者之间寻找一个平衡点。第三，既然涉及员工切身利益，制订方案与标准就必须征求员工意见，而且还要注意部门之间的平衡。否则，解决了一个部门的矛盾，引发其他所有部门的群体矛盾，那无疑是缺乏系统思维和全局观念的表现。

2. 楼顶积水

2013年暑假，一次暴雨之后，我和总务田主任照例巡视校园。走到学校图书馆，我偶然发现楼南侧的落水管并没有滴水。对此，我很奇怪，决定和田主任一起上房顶看一看。到了楼顶，发现楼顶的积水深度足足有40多厘米，这样楼顶积水的重量就有几十吨。蹚水过去，发现那些落水口被树叶、塑料布等杂物堵住了。田主任非常费力地将这些杂物掏出来，"嗖……"一声巨响，水流喷涌而下。很快，楼上的积水排得差不多了。等将所有的落水口清理干净，楼顶的水才彻底排干。

下楼后，田主任问我为什么会发现这个细节？我说，有责任心才能更多地关注细节。同时，我们俩一起反思讨论：常态管理的制度如何落实？如何做到雨季来临前、入冬下雪前，将楼顶全面清理干净。

我们商量，制度应该包括以下几方面的内容：

第一，什么事？（工作内容与任务）

第二，谁来做？（落实到人）

第三，怎么做？（工作规范与标准）

第四，做得怎样？（工作绩效）

这样，通过制度设计，落实细节，加强责任心，加强绩效检查。

3. 这个校长会算账

分管学校财务工作后不久，一位部门主任找我："我们要搬运一批物品，人家开价是 10 万元，您看可以吗？"

说实话，我当时心中对此真的是毫无概念。但是，我毕竟是数学教师，我坦诚地说："我也没有太大的把握，我们不妨一起来算算账。"

我问道："请问公司计划多少天搬完？"主任答道："说是 10 天。"

我继续问道："您问他每天来多少人了吗？"主任说："每天 10 个人。"

我说："那我们就可以算账了。总共 10 万元，搬 10 天，那就是每天 1 万元。对吧？""对。"主任认可。

我继续说道："每天 10 个人，那就是每人每天 1000 元。对吧？"

主任说："对。"思索了一会儿，她马上说："不对！"

我问她："为什么又不对了呢？"

她说："账没算错。但标准太高了！我是中学高级教师，我一天的工资才不到 300 元。这标准太高了！"

我露出会心的微笑："那您看每天多少合适？"

她说："每天最多 200 元！不！200 元还是偏高了！"

我则说："200 元不是偏高了，而是偏低了。"

她不理解："为什么呀？"

我说："第一，您每天不到 300 元，但是您在休息日、节假日也是能拿到这份钱的。而搬运工干一天活，拿一天钱，并不能保证天天有活干。""那是。"主任同意。

"第二，公司组织搬运工提供搬运服务，公司的运营也是有成本的，有管理人员的成本，还有各种税和费。另外，还需要支付搬运工的保险等费用……"

主任慢慢点头。

我说："我觉得在 4 万～6 万元之间都可以接受，麻烦您会同后勤、财务部和公司进一步沟通吧。"

主任很满意地离开了。

很快，"这个校长会算账"，在后勤、在全校传开了。

我认为，对于涉及财务的问题，不乱表态，想到去算算账，是对工作、对学校负责任的表现。会算账，能把账算明白，既是岗位专业性的要求，也是校长服务本领的必要储备。更重要的是，不但自己想算账会算账，也带领部门主任等管理人员想算账会算账，是带好队伍的重要路径。最重要的是，建立健全学校财务运行的风险内部控制制度，并严格执行，是防范财务风险的治本之策。从此以后，我对学校内目之所及的所有物品的价格都比较关心，因为这是"会算账"的基础。

随后，我在人大附中陆续又分管了安全、基建、电教、信息、宣传、舆情、科研及党务等工作，每项工作我都认真履责，尽心尽力。这虽然很累，但非常锻炼人！

等到我担任人大附中航天城学校校长时，我才发现，这样全方位的锻炼对我成为一名合格的校长，一名胜任的校长，实在是太重要了！以至于人大附中航天城新校区启用之前，校办的老师看我能熟练地处理物业、绿化、保安、保洁、物品采购、餐厅服务采购、工程质量验收等各种各样问题时，惊呼："校长真是超人！"我心中十分清楚，我并不是超人，是在人大附中众多的岗位历练，提升了我方方面面的管理能力。加之，学校诸多事项的管理，本身就是相通的！

（四）自主安排第八次课程改革

2007 年 6 月，北京市教委启动第八次课程改革，鼓励一些学校提交自主安排新课程改革方案，通过北京市教委组织的专家组评审后，便可以自主安排新课程实验。

经校务会研究，刘彭芝校长提议让我主抓这个项目，她要求由人大附中、人大附中分校及北京航空航天大学附中组成教育实验体，一起申报自主安排新课程实验。

当我们具体思考人大附中教育实验体自主安排高中新课程实验方案时，大家发现至少面临以下的挑战。

挑战1：人大附中、人大附中分校、北京航空航天大学附中这三所学校各有特点。人大附中是北京市首批高中示范校，底蕴深厚；人大附中分校创校不久，亟须加强质量及品牌建设；北航附中原是老牌的办学质量较好的学校，只是近些年办学质量有些滑坡，需要重新拉升。面对办学基础、生源、教师队伍、学校文化、学校办学硬件等较大的差异，实验方案如何既考虑学校实际，又体现操作的相对统一性？

挑战2：新课程实验，需要理念先行，我们如何深刻理解新课程改革的理念，并使教师群体认同、践行新课程理念？

挑战3：新课程实验包括方方面面的工作，到底需要在何时做何工作？如何以三年为一个周期，建构新课程实验的路线图和时间表？

挑战4：新课程实验的过程，也是学校制度和文化重构的过程。在新课程实验的过程中，如何进行制度重建及文化重构？

……

如何直面这样的挑战，推进新课程实验工作呢？

第一，建构实验体工作团队。我们迅速组成了由教育实验体三校分管教学的副校长、各学科教研组长、教务处老师以及部分特邀专家组成的工作团队，立即开展工作。

第二，更新理念，统一认识。理念是行动的先导。经过研讨，我们确立了开展本项实验的工作理念和方法。人大附中教育实验体的高中课程改革实验要落实一切改革为了学生和教师的发展，一切改革依靠教师和学生的有效参与，一切改革的成果由学生和教师共享。要进行制度重建，为教师提供更有利于专业发展的环境，提供更加丰富和精细化的课程资源，真正促进教师成长幸福感的增长。

一是更加注重课程设置与设计。将育人目标、学校文化、历史积淀以课程为载体传递给学生，凸显学校办学特色和课程设置的结构化（决定课程的功能）、多样化（给学生提供选择）、体系化（体现学科课程体系），使学生的扎实基础和鲜明个性得以彰显。

二是更加尊重教育教学规律。更加尊重学生的需求，尊重老师、学生的个体差异，尊重生命个体的多样性，并将这种差异性和多样性作为一种教学资源，采用科学高效的教育方法和策略，切实促进教与学的方式的变革。

三是更加注重教师的创造精神。教师在课程改革中要带头创造性地实践学校的新课程改革方案，接受挑战与压力，投入时间与精力，运用智慧与勇气，探索一种新的成长方式，尝试自我突破和自我超越，在实现自身教育理想的同时，促进学校教育的和谐发展。

四是更加注重教育质量提升。以课改实验为契机，整合实验体学校的各自优势，促进北航附中、人大附中分校顺利地进行新课程改革实验，提高教育教学质量，促进教育均衡、优质发展。

第三，认真学习新课标精神，指导实验。工作团队反复学习新课程改革的要求，以及教育部颁布的课程方案与课程标准，反复研究教育实验体的新课程实验方案。如何学课程方案及课程标准？学到什么程度？我记得在暑期组织的教研组长的集体学习不少于九次。每次自主学习后，各教研组长都要发言，交流学习体会，其他教研组长都要倾听并参与讨论。经过这样的多轮学习研讨，各组长不但熟悉、理解本学科的课程标准，而且还了解其他学科的课程标准及实验方案，互相启迪、相得益彰，逐步形成各学科新课程实验方案，并对方案反复研究论证。在这个过程中，我自身则学习了各个学科的课程标准，力求融会贯通，能和各学科教研组长进行顺畅的交流讨论，力求跨越学科边界，把握第八次课改的基本规律。

案例5 请用一句话概括本学科不可替代的育人功能

在组织教研组长学习研读课标时，我提了一个特别的要求：每位教研组长要用一句话概括本学科不可替代的育人功能。我为什么提出这个要求呢？第一，是对学科教学价值的追问。第八次课程改革的理念是，一切为了学生的发展。新课程追求的是，使学生获得知识与技能的过程同时成为其学会学习和形成正确价值观的过程，突出学科育人。第二，希望各教研组在凝练上述这句话的基础上，统一学科教师团队的认识，以此为主题，设计新课程实验方案，形成学科特色。

比如，语文学科凝练的一句话是："语文学科是奠定学生人文基石的学科。"此后，在构建高中语文课程体系时，就分为基础类课程（面向学生全体，打造底色人文）、发展类课程（面向学生分层，打造多元人文）、荣誉类课程（面向学生个体，打造个性人文）。对学科育人功能的认识，使得学科课程体系建构不但有血有肉，而且有骨有魂。

数学学科凝练的一句话是："数学是培养学生思维能力特别是理性思维的学科。"因此，在数学课程实施也就是课堂教学中，着力践行"数学是思维的体操"的理念，激发学生的思维活动，让学生从中发掘潜能，"聪明起来"；生发智慧，"灵动起来"；发展理性思维，"理性起来"。

……

第四，任务分工，责任到人。我们确立了新课程实验方案目标，一是拿出适合人大附中教育实验体的新课程实验方案，二是对北京市正进行的新课程实验起到较好的引领、辐射及示范作用。在此基础上，我和工作组对重要任务进行分工，责任到人（见表1-3）。

表1-3 人大附中教育实验体新课程实验工作分工表

序号	工作任务内容	责任人	完成时间
1	人大附中教育实验体基本情况	三校教学副校长	7月20日
2	人大附中教育实验体学科课程安排表	附中各教研组长执笔 其他两校教研组长参与	8月5日
3	人大附中教育实验体高中课程改革课程安排表及说明	三校教学副校长 周建华统稿	8月10日
4	人大附中教育实验体拟开设的各学科选修模块和学校自设模块目录	各校教研组长	8月10日
5	人大附中教育实验体关于研究性学习、社区服务和社会实践活动安排意见	三校教务处	8月10日
6	人大附中教育实验体高中新课程学生选课指导意见	三校教务处	8月15日
7	人大附中教育实验体学生综合素质评价方案及实施办法	三校教学副校长	8月15日
8	人大附中教育实验体模块考核和学分认定方案和实施办法	三校教务处	8月15日
9	人大附中教育实验体结合高中新课程改革进行专题研究的基本情况	三校教学副校长 周建华统稿	8月15日
10	人大附中教育实验体开展校本教研的基本情况	三校教务处	8月15日
11	校本课程管理制度	三校教务处	8月15日
12	高中毕业会考自行组考方案	三校教务处 周建华统稿	8月15日

第五，规范落实，制度构建。在方案实施的过程中，我们建构的工作要求及制度主要包括：

（1）高中课程改革实验课程安排表及说明；

（2）拟开设的各学科选修模块和学校自设模块目录；

（3）研究性学习、社区服务和社会实践活动安排意见；

（4）高中新课程学生选课指导手册（含选课平台操作指南）；

（5）学生综合素质评价方案及实施办法；

（6）进行模块考核和学分认定的方案和实施办法；

（7）校本课程管理制度；

（8）高中毕业会考自行组考方案。

第六，注重生成，资源共享。关于教育实验体校际的资源生成与共享，我们探讨了以下措施：

（1）在课程资源共享上，人大附中开设的选修 I 的课程以及选修 II 的课程可适度地供人大附中分校及北航附中的学生选修。

（2）在教师资源共享上，三校教师可根据需要适度地跨校开设选修 I 的课程以及选修 II 的课程。

（3）在课程硬件资源上，人大附中的游泳馆、艺术馆、乒乓球馆、虚拟科学实验室等硬件设施资源可供校际共享。

（4）在教材资源共享上，北京航空航天大学有关专家教授担任《通用技术》（河南版）选修手册的主编，三校已组建有关团队，共同参加此课程资源的开发与教材的编写，并在使用中完善（当时尚未出版统一的《通用技术》教材）。

（5）在教学研究上，三校统一集体备课。基本模式是以两周为一个单元，其中一周集体备课时间是三校校际的集体备课，另一周的备课时间则是三校校内的集体备课。前者，共享课程资源，注重三校都必须达到的共同的基础教学要求；后者，注重在达到共同的基础要求后，如何根据本校不同学生的特点，促进学生的全面而有个性的发展。

（6）在模块的考核及学分认定上，三校统一命题，统一考核，统一阅卷评分，统一质量分析，注重教学的过程管理，致力追求并稳步推进教学质量的不断提高。

（7）在高中毕业会考上，三校统一命题，并在正式会考之前，根据需要进行必要的前测，以便更好地把握试题的难度、信度，确保命题质量。三校集中在人大附中进行高中毕业会考，统一考务管理，做好保密工作，规范考试纪律，确保会考的规范、有序、安全。

经过两个多月的工作，我们终于在 8 月中旬拿出了新课程实验方案。这一方案，是大家集体智慧的结晶。形成这个方案的过程，是组织学习的过程，也是组织反思的过程，还是组织建构的过程，更是"统一思想和行动，凝聚智慧和力量"的过程。

这一方案，经校务会把关完善后，顺利地通过了北京市教委组织的专家评审。我们按照此方案展开了新课程实验，在实验过程中将方案不断细化、实化，取得了非常理想的效果，促进了教育实验体学校发展、学生发展和教师发展。

2008 年 8 月底，我与教务处老师及其他两校领导一起将新一轮高中新课程实验如期安排妥当。9 月中旬，我有点感冒，且始终不见好。9 月下旬，有一位数学老师感冒，无法上课，我就和教务处老师说，我顺便给这个班代几天课得了。没想到，这竟然成了压垮我的"最后一根稻草"！因为工作劳累等种种原因，我大病了一场。痛定思痛，我认真地进行了反思。

第一，在以往的工作中，我往往追求卓越、追求完美。这种追求是好的，但可能也会或多或少地给自身带来了一些不必要的心理压力。

第二，在以往的工作中，我往往注重自己如何将事情做好，而忽略了团队的力量，特别是团队人员的感受，放手让团队工作做得不够。

第三，在以往的工作中，我往往注重一事一策地解决问题，而在解决问题的制度、程序的建设上做得不够……

反思之后，我拟定了此后工作的对策：第一，以平和的心态对待工作；第二，注重团队建设和对团队成员赋权；第三，注重制度和程序建设，做到有章可循，有程可依。

病后初愈，我返回工作岗位，此时的工作负担大为减轻了。一方面，我利用这一段时间阅读了大量的教育、课程、教学、哲学、心理等方面的名著；另一方面，协助刘彭芝校长举办"中国卓越校长卓越教师培养基地"，编辑出版

《双卓基地通讯》共 11 期，合计 250 多万字，开拓了一个新的领域。

2012 年，刘彭芝校长倡导的创新人才教育研究会经民政部、教育部批准成立，我担任该会的常务副会长。该会的会刊《创新人才教育》（季刊）正式编辑出版时，我又担任该刊的常务副主编兼编辑部主任。

在这一过程中，我分管的工作有较大的变化。从中，我不断调整自己的心态，开启自身的心智，转变工作方式，开辟新的领域，作出新的贡献。我还形成了一个有趣的认识——我们培养学生大致也可以分为两种情形：第一种是"爱一行，干一行"，即学生很早就发现自己喜欢什么，并且在这个领域有较好的天赋，在这个领域长期坚持下去，就有可能成为"杰出人才"，成为"大师"。第二种是"干一行，爱一行"，为了祖国的需要、为了人民的需要，让我干什么就干什么，而且力求干什么都干到最好，这也是我们需要的面广量大的社会主义的合格建设者和可靠接班人，其中也会涌现出一大批"劳模"和"大国工匠"。

（五）竞标承办教育部教师"国培计划"

2010 年 5 月，刘彭芝校长注意到财政部、教育部要举办"国培计划中小学骨干教师研修项目"（以下称"国培计划"），这是我国最高端的教师培训项目，她安排我牵头做培训方案，参加培训高中数学班的竞标。

我心中没底。第一，教师培训一般都是大学做的，加之这个项目是最高端的教师培训，我们中学能做好吗？第二，我们自己是一线教师，拿什么去培训一线教师呢？第三，教师培训项目以前没有做过，毫无经验，如何才能将这个项目做好？

刘校长是这个项目的首席专家。她说，大学培训中学老师，有优势也有不足。优秀的中学老师不是靠大学培养的，而是靠中学培养的。你要突出与大学不一样的中学特色，这样才能做好！这些指点，打开了我的思路。

第一步，参加教育部竞标答辩，接受专家评审。我牵头准备答辩材料，为此，我们成立了由数学组、项目办组成的项目组，精心做好准备工作。

第二步，精心组织，认真实施。项目实施过程之前，我们进一步了解学员的培训需求，优化培训方案。精心编印了《国培计划（2010）——中小学骨干教师研修项目中国人民大学附属中学高中数学班培训手册》。主要内容有：国培计划简介、学校简介、专家团队、学员名册、实施方案、培训日程及住宿安排等。

扫码观看"培训实施中的典型案例6"

项目实施过程中，我安排网站建设专家王军校长助理专门在学校官网上创建"国培计划"专栏，学员每天的研修心得随时在网页上发布和共享。部分学员的研修感言摘录如下。

人大附中数学国培班让我走近大师，领略大师学者风范、专家学养，感受教育之广、感悟数学之妙、感知教学之美。

福建省福州市第三中学数学高级教师　林　风

这次培训理论与实际相结合，既受到人大附中办学理念的熏陶，又能得到专家指导，这是我教育事业的再提升，思想的再洗礼。

北京市通州区潞河中学　赵月灵

这是一场一线教师和教育家、研究专家的多维对话，真正感受到了人大附中数学国培班示范性和引领性的特点。

吉林省延边第二中学　张孝梅

人大附中数学国培班15天的学习，让我真正体验到最先进的办学理念；大师的教诲，让我了解数学教育的前沿思考，读懂了数学的本质。

重庆市第三十七中学　刘隆华

回溯心路

第三步，项目绩效，名列前茅。项目实施后，学员的满意度非常高（见表1-4）。

表1-4　学员满意度调查统计结果

评价内容	非常满意	满意	一般	不满意
学员对项目的整体满意度	91.30%	8.70%	—	—
项目满足学员学习需求的程度	80.43%	19.57%	—	—
研修（培训）目标设置与定位	93.48%	6.52%	—	—
研修（培训）课程和活动安排	76.09%	23.91%	—	—
研修（培训）资源	89.13%	10.87%	—	—
研修（培训）方式、方法选择	86.96%	13.04%	—	—
主讲和指导教师水平	91.30%	8.70%	—	—
教师队伍设施与条件	95.65%	4.35%	—	—
住宿条件及其服务质量	97.83%	2.17%	—	—
用餐及其服务质量	95.65%	4.35%	—	—
项目管理团队服务态度与质量	95.65%	4.35%	—	—
研修（培训）成果与收获	86.96%	13.04%	—	—

在教育部"国培计划"项目管理办公室组织的匿名绩效评估中，我们的项目在25所中标院校中名列第一。

第四步，持续竞标承办国培项目，追求优质学校社会责任的最大化。2010—2014年五年时间，我们通过竞标共承担了9个国培项目，累计集中培训530名种子教师，通过网络工作坊培训全国4800名基层一线教师（见表1-5）。

表1-5　人大附中中标承担"国培计划"项目一览表

年份	项目类型	学科	培训人数	地区数	地区
2010	中小学骨干教师研修项目	高中数学	50	7	北京、黑龙江、福建、江苏、重庆、吉林、天津
2011	中小学骨干教师研修项目	高中数学	100	13	北京、天津、重庆、吉林、黑龙江、江苏、山东、四川、陕西、新疆、青海、甘肃、宁夏

续表

年份	项目类型	学科	培训人数	地区数	地区
2012	中小学骨干教师研修项目	高中数学	50	10	北京、上海、山东、河北、天津、吉林、新疆、湖北、浙江、江苏
	中小学骨干教师研修项目	高中语文	50	10	甘肃、河北、河南、湖南、内蒙古、四川、山东、陕西、新疆、重庆
	中小学骨干教师研修项目	高中通用技术	50	12	北京、甘肃、河北、黑龙江、吉林、辽宁、内蒙古、宁夏、山东、四川、天津、云南
2013	骨干教师高端研修项目教师工作坊研修项目	高中数学	91	8	北京、甘肃、广东、河南、江苏、辽宁、上海、四川
2014	一线优秀教师培训技能提升研修项目	高中数学	50	10	江苏、安徽、四川、重庆、福建、浙江、湖北、江西、河南、河北
	示范性教师工作高端研修项目工作坊主持人集中培训	高中数学	39	10	吉林、天津、重庆、陕西、江西、山东、山西、黑龙江、浙江、湖北
	一线优秀教师培训技能提升研修项目	高中语文	50	3	海南、广西、西藏
	合计	9项	530	28	

说明：2013年人大附中"国培计划——骨干教师高端研修项目教师工作坊研修项目"培训的91名教师将通过人大附中网络平台，培训全国4800名基层一线教师

为了记录国培项目的精彩过程，刘彭芝校长和我作为主编，编写了《我们的国培2011·高中数学》，该书由中国大百科全书出版社2012年9月出版，全书上下册共85.6万字。

2010—2013年，在教育部组织的国培项目匿名绩效评审中，人大附中获三次全国第一名，一次获得全国第三名。

2014年，人大附中被国家乡村振兴局（原国务院扶贫办）评为"全国社会扶贫先进集体"，是唯一的一家中学。承办教师"国培计划"项目无疑是其中重要的贡献之一。

（六）竞标承办教育部校长"国培计划"名校长领航班

2015年5月，财政部、教育部启动校长"国培计划"，中小学名校长领航班是其中最高端的项目，目的是培育教育家型的校长。

通过竞标，人大附中成为该项目唯一的中学培养基地。刘彭芝校长是这个项目的首席专家和项目负责人，我是这个项目的执行负责人。我们培养基地的重要特色就是以当代教育家去培育未来的教育家型的校长。

在培养目标上，聚焦"托起未来的教育家"，在教育思想、实践创新、办学成效、示范引领四方面发挥重要作用。

在培养思路上，突出"个性化方案"，即学员个性化培养方案的设计，以发展需求为导向，以学校发展难题为着力点，理论引领，岗位实践，促进校长专业成长，提高学校办学质量。遵守"三个原则"：因人而异，因校而异，促进发展。做到"四个结合"：学校发展与校长自身发展有机结合，培养工作与基地校工作有机结合，培养工作与学员校特色发展结合起来，自身发展与示范引领有机结合。实现"四度拓展"：实践研修的深度，领航辐射的广度，互动平台的宽度，学校品质提升的高度。

在培训主题上，聚焦"综合育人模式创新"，主要包括：育人目标、课程改革、德育工作、科技教育、超常教育、教师队伍、体教结合、艺术教育、教育均衡、教育信息化、国际交流与合作等方面，这些方面是办学的要素。

在研修方式上，主要包括示范引领、经验反思、理论拓展、实践创新、跟岗学习、现场诊断、同伴互助、思想凝练等。

在研修课程上，设计了8大模块：模块一，导师论坛；模块二，现场教学（人大附中创新之路、人大附中科研年会、人大附中暑期培训、人大附中跟岗学习、学员校互学）；模块三，学员校调研诊断（导师/学员）；模块四，理论提升/高校访学；模块五，实践创新；模块六，校长教育思想凝练；模块七，示范引领；模块八，国外研修。

具体实施中，下校调研环节是一个重要的环节。导师团队及领航班学员团队都要深入到学校调研。例如，领航班学员宁致义校长所在的山西省运城市新绛中学的特点是"半天授课制"，其实质是充分调动学生学习的主动性，提升学生的自学能力，与之相伴的是一系列学校制度与文化的变革。这样的改革在一所县城高中推行，并且取得理想的效果，是非常了不起的。

案例 7 基地专家及学员同伴下校调研

2016 年 9 月 25—27 日，刘彭芝校长率领人大附中专家团队和人大附中基地学员 30 余人赴学员宁致义校长所在的山西省运城市新绛中学进行深入考察、调研。

项目组精心设计了调研方案，经过首席专家刘彭芝校长审定完善后实施。此次调研的主要安排包括：

1. 深入课堂，进行课堂教学诊断。听课后，听课专家向新绛中学教师集体反馈听课意见及建议。

2. 分头召开学生、教师、干部座谈会。三个会议事先都拟定了调研提纲。

3. 与宁致义校长工作室成员座谈交流。

4. 新绛县各中学校长及新绛中学全体教职工共同倾听刘彭芝校长报告:《教育思想 教育理念 教育智慧》。

具体安排如下（见表 1-6）。

表 1-6 赴山西省新绛中学考察调研安排表

日期	时间	工作内容	地点	备注
9 月 25 日	16:00—16:30	参观新绛中学		
	16:30—17:30	与人大附中基地各学员校长交流		
9 月 26 日	8:00—8:45	分组听课	教室	
	8:45—9:30	分组听课	教室	
	9:30—10:30	分组研讨	教室	分 5 个小组

续表

日期	时间	工作内容	地点	备注
9月26日	10:30—12:00	集体评课	教室	分5个小组
	14:30—16:00	与新绛中学中层领导座谈	会议室	唐江林组
	14:30—16:00	与新绛中学教师代表座谈	会议室	周建华组、韩东组
	14:30—16:00	与新绛中学学生代表座谈	会议室	刘维朝组、汤步斌组
	16:00—17:30	集中讨论	会议室	
9月27日	8:30—12:00	中央文史馆馆员、人大附中联合总校校长刘彭芝作报告		新绛县各中学校长、新绛中学全体教职工
	14:30—16:00	与宁致义校长工作室校长座谈	会议室	
	16:00—17:30	刘彭芝校长与宁致义校长座谈交流	会议室	

其中，9月27日14：30—16：00，是导师团队及学员同伴团队与宁致义校长工作室校长座谈，大家既充分肯定"半天授课制"（学习方式）背后的勇气与极大的付出，充分肯定取得的成绩，也中肯地建议该校要注重课程改革（指向学习目标、学习内容、学习评价的变革），以及"半天授课制"操作中一些细节的改进与优化。而16：00—17：30，则是刘彭芝校长与宁致义校长座谈交流，肯定成绩，指出不足，提出建议。

2018年4月，人大附中基地培养的6名学员顺利结业。2018年5月，我们在刘彭芝校长引领下又竞标承办了校长"国培计划"第二期名校长领航班的培养工作，培养8名学员。目前，二期领航班也按培养方案如期完成，学员顺利结业。

（七）走进国家级基础教育教学成果奖

2014年1月，教育部根据《教学成果奖励条例实施办法》，组织了首届国家级基础教育教学成果奖申报工作，这是基础教育领域内由政府设立的最高级别的业务类奖励。在全国开展教学成果奖励活动是实施科教兴国战略的重要举措，是对各级各类学校人才培养工作和教育教学改革成果的检阅和展示，是党和国家重视教育教学工作的重要体现。

刘校长对此非常重视，她和王珉珠书记亲自抓这项工作，成立项目组，我是核心成员兼主笔之一。项目组成立后，我们首先认真学习了《教学成果奖励条例》（国务院令第 151 号，1994 年 3 月 14 日发布）。设立国家教学成果奖，是为了奖励取得教学成果的集体和个人，鼓励教育工作者从事教育教学研究，提高教学水平和教育质量。教学成果，是指反映教育教学规律，具有独创性、新颖性、实用性，对提高教学水平和教育质量、实现培养目标产生明显效果的教育教学方案。教学成果奖，按其对提高教学水平和教育质量、实现培养目标产生的效果，分为国家级和省（部）级。具备下列条件的，可以申请国家级教学成果奖：（1）国内首创的；（2）经过 2 年以上教育教学实践检验的；（3）在全国产生一定影响的。国家级教学成果奖每 4 年评审一次。

为了梳理教学成果，我和项目组认真研读《国家级基础教育教学成果奖申报书》，主要包括五个部分。一是成果类别；二是成果简介，包括成果概要（500 字以内），解决的主要问题、解决问题的过程和方法（800 字以内），成果创新点（500 字以内）；三是成果应用及效果（800 字以内），需要 3 个实践检验单位；四是成果曾获奖励情况（限填 3 项）；五是成果持有者情况。

经过项目组的反复研讨，我们将教学成果主题确定为《以人为本，多元开放——人大附中综合育人模式创新实践研究》。

现将最终呈现的成果简介及其思考分析过程简述如下。

1. 问题的提出

【思考分析】这一部分内容，核心是指出该成果解决了教学的什么问题，为什么要着力解决这个问题，也就是解决这个问题的价值是什么。我们经常说，"问题是数学的心脏"，这里是否可以认为"问题是成果的门径"呢？提出的问题有价值，且较好地解决，并经推广检验也是卓有成效的，才可能获得国家教学成果奖。在申报过程中我们发现，不少成果在此不是"提出问题"，而是讲理念、讲道理、讲成绩。这样的申报，由于没有"聚焦问题"，导致成果表达自然不得门径。具体到我校的成果，由于主题是关于综合育人模式创新的，因此提出问题必须突出学生这一主体，兼顾教师这一重要的支撑。

成果表达。鉴于上述分析，经过反复切磋，我校成果"问题的提出"部分是这样表达的：

在时代发展、国际竞争日趋激烈的现实背景下，中国基础教育在学生培养上价值观念、创新精神和实践能力的缺失与不足日益凸显。如何解放学生，还他们健康快乐的校园生活，让他们获得自由幸福的发展，探索出既适合中国本土国情，又具有鲜明时代特色的综合育人模式，是本研究力图解答的问题。本成果主要聚焦以下问题。

（1）如何让学生成为学习的真正主人？

传统教学的基本模式是以教师和教材为中心，忽视学生在学习中的主体地位。如何以学生发展为本，变被动接受为主动探究，变教师灌输为自主建构，把课堂真正还给学生？（这一问题指向育人模式创新与激发学生学习的主体性、能动性的关系）

（2）如何满足学生个性化发展需求？

传统的学生培养模式强调整齐划一，忽略学生的个性差异，导致培养出大批被广为诟病的"标准件"。如何因材施教，满足每个学生发展需求，实现既让全体学生全面发展，又能充分发掘他们的天赋潜能？（这一问题指向育人模式创新与关注学生的个性化的发展需求的关系）

（3）如何培养学生的创新精神和实践能力？

传统教育模式重知识灌输，轻创新精神和实践能力培养。如何借鉴国外先进经验，探索出培养学生创新精神和实践能力的有效途径？（这一问题指向育

人模式创新与传统教育育人短板的矛盾）

（4）如何建设高素质专业化的教师队伍？

如何激发教师发展的内驱力，如何通过管理和文化创新促进教师教育理念和教学方式的转变，使他们真正成为学生成长的指导者和引路人？（这一问题指向育人模式创新与教师队伍建设的关系）

2.解决问题的过程与方法

【思考分析】这部分一般包括两方面的重要内容，一是解决问题的过程，二是解决问题的方法。经过思考，我们在阐述这两个问题之前，增加了解决问题的"理念体系→实践体系→保障体系→经验体系"大思路（见图1-6），以此统领解决问题的过程与方法。解决问题过程，不能是流水账，而是要对解决问题的过程进行梳理，基于对"问题"的不断深入研究与解构，呈现对问题的解构与结构化的进程，以及解决问题序列的过程，在过程中揭示问题背后的教学要素与要素之间的结构关系，从中揭示教育教学规律及学生身心发展规律、人才成长规律；还要从中解析与解决问题进程相适应的方法，形成方法体系，最好能上升到方法论的范畴；而且，在逻辑上应清晰，方法服从问题，方法是为解决问题服务的。

成果表达。我校成果这部分的表达如下：

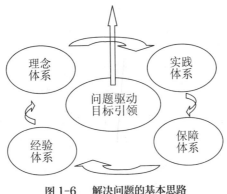

图 1-6　解决问题的基本思路

回溯心路

解决问题的思路是，以问题驱动及目标引领为轴心，在更新理念体系→架构实践体系→完善保障体系→梳理经验体系的循环中螺旋上升（见图1-6）。

解决问题的过程分为四个阶段（见图1-7）。

起步奠基阶段 → 实施深化阶段 → 拓展升华阶段 → 实践推广阶段

图 1-7　人大附中综合育人模式创新研究阶段图

第一阶段，起步奠基阶段（1985—1997年），重在课程设置和教学方式改革。

本研究开始于1985年，起步阶段围绕课程设置和教学方式改革展开。（1）1985年，部分教师开始进行培养学生自学能力的课堂教学改革；数学教师刘彭芝研究变"授"为"学"，创立了"自学自讲，自主探究"的教学方式；20世纪90年代初，组织学生选题立项撰写科技小论文，尝试研究性学习方式。（2）1989年在全国率先进行课程设置改革，创设第一门校本课程"现代少年"；1992年，创设"创造发明"课，并将其列为必修课；1994年创设"科学实践"课；1996年创设"社会实践课"。（3）1985年，开始进行超常儿童教育实验，在课程设置、教材开发、多元化的发现培养机制等方面进行探索。

第二阶段，实施深化阶段（1997—2003年），综合育人模式改革进入全面实施阶段。

1997年，刘彭芝担任人大附中校长后，学校综合育人模式改革进入全面实施、不断深化、快速发展的阶段。

（1）确立"尊重个性，挖掘潜力，一切为了学生的发展"的办学理念和"全面发展＋突出特长＋创新精神＋高尚品德"的育人目标，"以人为本"成为学校综合育人模式的核心内涵。（2）明确综合育人模式改革的基本内容是"创造适合每个学生发展的教育"，确立"多元开放"为综合育人模式的基本特征。（3）确立综合育人模式改革的基本路径是：熔铸中外精华，坚持综合创新，具体落实到"五个打通"上：打通科学精神和人文精神、现实关怀和终极关怀之间的关节；打通信息、知识、智慧、能力之间的关节；打通严格考试与素质教育之间的关节；在课程建设上打通"规定动作"与"自选动作"之间的关节；在管理上打通感情凝聚和制度管理之间的关节。这"五个打通"是全面实施综合育人模式改革的重要抓手。（4）制定《1998—2000 年人大附中改革与发展规划纲要》，全面实施包括科研兴校工程、优秀学生工程、名师工程等七项子工程的"素质教育工程"，子工程有明确的要求和具体实施的路线图、时间表。（5）实施"优秀学生工程"，确立德育工作的"五项原则"，开发多元的德育系列课程和社会实践活动；引进专职心理教师，开展心理健康教育。（6）实施以"名师工程"和"科研兴校工程"为先导战略，把教师队伍建设与科研结合起来。成立科研中心，制定科研课题申报审批制度，创办了《教科研园地》《教科研通讯》等刊物，引领和促进教师的专业发展。（7）以现代教育技术为突破口，建立校园网，把信息技术引入课堂，使育人模式改革处于开放与交流的大视野中。（8）确立以尊重和激励为特征的管理机制。自 1999 年开始进行组织机构、人事制度、工资制度等一系列改革，制定了《人大附中教学质量考核评估细则》等管理制度，形成激励与约束并重的管理特色。

第三阶段，拓展升华阶段（2003—2009 年），熔铸中外精华，育人模式的综合创新阶段。

2003—2009 年，本研究进入拓展升华阶段。（1）国家新课改全面铺开，学校在原有系列校本课、选修课的基础上，进一步完善顶层设计，构建起面向全体学生的多元开放的课程体系。（2）借鉴芬兰课改经验，进行模块教学、分层教学实验研究；研究性学习纳入必修课程并不断完善；自主研发"研究性学习网络平台"，实现教师对研究性学习全过程的指导和评价。（3）总结提升综合育人模式改革经验。2003 年，"刘彭芝教育思想研讨会"召开；2004 年，刘彭芝的教育专著《人生为一大事来》出版，全面总结提炼了学校综合育人模式改革的经验；2007 年人大附中"超常儿童培养系列丛书"出版，总结了学校基于多元智能理论的超常教育实验；2009 年，全面总结学校综合育人模式改革经验的"人大附中创新发展之路"——《托起未来的教育家》（上、下）

出版，内容包括德育创新、教学改革、超常教育、体育艺术创新等十个方面，形成了人大附中综合育人模式改革的系统理论和实践模式。（4）开始探索发挥优质资源示范辐射作用的途径。从 2002 年起，无偿帮助中西部贫困地区办学；从 2003 年起，通过合并、深度共建、新建学校、成立联合总校等方式扩大优质资源。2005 年，发起成立"国家基础教育资源共建共享联盟"。2009 年，依托人大附中建立卓越校长卓越教师培养基地。

第四阶段，实践推广检验阶段（2009 年至今）。

本研究完成后，在区域及全国范围内检验推广，发挥了示范引领作用。（1）成立人大附中联合学校总校，推广综合育人模式，总校所属十余所学校直接应用本研究成果，办学水平明显提升，数所学校已成为优质学校。（2）牵头成立"人大附中创新人才培养协作体"，发挥自身优势，探索跨学段、跨区域创新人才协同培养模式。（3）学校育人理念和培养模式通过"双卓基地"培训，在全国范围内传播推广。（4）全国二十多个省市教委及万余所学校将《人生为一大事来》《刘彭芝教育思想与实践研究》等专著与经验，作为校长、教师专业发展培训教材。

本研究采用实证研究、实验研究、经验研究和行动研究等方法。

3.成果的主要内容

【思考分析】这一部分是成果表达的重中之重。重点阐述围绕解决问题所形成的成果。成果表达首先要注重回应提出的问题，体现成果对问题的针对性；以独特的理念引领问题解决，体现先进性；有效地解决问题，折射教学的规律性；具有清晰的逻辑结构，体现育人要素间的内在结构性；便于实验检验操作，体现"操作性"和"可复制性"；注重图文有机配合，提高可读性和审美性。特别是，我们鲜明地提出"教育家办学"，体现创新性。

成果表达。人大附中综合育人模式改革以德育为先，以课程改革为核心、以教学方式的转变为重点、以教师专业发展为抓手、以学校管理机制改革为保障。

（1）综合育人模式创新的理念体系

人大附中综合育人模式创新的理念体系以学生个性发展为核心，以教师专业发展和学校特色发展为保障（见图1-8）。

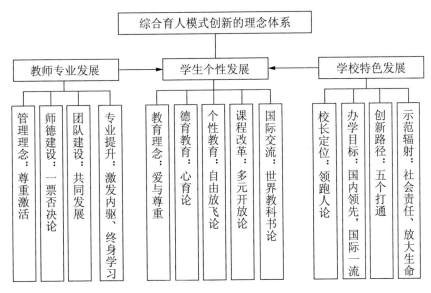

图 1-8 人大附中综合育人模式创新的理念体系图

①学生个性发展理念

"爱是教育的最高境界"，"尊重是教育的真谛"，每个学生都是一个鲜活的生命，有自由发展的权利和需要，学校育人要"尊重个性，挖掘潜力，一切为了学生的发展"。

德育是"心育"，要坚持时代性和针对性，渗透在学生的日常生活中。学生的培养目标必须突出"高尚品德"，这是战略问题、原则问题、方向问题。

教学改革要为学生的终身发展奠基，努力创造适合每个学生发展的教育，变教科书是学生的世界为世界是学生的教科书。开展科技创新教育，立意要超前，起点要高，要让学生有机会站在科技发展的前沿。

每个学生都有自己的禀赋特长，教育不应该是禁锢、扼杀，而应该是尊重、引导和激励；学校要坚持因材施教，为学生的个性发展搭建个性化、多元化平台，充分发掘学生的潜能。

天赋英才是客观存在的，创新人才培养一定要从娃娃抓起。基础教育既要在起点对每个孩子"求平等"，又要在教育过程中为他们潜能的充分发展"谋自由"。

②教师专业发展理念

学校发展的着眼点在学生，着力点在教师。学校管理要使教师员工的潜能和尊严得到最大实现。校长要善于激活每一个细胞，不能让学校藏龙卧虎，是龙就得让它腾，是虎就得让它跃。

师德建设是教师队伍建设的关键，师德欠缺，一票否决。

增强教师专业发展的内驱力，注重校本培训，激励教师终身学习，同时要为教师搭平台，拓展多维的发展空间。

注重教师团队建设，建立有利于教师共同发展的机制，形成教师成长共同体。

③学校特色发展理念

校长是学校的"领跑人"，为学校发展确立明确的方向和科学的目标，并让全校形成共识合力。

以"历史的眼光、世界的眼光"为学校发展找定位，确立"国内领先，国际一流"办学目标，提出创办世界一流学校的十条标准。

提出学校综合育人模式改革的路径：熔铸中外精华，坚持综合创新，具体落实到"五个打通"上。

"小生命与大生命论"。一所学校的生命有大小之分。小生命，蕴含在自己的校园内，大生命，则体现在整个教育事业中。优质学校要变"独善其身"为"兼济天下"。优质学校实现社会责任最大化的最好方式是培养大批优秀校长和优秀教师。授之以鱼不如授之以渔，更不如给人派一个组织打鱼的领头人。

（2）综合育人模式的创新实践

综合育人模式创新实践包括以下内容：

①探索德育的新途径

学校力求通过体验化、生活化、自主化、多元化的德育教育，引领学生健康生活，文明做人，关注社会，关爱他人，成长为品学兼优、具有社会责任感的优秀学生。开发德育课程，形成必修、选修及专题讲座系列；以体验教育为途径，组织学生参加多种社会实践活动，组建"学生志愿团"等各类公益社团；将德育渗透到校园文化、学科教学等学校工作的方方面面；开展心理健康教育，创设同伴教育、青春期心理剧等进行青春期性教育，率先成立心理咨询室，普及心理知识、为问题学生提供心理帮扶服务。

②构建起多元、开放的课程体系

确立"基础性、选择性、创新性、开放性"为课程建设总特征；创设校本课、改革必修课、增加选修课，从单一课程开发到形成学科课程群，逐步构建起横向涵盖九大课程领域 30 个主要学科，纵向呈基础类、拓展类、荣誉类三个层次的课程体系，满足了各类学生的个性化学习需求。

现已开设出各类选修课 220 多门，包括法语、德语、西班牙语、阿拉伯语等 10 门第二外语选修课和英语物理、英语戏剧等 18 门外教学科英语，形成数量充足、种类丰富的课程资源。目前，除国家必修、地方课程外，已开出国家选修课程 90 余门，开发校本选修课程 200 多门（见图 1-9）。

建立了学生选课制度和课程评价机制。在课程的开设、选课、过程管理、成绩管理、效果评价方面形成了一系列规范、科学的管理制度，并通过"人大附中教育教学管理系统"实现了网络化管理。

③实现育人理念和教学方式的转变

改革课堂教学方式，开展自主学习探究、翻转课堂实验、苏格拉底讨论式、圆桌教学、互动教学等多种实践研究；开展跨学科综合课程教学研究，培养学生综合学习能力；开展以课题研究项目为载体的研究性学习，实行校内外导师

图1-9　人大附中课程体系及课程资源图

制，将课堂延伸到社区、科研院所，引导学生做真研究；在高中部分班级实行基于个性化需求的走班教学，如数学、英语、物理、化学等学科开展分层走班，通用技术、信息技术学科进行打通必修与选修课程、全面进行自主选择模块学习的走班等。

利用信息技术开发出"科幻物理""JA经济学"等几十门新课程，促使学生学习方式发生转变。率先在国内建立中学校园网，开通与日本、欧美等世界一流名校的远程互动教学；率先利用远程网络开展"中美中学生合作科学研究项目"。

④建立多层次的创新能力培养体系

在学生创新精神和实践能力培养上，形成了以"普及＋提高"为宗旨，以科技课程和科技社团等为载体，整合各类科技活动融入常规教学，实现科技教育课程化。目前已开出 80 余门科技类选修课程，组建了 "青少年科技俱乐部" "少年科学院" 及 "天文社" 等社团，使各类学生都能找到自己感兴趣的活动，形成 "发明与创造" "智能机器人" 及 "电脑创意设计" 等特色活动项目。在科学实验研究上，实现与大学科研院所的对接，校内教师团队和校外专家团队协同指导，为科技创新型人才早期培养探索了新路。

⑤探索了各类拔尖人才早期培养的新模式

建立拔尖创新人才早期培养基地。坚持近 30 年进行超常儿童教育实验，在培养模式上经历了由组建 "超常儿童实验班" 到创办 "华罗庚学校"，再到实施 "优秀学生工程"，创办 "拔尖创新人才早期培养基地" 的发展过程。在教学和管理上形成了采用弹性学制、适当拓宽加深、集中编班与分散培养、课内与课外结合的模式，建构起小学、初中、高中相衔接的 "一条龙" 培养体系。

在超常教育研究的基础上，2009 年成立 "人大附中拔尖创新人才早期培养基地"（简称 "早培"），进行了大力度的课程改革：一是打通 "小学、初中、高中" 学科教学的内容，整合优质课程资源；二是首创 "专项研修" 课程系列，每周拿出两个半天，让学生做专门研究。目前已开出 12 个专项研修系列，80 多个课题模块。

创建国内第一个中学生足球俱乐部和 "三高" 足球训练基地。首创 "道德品质高，文化素质高，运动水平高" 的学生培养理念，实施教学班和训练队双轨管理，采用半训半读的教学方式，实现了文化学习与正规中学接轨，训练水平与职业球队接轨，探索出 "体教结合" 培养竞技体育后备人才的新模式。

搭建了充分发挥学生潜能的素质教育大舞台。组建包括舞蹈、合唱、交响乐、健美操等七个门类的学生艺术团，以及包括 "学生志愿团" "模拟联合国" "国学社" 的近百个学生社团，定期开展 "校园体育节" "歌舞嘉年华" 及 "学生电影节" 等丰富多彩的校园文化活动，为具有各类特长的学生搭建了展示自我、放飞梦想的广阔舞台。

⑥提升教师队伍的专业化水平

学校把打造高素质专业化的教师团队作为综合育人模式改革的关键环节，形成良好的教师专业发展保障机制，师德欠缺，一票否决。

以名师为核心建立高水平教师团队。实施"名师工程"，通过集体备课和青年教师拜师等帮扶制度、优秀教师和特殊贡献者表彰激励制度等，带动教师整体水平提高；建立有利于教师共同发展的机制，形成教师成长共同体。

建立校本培训制度。主要有：全校型的集中培训，包括暑期培训和科研年会；系列常规业务培训，如不同层次的英语口语培训、第二外语培训、网络应用的培训等；选派教师参加国内外的长、短期进修交流。

以科研带动教学、以教学促进科研。重视教学模式和方法研究，进行"一标多本"的比较研究，提高教师对教材二度开发能力。专门成立科研中心，每年召开一次科研年会，提倡教师将教学过程中的困难、困惑筛选后立项为研究课题做深入研究。

⑦完善了综合育人模式创新保障体系（见图1-10）。

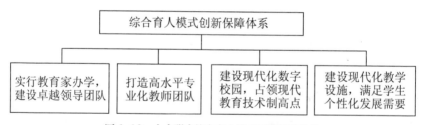

图1-10　人大附中综合育人模式创新保障体系

4.效果与反思

【思考分析】这一内容包括效果和反思两部分。上述成果侧重综合育人模式结构化的表达，效果则主要是综合育人模式实践给学生、教师及学校带来的变化的结果，以及综合育人模式的实践经验。反思则指向综合育人模式还有哪些方面可以进一步优化。

成果表达。效果与反思的具体内容如下。

（1）效果

①为每个学生的发展提供了空间。学校"尊重个性，挖掘潜力"的办学理念转化为教师常态的教育行为，成为一种机制和文化，扎扎实实地落实到每个学生身上。学生的发展诉求得到尊重，学校千方百计为他们搭建平台：为热爱舞蹈的孩子举办全国第一个中学生个人舞蹈专场；为热爱赛车运动的学生提供各种训练的便利条件；这种尊重与关爱充分激发起学生的学习兴趣、创造热情，这是人大附中学生屡创佳绩的根本原因。

②培养了一大批全面发展且特长突出的优秀学生。学校努力创造适合每个学生发展的教育，使大批优秀学生脱颖而出。截至 2014 年，学生获得过包括英特尔国际中学生科学与工程大奖在内的各类青少年科技发明竞赛的几十项大奖；在国际奥林匹克学科竞赛中获得金牌 13 枚、银牌 1 枚；高考成绩屡创辉煌，考入北京大学、清华大学等重点大学人数连续数年位居北京榜首；"三高"足球队曾获世界青少年足球锦标赛冠军、亚军；国际象棋队、围棋队、健美操队多次获得世界中学生比赛冠军；交响乐团曾获国际青年音乐节金奖第一名；艺术团连续多年代表国家前往美、英、俄等国家进行艺术交流，赢得广泛赞誉。

③敢行破冰之旅，综合创新成果显著。创造了中国基础教育改革的多项第一：开设全国第一门涉及综合创新的校本课程；第一个将创造发明教育引入必修课；第一个创建中学生足球俱乐部；第一个与国际知名中学开通远程互动教学；第一个建成汽车模拟驾驶室、虚拟科学实验室等科技教室的中学；"非典"期间，率先将三维教学网免费向全社会开放；第一个承担国家"十五"重大科技攻关课题的中学；第一个承办"国培项目"的中学。这些创新成果不仅促进了学校自身的发展，而且为其他学校的改革提供了示范和借鉴。

④建设了一支高素质、专业化的教师队伍。形成了"追求卓越、勇于创新、乐于奉献、团结协作"的学校文化，成就了一批教学水平高、科研能力强的中青年教师，许多人现已成为市区骨干教师和学科带头人。学校教科研成果显著，

先后完成"八五""九五""十五"及"十一五"国家级、省部级课题几十项并获得各级各类奖项。其中"十五"国家重大科技攻关课题"网络教育关键技术及示范校工程"的子课题"中学教育示范工程"获"国家科技进步二等奖"。通过管理创新，学校不断出现人才"奇迹"：从黄土高原来的临时工，成长为学校电教中心的主任，中国摄影家协会会员；来自河南的进城务工人员，获得了全国烹饪大赛金奖及"国家名厨"称号，为学生开设了食品雕刻选修课。

⑤办出了一所"国内领先、国际一流"的著名中学。学校是北京市首批示范高中校，曾荣获"全国教育系统先进集体"等多项荣誉，办学成果得到党和国家领导人以及中外各界的充分肯定。美国教育部副部长表示："人大附中让我们有幸在今天就看到了未来的教育是什么样的。"他说让美国每一个学校都能变成人大附中这样，是自己作为美国教育部长的梦想。2009 年以来，刘彭芝作为受邀的唯一亚洲中学校长多次参加每年一次的 G20 全球校长峰会，20所世界顶级中学校长共谋世界基础教育的发展。

⑥形成了学校综合育人模式的基本经验。第一，基础教育阶段也要办出国际一流学校，创办具有中国特色的未来教育；第二，在学习国外经验时不能全盘照搬，更不能放弃中国基础教育的优势；第三，立德树人，培养学生的健康心理和挫折承受能力是素质教育的重要环节；第四，促进教育均衡要坚持学校和政府两手抓，让更多的孩子享受优质教育；第五，教育家是教育发展极其宝贵的资源和重要支撑（见图 1-11）。

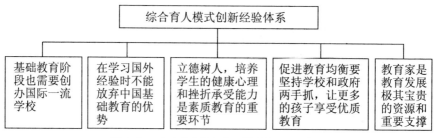

图 1-11　人大附中综合育人模式创新经验体系

⑦发挥了优质学校的示范作用。学校带动区域内多所薄弱校进行综合育人模式改革，办学水平显著提升；对"双卓基地"的校长学员产生了积极而深刻的影响；自 2010 年投标承办"国培计划"，学校综合育人模式改革的实际案例成为历次培训的重要内容，深受学员欢迎，项目在教育部组织的绩效评审中一直名列前茅。

⑧在世界基础教育领域创造了中国品牌。人大附中综合育人的突出成果引起越来越多的世界名校的关注，对外合作交流的范围不断扩大，内容不断深化，从最初学习、借鉴世界一流学校的先进经验，发展到与他们并肩合作，优势互补，实现东西方教育的有机融合。目前，学校已先后和 14 个国家，以及我国港澳台地区的 46 所世界一流学校建立了友好关系，与其中的 9 所学校有教师培养、学科研究等多项合作项目。如与美国学术排名、综合实力最强的埃克塞德学校实施了管理、教师、学生"三步走"交流计划，与美国麻省州立大学、英国惠灵顿中学、日本武藏中学等多个学校开展了一年期以上的教师进修项目。2005 年以来承办了"芬兰知名校长课程改革研讨会""中英名校长论坛""国际名校长论坛"及"世界名中学校长论坛"等国际会议，同时发起成立了"国际名校长联盟"，共同探索未来教育。

（2）深入思考

本成果形成后，学校没有停止深入思考。一方面，综合育人模式改革要进一步深化，同时，学校优质资源要在更大范围发挥辐射作用，可概括为"引领"与"担当"。

具体到"引领"，着力点在深入研究国内外名校先进经验，探索创办面向未来的教育，优化应对外部世界不确定性、促进学生全面而有个性地发展的综合育人模式。具体到"担当"，重点在继续探索优质资源共享的路径，在更宽广的疆域推广检验综合育人模式，促进基础教育均衡发展。

2014 年，该成果经过教育部评审获得首届国家基础教育教学成果一等奖。

2014 年，人大附中还被国务院扶贫开发领导小组评为"全国社会扶贫先进集体"。可以说，获得首届国家基础教育教学成果一等奖是对人大附中发挥"引领"作用的肯定；获评"全国社会扶贫先进集体"，则是对人大附中促进教育均衡，追求社会责任最大化的"担当"的表彰。

申报教学成果奖，对人大附中人而言，一是认真回溯学校来时的路，梳理总结来时路上解决的问题，从中进一步解析教学要素，把握和运用教育教学规律、学生身心发展规律和人才成长规律，形成包括方法论在内的经验体系；二是坚定脚下的路，不忘育人初心，熔铸中外精华，坚持综合创新，不断优化综合育人模式；三是走好未来的路，遵循党的教育方针，坚定自己的教育哲学，努力办好人民满意的教育，促进更多的学校成为"老百姓家门口的好学校"。

申报教学成果奖，也使我个人对问题驱动及目标引领促进教学质量提升有了进一步的思考，从党的教育方针到学校教学体系的架构有了进一步的高站位的描摹，对其中的教学要素及其结构关系有了进一步的把握。最重要的是，教学为了学生的发展，教学必须依靠教师，教学必然成就教师。一句话，着眼点在学生，着力点在教师，切入点在课堂。

（八）整体构建大中小学创新人才培养新模式

人大附中的超常教育有 30 多年的历程。从 1985 年创办首个超常儿童实验班，刘彭芝是该班班主任兼数学教师，到 1989 年与中国科学院、中国科技大学合办北京市华罗庚数学学校，再到 1994 年将"华罗庚数学学校"更名为"华罗庚学校"，到 2004 年再更名为仁华学校，2010 年经北京市教委批准成立拔尖创新人才早期培养实验基地。

30 多年来，人大附中培养的学生英才辈出。施逸萌，获 2011 年英特尔国际中学生科学与工程大奖赛物理与天文学类一等奖。丑瑞华，获 2018 年英特尔国际中学生科学与工程大奖赛系统软件类一等奖。截至 2022 年，人大附中共获得国际中学生数学奥林匹克竞赛金牌 13 枚，银牌 3 枚；国际中学生物理奥林匹克竞赛金牌 11 枚；国际中学生信息学奥林匹克竞赛金牌 2 枚——我们确实有能力培养出世界最高水平的高中生。

亲历人大附中超常教育暨拔尖创新人才早期培养实践，并在对全国优质高中创新人才早期培养实践进行调研的基础上，我们思考整体构建大中小学创新人才培养新模式：[①]

1.培养创新人才是大中小学的共同而有区别的责任

创新是一个民族进步的灵魂，是国家兴旺发达的不竭动力，培养大批创新人才是时代的需要。将建设人才强国与教育强国作为未来发展目标，培养造就一大批拔尖创新人才，把创新人才培养提升到国家战略高度，成为全党全社会的广泛共识，带来了深化教育改革、培养创新人才的重要战略机遇期。习近平总书记对创新与创新人才的培养高度重视。"创新是引领发展的第一动力。""人才是第一资源。国家科技创新力的根本源泉在于人。""十年树木，百年树人。""要把教育摆在更加重要的位置，全面提高教育质量，注重培养学生创新意识和创新能力。要加强数学、物理、化学、生物等基础学科建设，鼓励具备条件的高校积极设置基础研究、交叉学科相关学科专业，加强基础学科本科生培养，探索基础学科本硕博连读培养模式。要加强基础学科拔尖学生培养，在数理化生等学科建设一批基地，吸引最优秀的学生投身基础研究。"深入研究创新人才的特征和成长规律，赋予大中小学培养创新人才不可替代的使命和责任。

创新人才是创新之本。"创新"就是要有"创造性"，它不仅是经济增长的一个内生变量，而且是人类社会进步的核心要素。创新人才也可以称为创造性人才，是创新的根本，没有创新人才就谈不上创新。

当前我国深入实施科教兴国战略和人才强国战略，而缺少在科学、技术等各个领域具有创造能力和国际水平的领军人物，这已经成为制约建设自主创新型国家、增强核心竞争力的主要因素。为加快推动"中国制造"向"中国创造"的转变，必须突破创新人才培养的瓶颈，加强对拔尖创新人才的培养和研究很

---

① 刘彭芝，周建华，张建林. 整体构建大中小学创新人才培养新模式的研究与实践 [J]. 教育研究，2013（1）.

有必要。发人深省的"钱学森之问"一半是结论，一半是问题，问到了教育的要害之处、关键之处，虽然指向的是大学，但从深层次分析，也是对整个教育系统的问责。

培养创新人才是各级各类教育的共同任务，大中小学担负着共同而有区别的责任，需要打破现行教育体系各阶段的功能分割，避免各级各类学校"铁路警察，各管一段"的状况，促进大中小学相互沟通、有效衔接、整体推进。

有研究表明，幼儿就有创新能力的萌芽，并且可以通过一定的方法进行训练和培养。小学生有明显的创造性表现，且以独创性为特色。中学生在学习中不断发展着创新能力，并带有更大的主动性和有意性，能够运用自己的创造力去解决新的问题。可以说，青年是创造力发展的关键时期。因此，在青少年时期应注重以创新为重点的核心能力的培养，这种核心能力培养主要涵盖：数学与科学教育、语言尤其是外语学习、职业和技术教育、信息通信技术与教育。这种核心能力决定了创新能力。

义务教育阶段是创新人才成长的奠基阶段，一方面要着眼于全体学生创新素养的提升，另一方面要着力于有先天创新潜质优势学生的个性发展。要注重学生品行培养，激发学习兴趣，培育健康体魄，养成良好习惯，侧重创新意识培养。

高中阶段是学生个性形成、自主发展的关键时期，对提高国民素质和培养创新人才具有特殊意义。普通高中处于承上启下的中间环节，要注重培养学生自主学习、自强自立和适应社会的能力，侧重创新能力的培养，推进培养模式多样化，满足不同潜质学生的学术发展需要。探索发现和培养创新人才的途径。创造条件开设丰富多彩的选修课，建设多元学生社团，为学生提供更多选择，促进学生全面而有个性的发展，积极开展研究性学习、社区服务和社会实践，研究开发大学先修课程，有条件的高中要因地制宜地和大学、科研院所合作，开展创新人才培养研究，建立创新人才早期培养基地。

高等学校侧重创新能力的培养，要探索建立科学基础、实践能力和人文素养融合发展的人才培养模式，高水平大学推进基础学科拔尖学生培养实验，实施卓越工程师、医师、农林和法律等人才教育培养计划。

2.认识创新人才的特质和成长规律是大中小学面临的共同课题

深入研究创新人才的特征和成长规律，有效识别具有创新潜质的学生是各级各类学校面临的共同课题。创新人才需要具有全面发展的潜力，同时其个性又要能够自由独立地发展，既立足于现实的发展，又面向未来的发展。培养创新人才有四个方面的要求：第一，具有创新意识、储备多元知识；第二，具有创新精神与对科学、真理的执着追求；第三，具有创新能力与较强的实践动手能力；第四，具有国际深层交流、对话、沟通等能力。研究表明，创新人才的特质由三个维度组成，即人格维度（进取和奉献的抱负、包容和合作的品格、反思和坚毅的情操等），心理维度（争辩和探究的个性、动手和实践的习惯、求新和超越的心态等），能力维度（发现和质疑的思维、厚实和宽广的学识、演绎和概括的能力等）。因此，从某种意义上说，创新是科学精神和人文精神的有机融合，创新取向的文化特征的核心是宽松、民主、和谐。但不管哪一种类型的人才，都具有一些共同特征：一是有远大的志向；二是有广泛的兴趣；三是乐于参加社会实践活动；四是有顽强的意志；五是有较好的合作能力和合作的性格。创新人才成长的外在条件也有一些共同的特征：一是其家庭有较宽松的环境；二是在中学时期基本上都有一个脱颖而出的机遇；三是在大学时期往往都遇到了一个好的导师，这些导师对其后来的发展具有关键性的甚至是决定性的作用；四是往往得到过比较有力的资助。创新人才在校期间，往往具有潜在性和复杂性，因此识别创新人才需要多元视角、长期跟踪、全面分析、筛选出具有学术、管理、教学和社交潜质的不同类型的创新人才。未来社会对创新人才的要求，应当是"通过对中小学生施予教育和影响，使他们作为一个独立的个体，善于发现和认识有意义的新知识、新事物、新方法，掌握其中蕴含的规律，并具备相应的能力，为将来成为创新型人才奠定全面的素质基础"。

回溯心路

3. 协同创新是大中小学培养创新人才的有效模式

按照《国家中长期教育改革和发展规划纲要（2010—2020年）》要求，结合时代特点和学校实际，全国形成了多样化的创新人才培养模式，取得了阶段性成效，比较典型的有以下几点。

（1）大中小学科研机构一条龙培养模式

中国人民大学附属中学拔尖创新人才早期培养的探索。2010年4月，经北京市教委批准，中国人民大学附属中学与中国科学院、中国社会科学院合作开展"拔尖创新人才早期培养"项目，建立"拔尖创新人才早期培养基地"（简称"早培基地"），"早培基地"的学生采用弹性学制和过程性评价机制，根据学生的发展和需要适时分流，学校为每位学生实施"多导师"制，只要学生对某一领域感兴趣，就为其配备一位专业导师。学校自编教材或将国内外具有先进理念的教材进行整合，把小学与初高中的课程打通，教学中学科内打通、学科间交叉融合，人文、理、工齐头并进。学校创造性地开设多元研修课程，并尝试开设了早培物理、早培化学、早培设计与技术等课程，其目的是培养能推动世界以及人类进步的人，培养各个领域内的领军人物和领袖人物，从而形成了小学、初中、高中、大学（科研院所）一条龙的拔尖创新人才培养体系。

（2）中学和大学、科研机构的联合培养模式

上海中学以"聚焦志趣、激发潜能"为导向，借助课程开发，形成创新人才早期培养的课程图谱。学校建立了重立志的资优生德育课程图谱，重激趣的学习领域课程图谱，重挖潜的优势潜能开发课程图谱，并与上海交通大学等15所高校、科研机构进行实质性合作，建立了强化和一般两个创新人才培养模式。

南京市金陵中学以研究性学习为载体，借助研究性学习将创新教育植根于教育教学中。学校建立了高三直接保送高校的实验班即高三教改实验班，打通拔尖学生升学通道，探索创新人才的培养途径。学校充分利用在南京的高校、研究所较多的优势，与南京大学、东南大学、南京理工大学、南京航空航天大

学等高校长期合作，建立"金陵中学科技创新基地"，与东南大学联手打造了"未来卓越工程师培养基地"。此外，学校还建立了南京大学·金陵中学"准博士培养站"。

苏州中学实施"伟长计划"（钱伟长是该校校友），一方面，对全体学生有教无类，进行全员创新素质培养；另一方面，因材施教，培养拔尖创新人才。该计划是与志同道合的大学合作开展拔尖创新人才的培养，最早始于 1985 年与中国科技大学合作，采取"2＋4＋2"的高中＋本科＋硕士的贯通培养模式，一考免三考。目前，苏州中学已与西安交通大学、北京大学、南京大学、早稻田大学、不莱梅国际大学、麦马斯特大学等国内外高校进行合作。

西北大学附属中学实施"春笋计划"，借力高校，着眼长远，扩展优秀学生的视野，通过大学、中学的联合培养，促其拔尖，并扩大"春笋计划"影响，惠及全体学生。

（3）学术型高中特色模式

深圳中学以"建设学术性高中，培养创新型人才"为目标，建立了八类课程体系，将研究性学习课题与学术性社团整合。学校建设了与华大基因、华为、腾讯、比亚迪、麻省理工等合作的五大创新体验中心。学校成立深圳中学思维研究所、美育研究所，建立学生学术素养评估方案、教研组学术考察制度、学科研究室制度、学生校园民主实践制度。

（4）超常教育模式

超常教育是培养创新人才的一种尝试。1985 年，在中国科学院心理所和北京市教科所的协助下，北京市第八中学、中国人民大学附属中学创办了超常儿童教育实验班，并坚持至今；还建立科研、教育、教学三位一体，学校、家庭、社会三位一体的教育体系，探索培养拔尖创新人才。

（5）中学和国际高校合作模式

为推进美术方面拔尖创新人才培养模式的研究，中央美术学院附属中学在班级设置上进行了大胆改革，自 2011 年开始设立创新人才实验班，实施"加强与国际高校合作，探索拔尖创新美术人才培养模式"，学分得到美国大学认可，学生可参加"美国高中交换生"项目，中学课程与大学课程互通，开设精英实验班。

（6）中外合作办学项目模式

通过中外合作办学项目，名校融合国外与中国教育优势，整合东西方教育资源，注重多学科和多元文化的融通，使学生在中国的学校享受国际化教育。中外合作办学项目通过"以学生为中心"的教育方式，从培养学习兴趣、调动学习积极性入手，注重学生个性发展和实践能力培养，让学生"学会做人、学会做事、学会共处、学会求知"。中外合作办学项目采用与对应国家相同教学模式，注重学生个性发展和实践能力培养，在本土享有国外的教学体制，能与国外学生同步接收到对应国家的教育信息。中外合作办学项目课程特设"课外教育指导中心"，对学生进行多元化素质培养，旨在让课外教育能够充分发挥学生的个性化特色，通过课题研究、专题研讨的形式培养学生的科学精神和创新精神。中外合作办学项目课程的规划有利于发挥中国学生在数学等理科领域知识系统、深入、全面的学习优势，并根据国际教育需要整合教学内容，结合西方理念突出实践、探究和创造，针对 SAT、AP、TOEFL 考试强化备考辅导，以帮助学生最大限度地发挥优势和提高竞争力。中外合作办学项目是中外教育合作的结晶，为中国教育成功走向国际化、培养创新人才树立了典范。

（7）政府推动的基础教育阶段创新人才培养实践探索

北京市教委开展了"北京市基础教育阶段创新人才培养的实践探索"。2008 年 3 月，北京青少年科技创新学院成立，并启动"翱翔计划"，采取"政府主导、学校实施、社会参与"的工作策略，致力于建立让学生"在科学家身边成长"的课程模式和培养机制，让学生走进高校、科研院所实验室获得科研过程的体验、科学精神的熏陶。这是高中阶段创新人才培养机制的有效探索。

对拔尖创新人才要早发现早培养，在这方面，许多国家已经走在了前面，它们见识早、动手快、措施实。美国早在 1978 年就通过了《天才儿童教育法》，德国于1985年在联邦政府设置天才教育署，新加坡1983年推出了"天才班计划"，以色列在1973年成立了"天才儿童中心"……这些国家的教育模式是以理性的启蒙为主，知识观是以永恒的真理为主，教学观是以探究知识为主，教学方法是以思辨讨论为主，学习态度是以鼓励挑战权威为主，这种方式在创新能力培养上有很多优势。对发达国家创新人才早期培养的经验，我们应予以充分重视。

4.促进大中小学联合培养创新人才的政策建议

培养创新人才，关键是更新教育观念，核心是改革人才培养体制，目的是提高人才培养水平，方法是完善创新人才选拔体系。

（1）优化有利于创新人才培养的环境

第一，更新人才培养观念。一是要树立全面发展观念，造就德智体美全面发展的高素质人才。二是树立人人成才观念，每个学生都有想象力和创造力，教育要面向全体学生，促进学生成长成才。三是树立多样化人才观念，尊重个人选择，鼓励个性发展，不拘一格培养人才。四是树立终身学习观念，为创新人才的持续发展奠定基础。五是树立系统培养观念，推进小学、中学、大学有机衔接，教学、科研、实践紧密结合，学校、家庭、社会密切配合，加强学校之间、校企之间、学校与科研机构之间合作以及中外合作等多种联合培养方式，形成体系开放、机制灵活、渠道互通、选择多样的创新人才培养体制。

第二，树立科学用人观。创新驱动发展，创新人才以用为主：一是需要建立以岗位职责为基础，以品德、能力和业绩为导向的科学化、社会化人才评价发现机制；二是应强化人才选拔使用中对实践能力的考查，克服社会用人单纯追求高学历和人才高消费的倾向。

推进创新人才培养，教育观念创新是最大的问题，应宽容多样，允许失败，克服认识上的误区。目前对"教育公平"的误读产生了忌讳心理，不敢理直气壮地讨论培养创新人才，不敢大张旗鼓地提倡拔尖创新人才培养，仿佛一强调创新人才培养就违背了教育公平的原则，就同均衡教育对立起来。从一些地方政府的各种举措来看，将均衡曲解为平均，将公平简化为一刀切。其结果是以牺牲少数高智商学生为代价推进教育均衡，这就有些矫枉过正了。让高智商的学生去重复做一些低层次的试题，浪费了大好光阴，错失了开发科学潜质的宝贵时光。目前我们不缺潜在的创新人才，但缺少创新人才培养的土壤与机制。

（2）探索有利于创新人才成长的培养模式

适应建设创新型国家的需要，坚持育人为本，以特色发展为重点，以提高质量为核心，全面实施素质教育，推动教育内涵发展，探索高中阶段、高等学校创新人才培养模式。

创新人才的成长有两个不可或缺的因素：兴趣和需求。解决兴趣问题，就要从基础教育阶段开始全面实施素质教育。解决需求问题，一是学科专业结构要适应经济社会的需求；二是人才培养过程要加强实践环节。注重学思结合，倡导启发式、探究式、讨论式、参与式教学，培养学生的批判性思维能力、团队合作能力、心理抗压能力、逻辑推理能力、快速反应能力、沟通表达能力、倾听和收集信息能力，帮助学生学会学习。激发学生的好奇心，培养学生的兴趣爱好，营造独立思考、自由探索、勇于创新的良好环境。注重因材施教，关注学生不同特点和个性差异，发展每一个学生的优势潜能。推进分层教学、走班制、学分制、导师制等教学管理制度改革。改进优异学生培养方式，在跳级、转学、转换专业以及选修更高学段课程等方面给予支持和指导。健全公开、平等、竞争、择优的选拔方式，改进中学生升学推荐办法，创新研究生培养方法。由注重传承的教育转向注重创新的教育，由注重选拔的教育转向注重选择的教育，由注重文本的教育转向注重实践的教育，由注重灌输的教育转向注重启发的教育。

（3）开辟包容创新人才的绿色通道

通过对"诺贝尔奖"现象的分析发现，近年来诺贝尔奖得主很少有前几名的学业成绩。如2012年医学奖得主英国的约翰·格登在中学时理科成绩全班垫底，曾被老师称为"笨得完全不应该学自然科学"。许多案例表明，人才的成长和成功与学历并没有非常明显的关系。很多杰出人才是在某方面有特长而不是全才，几十年前之所以华罗庚、钱伟长这些人能够入学，是因为录取他们的人敢于赏识他们，敢于选择有特长的人。评价应该从过分关注学业成就转向对综合素质的考查上来。创新人才需要特殊的成长通道，如实行"一制三化"的模式，即导师制、小班化、个性化、国际化培养，让学生尽早进入科学研究过程，尽早参与重大项目。抓住科学研究和社会实践这个创新人才成长的关键环节，建立创新人才成长的动力机制。

（4）打通阻碍创新人才系统培养的学段壁垒

长期以来出现一个反常现象，即中学生严进严出，学习负担过重；大学生严进宽出，学习负担相对较轻。在培养方式上普遍存在着学生记的多，思的少；做题多，分析少；注重知识教学，忽视思维方法的训练；强调复杂、烦琐的计算能力的培养，忽视学生的个性、需要、兴趣、选择、判断等。

高中改革仅限高中系统，无论如何难免"应试教育"；大学改革仅限大学系统，无论如何难免生源大战。双方难以在培养创新人才方面达成共识和形成合力。

创新人才培养需要打破教育体系各阶段之间的分割。通过多模式合作的方式，将大学的创新人才培养理念和方式向中学延伸，将与中学的合作从简单的生源输送提升到与中学联合为国家培养创新人才。可以通过成立"全国拔尖创新人才培养研究与资源中心"，构建适合我国中学拔尖创新人才早期培养课程体系，并在教育部至各省市的教育厅（教委），设专人管理、规划这项事业的科学发展。在全国成立拔尖创新人才早期培养基地，积极探索并建立一个多样化、全方位、分层次、广辐型的中学生创新素养培养体系。创新人才培养提前的举措包括：以延伸教育创新理念为根本，构建多样化人才合作培养模式；以学生志趣为导向，打造全方位创新素养课程体系；以发挥各中学特色为主旨，开展分层次创新人才培养；以早期培养基地为依托，发挥广辐型创新人才培养引领作用；使大学和中学更好地衔接，将早期选拔变成早期联合培养。大学与高中在课程和教材方面要打通，学校之间要联合，国家应组织专门人员进行研究，建立网上平台，打破地域限制。

（5）加强创新人才培养的研究与实验

在创新人才培养的理论研究与实践探索上，我们还有待发展。一些错误的教育文化观影响着孩子的发展：幼儿园"不要让孩子们输在起跑线上"的教育文化观，抹杀了孩子的天性、童心；小学"听话"的教育文化观，抹杀了学生的兴趣、个性；中学"训练"的教育文化观，抹杀了学生的思维、志向；大学"浮躁"的教育文化观，抹杀了学生的学术探究精神。教育评价一刀切、标准化、齐步走，造成千校一面，万人同语。

完善创新人才选拔体系。学校如何科学选拔人才，一个是选拔标准问题，如果所有学校都用一把尺子来衡量，这把尺子又主要侧重知识而忽视能力，就谈不上科学选拔；另一个是选拔方式问题，如果学校不是根据自己的办学特色、定位和培养要求体现选才的主动性和针对性，那么也谈不上科学选拔。适宜于创新人才培养的科学选拔体系应该是学生高考成绩、高中学业成绩、中学生综合素质评价和高校自行测评等"多位一体"的综合评价体系，这也是推进高考改革的一个方向。高校自主选拔，主要选拔具有学科特长和创新潜质的学生，凡是通过高考能实现考查目的的，就没有必要通过自主考核再去做，选拔的标准、方式、过程都要体现学科的特色，发挥专家学者的作用。各学校根据自身的实际情况大胆探索，也鼓励大胆引进国外学校的成熟做法。

创新人才早期培养，育人是基础，能力建设是核心，人格养成是根本。创新人才培养并非只依赖于开设某些课程，而是要体现一种精神的培养，并贯穿于学校教育的各个环节；创新人才培养并非只是培养学生的某些能力，而是要培养一种品质，并体现在学校教育的方方面面；创新人才培养不能只是一种理性说教，而要增强一种感性的体验，通过不同层面的实践活动使之得以升华；创新人才培养并非仅仅面向学生，教师自身必须身体力行。高考被超越了以后，不再"戴着镣铐跳舞",将面临六大挑战,即从关注高考到关注学校教育的观念革命,从千校一面的课程到融通中学和大学,从文理分科到融通文科和理科的课程革命,从习题解答教学到真正的问题解决的教学革命,从传统的评价到综合评价的评价革命,从部门管理模式到项目管理模式的管理革命。这当中要强调兴趣、思想、价值观三大着力点。

构建以因材施教为核心的个别化、个性化教学模式,建立规定性课程与选择性课程相结合的课程体系,实行均衡分班与按程度、分层次教学相结合的教学组织形式,采用逐级递进与跳级、跳科、导师制相结合的教学管理方法,实施考试成绩与特长认定(等级证书)相结合的考核制度,构建以研究性学习为主导的特长培养体系,组织学生参与跨国合作项目研究与学习,培养和造就一支富有创新能力的教师队伍。

培养创新人才,政府是主导,学校是基础,教师是关键,要加强顶层设计和系统规划研究,摆正冒尖与拔尖、个人和整体、公平与质量、精英与大众、学术与应用的关系,加强大中小学的协同创新,整体构建学生高考成绩、高中学业成绩、中学生综合素质评价和高校自行测评等"多位一体"的创新人才综合评价体系,加快培养各类创新人才,促进创新型国家建设。

上述实践基础上的凝练概括与理性建构,对促进创新人才的培养是大有裨益的。该成果发表于《教育研究》,并被《新华文摘》全文转载,也足以证明该成果的分量。

(九)向刘彭芝校长学什么

接待到访人大附中的教育同仁,或者与教育同仁在各种场合交流时,常常有人说:走进人大附中,扑面而来的是创新的气息。他们也经常追问:这种气息是如何形成的?人大附中可学吗?

刘彭芝校长是人大附中的灵魂。要学人大附中,先学刘彭芝校长。那么,我们应该向刘彭芝校长学习什么?除了学习刘彭芝校长"人生为一大事来"的教育情怀外，还要学习刘彭芝校长的教育思想。

刘彭芝校长对我的教育生涯有重大影响，是我教育生涯中的"重要他人"①。因此，在学习刘校长教育创新实践的基础上，梳理刘校长教育思想的过程，是由感性而进一步理性的学习过程。②现将我梳理的成果与读者分享，并与读者共勉。

1. 刘彭芝校长教育思想

（1）人生使命观：教育是我的人生大事，爱是教育的最高境界

刘彭芝认为："教育，是我的人生大事；爱，是我在教育岗位上进德修业的原动力。"她说："人生为一大事来。这是教育家陶行知的话。我来到世上，所为的大事是什么？少年时代，我的梦想是当一名科学家。由于历史的原因，或许是命运的安排，我走上了教育之路。从此，我的人生大事便与教育连在一起了。做教师时，我的人生大事是做一名好教师；当校长时，我的人生大事是当一名好校长。我的青春，我的全部心血，都献给了我的人生大事。"

爱与尊重，是刘彭芝的教育思想的核心，也是她教育使命的核心。刘彭芝认为："爱是教育的最高境界，爱是自然流溢的奉献。尊重是教育的真谛，尊重是创造的源泉。""爱学生，就是爱未来。""尊重学生才是真正的爱学生。""学生在校短短几年，但我们要对学生的一辈子负责。"

正因为如此，刘彭芝致力创造适合每个学生发展的教育，甚至开设"一个人的班级"。她爱她的同事，无论是谁，只要有了困难，她就会感同身受地流下眼泪，她会毫不犹豫地出手相助。许多老师在心底都珍藏这样的感动。"士为知己死"，刘校长对于学生和教职员工的爱与尊重，无疑也是促进他们成长的主要力量源泉。

中国教育学会原会长顾明远说："正因为心中有爱，刘彭芝甘于奉献，把

① 重要他人（significant others）是心理学和社会学都关注的概念，指在个体社会化以及心理人格形成的过程中具有重要影响的具体人物。
② 周建华．试论刘彭芝教育与管理思想体系[J]．北京行政学院学报，2010（6）．

教育作为一份事业来耕耘，投入了她的全部理想、精神和情感。刘彭芝在人大附中的教育实践真可谓'爱的教育'，她成就了人大附中，也成就了刘彭芝自己，正如刘彭芝所说：'教育工作者的爱，是一个长久的诺言。'"正如诺贝尔文学奖获得者、英国戏剧作家萧伯纳所言："人生真正的快乐，在能对一个事业有所贡献，而自己认识到这是个伟大的事业。"

（2）教育本质观：人的全面、充分、自由的发展

刘彭芝统筹教育发展的内外关系，以历史的眼光和世界的眼光，解析中国教育发展的国情、世情，从而深刻揭示教育的本质。她说："教育的意义是什么，是在于把人的本质引申出来，引申出一个超越自己而站立起来的人，赋予人以更丰富的内涵，使人获得尽可能全面、充分、自由的发展，让人的潜能得到淋漓尽致的发挥，让生命的能量得到充分释放，获得一种愉悦身心的成就感。"刘彭芝对教育的本质进行了系统深入的思考和实践：

——学生全面发展的内涵。刘彭芝为人大附中确立的学生培养目标是：全面发展 + 突出特长 + 创新精神 + 高尚品德。这充分体现了"科学与人文的平衡、鲜明个性与团队精神的统一、全面发展和特长发展的结合"[1]。

——促进学生全面、充分、自由发展的教育原则。刘彭芝提出："我们重点要认识和关注学生的'主动性''潜在性'和'差异性'……'潜在性'是指教育者要看到学生存在着多种发展的潜在可能，教育在学生多种潜在可能向现实发展的转化过程中起着重要作用；承认每一个学生都具有自己的独特性，承认他们每个人都是唯一的这一个，相互之间存在差异，这是学生观中'差异性'的主要含义。"

——促进学生全面、充分、自由发展的教育方式。刘彭芝指出："未来社会对人才的要求，必然是张扬个性和团结协作相结合。孔子讲'和而不同'，就是既有鲜明个性又有团队精神，就是一加一大于二。中学教育要培养的就是

[1] 顾泠沅.在极限边缘处领跑[C]//《人生为一大事来》书评.北京：中国大百科全书出版社，2005.

回溯心路

'和而不同'的人。"因此,"中学教育必须走全面发展之路"。

——促进学生全面、充分、自由发展的办学思想。刘彭芝为人大附中确立的办学思想是:"尊重个性,挖掘潜力,一切为了学生的发展,一切为了祖国的腾飞,一切为了人类的进步。"上海市教育科学研究院原副院长顾泠沅认为:"这个办学思想体现了我国校长的典型思路:希望在人本位(或人性解放)与社会本位(或社会责任)之间寻求兼得与双赢的思想意愿。"[①] 中国教育学会原常务副会长谈松华认为:"刘彭芝校长关于学生个性和潜能发展的思想是在马克思主义关于人的全面发展的思想基础上,结合教育实践明确提出了三点基本认识:一是承认每一个人都有价值、权利和尊严,都是值得尊重的;二是承认人的独特性,承认人的差异,尊重人的个性;三是相信每一个人都有发展的潜能,都有成长进步的倾向。从这样的基本认识出发,理所当然地会把发展学生个性,开发学生潜能作为办学思想和行为的基本出发点,融化到学校生活的各个领域。"

(3)教育方法观:"好玩""快乐"——创造适合每个学生发展的教育

刘彭芝认为,"学校应该成为孩子们幸福成长的乐园——不仅要让他们通过现在的努力获得将来的幸福,也要让他们现在的成长过程充满幸福和快乐"。"让孩子们快乐地成长,能带给孩子快乐的老师是好老师;能让孩子'从心所欲不逾矩'的学校是好学校。"刘彭芝深知,孩子持久学习的动力、创造力、实践能力一定来自轻松、愉快、自在的学习,而"苦读"教育却常常在不知不觉中剥夺了孩子天然的求知乐趣。当然,这并不是说,刻苦努力不重要,可是,如果没有了求知的乐趣,那么刻苦努力不可能长久,只有在乐学的状态下,孩子的各种能力才能充分地调动和激发。

刘彭芝认为,教学不仅要科学,而且要生动。她认为,正确处理好有意义与有意思的关系,是学校教学永恒的主题。她指出,强调有意义,更多的是站

---

① 顾泠沅.在极限边缘处领跑[C]//《人生为一大事来》书评.北京:中国大百科全书出版社,2005.

在教育者的立场上看问题、想问题。可以肯定的是，如果站在学生的立场上看问题、想问题，他们更强调的应该是有意思，他们更愿意在有意思中接受有意义。更多地强调有意义，是以教育者为本；更多地强调有意思，是以学习者为本。以课程改革为例，从以教育者为本到以学习者为本，更符合教学规律，是一种进步。寓有意义于有意思之中，让学习成为学生快乐的过程，让学习成为学生主动的行为，让学习成为学生合作研究的过程，让学生成为学习的主人，这才是教学的真谛。

事实上，玩是人的普遍性的行为，玩与自由和美紧密相连。玩是一种情感宣泄；是对生活或工作中各种事物的模仿；是一种心理满足；是人类认识一切客观事物及其发明创造的前提条件；是人的经历和经验的重复。玩的本质特征是自由的行为，同时，不受形式的制约。玩，既有想象力或创造精神，又有美及文化的成分存在其中。

正因为如此，刘彭芝喜欢各种有创意的活动。这种现象被许多深谙教育规律的同行观察到了：在高三学生的脸上依然能看得到笑脸，依然能看得到那份自信与从容，依然可以看到他们参加各种社团活动的身影。其他年级的孩子就更不用说了。学习、生活在人大附中是幸运的，因为这里不仅有教师的真爱，还有可以让每个学生拥有心灵自由的空间，有高质量、高效益的课堂教学，还有丰富多彩、充满生命活力的各种课外活动。①

就本质而言，刘彭芝倡导通过"好玩""快乐"去创造适合每个学生发展的教育的方法是绿色教育方法。华东师范大学陈玉琨教授指出："发展性教育质量保障认为：学校的校园应当成为绿色校园，学校教育应当成为绿色教育……绿色校园是可持续发展的校园，绿色教育可持续发展的教育。"那么，学校教育方法当然应该是绿色的——可持续发展的教育方法。

① 宋林飞. 人大附中：培育核心竞争力 [J]. 课程教材教学研究（中教研究），2009（z6）.

（4）学校社会责任观：促进教育均衡，实现社会责任最大化

1997年，刘校长上任时提出"国内领先，国际一流"的办学目标，不到10年时间就实现了；2007年，她又提出"统一思想与行动，凝聚智慧与力量，为保持人大附中盛名不坠，创百年名校，千年名校而奋斗"；在学校事业初见成效时，她又将眼光移出校园，放眼全国，为实现教育均衡做实事。"我们不能仅仅'独善其身'，还要'兼济天下'，有'忧国忧民忧教育'的胸怀。"这是刘彭芝时常讲到的一句话，一位教育家不仅仅要办好自己的学校，还要承担一定的社会责任。这是刘彭芝教育思想与时俱进的重要特征。

一方面，刘彭芝把自己辛苦培养的优秀人才输送到别的学校，帮助他们发展。现在人大附中已经向海淀区等周边地区的学校输送了几十位校长、书记和副校长。正如刘彭芝所说"授之以鱼不如授之以渔，更不如给人派一个组织打鱼的领头人"。她认为，"人的生命有大小之分。小生命，蕴含在自己的身体内；大生命，则体现在人群社会中。一所学校的生命也有大小之分。小生命，蕴含在自己的校园内；大生命，则体现在整个教育事业中……我们把一些优秀人才输送到别的学校担任重要职务，让他们有施展才华的舞台，对这些优秀人才来说，是放大生命。这些优秀人才把人大附中的教育理念教学经验传播开来，对人大附中来说，也是放大生命"。刘彭芝认为，这种输送人才的帮扶方法是一次改革，这将会成为人大附中在未来帮扶其他地区和学校的主要模式。"送人玫瑰，手有余香"，人大附中的教职员工在帮扶别人的同时，也增强了自我的责任感和使命感，提升了精神境界，在刘彭芝看来，这是一个双赢的过程。

另一方面，刘彭芝不仅带领自己的学校履行社会责任，而且身先士卒、身体力行，把一位教育工作者的社会责任落到实处。刘彭芝除了担任人大附中校长外，更是身兼数职。她创建了"中国基础教育卓越校长、卓越教师培训基地"，并亲任主持人，为"双基项目"付出了很多的心血，目前该基地有全国150多名校长学员，她认为："为了实现教育家办学，更好地促进教育公平，必须培养更多的卓越校长和卓越教师，必须打造面向全国的中国基础教育的'黄埔

军校'。"

2. 刘彭芝校长管理思想

作为校长的思想，首先是关于教育的思想，但要将这些教育思想付诸实践，还需要切实可行的管理措施，因此，校长需要管理思想。刘彭芝校长的管理思想，给我们的学校管理同样带来极大的启迪。

（1）办学目标观：办最先进的学校

1997 年刘彭芝刚刚上任校长时给人大附中确定的办学目标为："国内领先，国际一流，创世界名校。"刘彭芝认为，中国有条件有能力建设世界一流中学，中国必须建设一批世界一流的中学和大学。她说："一个有远见的教育家，不但要看到教育的过去和现在，还要预见教育的未来。一个有远见的教育家，不但要有历史的眼光、时代的眼光，更需要有世界的眼光、未来的眼光。没有这样的眼光就不可能有一流的教育，就不可能培养出一流的人才。"早在 2003 年，刘彭芝率先提出了世界一流中学的十条标准。[①]在刘彭芝带领大家超常速度的奔跑之中仅用了近十年的时间就超前完成了。2007 年，刘彭芝又马上提出了"统一思想与行动，凝聚智慧与力量，为保持人大附中盛名不坠，创百年名校，千年名校而奋斗"的目标。更重要的是，刘彭芝指出："教育的最高境界是实现人的全面发展。教育必须有'终极关怀'，我们创办世界一流学校的最高理念，是一切为了学生的全面而充分的发展。"

刘彭芝想办最先进的学校。她提的是"一流"，实际上是追求最先进。她几乎想把世界上所有先进的东西都要弄到人大附中来。她本人好像就是一个淘宝者。她到兄弟学校、科研院所去淘宝，到美国、芬兰等国外最先进的学校去淘宝，她到各行各业精英人物那里去淘宝，淘宝是为了学生得到最先进的发展。对最先进的追求，是高度的教育责任感的结果，她希望中国能办出最先进的学校。这是一种高度的民族责任感。对最先进的追求，也是对教育本质的思考的

---

① 刘彭芝. 人生为一大事来 [M]. 北京：高等教育出版社，2004：12.

结果。

（2）学校发展观：教育创新促进学校科学发展

刘彭芝很重视"创新"。她认为，在教育创新的过程中，校长肩负着重要的责任和使命。校长是学校发展的引领者，一个创新的校长，才能带出一批创新的教师，才能缔造出一个创新的学校，才能培养出具有创新精神和创造能力的学生。

——教育理念创新是学校发展的基础。刘彭芝校长强调，找准定位，需要两个眼光，一个是世界的眼光，一个是历史的眼光。历史的眼光是知己，世界的眼光是知彼；历史的眼光发现经度，世界的眼光发现纬度。只有知己知彼，经纬交织，才能最终确定人大附中的定位。只有熔铸古今中外教育精华，坚持改革创新，才能不断促进人大附中的科学发展。

——课程创新是学校发展的重要载体。刘彭芝校长认为，课程创新在教育创新中居于核心地位，它是实现教育目的的重要途径，是集中体现校长教育创新理念和实施策略的载体。从校本课程"现代少年"20年到150多门校本选修课的开设，从心理教师团队的建设到心理课程体系的架构，从英语口语教学到11门外语选修课的开设再到18种英语学科课程选修课的开设，从学生走进人类基因图谱国家实验室到虚拟科学实验室的创建，从商业选修课的开设到桥牌选修课的发展，从教师发挥自己的专业特长开设选修课到学生站上选修课的讲台……都昭示了课程创新是学校发展的重要载体，人大附中的课程体系是世界最先进的课程体系之一。

——课堂教学方式创新是学校发展的重要标志。瑞士教育家裴斯泰洛齐曾言："在课堂上决定着一个民族的未来。"刘彭芝校长认为，学校发展着眼点是学生，着力点是教师，切入点在课堂。课堂，是一块凹地，所有的课程都在课堂里汇聚并得以整合；课堂，又是一块高地，所有的课程都在课堂里提升并得以实现其目标。比如，中国基础教育双卓基地第四次培训暨人大附中第十二届科研年会，刘彭芝精心安排了山东省杜郎口中学的一节语文展示课和人大附中的三节课堂教学教法改革探讨课。这几节教法探讨课至少给我们这样的启示：关注学生的生活世界，打通学生书本世界和生活世界之间的界限；关注学生的生命价值，给学生以主动探索、自主支配的时间和空间；关注学生的生存方式，构建民主、平等、合作的师生关系；关注学生的心理世界，创设对学生有挑战性的问题或问题情境；关注学生独有的文化，增加师生之间以及生生之间多维有效的互动；关注学生的生活状态，打破单一的集体教学的组织形式。人大附中的有生命力的课堂在不断生成。

——培养创新型教师是学校发展的着力点。刘彭芝校长一再强调，办人民满意的学校，着眼点是学生，而着力点是教师。教师是学校教育创新的主体，校长的教育理念，学校的办学目标都要通过教师的教育行为落实到每一个课堂，每一个学生身上。所以，校长应该把教育创新的着力点放在打造一支创新型的高素质的教师队伍。刘彭芝认为，职业、敬业、乐业，是教师成才的"三部曲"。刘彭芝注重从以下方面打造创新型的教师队伍：一是点燃激情，让教师树立为教育事业献身的精神。二是搭建平台，让教师实现人生的价值。她希望人大附中教师能在世界一流的环境中成就世界一流的工作业绩，教师能翻多大的跟头，学校就给他们搭建多大的舞台，要让每一位员工都能够工作得有尊严、有自由、有成就。三是重视团队建设，建立有利于教师共同发展的机制。正如萨乔万尼所说："教师中的团队精神是促进更好的工作状态、改善教师实践、获得更佳结果的一个重要因素。"①四是加强校本培训，引领、促进教师成才。五是关心教师身心健康，营造宽松和谐的工作氛围。校长要真诚地尊重、关爱每一位员工，用人之长，记人之功，容人之过，解人之难，让教师在追求自己人生理想的过程中有尊严，有自由，有幸福感。"教师的幸福源自终身发展"……

——培育以创新为特征的学校文化是学校可持续发展的不竭动力。刘彭芝

① ［美］托马斯·J.萨乔万尼.道德领导：抵及学校改善的核心［M］.冯大鸣译.上海：上海教育出版社，2002：101.

倡导形成"突破能创新，变通能创新，融合能创新，追求能创新，反思能创新，压力能创新，理想能创新，激励能创新，实践能创新，执着能创新，卓越能创新，完美能创新，求真能创新，务实能创新，处处能创新，事事能创新，时时能创新，人人能创新"的学校文化氛围。人大附中的老师说："在人大附中，奋斗和创新已成为一种制度和文化。"来人大附中参观的兄弟学校的领导说："全校师生员工从上到下都具有强烈的创新意识，一进入人大附中，一股创新空气扑面而来。"

——以审慎科学的态度来创新才能促进学校的科学发展。刘彭芝认为，教育创新需要求真务实的科学精神和执着追求的理想情怀，"教育创新"必须以人为本。一项科学实验可以有999次失败，而一所学校在教学创新、教育创新上的一次失败就可能贻误一个年级甚至几个年级的学生，这样的失败成本太高，损失太大。教育者没有权利付出这样的代价。所以，教育创新要慎提"不怕失败，宽容失败"。校长在倡导、实施教育创新时，一定要以审慎科学的态度，求真务实的精神做好充分的调查研究，深思熟虑，谋定而动，力争一动而成，将创新的风险和成本化为最低，这是对学生负责，对人民负责。

刘彭芝引领下的人大附中创新之路，很好地处理了"继承与发展、开拓与务实、突破与融合"三对关系，使得人大附中不断科学发展。创新是人大附中学校文化的本质特征。第十届全国人大常委会副委员长许嘉璐在人大附中调研后用"感动、钦佩、羡慕、深思"表达其对学校全面推进素质教育的赞誉，他说："最突出的是人大附中的创新。没有照本宣科，没有照已有的规范、要求去做，在某一点上，某一阶段有点创新，已经很可贵了，人大附中的确做到了与时俱进。"解读人大附中创新之路，最值得我们思考与寻味的，是刘彭芝的话："回首过去，最深切的感受是我们仍然站在创新之路的起点。我赞同哈佛大学教授泰德·里维特的观点，'成功组织最大的特点，就是自愿放弃长期以来的成就。没有创新，成功就有可能成为失败之母'。"

（3）校长观：校长是个领跑人

校长对于学校生存、发展的重要性是不言而喻的。校长的重要性就体现在他是教师团队中"平等中的首席"，是学校的"神经中枢"，是一校师生幸福生活的开拓者和奠基人。[①] 伟大的教育家陶行知先生曾这样说过："校长是一个学校的灵魂。要想评论一个学校，先要评论他的校长。"[②]

刘彭芝将校长定义为"领跑人"，她说："关于'校长'的定义，古今中外有许多种。我对'校长'含义的理解，最深切之处就在于，校长是个'领跑人'——面向世界、面向未来、面向现代化，领着全校教职员工不停地奔跑，领着一茬又一茬的孩子不停地奔跑。'领跑人'的办学理念在奔跑中反映，'领跑人'的心智情感在奔跑中展现，'领跑人'的人生价值在奔跑中实现。我对自己的要求是：做一个优秀的'领跑人'。做一个优秀的领跑人，最重要的是要有一个科学而明确的目标，让团队围绕这个目标统一思想和行动，形成共识和合力。"她认为，学习、建设、发展、创新、务实、人格是当好校长的关键。

"领跑人"，首先是"领"。"领"是大家在现实中工作的时候，校长要拓宽视野，展望未来，探索规律，指明方向；"领"是在大家遇到困难，处于迷茫时，敢于担当责任，给人勇气，鼓舞士气；"领"还是凝聚大家，建设奉献共同体、学习共同体、专业成长共同体。其次是"跑"，是身先士卒，给人示范，是一种永不停息、永远创新的状态。学生一茬一茬地换，要对每个学生负责，教师就要不断更新自己，以"新鲜"的精神和眼光对待学生。这是教育所需要的特有的精神状态。

中国教育学会原会长顾明远说："刘彭芝把自己比喻成'领跑人'，确有一定的道理。但这是她的谦虚。领头的校长不只是领跑人，还是学校的旗手，是学校的灵魂。学校有了这位旗手，教师奔跑才有了方向和目标，有了灵魂，学校师生员工才能有一种精神，并凝聚在这面旗帜下，为共同的理想而奋斗。刘

① 肖川等.办好学校的策略[M].南京：南京师范大学出版社，2005：35.
② 陶行知.陶行知全集（第1卷）[M].成都：四川教育出版社，1991：47.

彭芝就是人大附中的旗帜，人大附中的灵魂。"① 上海市教育科学研究院原副院长顾泠沅在《在极限边缘处领跑》一文中写到，校长是全体教师和学生的"领跑人"，有三层意思："第一，校长得亲自使劲'跑'，既不能照章办事、慢条斯理地走，也不能端坐不动吆喝别人跑，甚至坐着别人抬的轿子跑。第二，你还得'领跑'，领跑人方向不能搞错，同时还要处处跑在别人的前面。第三，要成为'全体教师和学生的领跑人'，这就难上加难了，所谓全体，就包括那些本不想跑或者往别的方向跑的人，能领着所有的人都朝着学校的追求跑动起来，这才是真本事、大本事。这三层意思，刘彭芝竟然奇迹般地做到了。"②

（4）用人观：不拘一格，激活每一个细胞

刘彭芝认为："一个学校绝对不能藏龙卧虎，是龙就得让它腾，是虎就得让它跃。龙藏着虎卧着，就是人才最大的浪费。管理工作的最佳境界，是事得其人，人尽其才；校长应该是'用材'高手，让智者尽其谋，勇者竭其力，能者显其才，贤者彰其德。"这句话充分体现了刘彭芝的人才观——不拘一格发现人才，激活每一个细胞，不拘一格使用人才。她说："我希望我们的教师能在世界一流的环境中成就世界一流的工作业绩。他们能翻多大的跟头，学校就给他搭建多大的舞台。"

刘彭芝认为："管理的本质应该是人文的、人性的，是以人的和谐发展为目标的，它应该使人的潜能、人的天性、人的尊严能在管理过程中得到最大实现和发展。"由此可见，刘彭芝在学校管理中充分注意人性要素，以充分开掘人的潜能为己任。

刘彭芝的"不拘一格，激活每一个细胞"的用人观就是不断给每个人发展的机会，机会有系统内的也有系统外的。给干部机会、给教师机会、给学生机

① 顾明远.《刘彭芝教育文集》序言[C]// 彭芝教育文集. 北京：中国大百科全书出版社，2003：3.
② 顾泠沅.在极限边缘处领跑[C]//《人生为一大事来》书评. 北京：中国大百科全书出版社，2005：7.

会。机会是更具体的愿景。加里·尤克尔认为，为组织所有成员提供平等机会是非常重要的。① 刘彭芝是一个对人很坦诚和很信任的人。坦诚和信任是唤醒人潜能的基本条件。人大附中正是在这种文化下，围绕"国内领先，世界一流"办学目标凝聚了一支有理想、有才华、有奉献精神的教师团队，"不干便罢，干就要最好"已成为这个团队的自觉诉求。

刘彭芝有许多的"不拘一格，激活每一个细胞"之举，其实都是为了学生充分的发展。正如刘彭芝所说："如果将学校比作一个乐团，校长就是乐团的指挥，职工就是拉大提琴、小提琴、吹长号、打架子鼓的乐手，只有激活每一个细胞，才能形成智慧的合力与力量的合力。只有激活每一个细胞，才能带动学校飞速发展。"人大附中国家级骨干教师张莉莉说："我们学校取得了许多成绩，这与每个人的主动创新精神紧密相连，成绩的取得与刘校长'激活每一个细胞'的管理艺术密不可分！"

刘彭芝的"不拘一格，激活每一个细胞"，是一种思想不受拘束的表现。它其实是一种解放思想，实事求是的精神的产物，是刘彭芝始终保持着儿童般纯粹态度（后现代哲学家胡塞尔提出有三种态度：自然的态度、科学的态度和纯粹的态度。所谓纯粹的态度，就是没有任何限制的态度，它是创造的态度基础）所形成的。

我们经常说，要创造宽松的教育环境。坦诚和信任就是宽松的本质。人大附中的快速发展是追求卓越、奋斗的结果，可能也是这种坦诚与信任造就的宽松的结果。我们知道，拳头的力量来自筋肉的紧张与整个身体的放松之间形成的一种恰到好处。

（5）决策观：干正确的事比正确地干事更重要

刘彭芝认为，"当校长管理学校，也有个做什么和怎么做的问题。我当校长最大的体会就是，做什么比怎么做更重要，干正确的事比正确地干事更重

① ［美］加里·尤克尔.组织领导学［M］.陶文昭译.北京：中国人民大学出版社，2004：496.

回溯心路

要"。这里，实际上涉及了"领导"与"管理"这两个概念。西方学术界普遍认为，真正意义上的领导是不同于管理的，沃伦·贝尼斯和伯特·南尼斯明确指出，"管理者是做事正确的人，而领导者是正确做事的人"①。领导，就是"做正确的事"，确定一个团队努力的方向和价值的追求。领导，包括分享观点、达成共识，形成团队的共同愿景，也包括责任的分担。而"管理"是指"正确地做事"，他强调做事的规范和程序的合理性。好的管理就是把事情做到位，减少内耗和运行成本，因而管理当然会增加效益。然而，作为校长，教育思想的领导是第一位的，这是因为教育是影响人的心灵成长的价值观的工作，学校是精神感召的场所。人的行为是思想的参悟、观念的参悟，因而方向是第一位的、精神是第一位的。

与极力维持组织稳定的管理者不同，领导者总是不断检测相关规范并思考目前所做的是否就是应该做的、正确的事，如佛斯特所言，"领导总是随时准备面对变化"。因而，刘彭芝说："'干正确的事'，关键是作科学的决策。作科学的决策，关键又在准确地把握形势。什么叫形势？'形'是已经客观存在的现实；'势'是客观现实中蕴藏的未来的发展方向。由此可见，准确地把握形势，就是既要符合实际，又要有超前意识，只有这样，我们作出的决策才能把解放思想，实事求是，大胆创新，与时俱进，抓住机遇，加快发展有机结合起来。"这样，"我们在确立投资目标时就会有前瞻性，在制定投资策略时就会有科学性，在把握投资时机时就会有灵活性"。

刘彭芝认为，校长是学校一把手，得在一些关乎全局的大事上作决策，得团结大家一起干事。这就是谋事在众，决断在己，成事在众。所谓"谋事在众"，是指决策之前，一定要充分发挥民主，广泛征求大家的意见，集中大家的智慧；"决断在己"是指在充分发扬民主，广泛征求大家意见的基础上，作为一把手的校长要勇于拍板，敢于担当；"成事在众"则是指一旦决策之后，不必事必

---

① 肖川等. 办好学校的策略 [M]. 南京：南京师范大学出版社，2009：37.

躬亲，要放手让大家去干，靠大家的共同努力去把事情做成。一个领导者即使再高明，其知识、经验、眼界也是有限的，如果在决策之前集思广益，多听听大家的意见，不但能避免或少犯错误，而且能使自己的决策更正确，更科学合理。

在人大附中，学校几乎所有的重大决策，都经过了一个民主讨论的过程。比如学生校服，比如多功能厅椅子的选择，比如学校大门的设计方案。刘彭芝认为，虽然讨论中仁者见仁，智者见智，但却能启发决策者的思路，丰富决策者的思想，完善决策者的设计。

（6）事件观：激活学校系统

事件，在《辞海》中有两个意义：一是指"历史上或社会上所发生的大事"；二是来自古语，意指"家禽家畜的内脏"。古语反而更接近现代实践的概念。在社会这个超级系统中，事件可视为社会和生活中的基本要素（器官）。事件的视角，我们称之为"事件观"。和世界观、历史观、时空观一样，事件观是现代社会为现代人提供的又一视角，包含两层含义：一是将事件作为看待社会、历史、人类行为的唯一视角，透过解构事件建立独特的新的世界观；二是事件是空间和时间的美的统一。①

刘彭芝有很强的事件策划与事件管理能力。在事件策划方面，刘彭芝有很强的激活学校系统的综合设计能力，善于用"事件"（活动）激活学校系统。学校发展是有周期的，是会进入"高原期"的，所以要周期性地通过"事件"激活学校发展。研究表明，"关键事件"在教师专业成长中具有重要作用，通过对关键事件及问题的梳理与思考，可以揭示内隐观念，触动教师"灵魂深处"的隐性教育观念，改变教师的教学行为；可以促进缄默知识与外显知识之间的转化；有助于教师个体生存方式的改变，启迪教师追求一种智慧的教学生活方式。刘彭芝很善于学习，学习是学校发展的基本条件。搞活动的本质，就是交

① 王永嘉.事件管理[M].北京：清华大学出版社，2005，引子。

流，在交流中学习、展示（激励）。自刘彭芝担任校长以来，人大附中定期举办科研年会、暑期培训、迎新教工文艺演出等"提气"的活动。例如，中国基础教育双卓基地第四次培训暨人大附中第十二届科研年会，主题是：1.人大附中创新之路；2.拔尖创新人才早期培养研究；3.课堂教学教法改革研究。会议邀请了刘燕华、朱清时、杨福家等七位专家作报告，推出了山东省杜郎口中学的课堂教学和人大附中的系列探讨课。所谓"提气"，是主题提气（新颖或者恰当），是凝练的口号提气（如"统一思想和行动，凝聚智慧和力量"，"咬定青山不放松，一张蓝图绘到底"等），是到会者提气（领导评价、学者输入新思想等），是同伴提气（同伴的实践与思考的影响、启迪）。提什么气呢？就是提蓬勃朝气、昂扬锐气和浩然正气。

在事件管理方面，刘彭芝坚持"一深入就具体"，"细节决定成败"。比如，中国基础教育双卓基地第二次培训大会暨人大附中 2009 年暑期教职工培训，刘彭芝按惯例在活动开始前检查各个细节，在她的布置下，一夜之间与会近600名代表的名签悄然摆到了各自的桌上。时间之紧张、工作量之大，折射了刘彭芝对每个人的平等的尊重。再如，人大附中的升旗仪式，在刘彭芝的策划、创意下，也是妙趣横生、美不胜收、意味隽永。

刘彭芝既是站在教育理想的巅峰上仰望星空的思想者，也是在教育大地里跋山涉水的实干家和知行合一的改革家。对每个人的真诚的爱是刘彭芝教育思想的"地"，民族责任感是刘彭芝教育思想的"天"，实事求是是她在天与地之间编织经纬的最重要的思想方法，遵循社会发展规律、教育发展规律和学生身心发展规律是她在天地之间编织经纬的行为准则，综合创新是她在天地之间编织经纬的行为方式，而德育是心育，贵在感应与共鸣；课程改革为终身学习和终身发展奠定基础；开辟超常教育的绿色通道；创造教育点燃智慧之火；体育、美育促进身心和谐发展；世界是我们的教科书；给学生一片自由放飞的天空；让现代教育技术成为助跑器；创造具有时代精神的学校文化……以及最先进的网络、各种基地、合作等就是她在教育天地之间编织出来的人大附中的经纬。毫无疑问，这些经纬就是学生成长、教师成才、学校发展的一个个机会，一扇扇门，一双双隐形的翅膀。

　　上面是我对刘彭芝校长教育思想的学习和梳理，限于水平，难免挂一漏万。跟随刘彭芝校长，从教育实践中体验她的教育思想，从学习梳理中尝试将她的教育思想结构化，我觉得从中受益匪浅。行是知之始，知是行之成。校长的教育思想与教育实践应当知行合一。刘彭芝校长曾说过："你要深切地了解一个中学校长的教育思想，可以去读他的文章，但更重要的是到他的学校去看一看。由'行'来探'知'，才是理解中学校长教育思想的钥匙。"① 我对此深为赞同并有深刻体验。

　　教育实践和教育规律均表明，校长教育思想的真正价值在于转化为学校现实的教育活动，转化为一线教师的教育行为，转化为每一个学生的行为，这不是一件容易的事。进行上述梳理时，是我在人大附中担任副校长、党委书记期间。在人大附中航天城学校担任校长期间，遇有重要的棘手的问题，我常常会想，如果刘彭芝校长处理这个问题，她会怎样做呢？借鉴刘校长的思想与实践，如何最优地解决这个问题？这样，就使得自己在解决问题思考与决策的过程中有了重要引领与参考，而不是生搬硬套。问题处理完，我也会常常反思，问题处理中蕴涵的教育教学的基本规律是什么？因为，就本质而言，校长的教育思想是对教育教学规律的个性化阐释。

① 　本书编写组.刘彭芝教育思想研究[M].北京：中国大百科全书出版社，2003：51.

点亮心灯

世界上最宽阔的东西是海洋，比海洋更宽阔的是天空，比天空更宽阔的是人的心灵。

——雨果

每个人的心里都有一盏灯，一盏可以照亮心灵的灯，只是许多人将它的光芒遮蔽了，从而束缚了自己的心灵。而有些人却能够点亮这盏心灯，于是小小的一盏心灯，在照亮自身心灵的同时，也给他人和整个世界带来光明。

　　点亮心灯，必须改变人生的态度，这样才能改变人生的高度，进而改变心灯的亮度。"位卑未敢忘忧国。"作为教师，点亮心灯，就会点亮孩子的未来，点亮国家和民族的未来，点亮人类的未来！作为校长，更是如此。

　　我从乡镇中学一名普通的教师，在领导同事的帮助和自己的不懈努力下，成长为苏州市名师、江苏省特级教师、人大附中正高级教师，再成长为一名优秀的校长，其中重要的原因便是点亮自己的心灯，不断解放自己的心灵。

　　教育是有目的、有计划设计出来的系统影响学生身心发展的活动，需要深思熟虑，需要系统的教育思想做指导。系统的教育思想是领导管理学校、有效处理学校教育和管理问题的基础。形成系统成熟的教育思想是校长专业成长的重要标志。苏联著名教育家苏霍姆林斯基说过："校长对学校的领导，首先是教育思想的领导，其次才是行政领导。"因此，校长的办学实践是在系统的办学思想指导下进行的。不言而喻，校长的教育思想凝练的过程，就是点亮自身心灯的过程。

一、教育解放心灵

康德在《论教育学》中指出，人只有通过教育才成为人。教育必须回归到人这个根本点上，回到立德树人这个根本任务上。洛克说，教育的任务不在于使青年精通何种科学，却在于启发他们的心灵。柏拉图曾说，人要合目的地活着，其心灵就需要得到培育和教化。然而，受工具理性主义的影响与制约，传统的教育或多或少地忽视了对学生"心灵"的陶冶与培育，漠视对学生"成为人"的熏陶与教育。

教育要实现对心灵的唤醒和激励，就必须解放心灵。教育最终要促进人的全面发展基础上的个性发展和可持续发展，首先要促进人真正成为人，成为完整的人，而完整的心灵是完整的人的基础，这就要解放心灵。

2015年9月—2018年9月，我被选派参加教育部中学校长培训中心第8期高级研修班培训。参加该高研班三年的研修，受益匪浅。其中最重要的研修任务，就是要梳理凝练自己的教育思想。2017年11月16日，教育部中学校长培训中心在福州三中举办"全国优秀中学校长教育思想研讨会"之"周建华教育思想研讨会"。我报告的题目是"教育，从解放心灵开始"。教育部中学校长培训中心主任代蕊华教授从教育理论的视角作了题为"唤醒美丽心灵——周建华校长教育思想有感"的点评，西北师范大学附属中学原校长刘信生教授从教育实践的视角作了题为"心灵至上——教育使心灵转向善良，转向智慧"的点评。

在此基础上，我进一步明晰了自身的教育思想：教育解放心灵。

（一）"心灵"的概念界定

心灵是世界上最复杂的现象之一。认识心灵是解放心灵的基本条件。

1.心灵概念的流变

人们认识心灵，经历了漫长的过程。

——作为灵魂的心灵。哲学史上，"心灵"的概念从"灵魂"的概念演变而来。在古希腊人的观念中，灵魂"是使身体成为活生生的那种东西，就是使身体成为活的事物而不是僵死的事物的那种东西"。柏拉图提出灵魂由"理智、激情和欲望"所构成的观点，被认为是"认知、情绪和意志"三分法的基础，这是至今最为重要的关于心灵的观点。

——作为精神实体的心灵。笛卡尔创立了"身心二元论"，开启了理性主义的先河。笛卡尔的心灵是指与物质世界相对的一种内在的精神实体。黑格尔则认为，心灵是实现他们自己的个人活动的精神。心灵是一个过程，是形式与内容的统一。但他把"心灵"与"绝对精神"等同起来的做法是混淆了"存在决定思维"这一唯物主义哲学前提。

——作为符号系统的心灵。其代表人物是杜威，他认为，"心灵并不等于精神，心灵其实就是在人与环境交互作用的过程中逐步形成的意义系统，这个意义系统由文化传统、文化习俗所构成，是一个流动着的、制约着个体视界的地平线"。

——作为反映功能的心灵。反映功能是指心灵将主客观的内外事物及其对人的影响以心理活动反映出来的能力。现代心理科学已很少使用心灵这一概念，而是用心理这一概念取而代之。其目的是避免心灵这一概念的神秘性和抽象性。从人的心理的动态—稳定这个角度看，可以把作为个体的人的复杂心理系统区分为心理过程、心理状态和心理特征。这些都是在人与环境的交互作用中的心灵反映，是作为反映功能的心灵的三个结构层次。作为符号系统的心灵表现了心灵与环境之间的内容上的联系，而作为反映功能的心灵则表现了心灵与环境之间的结构性的联系。事物是内容与结构的统一，因此，心灵是符号系统与反映功能的统一。[1]

总的说来，心灵概念的发展是一个不断祛除神秘性，提升科学性的过程。

[1] 杨再勇.心灵的教育：培养"完整的人"的内在向度[D].苏州：苏州大学，2014.

2. 马克思主义哲学的心灵观

马克思从哲学角度对心灵的本质及其与身体、社会的相互关系问题阐述。

——脑是心灵的器官。心灵是人脑的功能，人脑是心灵的器官，心灵是人脑对客观事物的主观反应。

——心灵活动是脑的机能。从内容上看，心灵活动的内容来源于客观现实的事物。从形式上看，心灵活动是人脑对客观事物的主观反映。因此，心灵活动是个人与社会的融合，是主观与客观的统一。马克思主义哲学关于人类这一心灵特性——主观能动性的描述，触及了教育的根本性问题。教育就是要解放心灵，培养主观能动的、自觉的人。[①]

——实践是心灵发展的现实条件和根本条件。人是具有主观能动性的动物。这一特点反映在心灵上，表现为人脑对客观事物的主观反映。人的主观能动性是实践的基础，而实践又反作用于人本身。

3. 心灵的结构

结构决定功能。理解心灵观的结构，就有利于更好地把握心灵的功能。研究表明，不同的教育流派只是强调了对心灵结构某一部分的教育。

科学主义哲学强调自性原型、抽象认识及表象直观，但是遮蔽了感性直观的现实经验。人本主义哲学强调自由意志、价值评价和情感体验，但忽视了对客观真理的研究和教育。现实主义强调从感性到理性的认识过程，但相对忽略了人的自由意志和情感体验，其极端的发展是使教育走向了工具化、机械化。实用主义强调经验在心灵成长中的作用，做到了全面关注人的认知、情感和意志过程，但实用主义教育思想误把手段当成了目的（罗素语），在一定程度上造成了教育实践的随意和混乱。马克思主义教育哲学强调祛除对学习者的异化，按照人的自然规律培养全面发展的人。[②]

---

① 杨再勇.心灵的教育：培养"完整的人"的内在向度 [D].苏州：苏州大学，2014.
② 同上。

胡家祥认为人类心灵存在感性、知性、志性三个层面：感性包括直观表象和体验情感，知性体现于认识抽象和评价价值两端，志性也含有自性原型和自由意志两个维面；由于三个层面各具两端且它们表里照应，因此又构成向内收敛、要求和谐统一的认识性系列和向外发散、要求自我实现的意向性系列。整个心灵各要素纵横联系、交叉感应，作为观念形态的"真""善""美"在心灵中三元分立而又有机统一。这种层面结构综合了有关心灵的"三分法"与"两分法"，有广阔的包容性，能较好地阐释诸多文化现象（见图2-1）。

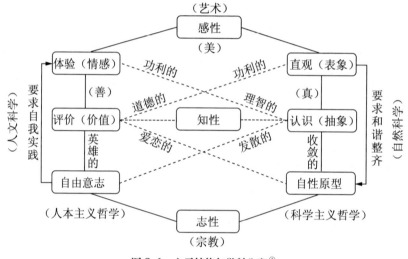

图 2-1　心灵结构与学科分类[①]

学者莎兰·汉考克认为，人的心灵分为三层：保护层、感受层、真我层（见图2-2）。保护层就是面对伤害你会采取何种方式来保护自己。因为保护层的存在，人与人之间一般很难很深入地沟通，也难以建立真正的联结和亲密关系。感受层也被称为伤痛层，就是卸去保护层，真实露出自己的感受，是真切的。真我亦称"大我"，与"妄我"相对，谓出离生死烦恼的自在之我，指向灵魂。心理学家认为人的心灵过程有三个：身体过程、情绪过程和思维过程。身体过

① 胡家祥.心灵哲学与文艺美学[M].北京：中国社会科学出版社，2007：88.

程：身体对事物的感知；情绪过程：可以理解为"我"这个存在对感知到的事情的接受或抵触；思维过程：用文字思考的过程。那么，心灵的三层结构与心灵的三个过程是什么关系呢？保护层，对应着思维过程；感受层，对应着身体过程和情绪过程；真我层就是灵魂，不在普通心理学的研究范围。

真我层

感受层

保护层

图 2-2 心灵的三层结构

上述心灵的感性、知性、志性三层结构与保护层、感受层、真我层的三层结构，两者非常类似，且能互相映照。这给我们做好教育工作至少带来这样的启示：（1）如果某种想法是外部世界强加进来的，情绪过程和身体过程没有接受的话，个体很难喜悦、安静和自在地做好事情。因此，调动学生成长的积极性、自主性，尤为重要。（2）思维过程，相对于情绪过程和身体过程，有不足，就是很难和其他存在建立关系。因此，想要拥有真正的师生关系，想和学生建立起真正的联结，关键就是去穿过心灵的保护层。因此，我们要重视情绪过程和身体过程。比起头脑来，身体有时更靠近我们的灵魂，也就更容易和别人建立真正的联结。其中非常重要的方式，就是讲感受，捧出我们的心，去触碰到学生的心。正如朱永新教授所言："教育过程中，所有施教者始终不应忘记，教育的本质是成就人的丰富心灵，教育的原点是关注人的发展。"[1]

4.心灵概念的界定

综上，本书所使用的心灵概念既指"反映功能"的心灵，也指"精神实体"

---

[1] 朱永新.回到教育原点有多难[J].基础教育论坛，2012（8）.

的心灵。心灵作为过程和功能，它是对外在于心的事物的反应能力。心灵作为精神实体和符号系统，它是心灵的反应能力的结果，是人和环境交互作用对人脑功能形成的稳定的影响的体现。①

（二）"教育解放心灵"的概念界定

"完整的心灵"是"完整的人"的前提条件和内在基础。

1.完整的心灵的界定

完整的心灵是健全的心灵功能和丰富完整的心灵结构的有机结合。心灵功能的健全主要包括气质、欲望、本能、思考、选择、态度……的健全。心灵结构的丰富完整主要指生命场、能量场、情感场的丰富完整。

2.完整的人的界定

马克思说人要"作为一个完整的人，占有自己的全面的本质"。这个"全面的本质"是什么？从人的存在层次上看，包括个体层面、群体层面和社会层面。因此，完整的人，包括个体层面的心灵完整，包括群体层面的关系完整，也包括社会层面的价值完整，是心灵品质、社会关系和生命价值的和谐统一。完整的心灵，是良好的社会关系的前提，也是生命价值得以实现的重要条件。而社会关系的完善，生命价值的实现，反过来对心灵也有治疗和完善的作用。②基于当下，面向未来；基于中国，面向世界；基于党的教育方针，"完整的人"也指德智体美劳全面发展的人。

3.解放心灵的界定

本书对"教育解放心灵"的操作性定义是，以教育实践为载体，以心灵的反应能力为中介，以丰富人的心灵，促进心灵的完整，进而促进完整的人（德智体美劳全面发展）的生成为目标的教育活动。

---

① 杨再勇.心灵的教育：培养"完整的人"的内在向度 [D].苏州：苏州大学，2014.
② 同上。

（三）"教育解放心灵"的提出的依据

1.从教育的目的看，解放心灵是为了培育心灵完整的人

教育首先要教学生"学会成人"，成为一个心灵完整、全面发展的人。在学生全面发展的基础上，突出个性，为学生成长为各行各业的各级各类人才奠定基础。没有心灵的解放，就没有人的解放。没有心灵的丰富，就没有人的丰富。没有心灵的完整，就没有人的完整。因此，教育就是解放心灵，促进心灵的完整，进而促进完整的人的生成。

2.从教育的内容看，解放心灵将结构化地拓展教育内容

以解放心灵为目的的教育，将结构化地选取、组织及呈现教育内容，突出教育内容所负载的教育思想、教育内涵、教育方法及其对学生成长的价值，供给解放心灵丰富的养料。

3.从教育的过程看，解放心灵是丰富心灵、促进心灵完整的过程

解放心灵是心理过程、心理状态和心理特征的统一的过程。这一心理过程，在自我关系中表现为认知过程、情感过程和意志过程的协调和整合，促进良好个性的形成的过程；在实践关系中是主体的心理状态从依赖到独立，再到相互依赖的过程。状态的完整指人的生理状态、心理状态和灵性状态的整合。这既反映了人在"成人"过程中的层次性，又揭示了这种整合必须在教育实践中才能完成，同时这种整合是每一个人都具有的潜能。生命发展的意义最终体现为人的价值（生命价值、工具性价值和社会性价值）的完整，体现为主体对生命价值和生命意义有高度的理解。生命的价值就是生命主体对自己、对他人和对社会的重要性大小。生命的意义表现为过程、状态和价值的完整。只有解放心灵，经历丰富的教育实践过程，才能丰富学生心理过程中的体验，调适学生的心理状态，使学生的心理逐步趋于稳定，促进学生人格的健全。因此，解放心灵的过程就是丰富心灵、促进心灵完整的过程。

4.从教育的方式看，解放心灵是走出当下教育异化的有效方法

我们往往只关心学生知识与技能的成长，忽略了对其内心世界的关注。柏

拉图说，教育乃是心灵的转向。苏格拉底认为："教育不是灌输，而是点燃火焰。"马克思说过："教育绝非单纯的文化传递，教育之为教育，正是在于它是一种人格心灵的'唤醒'，这是教育的核心所在。"因此，解放心灵是促进心灵转向和心灵完整的重要手段。

5. 从教育的评价看，解放心灵能引导和促进学生真正回归成长

教育评价，一方面能引领学生成长的方向，另一方面对学生的成长状态进行评估，激励学生进一步成长。解放心灵，一方面从目标角度引导学生成为德智体美劳全面发展的人，另一方面从过程角度引导学生通过评估发现当下成长的不足，及时弥补，从而成为更好的自己。

二、解放心灵的教育主张

如何解决当下教育的异化现象呢？综观教育史上的教育哲学流派关于心灵的观点，大多偏重认知、情绪、意志、人格等心理结构的某些方面。比如，要素主义、建构主义教育思想偏重认知，自然主义、经验主义教育思想强调情绪和经验，人本主义、自由主义教育思想强调对学生选择和自由的尊重[1]（需要特别说明的是，自由选择与责任担当犹如一枚硬币的正反面，当下，在注重供给学生自由和选择的基础上，教育更应强调责任担当），而品格教育、个性全面发展理论强调人格的形成。教育解放心灵，着眼点是学生，着力点是教师，关键点是校长，保障点在学校。下面，围绕教育解放心灵这一思想，给出学生、教师、校长、学校的画像。

（一）"教育解放心灵"的学生画像

教育解放心灵的着眼点是学生。因而，要丰富教育内涵，拓展成长维度，

---

[1]　杨再勇. 心灵的教育：培养"完整的人"的内在向度 [D]. 苏州：苏州大学，2014.

立德树人，五育并举，培育德智体美劳全面发展的社会主义建设者和接班人。"教育解放心灵"的学生画像，主要包括指向"德"的以德律心者，指向"智"的以智明心者，指向"体"的以体壮心者，指向"美"的以美悦心者，指向"劳"的以劳立心者。这五者，并非互相割裂，而是一个有机整体。

1.以德律心者

自律，是德育的方法。

（1）以德律心，要提升学生的自律与自制力

习近平总书记指出，国无德不兴，人无德不立。法是他律，德是自律，需要二者并用。德育最重要的方法和路径就是自律，是自觉性与自制力的培养。黄炎培先生将自觉性与自制力作为教育最基本的规律。西奥多·罗斯福曾说："有一种品质可以使一个人在碌碌无为的平庸之辈中脱颖而出，这个品质不是天资，不是教育，也不是智商，而是自律。"因此，在德育中培养学生的自觉性与自制力，让学生的言行举止能够得体，并由此出发，从修身到齐家、治国、平天下，外化到社会的行动上去，这就是自律。哲学家康德认为，自由即自律，而且只有自律道德，才是真正的道德。因此，越自律才能越自由，越以德律心，越能解放心灵。

（2）以德律心，要培养学生丰富的情感

教育要培育情感丰富的人。关注人的情感发展是教育中的一个本源性、根本性的问题。因为只有情感才是真正属于个体的，它是内在的、独特的，是人类真实意向的表达。因此，人的本质是其情感的质量及其表达。从情感的角度来说，人的本质内涵是道德感、理智感、美感。以德律心，解放心灵，就是要丰富上述情感，在形式上体验成长过程的完整性，在实质上追求成长状态的超越性。丰富情感，就是认识和开发学生发展的本质力量。高级美感也是指向创造的，教育无疑要提升情感的质量和丰富情感的表达，这既是教育的动力和内容，也是教育的目的和手段。

（3）以德律心，要提升学生的责任心

教育要培育具备责任担当能力的人。责任感是在一个人的理想、信念、世

界观的基础上形成的，分为个人责任感和社会责任感两种形式。责任感不但是对自己负责的意识，而且是对他人和社会负责的意识。责任感培育对学生成长的意义至少有两个方面。其一，责任感是学生成长的直接驱动力。人只有具备自我责任意识，才会有自我成人成才的内在动机，才能启用他的内在动力，发挥创造性，将自我责任感进一步上升为社会责任感，自觉地把社会要求和时代要求转化为自我成才的目标和行为，形成强大的成才动力。一个具有高度责任感的人，才会对自我负责对社会负责，才会自觉地将社会的发展需要转化为自我行为。其二，责任感是学生成长稳定持久的动力源泉。缺乏社会责任感的人把成人成才看成单纯的自己的个人私事，极易成为"精致的利己主义者"。在担当责任的过程中，个体需要面对各种困难、风险与不解，只有具备高度社会责任感的个人才能确立对自己身边的人、群体、国家民族负责的意识，给自己的责任担当提供持久动力，创造出高于自身需要的价值贡献给社会。①

（4）以德律心，还要完善学生的人格

教育要培育人格完善的人。人格是人的个性特征，是人的独特性的综合反映。因此，人格完善的人兼具共性与个性，是共性与个性的和谐统一。人首先要占有"人"的本质性，即共性，然后才能在此基础之上表现出自己的独特性。所以，教育首先要教学生"学会成人"，然后要教学生成为一个人格完善的、独特的人。从心灵的角度看，人的本质特性分别表现为理性、高级情感和善，分别对应人的认知、情绪和意志活动。② 因此，完善的人格包括相互联系、相互补充的、稳定的智慧人格、审美人格和道德人格。人格完善是使学生将聪明才智、丰富情感和责任担当转化为实践创造的动力机制。

2.以智明心者

智育的方法就是自知，最好的智育不仅仅要教学生认识社会，认识自然，

---

① 陈利燕.注重大学生社会责任感培养——创新人才行为稳定持久的动力源泉[J].经济研究导刊，2009（36）.

② 郭新.论日本中学心灵教育[D].北京：中国地质大学，2017.

更重要的是帮助他们认识自己，进而认识自己与他人、自己与社会。正如泰戈尔所说："认识你自己——因为认识就是解放。"1942年7月20日，我国著名教育家陶行知，在育才学校三周年纪念晚会上发表了题为"每日四问"的演讲，要求教师每天对自己要有四问。第一问：我的身体有没有进步？第二问：我的学问有没有进步？第三问，我的工作有没有进步？第四问，我的道德有没有进步？作为学生，更需要不断地自我反思，这就是自知。因此，智育要帮助和指导学生对自己清楚明白，能够认识自己的优点和不足，确定努力的方向，成为以智明心者。

教育在促进学生全面发展、夯实共同基础的同时，要关注智慧的生成。解放心灵，生成智慧至少有这样几方面的意蕴：一是基于知识和技能，但又超越知识和技能，能发现问题和解决问题，提升自身的核心素养；二是超越现象和表象，掌握智慧的一般性要素（如观察、注意记忆、创造、思维、语言等）；三是超越继承，追求创新，智慧的核心是创造；四是发展核心素养，善于终身学习和终身发展。[①]

3. 以体壮心者

自胜，这是体育的方法，它与德育的自律及智育的自知是统一的。这种方法的价值恰恰表明体育的本质是在于用意志驾驭和控制自己的身体，正如《道德经》说的那样："胜人者有力，自胜者强。"体育是实现立德树人根本任务、提升学生综合素质的基础性工程，是加快推进教育现代化、建设教育强国和体育强国的重要工作，对于弘扬社会主义核心价值观，培养学生爱国主义、集体主义、社会主义精神和奋发向上、顽强拼搏的意志品质，实现以体育德、以体育智、以体育心、以体育美具有独特功能。体育以服务学生全面发展、增强综合素质为目标，坚持健康第一的教育理念，推动青少年文化学习和体育锻炼协调发展，帮助学生在体育锻炼中享受乐趣、增强体质、健全人格、锤炼意志，

---

① 周建华. 培育拔尖创新人才从"心"开始 [N]. 中国教育报，2017-10-11.

促进学生成为以体壮心者。

4. 以美悦心者

美育的方法重在培养学生的自信与审美能力。中国古人讲的"见心见性"，就是说人们观察世界的方式与角度与他的内心境界是一致的。内心是美好的、善良的，看到的事物就是美的，这就是审美。所谓"自信者悦"，则是告诉人们，积极的自我观念往往能够给人们带来审美的愉悦。美是纯洁道德、丰富精神的重要源泉。美育是审美教育、情操教育、心灵教育，也是丰富想象力和培养创新意识的教育，能提升审美素养、陶冶情操、温润心灵、激发创新创造活力。美育以提高学生审美和人文素养为目标，弘扬中华美育精神，以美育人、以美化人、以美培元，促进学生成为以美悦心者。

5. 以劳立心者

自力，是劳动教育的方法。劳动教育是中国特色社会主义教育制度的重要内容，直接决定社会主义建设者和接班人的劳动精神面貌、劳动价值取向和劳动技能水平。但近年来一些青少年中出现了不珍惜劳动成果、不想劳动、不会劳动的现象，劳动的独特育人价值在一定程度上被忽视，劳动教育被淡化、弱化。为此，劳动教育要坚持立德树人，坚持培育和践行社会主义核心价值观，把劳动教育纳入人才培养全过程，贯通大中小学各学段，贯穿家庭、学校、社会各方面，与德育、智育、体育、美育相融合，紧密结合经济社会发展变化和学生生活实际，积极探索具有中国特色的劳动教育模式，创新体制机制，注重教育实效，实现知行合一，促进学生形成正确的世界观、人生观、价值观。通过劳动教育，使学生能够理解和形成马克思主义劳动观，牢固树立劳动最光荣、劳动最崇高、劳动最伟大、劳动最美丽的观念；体会劳动创造美好生活，体认劳动不分贵贱，热爱劳动，尊重普通劳动者，培养勤俭、奋斗、创新、奉献的劳动精神；具备满足生存发展需要的基本劳动能力，形成良好劳动习惯；长大后能辛勤劳动、诚实劳动、创造性劳动。

劳动自力，强调劳动教育培养的就是学生的自力精神与能力。所谓"自力者立"，即只有自力的人才能够真正成为一个有尊严的人。对此，恩格斯曾经指出，"劳动创造了人"。而"教小儿先要教其自力"则是南宋著名的理学家、思想家和教育家陆象山的名言。因此，劳动教育在以劳育德、以劳启智、以劳健体及以劳育美的基础上，要促进学生成为以劳立心者。

（二）"教育解放心灵"的教师画像

教育解放心灵的着力点是教师。脑是心灵的器官，心灵是人脑的功能。韦钰院士认为，"作为灵魂的工程师，教育实质上就是在建构人的脑"。脑科学研究的许多成果，对开发学生大脑潜能具有重大的指导意义。因此，在教育教学过程中，通过借助于脑科学的研究成果，可帮助教师更好地认识学生发展的特点，了解学生发展的需要，从而更好地开发他们的大脑潜能，解放他们的心灵。习近平总书记提出了"四有"教师的要求，即要有理想信念、有道德情操、有扎实学识、有仁爱之心。在这样的要求引领下，教育解放心灵的教师画像，是对学生有爱心者、有耐心者、有慧心者、有恒心者。

1. 对学生有爱心者

要警惕不可逆的脑损伤。大脑里有个部分叫前脑，也叫作总裁脑。个体的计划、情绪控制及策略等都是前脑负责控制的。前脑一旦受伤，人格可能改变。如何才能有效地预防不可逆的脑损伤呢？一是教师要对学生有爱心。爱，既是教育的目标，又是教育的手段。二是引导学生逐步学会控制管理自己的情绪，丰富自身的情感。

2. 对学生特别是学习困难的学生有耐心者

要重视建立大脑的正向循环。环境对个体大脑的发展具有非常重要的作用。丰富的环境刺激和经验可促进大脑的功能发育，剥夺环境刺激将严重阻碍儿童的脑发育。研究表明，不玩耍的孩子或者很少被触摸的孩子的脑比正常同龄孩子的脑小 20% 左右。一系列以观察或实验为依据的研究结果表明，可塑性的神经元会在受到教育干预时发生变化。

大脑结构中形状像海马的，叫作海马回。这个部分损坏就会失忆。海马回前面有个部位叫作齿状回，新生的神经细胞会回到这里来。有耐心，反复练习，逐渐增加难度，会刺激神经细胞的再生。因此，我们要对学生特别是学习困难的学生有耐心。

顺其自然，教会孩子了解自己的长处，接受自己的短处。用欣赏的眼光，鼓励孩子发展自己的能力，不断进步，建设属于孩子的正向循环（见图2-3）。

建立改变大脑的正向循环的主要方式有：游戏、运动、广泛阅读及艺术活动等。

图 2-3　建立改变大脑的正向循环

3.对学生有慧心者

提升智慧生成，促进学生大脑"链接"。神经元的功能是神经元接受刺激并能产生兴奋（神经冲动），并能把兴奋传导到其他的神经元。神经元与神经元之间的连接构成了我们的脑网络。而这个脑网络是支撑我们人类各种日常行为，如运动感知、情绪、认知等的基础。在我们的大脑中，大约有1000亿个神经元，超过了其他所有的物种。神经元本身无法增加，那么认知能力的提升，只可能来源于神经元间连接的发展。

简单的刷题对答案得到的是"低刺激感"。在最优控制区域上的合理输入，就像大家在冥思苦想中的一点关键的提示，让大家能够把整个复杂的过程串通起来，有一种醍醐灌顶般的彻悟之感。这是因为我们直接对大脑回路本身进行操控，我们的大脑无法区分这个结果是否由我们自己想出。但同时我们却因此省去了大量的错误尝试，从而在同样的时间内提升了自身的学习容量。所以这是"项目研究""真研究",对解放心灵——智慧生成的作用!

因此,教师在教学中要将启发式教学、研究性学习等作为常态教学方法,并且根据实际促进学生选用项目式学习、探究学习、深度学习等多样化的学习方式,因材施教,促进学生智慧生成。

4.对学生有恒心者

脑功能具有终身可塑性,要着力提升学生终身发展能力。脑功能的可塑性是指在外界的刺激下,脑神经系统中某些神经的结构与功能会发生改变的可能性。脑科学的研究表明,大脑学习功能的重组是终身性的,一般不具备不可逆的和精确的时间表。换言之,脑的可塑性并不仅仅局限于幼年、童年和青年期,而是持续终身的过程。脑科学家在新近的研究中发现:对智能正常的 2 岁、12 岁儿童和成人进行脑细胞突触连接数量的断层扫描比较分析,结果显示这三个年龄的脑细胞突触连接数量呈明显递减的趋势。这是因为大脑在个体发育进程中存在一个被称为"突触裁减"的过程,其作用是使习得的能力得以固定下来。脑科学家相信突触连接减少后大脑的效率反而提高了,随年龄的增长而减少了脑细胞突触的大脑会使儿童更聪明,能让儿童学习更多的东西。据此,脑科学家们提出的新观点是发展中的个体的智能没有所谓的关键期。丰富的环境刺激、有效的学习在任何时候都能促进智能的发展,促进心灵的解放,促进终身发展能力的提升。[1] 在人的一生中,为了不断适应新的变化和需求,大脑一直在"重建"自身。基础教育阶段是儿童大脑发展的重要阶段,是教育"重塑"大脑大有可为的阶段。因此,教师对学生特别是对学习困难的学生一定要有恒心。久久为功,必有回响。

(三)"教育解放心灵"的校长画像

教育解放心灵的关键点是校长。校长既要将教育的着眼点放在学生身上,

---

[1] 陈蕾.脑科学与早期教育正误说 [J].中国教育学刊,2010(S1).

又要将着力点放在教师身上，还要调适优化学校系统的运行作为保障。但其中最关键的还是"人"，这里的"人"，主要指学生、教师，也包括家长和社会各界人士等。校长在与这些"人"的互动中，应是读心者、同心者、疏心者、润心者和强心者。

1.读心者

校长应当是高明的"读心者"。如前所述，由于保护层的存在，人与人之间一般很难交心。作为校长，首先应是一名读心者，能读懂师生的情绪和情感、思维及灵魂，这样才能落实好立德树人的根本任务。校长如何才能成为一名读心的擅长者呢？首先是深入到师生中间，经历"身体过程"，充分对师生进行感知。其次，经历"情绪过程"，感知师生对事物包括校长的接受或抵触。最后，经历"思维过程"，对师生的情绪情感进行思考分析。特别是，校长在应对突发事件时，除了按照正常的预案处置外，首先要读心，基于以前对当事者的了解，感受当事者当前的心理状态，当事者为什么会有这样的冲突（心理归因），这样才能为下一步突发事件的处置奠定坚实的基础。

2.同心者

校长应当是亲切的"同心者"。这里的"同心"，指心理学的"共情"或"同感"。

"共情"（empathy）的概念由人本主义心理学家卡尔·罗杰斯（Carl Rogers）从治疗心理疾病的角度提出，是指"精确体察患者心里的参照系，同时具有患者的情绪，假设自己就是患者，但在任何情况下不要忽视这个'假设条件'"。简言之，共情是一种去爱、理解和接受患者的能力，是从患者的角度理解他的思想感情。

"共情"又称"同理心"。韦钰院士认为，我们应该培养孩子的"同感"能力（同理心）和执行功能，它是社会情绪能力中的核心能力。决定人一生幸福和成功的不是 IQ（智商），而是他的社会情绪能力。从智力发展的程度来说，青少年接受刺激以后兴奋的程度和成人已经非常接近，学习能力也很强。但是，他们对情绪的自控能力、执行功能还没有发展成熟，这样就形成了一种不平衡。所以，此时的学生对于很多行为无法控制。这种无力感对他们自身、对社会都会产生很大的困扰，也是人发展中普遍存在的问题。

同理心是道德发展的基础。休谟曾经提出"道德是基于对方立场的同情"这一思想。没有同理心，就不能站在他人的角度进行道德判断，就不能感同身受地体会他人的道德情感，就不能站在交往实践的角度选择道德行为。最新的神经科学研究表明，同理心并不是哲学家、心理学家主观建构的概念，而是主体的实实在在的心理功能，它有着坚实的神经科学基础。一个道德事件在我们周围发生时，镜像神经元让我们能够从事件当事人各方的角度进行同理心反应，从而激发我们的道德认知、道德情感，促进我们在假定状态下选择道德行为。

每个个体都具有产生同理心的神经基础，但不是每个个体都具有同理心。同理心需要大量的人际情境和社会情境的激发，需要有意识地学习，更需要有目的地教育和训练。韦钰院士指出，孩子们过了18岁，共情能力培养成效就甚微了。

"共情"在学校教育中具有重要作用。共情能力差的孩子一般较自私、任性，心胸狭隘，不懂得尊重人，容易以自我为中心，缺少同情心。从教育的长远观点看，这对一个人的健康成长是不利的，对社会的稳定和发展是不利的。共情能力差的教师，无疑是很难走进学生的内心世界的，因而教育效果往往难尽人意。因此，校长的"同心"或"共情"，就是设身处地去理解师生的处境，体会师生的感受、需要，并且把自己设身处地的了解让对方知道，表现为关注、理解、尊重。校长不但要多下功夫提升自身的共情能力，而且要带领师生设计教育活动，让师生在真实情境中体验"同理心"，提升"共情"能力。

3.疏心者

校长应当是有效的"疏心者"。在读心——了解师生的心灵状态，同心——设身处地地体验到师生心灵状态的基础上，校长还要具备类似中医"活血化瘀"的疏导心灵、放下心灵包袱、清除心灵垃圾的能力。

这里，有两方面的要求。一方面，"疏"体现在"导"。当师生处在剧烈的心灵冲突状态时，校长通过共情，理解师生，采取有效的措施，穿破心灵的保护层，帮助师生进行负面情绪的宣泄，直抵心灵，有效地化解冲突，转危为安。另一方面，"疏"体现在"减"，果农"疏花"就带给我们很好的启示。苹果花开得越是繁茂，果农的劳动就越是艰辛。为了保证将来果子的质量，果农得在花期就要疏花定果。首先是"提花"，即把同一根枝条上密密麻麻的花骨朵，掐去多余的整丛骨朵，按照一定距离，保留较为饱满壮实的一整丛花蕾。这样一来，减轻了果树的承载负担，又便于剩余的花蕾吸取更多的养分。"疏花"，即在原先"提花"的基础上，再把簇拥在一个芽孢上的五六支花朵，选择生命力最旺盛的一朵留下，掐去其余的朵儿。无论"提花"，还是"疏花"，抑或"定果"，果农都必须忍痛割爱，从众多花骨朵里，选择最强壮的花骨朵留下来。无疑，果农的劳动是艰辛的，同时也是充满智慧的。很多时候，我们想拥有的东西，泡沫太多，这时就需要用心清理。如果一味地揽物于怀，舍不得丢弃，反而负累太大，事与愿违。另一个例子也很好地说明了这个道理。当我们在一个广口瓶中放满了沙子时，只能再向瓶中倒水。反之，当我们先在瓶中放一些较大的石块，还可以放小石块，再放沙子，最后还可以放水。这个例子的寓意是，当我们的心灵被细碎的欲望填满时，人生就不会有中目标和大目标，就会一事无成。因此，在与师生的相处中，校长应引导师生每隔一段时间，能够静下心来，确立自身的大目标和阶段目标，整理清除那些可有可无的念想和企图，摆脱那些可有可无的琐事的纠缠，轻装上阵，以心平气和的从容，笑看云卷云舒，获得蓬勃生长的力量！

4.润心者

校长应当是持续的"润心者"。习近平总书记指出，教育的一切行为，其落脚点都在"培根铸魂、启智润心"。润心，要雨露滋养，不是"提高一分，干翻千人"般摧残生命的分数名次排列；不是漠视兴趣、特长的"只要学不死，就往死里学"的强制性学习；更不是师生相互为用的功利主义的勾兑。心灵需要关爱，需要和煦的阳光，需要好雨好露，因而要建立教育者与被教育者之间的和谐互信关系。心属于情感范畴，其意重在平衡和谐，幸福向上。教育者的使命就是要让孩子有一颗宁静、和谐、幸福的心，而不应成为狂躁、扭曲、压抑、受伤的心。

校长要成为润心者，就要让师生体验到教育的温度。一位好校长，既应当是学生的老师，也应当是教师的老师，去开启师生生命智慧的大门，完善师生个体价值内涵。校长的魅力在于睿智，校长的灵魂在于使命，校长的伟大在于尊重，校长的真谛在于"爱"。这种"爱"是有"温度"的。好校长是有"温度"的，是带着温情育人的。这份温度是炽热的，是校长对党的教育事业的诚挚热爱，"人生为一大事来"，是为之奋斗不息的热情所在；这份温度也是温暖的，是校长对师生强烈的责任感，并如春风化雨般滋润师生的心灵；这份温度是持久的，是校长一贯的价值追求和育人使命，校长对教育、对师生的爱，是一个长久的诺言；这份温度还是智慧可感的，它有着强大的感染力，一代一代地传播与继承，照亮了整个教育、整个国家。

5. 强心者

校长应当是卓越的"强心者"。校长要帮助师生怀揣一颗强壮的心踏上持续成长的道路，而避免成为"精致的利己主义者"。强壮的心灵，包括对"我"要成为怎样的人不断地思考、追求和完善；强壮的心灵，包括"我"如何成为那样的人的智慧和行动；强壮的心灵，包括"我"在面对困难、面对挫折时的坚持与奋斗，百折不挠，一往无前；强壮的心灵，包括"我"既能独立思考，攻坚克难，又能团队合作，凝聚力量；强壮的心灵，包括"我"在为国家和人民做出贡献时的戒骄戒躁、虚怀若谷；强壮的心灵，还包括"我"对处境不利群体的悯怀、关切与帮助……这些，都需要校长在学校教育中精心设计教育活动，让学生在活动中经历，让学生在活动中体验，让学生在活动中反思，让学生在活动中强心。

（四）"教育解放心灵"的家长画像

教育解放心灵的主体还包括学生家长。习近平总书记强调："家庭是人生的第一所学校，家长是孩子的第一任老师。"那么，家长做好"孩子的第一任老师"，至少包括哪些方面呢？

1.人生启蒙师

家长首先要注重引导孩子思考"我要成为谁需要的人、成为什么人、怎样成为这样的人"。实际上，这是家长引导孩子对习近平总书记提出的"为谁培养人、培养什么人、怎样培养人"这个教育的根本问题的启蒙和不断深入思考。家长首先要做好孩子的示范者，家长想要孩子成为什么样的人，家长自己首先要成为什么样的人；家长想要孩子有怎样的理想信念，家长自己就要有怎样的理想信念；家长想孩子有怎样的格局，家长自己就要有怎样的格局；家长想要培育孩子怎样的习惯，家长自己就要有怎样的习惯……

家长引导孩子树立人生目标，要抓住两个方面，一方面是树立正确的目标，另一方面是正确地树立目标。在本书"家校共育是解放心灵的重要基础"中，对此有详细的论述。

2.营养保健师

家长的基础要求是让孩子吃得营养均衡，穿着舒适整洁。要引导孩子不要在"吃""穿""住""行"等方面与其他孩子、其他家庭攀比。特别要指出的是，在孩子中考、高考期间，要注意沿用家常菜谱，新鲜清淡卫生，营养均衡，不能"海吃""大补"。

3.习惯培育师

培育孩子良好的习惯，是父母及老师送给孩子的人生最大的礼物。学龄前，家长要在看护中培育习惯；小学，家长要在陪伴中培育习惯；初中，家长要在尊重中培育习惯；高中，家长要在放手中培育习惯；大学，家长要在欣赏中培育习惯。培育孩子哪些良好习惯？以及如何培育孩子良好习惯呢？也在本书"家校共育是解放心灵的重要基础"中阐述。

4.体育陪练师

无体育不教育。体育陪练，是家长陪伴孩子重要的方式。体育锻炼一方面可以促进孩子运动能力与体质健康水平的提升，另一方面可以增进亲情。特别是，在体育运动后，会分泌多巴胺，带给人快乐的情绪体验。如果此时进行亲子交流，效果一定不会差。

5.状态分析师

过程做好了，结果不会差。在孩子的成长过程中，家长要做好孩子的成长状态分析师。为此，孩子越小，家长越要拿出更多的时间和精力与孩子相处。在此过程中，对孩子的成长状态进行观察交流、分析判断、干预矫正。家长要对孩子的哪些状态分析呢？至少包括情感情绪状态、学习状态、生理发育状态、交友状态、师生关系状态、亲子关系状态等。因此，家长随时观察孩子的状态，准确分析孩子的状态，调节孩子的不良状态，才能保持孩子良好的发展状态。

6.心理疏导师

家长要特别关注孩子的心理健康，成为孩子的心理疏导师。为此，在孩子遇到心理障碍时，家长要及时发现，要让孩子"将想说的话全部及时地说出来"，然后"共情"，将孩子"带入"，再进行剖析，进而调节矫正。

（五）"教育解放心灵"的学校画像

教育从解放心灵开始，具体到学校办学实践层面，就是要解放教师和学生的心灵，打破各种不利于师生成长的枷锁，追求丰富完整的心灵放飞和精神家园的重建。

1.打破组织的禁锢

组织是指由诸多要素按照一定方式相互联系起来的系统。学校是一个社会组织，将其成员以某种方式聚集在一起，赋予各自职责，确立联络沟通的方式和原则，使他们各安其所、分工合作，共同完成学校的育人任务。[①] 我国学校内部的组织机构形式脱胎于科层制行政管理体系，然而科层制管理模式在学校组织中的应用日益暴露出三大弊端：学校政府化、组织官僚化、管理经验化。这些弊端严重禁锢师生的心灵和行动。如何打破组织的禁锢，实现从"管理"到"领导"的变革呢？

（1）打破组织目标的禁锢

以往的学校目标中，"分数"常常成为非常重要的甚至唯一的追求。分数把教育过程带入了一个机械、大量的重复训练窠臼之中，学生在日复一日、年复一年的"题海"战术中，沦为分数的工具。原本应该打好基础的中学教育，除了分数外，还没有留给学生其他更重要的东西。教育应该追求分数以外更重要的东西。教育本身意味着价值传承、价值引导和价值教化，是关系到价值使命的事业。培养什么样的人，如何培养人，为谁培养人，最关键的是形成什么样的价值观问题。当前青少年发展中存在的最大问题也是价值观问题，社会转型期出现的价值混乱、价值断裂和价值冲突，迫切要求我们牢牢把握学校的办学方向，突出价值领导，实行文化引领，探索立德树人、加强社会主义核心价值观教育的有效形式和长效机制，培养学生成为中国特色社会主义的合格建设者和可靠接班人。这是每个学校应追求的最基本也是最重要的办学目标。

（2）打破组织形式的禁锢

学校组织形式直接影响学校组织功能的发挥。我们变革学校的组织形式，变"金字塔式"的结构为"扁平式"的结构，形成多个集决策、管理、执行于一体的低重心的组织系统，建立扁平化的管理机制。

（3）打破权威的禁锢

作为公共行政学最主要的创始人之一，马克斯·韦伯认为，任何组织的形成、管治、支配均建构于某种特定的权威之上，适当的权威能够消除混乱、带

....

① 崔京勇 . 学校转型的路径选择 [J]. 基础教育论坛，2019（18）.

来秩序;而没有权威的组织将无法实现其组织目标。然而,权威发挥过当,往往又成为学校组织的禁锢。在学校,领导往往是教师的权威,而教师往往又成为学生的权威。爱因斯坦说:"因为我对权威的轻蔑,所以命运惩罚我,使我自己竟也成了权威。"这对我们很有启发。我对教师选择何种教育教学方式以及自身选择何种专业发展方式,给予充分的自由。当然,涉及意识形态方面的,坚决守住底线和红线。对于学生,引导他们"我的人生我规划,我的人生我选择",学校在课程、学习方式、社团、特长发展等方面,给学生提供多种选择。让学生在规划中学会选择,在选择中学会负责,在负责任的选择中凸显价值。

(4)打破"身份"的禁锢

传统中国是个讲究身份的国度,成员的生存资源主要依据身份及身份之间的关系而配置,学校管理往往亦是如此。然而,在人大附中航天城学校,将教育关怀公平地供给每一位师生员工。在我们学校,无论何种身份,每个人的贡献都会被发现,每个人的贡献都会被尊重,每个人的贡献都会被颂扬,每个人的存在都有独特的价值。

2.打破制度的禁锢

制度是对一段时期管理实践中行之有效的做法的一种固化。但随着时间的延续,其原有的功能会慢慢衰减,甚至变成一种禁锢。为此,需要不断地对制度进行升级或清理。

(1)打破对教师的制度禁锢

教师常常被各种检查、总结、评比所禁锢。打破对教师的制度禁锢,一是充分尊重教师、相信教师。比如,我们不要求教师坐班,但老师们的备课、听课及作业批改非常认真扎实。老师每天投入工作的时间,远远超过8小时。二是根据教师的专业能力和贡献,低职教师可以高聘,高职教师也可能低聘。三是在教师薪酬制度设计方面,坚持多劳多得、优劳多得。

(2)打破对学生的制度禁锢

学生往往受制于考试的压力,常常形成"考什么、教什么、学什么"的禁锢。为打破对学生的制度禁锢，一是学习内容、学习进度、学习方式等，都让学生自己选择。二是考试也可以让学生选择。学习优秀者，可以申请免考，从考试中解放出来。三是成长方式也可以让学生选择。

3. 打破文化的禁锢

文化是无形的，文化影响力却是巨大的。

（1）打破"功利"文化

学校的育人目标是"全面发展 + 突出特长 + 创新精神 + 高尚品德"。从每年的开学典礼、成人礼以及毕业典礼等重要集会到日常的管理，我们都旗帜鲜明地发声："人大附中航天城学校绝不培养精致的利己主义者！"引导学生积极投身志愿活动、公益活动和社会实践活动，突出培养学生的社会责任感。

（2）打破"服从"文化

一方面，鼓励教师形成独特的教育思想和教育实践。另一方面，鼓励学生质疑、讨论和交流。将教师的"放手"和学生的"自主"有效融合，教学相长，相得益彰。

（3）打破"媚外"文化

我们认真研究各国名校的办学所长，但不是照搬照抄，而是熔铸中外精华，坚持综合创新；既夯实学生的学术基础，又突出培养学生的实践能力和创新精神。

4. 重构精神家园

在上述基础上，人大附中航天城学校重构了自己的精神家园。

（1）人大附中航天城学校要尽快办成一所新优质学校

我们对"新优质"的解读是：学校发展理念新、发展方式优、发展质量高。具体地：将教育关怀公平地惠及每一个学生；适应学生差异，满足学生的发展需求，创造适合每个学生发展的教育，促进每个学生的健康快乐成长；全面落实党的教育方针，从校情、学情出发，开展课程教学改革，探索提升学校办学水平及办学质量的有效策略；在政府均衡配置教育资源的前提下，办学水平及办学质量显著提高，成为周边百姓满意的好学校。

（2）明晰一所新优质学校的内涵

一是先进的办学思想。人大附中航天城学校的办学思想是：尊重个性，挖掘潜力，一切为了学生的发展，一切为了祖国的腾飞，一切为了人类的进步。二是学校有明确的育人目标。人大附中航天城学校的育人目标是：全面发展＋突出特长＋创新精神＋高尚品德。三是高水平专业化创新型的教师队伍。教师应献身教育事业、具有品高尚德、教育观念先进、治学精神严谨、基础知识宽厚、专业知识精深、教学水平一流、育人艺术精湛、不断创新、不断进取。四是独特的课程结构体系。人大附中航天城学校建构了学校"三三三"课程结构和学科"三航"课程体系。课程结构上服务学校育人目标，课程实施上体现学校办学思想，课程评价上激励师生超越自我。五是先进的学校文化。人大附中航天城学校一方面倡导奉献精神、科学精神、团队精神和创新精神，另一方面学习载人航天精神：特别能吃苦；特别能战斗；特别能攻关；特别能奉献。六是先进的现代教育技术。人大附中航天城学校正在构建智慧校园及学校大脑，以现代教育技术支持与促进课程教学改革，提高教育教学质量。七是供给学生适合的教育，促进学生的发展。学生的发展包括尊重教育规律及学生身心发展规律的自然发展，学生主动性得到激发的自主发展，满足学生发展需求提供极大选择性的自由发展，以及优秀学校文化激励下的自觉发展。近期，学生有优秀的学业成绩，在全面发展的基础上个性得到很好的发展。远期，学生有终身发展的后劲，在为国家和人民做出贡献的基础上体现自身的价值。

三、解放心灵的校长专业发展

校长在长期的教育实践中，凝练了自己的教育思想，再用自身的教育思想指导教育实践，这是一个"实践—理论—实践"的过程，非常重要。在教育实践中，诸多校长的办学实践往往"跟着感觉走"，其中的好处是注重过往经验的运用，但有时校长困惑于过往经验对新时代新要求怎么"不灵了"？那应该怎么办呢？我的体会是，在校长凝练自身教育思想的基础上，还需要对校长领导力进行理性的思考和学术的研究，提升自身的学术底蕴。也就是说，对校长领导力的学术研究，有助于校长的办学思想更好地指导办学实践。下面是我对校长领导力三个方面的学术研究。

（一）校长领导力：内涵、结构和提升策略 [①]

校长领导力获得重视有多种原因。一是企业界对于领导力的重视，二是教育实践的呼唤。20世纪80年代，随着组织和管理科学的进步及商业、工业管理发展的成功，人们开始相信，想要提高教育质量，就必须对组织层面进行研究，并改善学校的系统与管理。因此，学校领导的议题越来越受到教育学者、研究者和政策制定者的关注。在企业界发起了对领导力的重视和研究后，教育和学校领域很快有了回应。人们越来越重视学校的发展策略和取向，重视学校文化体系的构建，重视校本管理以及家长和社区的参与，追求高品质的学校教育——这些都与校长领导力息息相关。

1.校长领导力的内涵研究

关于校长领导力研究的理论流派，归纳起来，主要有特质理论、权变理论、团体动力学理论以及变革型领导理论。

（1）特质理论取向的校长领导力研究

特质理论取向的根源是领导学中的特质理论。特质理论强调领导过程中的领导者，重视领导过程中领导者不同个性特质的作用。陈爱瑟的《"领导力"的探讨与启示》一文认为，校长领导力指的是校长的领导能力，最终决定校长领导力的是校长个人的品质和个性。美国当代教育家伊兰·K.麦克伊万总结了高绩效校长的十大特质：善于沟通者、教育者、愿景制造者、促进者、改革者、

---

① 周建华.校长领导力:内涵、结构和提升策略[J].教育研究与评论（中学教育教学），2009（10）.

文化建构者、活跃分子、成果制造者、人格树立者、贡献者。世界教育网站通过对全球43位校长的访谈，将成功校长的特质，依照重要性排序为：(1) 对学校有一个特定的规划，并且有计划去实现这个规划；(2) 对学生、团队和家长有清楚、特定的目标及期望；(3) 走动式管理——离开办公室，出现在学校的每一个角落；(4) 对学生和团队而言是值得信赖和正直的；(5) 具有帮助他人发展的领导才能；(6) 强化教师能力，培养良好的教师技能；(7) 对自己负责，也对其他人负责；(8) 具备幽默感；(9) 是学生和团队的模范；(10) 维护学生及团队的名誉。华南师范大学王磊在其《校长领导力的内涵与要素》一文中则这样阐述：作为人格特质的校长领导力是一种稳定的、不易变化的个性特征（甚至有人认为人格特质很大一部分源自天生气质）。从这样的视角审视校长领导力，极易使人们忽视对校长的专业培训和素质开发，同时较易导致校长评价陷入僵化，从而阻碍校长专业化发展的进程。

（2）权变理论取向的校长领导力研究

权变理论是一种领导匹配理论，创始人之一是美国著名心理学和管理专家菲德勒（F.Fiedler）。该理论认为，领导的有效性取决于领导者的风格与情境相适应的程度。权变理论强调领导者与被领导者之间的关系，即关系领导力。关系的领导管理关键在于拥有广泛的人际交往技能并了解应该何时使用，以及与什么人打交道时使用。北京师范大学张东娇教授也持此观点，认为"校长领导力指作为领导者的校长和追随者之间的人际关系和人际激励"。南京师范大学许敏老师则指出，尽管权变理论关注环境与他人，但其更多地还是从如何更好地发挥领导者能力的角度去考虑这些因素的，就此而言，它与特质理论分享了一种相似的假设——领导者比下属更有才华，领导者个人决定组织的命运——它们都是一种"单子论"。

（3）团体动力学理论取向的校长领导力研究

美国社会心理学家勒温（K.Lewin）的团体动力学理论认为，一个"场"就是一个动力的整体，"场"中间发生的事件都是相互作用和相互影响的，其中任何一部分的变化都会对其他部分产生影响。团体动力学取向的领导力理论关注学校领导团队整体动力的形成和构建团队的工作模式，认为良好的学校组织气候的营造与领导力有着密切的关系。江苏教育学院王铁军教授认为，校长领导力是指学校管理者统率、带领团队，并与团队交互作用从而实现学校发展目标的能力。吴晓霞、章立早在《加强中小学校长领导能力培养的思考》一文中认为，中小学校长的领导能力是一系列行为能力的组合，而由哪些行为能力组合则要看中小学校长充当什么样的角色。

由此，可从"领导"和"力"两个名词入手来理解领导力。"校长领导力，就是校长在实现学校目标、推动学校发展的过程中影响全校师生员工和以家长为代表的利益相关者的能力，以及与全校师生员工和以家长为代表的利益相关者之间的相互作用"，从而突破了以往领导力研究中，只是把这种相互作用局限在领导者和被领导者之间的单一线性模式。有研究认为，如果能从物理学关于力的角度来理解力进而去理解领导力和校长领导力，对领导力和校长领导力的理解可能会更为全面和深刻："校长领导力，其实就是在实现学校组织目标的过程中，校长和学校组织的利益相关者之间相互作用，并最终通过校长把学校组织的利益相关者的思想和行为整合到学校组织目标的实现中来的一种能力和整合过程。"

（4）变革型领导理论取向的校长领导力研究

伯恩斯（Burns.J.M）是美国成就卓著的领导学家，由他提出并系统阐释的变革型领导理论包含四个要点：第一，变革型领导是比交易型领导更加复杂和有效的领导类型；第二，变革型领导是激发和运用高层次需求和动机的领导行为；第三，变革型领导是"关系领导"；第四，变革型领导是"道德领导"。以该理论透视校长工作及其领导行为，可发现我国中小学校长群体中的交易型领导者为数不少，"官迷"校长、"考迷"校长、"商迷"校长等角色错位现象在学校仍时有发生。在学校管理中，校长要转变角色，推行分布式领导，将权力和责任分散到学校组织的各个层次、各个部门中去，全体教职工享有平等的地位，拥有依法民主参与学校管理的权利，共同担负着学校教育的责任；要构建科学民主的管理作风和管理制度，开启制度制定的对话程序，使领导力的运行得到充分的保障。一个真正的好校长对一所学校、对教育、对社会最好的贡献，是把自己的光辉业绩、个人魅力转变成可操作的规章制度与可传承的精神文化，只有这样，才能使学校的发展具有可持续性。

美国管理学家豪斯（Robert J.House）提出的魅力领导理论被许多研究者认为是变革型领导理论的一种。所谓魅力型领导，是一种依靠领导魅力开展领导活动的行为方式，是个人魅力与领导行为的结合。其形成要素包括：(1) 校长的行为特质，这是魅力型校长形成的核心要素。(2) 教师的情感态度，这是魅力型校长形成的重要条件。(3) 学校的危机与变革情境，这是魅力型校长产生的特定环境。并且，从产生机制看，魅力型校长不具有持久性；从运行过程看，魅力型校长不具有系统性；从影响范围看，魅力型校长不具有继任性。

2.校长领导力的结构研究

在对校长的领导力结构进行分析时，很多研究是根据校长在学校中承担的责任与扮演的角色来作为分类标准的。

（1）萨乔万尼的五种领导力观

萨乔万尼根据领导力的对象和方式，把校长领导力分为技术领导力（拥有健全的管理技巧）、人际领导力（拥有利用社会和人际的潜力）、教育领导力（表明校长是教育和学校教学知识的内行）、象征领导力（强调并塑造重要的目标和行为）和文化领导力（校长帮助定义、强化和明确表述持久的价值和信念）五个层次。在萨乔万尼看来，技术领导力和人际领导力是基本的、较为普遍的领导力，是优秀领导者的基本能力；而教育领导力、象征领导力和文化领导力是情境性的和因校制宜的，是能为学校的发展带来独特价值的领导力。

（2）美国州际学校领导论证协会（ISLLC）关于中小学校长的六条标准

1996 年，美国在州际学校领导论证协会组织下制定第一个《学校领导标准》，有六方面内容。该标准被各州广泛采用 10 余年后，ISLLC 又针对《学校领导标准》运行过程中出现的问题以及来自各方的反馈，用近 2 年的时间重新对其进行修订，于 2008 年发表了《教育领导政策标准》。修订后的六条标准是：①学校领导者是通过制定、表达、执行、保持整个学校团队共享和支持的学习愿景来促使每个学生成功的教育领导者。②学校领导者是通过倡导、培育和保持有助于学生学习和教职工专业发展的学校文化和教学计划来促使每个学生成功的教育领导者。③学校领导者是通过对学校组织、运作、资源的有效管理，保证一种安全、有效的学习环境来促使每个学生成功的教育领导者。④学校领导者是通过与家庭和社区成员的合作，对各种社区多样化的利益需要作出有效反应，并调动社区资源来促使每个学生成功的教育领导者。⑤学校领导者是通过正直、公正的行为并以符合伦理的态度来促使每个学生成功的教育领导者。⑥学校领导者是通过了解、回应并影响政治、经济、社会、法律、文化这个大环境来促使每个学生成功的教育领导者。这六条标准可以看成是一种对校长领导力素质的典型表述。

（3）澳大利亚校长中心（Australian Principals Centre）关于校长领导力的结构

该中心认为，中学校长的领导力包括以下内容：教育领导（Educational Leadership）、监督（Supervising）、绩效评估（Evaluating Performance）、个人意识（Personal Awareness）、沟通（Communicating）、压力管理（Managing Stress）、个人管理（Personal Organization）、培养他人（Developing Others）、影响力（Influencing）、冲突管理（Managing Conflict）、团队建设（Team Building）、清晰的系统思维（Clear Systems Thinking）、战略思考和规划（Strategic Thinking and Planning）、建立组织文化（Organizational Culture）、资源管理（Managing Resources）、项目管理（Managing Projects）、全球视角/远景（Global Perspective）、领导视角（Leadership Vision）、环境和行业观点（Environmental and Industry Issues）、公共关系（Public Relations）。

（4）我国学者借助中科院"科技领导力研究"课题组五力模型的相关研究

中科院"科技领导力研究"课题组认为，领导者必须具备五种领导能力：前瞻力、感召力、影响力、决断力、控制力。在此基础上，有学者认为，校长领导力应包括领悟力、前瞻力、决断力、感召力、执行力；还有学者认为，校长领导力主要包括领悟力、前瞻力、决断力、感召力、执行力和协调力。

（5）我国教育部颁布的《义务教育学校校长专业标准》

2013年2月26日，教育部正式颁布实施《义务教育学校校长专业标准》。从规划学校发展、营造育人文化、领导课程教学、引领教师成长、优化内部管理、调适外部环境六个方面，对校长专业发展提出具体要求。无疑，校长领导力也应该在这六个方面着力。

3.校长领导力的提升策略研究

（1）校长领导力在实践中生成

作为一种领导智慧和领导者的综合素质，校长领导力不是自然生成的，也不可能是一蹴而就的，而是在学校管理中自觉修炼、积极践行的结果。提升领导力，没有秘诀，没有捷径，贵在自觉，重在行动，悟在反思，精在研究。其行动策略包括：以身作则，共启愿景，挑战现状，团队协作和激励人心。

（2）校长要完善实践理论

校长需要完善教育领导的实践理论，以搭起理论与实践对话的平台。从问题意识出发，可以解读校长实践理论的内涵、知识基础和形成阶段，可以从洞悉和满足教师的需要动机、营造良好的学校组织气候、发挥在学校中的关键角色、力争成为学习型校长等方面深化校长实践理论的内容，可以为提升校长的领导力水平提供理论基础。

（3）确立先进的教育理念

先进的教育理念是提升校长管理能力、促进学校可持续发展的需要，明确使命、学会研究是校长领导力提升的关键。

（4）校长要增强素质

校长领导力"要指向提高下属独立解决问题的能力，指向领导者与追随者双方的价值观念与动机的统一，才能使'校长领导能力'这一静态的原点不断生成、发展，并扩散为一种较为稳定的影响力，成为高效领导团队形成的基础"。校长在制定学校组织目标时要考虑并尊重学校不同利益相关者的利益诉求。

（5）注重学校文化建设

学校之间的竞争，表面上看是质量的竞争，深究却是人才的竞争，而本质上则是文化的竞争。一流的学校靠文化。因此，一流的校长必须通过学校文化建设来提升自己的领导力。

（二）校长领导力的核心是课程领导力[①]

"双减"背景下，教育要回归学校和课堂，如何提高校内课内教学质量成为摆在学校面前的最重要而紧迫的课题。此外，普通高中新课程标准的一个突出变化就是课程目标从"三维目标"升级为"学科核心素养"，这对当下的学科教学提出了挑战。这些都倒逼一线教师从学科育人的专业使命出发，变革课堂教学方式，让学科核心素养真正落地，提高育人质量。因此，这也就对校长的领导力提出了更高的要求。校长领导力的核心是课程领导力。

1.校长领导力的核心是课程领导力

（1）课程是学校教育的载体

一所学校的办学理念、育人目标、特色发展都是通过课程这一主要载体来实现的。对于学生个性发展、教师专业发展及学校特色发展而言，课程是一个看得见、摸得着的有力抓手。因此，学校工作的重中之重、首要任务就是抓课程教学，校长的第一要务和核心竞争力就是提升自己的课程领导力，依据国家课程改革发展纲要和课程方案及课程标准制定学校的课程实施方案。

---

① 周建华.指向核心素养提升的校长课程领导力[J].创新人才教育，2021（4）.

（2）核心素养对校长课程领导力提出新挑战

近年来，世界基础教育变革的一个重要趋势是凝练与提出学生发展核心素养，以此来回应未来社会所需要的人才规格，进而将育人的目标细化为学生发展核心素养，再以核心素养统领教育的载体——课程与教学。核心素养是指学生"在什么情境下运用什么知识能做什么事（关键能力），是否持续地做事（必备品格），是否正确地做成事（价值观念）"，是"人"的属性。学科核心素养同样是"人"的属性，而不是学科的属性，只不过它是通过学生的学科学习逐渐形成的。因此，这对校长的课程领导力提出了新的挑战，即如何通过课程教学，有效地提升学生学科核心素养，进而促进与发展学生核心素养，有效落实立德树人根本任务。

（3）提升校长课程领导力是落实"双减"的重要途径

"双减"是指有效减轻义务教育阶段学生过重作业负担和校外培训负担。"减"的是过重的负担，"提"的是育人的质量，重要的路径是要保证学生在校内课内学会、学足、学好。为此，学什么，怎么学，学得怎么样，全都靠学校课程教学来引领。因此，提升校长课程领导力是落实"双减"的重要途径。

2. 校长课程领导力的内涵

指向学生发展核心素养提升，重在抓学科核心素养的提升，撬动这些的支点是校长课程领导力。校长课程领导力的内涵主要包括以下几个方面。

（1）课程思想领导力

校长对学校课程建设要有正确的指导思想。课程建设要回答"培养什么人、怎样培养人、为谁培养人"这一根本问题，如何落实立德树人，培养德智体美劳全面发展的社会主义建设者和接班人？校长要善于以学校的办学目标和育人目标等统领学校的课程建设，凝练学校的课程哲学。

（2）课程规划领导力

校长要把自己的课程思想转化为学校课程的顶层规划设计，在认真落实国家课程方案的基础上，将地方课程、校本课程有机融合，形成学校独特的课程结构。学校的课程结构决定了学校的课程功能，校长对此必须尤为重视。

（3）课程开发领导力

校长要依据党的教育方针，从学校的实际出发，明确课程开发逻辑，带领教师建设学校课程，使课程开发成为教师和学生共同成长的强大助推器。

一是明确课程开发的技术路线。学校在落实党的教育方针和国家课程方案与课程标准、融合地方课程的基础上，明确以学校的育人目标统领学校的课程方案，形成学校独特的课程结构；而学校课程结构又引领学科课程体系和学段课程体系的建构，最终落在课程实施，即课堂教学注重以发展学科核心素养为目标的单元整体教学，教师在这个过程中既要注重课程模块的建构，又要注重磨砺"精品课例"。

二是注重学科课程体系的开发。学校各学科均应构架学科课程体系，这样的课程体系，对课程实施、课堂教学起到了很好的上位引领作用。

三是注重学段课程体系的开发。学段（年级）课程体系在落实国家课程方案的基础上，将国家课程、地方课程、校本课程有机融合，形成学段（年级）的课程体系，保证课程体系的落细落实。

四是注重周课程方案的开发。即在周课程安排中，如何将上述学科课程体系、学段（年级）课程体系通盘考虑、统筹安排。

上述过程，体现了从党和国家要求出发，结合学校实际，由学校育人目标到学校课程方案、学校课程结构、学科课程体系、学段课程体系及周课程方案一步一步落实落细的过程。这个过程，也正是学科核心素养落实、落细的过程。

（4）课程实施领导力

校长领导学校课程实施，一方面要认真落实国家课程方案，开齐国家课程标准规定的所有课程，开足规定的课时；另一方面要着力提升课程实施的质量，有效提高课程目标的达成度。课程实施是将学校课程哲学转化为课程实践的活动，是决定课程改革成败的关键环节。课程实施的关键因素是教师，教师工作的能动性和创造性直接决定着课程实施的结果。校长课程实施领导力体现在，根据课程特点优化课程实施策略。其一，学科课程，引领教师基于课程标准进行课程实施。一是教学目标源于课程标准。教师要在深刻理解课程标准的基础上，对课程标准中的学科核心素养进行解构，再在具体的教学情境中，结合教科书的内容，对课程标准进行重构，形成"学年（学期）目标—单元目标—课时目标"的目标域。二是评估任务先于教学任务，评估设计先于教学设计。基于课程标准的教学是由学生应知和能做的共识来驱动的。因此，明确学生在结束时能做什么，最终判断表现的指标又是什么，并对学生作出解释，这是基于课程标准的教学的起点。也就是说，在基于课程标准的教学中，评估的设计必须先于教学活动的设计。三是教学质量指向学生学习结果。基于课程标准及学业质量标准的教学，对表现的评价是根据共同认定的表现标准来判断特定的表现证据。也就是说，对学生进步和表现质量的判断必须反映出课程标准所列举的适当表现的特征。基于课程标准的课程实施要求教师能够一致性地思考目标、教学与评价问题，即教—学—评一致性。其二，跨学科课程，进行学习目标、学习内容、学习方式及学习评价的有机融合。其三，在课程实施中，要特别注意引导教师变革学生的学习方式，如深度学习、合作学习、探究学习以及项目式学习等方式在课程学习中的有机运用。

（5）课程管理领导力

校长要及时对课程规划、课程开发、课程实施、课程评价进行专业管理。主要抓好两方面工作：一是制订一系列课程管理制度加以规范，从人、财、物、信息等多维角度予以保障；二是在注重制度约束的同时注重学校文化的建构与积淀，促进师生文化自觉。校长要注重课程实施的常规管理，深入课堂听课并评课。在加强制定学校的学年学段学科课程实施方案，编制课程表，任课教师的配备与培训，教学检查与评估，课程实施过程中的备课、上课、作业、考试等教学基本环节的常规管理外，深入课堂听课评课是提高课堂教学质量、促进学生在校内学会学足学好、有效落实"双减"的重要一环。

（6）课程评价领导力

课程评价是对课程全过程的评价，即对课程设计、课程实施和课程效果进行的综合性评价活动。

校长对课程评价的领导主要体现在三个方面。第一，促进教师成为课程理想的评价者。学校通过课程评价专题培训，提高教师课程评价的专业性、客观性及公信度，从而化"短"为"长"，逐渐变劣势为优势。第二，拓展教师积极参与课程评价的角度与路径，主要包括从理解的角度评价课程标准、从育人的角度评价课程目标、从对话的角度评价课程内容、从发展的角度评价课程实施、从反思的角度评价课程绩效。第三，引领老师破解难题，补足短板。课堂教学评价任务的设计能力短板，是当前教师普遍存在的问题。校长要引领教师从典型课例入手，逐步把握课堂评价设计的基本框架。纵向上，对评价要素进行结构分解；横向上，对外显的评价表现进行水平分级。其中，评价要素可以是必备知识，也可以是关键能力，还可以是典型学习活动、问题串或作品。

（7）课程资源领导力

课程资源是指课程要素来源以及课程实施的必要而直接的条件。因此，校长要积极建设并管理好校内课程资源、校外课程资源和信息化课程资源：充分发挥图书馆、实验室、专门教室及各类教学设施和实践基地的作用；广泛利用校外的图书馆、博物馆、展览馆、科技馆、工厂、农村、部队和科研院所与高校等各种社会资源以及丰富的自然资源；积极利用并开发信息化课程资源。

综上所述，立德树人是教育的根本任务，课程是学校教育的载体，课程的品质决定着学校的教育质量。学校课程变革，着眼学生，致力发展学生核心素养；学校课程变革，依赖教师，成就教师；学校课程变革，促进学校多样化特色化发展。而这，正是校长课程领导力的价值所在。

（三）教育家办学视野下的校长专业发展 [1]

当前，中小学校长任职实行持证上岗，校长基本具备保证学校正常发展的常规管理所需要的专业知识和专业能力。但是，随着教育改革"剩下的都是最难改革的"，校长专业要求也越来越高。教育内涵改革的艰难表现在"改到难处是高考、改到深处是课程、改到痛处是教学"，教育改革已进入思想观念改革的"深水区"、体制机制改革的"深水区"及不同群体利益纷争的"深水区"。[2] 对此，校长要以教育的本质指导改革，用系统的思维认识改革，用普遍联系的观念设计改革，用统筹兼顾的方法推进改革，真正做到以改革增强办学活力，以改革推进学校发展，以改革提高办学质量，以改革促进教育和谐，以改革践行教育家办学。我认为，教育家办学视野下的校长专业发展至少包括专业精神、专业伦理、专业智慧及专业成就四个维度的内容。

1.专业精神

关于我国中小学校长队伍的现状，陈玉琨教授曾用"三强三弱"来评价，即"整体素质比较强，领军人物总体比较弱；专业知识与技能比较强，专业精神比较弱；领会上级意图的能力比较强，原创能力和改革能力比较弱"[3]。其中，专业精神弱是带有根本性的问题。对专业工作者而言，专业精神是其工作与生活的动力，这种动力很大程度上决定了个人发展的程度和事业能达到的高度。校长的专业精神是指在正确专业理念的指导下，从教育本质出发，按照教育规律办教育的精神，包括敬业精神、人文精神、科学精神和创新精神。校长的专业精神是现代校长精神的基石。

（1）敬业精神

敬业精神是人们从事职业活动的一种总体态度和精神状态。从狭义上说，

---

[1] 周建华.教育家办学视野下的校长专业发展[J].中国教育学刊，2013（6）.

[2] 曾天山.深化改革是推动教育事业科学发展的强大动力：上[J].人民教育，2013（5）.

[3] 梁友君，康丽，吴盈盈.校长更需要的是专业精神[N].中国教师报，2005-01-05.

敬业精神是人们对待职业的总体态度，是职业道德的内容之一，而从广义上来说它是一个民族国家的文化精神和民族精神的集中体现。世界各国现代化的成功经验表明，一种符合时代需要和本国国情的敬业精神，是促进社会进步的内在动力。

校长的敬业精神是指校长对待职业及其活动的总体态度和精神状态，是校长在对职业的价值、意义与使命有高度认知基础上形成的一种对职业的崇敬、虔诚、敬畏、热爱、专心、积极主动、开拓创新、忠于职守、勤奋认真、锲而不舍、精益求精的心理和精神状态。它包含如下内容：对校长职业价值与意义的高度认同；热爱职业的情感态度；积极主动的意志品质；勤业精业的行为意向。

教育工作是非常细致、艰巨和复杂的，校长所付出的劳动是任何量化手段所无法准确计算的，这必然要求校长对教育工作保持一种无私的敬业和奉献精神。这种精神具体表现为：校长尽可能淡化功利思想，不斤斤计较物质享受，不迷恋于世俗浮华，不对个人利益患得患失，全心全意把知识、智慧、爱心、时间乃至生命奉献给教育事业，奉献给每一个学生。

（2）人文精神

校长的人文精神是指校长在办学实践中注重人的发展与完善，强调人的价值和需要，并且在办学过程中努力实践这种价值、需要和意义的精神。人文精神既是对人的价值、人的生存意义和生存质量的关注，也是对他人、社会和人类进步事业的投入与奉献；既是对人类未来命运与追求的思考和探索，也是对个人发展和人类发展的终极关怀。总之，人文精神是一种对人的关注与尊重、对人之为人的思考、对人生终极意义的关怀。

一方面，人文精神理应成为现代学校教育的基本价值追求。审视今天的学校教育实践，随着现代科技的迅猛发展和科学教育的兴盛，学校教育的功利主义价值取向越来越突出，教育常常远离人文精神，远离人性的丰富与完善。"没有现代科学技术，一个国家一打就垮；然而，没有民族的人文精神，一个国家不打自垮。"① 人文精神是立德树人的根本、立国强民的根基。因此，校长在办学实践中践行人文精神就要突出以人为本、以学生教师的发展为本，办中国特色的教育，办好人民满意的教育。

另一方面，校长在办学实践中要对学生加强人文精神教育。人文精神教育重视人性的丰富与完善，致力于提升人的道德价值，使人理解人生意义和目的，它体现教育的本质和根本目的之所在。现代人文精神的基本内涵包括：以人为本，凸显人在自然、社会中的主体地位；强调人的尊严、自由及个性解放；追求人格独立与完善；提升人的文化品位。② 因此，学校人文精神教育至少应包括以下内容：以弘扬爱国主义精神为主的我国历史与民族优秀传统文化教育，以集体主义为核心的价值观与道德观教育，以社会主义为核心的公民教育，以马克思主义哲学为主要内容的世界观与方法论的教育，以陶冶高尚情操为主要目的的文学、艺术教育。

（3）科学精神

校长的科学精神是指校长在办学实践中形成的一种掌握、敬畏和坚守教育规律、学生身心发展规律和人才成长规律，用理性的眼光观察、分析并破解教育发展问题，执着追求真理的精神，它也包括对学生进行科学精神教育。校长的科学精神追求对上述客观规律的认识与运用，并将其与人类生存发展联系起来，以提高人的生活质量，为人的幸福奠基。

应当注意的是，我国传统文化中科学精神比较淡薄，科学精神在国民心理上的积淀一般较浅、较薄。不少专家、学者虽然拥有较为丰富的科学文化知识，在科学技术方面功勋卓著、硕果累累，但其未必就具有科学精神。对中小学生而言，更是如此。因此，校长在办学实践中必须始终贯彻培养全人的指导思想，

① 王琴梅.加强人文素质教育，塑造大学人文精神：访中科院院士、华中理工大学校长杨叔子 [J].社会科学动态，1996（10）.
② 王洲林.人文精神：学校教育的现代追求 [J].新疆师范大学学报（哲学社会科学版），2003（3）.

注重人文精神与科学精神的融合。这是世界教育改革的必然趋势，当然也是学校教育的价值取向。虽然人文精神与科学精神具有不同的特点，但从至真、至美的层次看，二者相互补充、相得益彰。

（4）创新精神

创新精神是指校长要具有能够综合运用已有知识、信息、技能和方法，提出新方法、新观点的思维能力和进行发明创造、改革、革新的意志、信心、勇气和智慧。创新精神是进行创新活动必备的心理特征，包括创新意识、创新兴趣、创新胆量、创新决心以及相关的思维活动。

校长的创新精神对学校的进步和发展起着关键性作用，是学校进步、发展的重要动力源之一。陶行知先生曾指出："敢探未发明的新理，即是创造精神；敢入未开化的边疆，即是开辟精神。创造时，目光要深；开辟时，目光要远。总体来说，创造、开辟都要有胆量。在教育界，有胆量创造的人，即是创造的教育家；有胆量开辟的人，即是开辟的教育家，都是第一流的人物。"[①] 中国人民大学附属中学校长刘彭芝对"校长"含义最深切的理解是：校长是个"领跑人"。做一个"领跑人"，首先自己得跑；做一个优秀的"领跑人"，必须跑得比别人快，跑得比别人远，需要过人的综合素质，需要过人的精神状态，需要比别人思想更超前，更勇于创新，善于创新。[②] 因此，学校组织的创新应是熔铸中外精华的综合创新。校长在办学中提升创新精神，必须增强现代意识，实施战略管理；必须增强忧患意识，工作追求卓越；必须增强开拓意识，积极推进改革。

2.专业伦理

校长的专业伦理是指校长在专业发展过程中应遵循的伦理规范。这种伦理规范因学校的公共机构特性而具有公共伦理的属性，也因校长群体的组织特性而具有组织伦理的属性。伦理从根本上说是一种实践的哲学，是在实践主体内

① 陶行知.陶行知全集（第1卷）[M].成都：四川教育出版社，2005：26.
② 刘彭芝教育思想研究课题组.刘彭芝教育思想与实践[M].北京：中国人民大学出版社，2010：60.

心深处起作用而又看不到的价值因素，这种价值因素只有通过实践主体的行为过程反向透视才可以判断出来。对校长专业实践的伦理透视，包括校长领导行为的伦理背景透视和领导过程的伦理背景透视。

校长专业伦理的核心应是"公平"，即公平地对待每一个学生、公平地对待每一位教师，以努力促进教育公平。

（1）公平地对待每一个学生

公平地对待每一个学生是校长办学"以学生发展为本"的具体体现。公平地对待每一个学生要求校长确立三种观念：有教无类，给每一个学生以公平的受教育的起点和机会；因材施教，给每一个学生提供公平的教育过程，为其全面、自由和充分的发展搭建多元平台；人尽其才，充分发掘每一个学生的潜能，做到教育结果公平，为每一个学生都成为有用之才奠定坚实的基础。

（2）公平地对待每一位教师

学校教育不仅要发展学生，而且要成就教师。研究表明，组织公平感可以激发员工的工作动力，提升工作绩效，给员工带来一个和谐的工作环境，从而保证员工拥有一颗健康的心灵。但是，如果组织不公平则会给员工和组织本身带来相当大的负面影响。[1] 因此，校长办学要善于让教师在自由追求人生理想过程中有尊严、有幸福感。教师能翻多大跟头，学校就给他们搭建多大的舞台。校长公平、真诚关爱每一位教师，就要做到用人之长、补人之短、记人之功、容人之错、解人之难，以实现"事得其人，人尽其才""智者尽其谋，勇者竭其力，能者显其才，贤者彰其德"[2]。

（3）努力促进教育公平

校长要将学校办好，办成人民满意的学校，实属不易。但是，校长应该认识到，学校之所以能办好，除了校长和全校师生的努力之外，离不开社会的支

① 吴玄娜、王二平.组织公正及其影响[J].人类功效学，2008，14（3）.
② 刘彭芝教育思想研究课题组.刘彭芝教育思想与实践[M].北京：中国人民大学出版社，2010：45.

点亮心灯

持与帮助。因此，校长不仅要"独善其身"，而且要"兼济天下"，与更多的学校分享教育资源，与更多的校长分享办学经验，与更多的家庭分享教育成果，努力促进教育均衡。为促进教育均衡发展，刘彭芝校长进行了十余年探索，在兼并薄弱学校、受托管理薄弱学校、培训校长教师以及促进教育资源共建共享等方面取得诸多成果。她认为："人的生命有大小之分。小生命，蕴含在自己的身体内；大生命，则体现在人群和社会中。一所学校的生命也有大小之分。小生命，蕴含在自己的校园内；大生命，则体现在整个教育事业中。"①

3. 专业智慧

智慧是能启迪人生、贴近灵魂，能完善人的精神世界的一种心境或意识。校长的专业知识、专业能力与专业智慧不能等同，有专业知识和专业能力并不意味着有专业智慧。自由是人们存在的本质，自由是创造的温床。教育制度源于教育实践的需要，规范着校长的行为，但制度往往滞后于实践的需要，与当前教育改革面临的复杂情境并不完全匹配，这就需要校长的专业智慧。校长的专业智慧是指校长通过对历史和现状的审视和洞察，进行明智、果断的选择和判断，运用知识、经验、技巧等解决实际问题与困难的能力和本领。它展现了校长的综合素养，是校长个人理论智慧和实践智慧的统一。

（1）哲学智慧

校长的哲学智慧在本书中专指校长的教育哲学。校长教育哲学的核心内涵是校长要办什么样的教育、办什么样的学校、为谁培养人、培养什么样的人和怎样培养人。校长的教育哲学不是一种学科意义上的教育哲学，而"是一种形而上的观念，它看不见，摸不着，但却无时无刻不在校长、教师、学生身上显现，无时无刻不在潜移默化校长的思维、师生的行为"②。一个方向不明或急功

---

① 刘彭芝教育思想研究课题组. 刘彭芝教育思想与实践 [M]. 北京：中国人民大学出版社，2010：68.

② 张红. 学校办学理念的教育哲学思考与课程文化构建 [J]. 天津市教科院学报，2012（12）.

近利的校长就是在"毁"人不倦。校长要从教育哲学的高度，从教育观和方法论的高度去寻找当前办教育的根本目的，即教育原点，在此基础上形成校长的教育哲学。为此，校长要不断追问：什么是理想的社会，什么是美好的人生，什么是生命的方向与生活的价值，哪些素质能为自己、为民族、为人类带来尊严和福祉？校长必须对这些问题进行寻根究底的反思，在此基础上思考教育的真谛、寻找教育的规律、反思教育教学方法、探索学生的心灵世界，不断提高对教育生活的感受力、理解力、判断力、反思力和创新力。

（2）实践智慧

校长的实践智慧是指校长从实际出发，以自身知识和经验为基础，解决教育发展问题时所体现出的魄力、能力和魅力的综合，它是教育理念与教育实践的有机结合，蕴含着善的伦理原则和理智直觉，是由热情与创造组成的内在品质。

从学校组织内部来看，学校发展既要实现组织目标，又要兼顾学校组织成员的个性化需求，因此，校长必须有实践智慧。学校所处的外部环境也是多变的，校长为了满足社会各界对学校的期望、处理好各方之间的关系以及利益，在非理想的社会条件下追求理想教育的奋斗过程中，不断与各种社会群体文化较量、碰撞、融合和妥协，通过多方式、多层面反复进行的沟通与协商，为学校寻求发展之路，为学习主体营造一个较少有直接冲突的成长环境。

校长的实践智慧包括系统思考的策略与方法、动态领导与指挥的艺术、调控情绪与沟通的能力、随机应变的机智与创新；用先进的教育理念引导学校正确定位；规划学校的科学发展，提出兴校的系列方略以及相应的路线图和时间表；善于蓄积人才资源，有识才之慧眼、用才之气魄、爱才之情感、聚才之方法，善于造就名师；善于熔铸中外精华，在课程改革、学科建设和学校文化建设等方面综合创新，创造适合每个师生发展的教育。

校长的专业工作是高度创造性的工作，不允许校长墨守成规，也不允许校长一味地固执于个人经验，而要求校长善于创新，敢于借鉴，勇于开拓，依据变化的情况，不断寻找适合教育对象的教育方案、方法和手段，使学校的教育教学活动更科学、更完善。

4.专业成就

校长的专业成就主要体现在校长显著的办学成果、在一定区域的示范引领作用以及对教育理论的贡献。

首先，校长的专业成就体现在学校的教育成果上。校长专业成就首先体现在努力办好人民满意的教育和办好人民满意的学校上，体现在学校培养出的学生质量和数量上，体现在学校培育的名师、大师数量和质量上，体现在学校课程建设与文化建设等方面的成果上。

其次，校长的专业成就体现在校长对一定区域的示范引领作用。其主要包括校长对区域教育办学理念的思想引领，在教育改革深水区破解教育发展实践难题的引领以及履行社会责任、促进教育公平的引领。校长发挥区域示范引领作用，旨在促进区域教育的均衡发展，让更多的学生享受优质教育，让更多的校长、教师又好又快地成长起来。

再次，校长的专业成就体现在实践基础上的理论概括，即校长的教育思想。教育家办学必须集教育思想和教育实践于一身。没有思想的教育是盲目的实践，没有实践的教育是空洞的理论，真正的教育家要实现两者的有机结合。因此，校长的专业成就还体现在通过学术著作将自身的实践智慧转化为理论知识，在实践基础上进行理论概括，形成自身的教育思想和教育理论。

最后，校长成长为教育家的标志是形成教育界公认的创新性教育成果，形成有影响力的、系统的、新颖的教育思想，并对当代乃至后世的教育思想和实践具有重要影响，这样的校长才算是真正的教育家型校长。这应当是每一位校长努力的方向和目标。

解放心灵

只有解放教育，才能使我们的教育真正解放人的心灵。

——朱永新

海淀区是北京市也是全国的教育高地，但海淀区北部的优质教育资源相对薄弱，地处友谊路的北京航天城大批科研人员的子女入学问题亟待解决。2015年年初，海淀区委、区政府决定在友谊路建设一所含有小学、初中及高中的学校，海淀教委具体负责学校筹建工作。

　　人大附中与航天人有着深厚的渊源。我国第一位航天员出征前，刘彭芝校长就曾率人大附中领导班子和部分骨干教师到航天城参观，与航天员座谈，并在现场集体研究决策，为我国航天员解决子女入学的后顾之忧。虽然我国第一批航天员的子女，愿意在人大附中就读的全部在人大附中就读，但是北京航天城还有大量的航天科研人员子女需要入学，需要有"家门口的好学校"。

　　海淀区教工委、教委非常信任刘彭芝校长和人大附中。2015年年初，海淀区教工委、教委经过遴选，确定新建的北京航天城学校由人大附中、人大附中联合学校总校来承办。

　　航天城部队也非常信任刘彭芝校长和人大附中。其间，航天城部队领导和有关部门多次来人大附中和刘彭芝校长及学校领导班子商讨，恳请人大附中、人大附中联合学校总校承办该校。

　　2015年暑假，时任海淀区教委副主任的王方同志向刘彭芝校长提出了一个建议，由我兼任人大附中航天城学校校长。刘彭芝校长也积极支持，要求我"既要把人大附中和总校的工作继续做好，也要把航天城学校的校长当好！"

　　就这样，人大附中、人大附中联合学校总校承办航天城学校，我成了人大附中航天城学校筹备组组长。2015年1月，人大附中第二分校原副校长戴艺同志也加入筹备组。2015年9月，人大附中朝阳学校原副校长、小学部校长马静同志也一起筹备该校。

　　2017年1月，按照组织程序，我被任命为人大附中航天城学校校长（法定代表人），在教育解放心灵的思想引领下开展人航办学的破冰之旅。

一、立德树人是解放心灵的根本任务

作为教育的灵魂，德育在教育中占主导地位。学校德育是指教育者按照一定的社会或阶级要求，有目的、有计划、有系统地对受教育者施加思想、政治和道德等方面的影响，并通过受教育者积极的认识、体验与践行，以使其形成一定社会与阶级所需要的品德的教育活动，即教育者有目的地培养受教育者品德的活动。学校德育是立德树人最重要的载体，立德树人根本任务通过学校德育的要求去体现。欲树人，先立德；欲立德，先育心。因此，立德树人是解放心灵的根本任务。

（一）学校德育的具体要求

立德树人是教育的根本任务，在学校工作中如何避免其被虚化、弱化及边缘化的危险？我的体会是校长自身必须先行学习、带领老师们共同学习习近平总书记关于教育，特别是立德树人重要讲话精神，学习党中央国务院、教育部的有关文件，明确学校德育工作及立德树人的总体要求。

立德树人是党的十八大和十九大前后相继、一以贯之的教育根本任务。党的十八大报告首先提出"把立德树人作为教育的根本任务"；党的十九大报告再次强调"要全面贯彻党的教育方针，落实立德树人根本任务"。这是党中央在新时代对教育根本任务的新概括，是对学校德育地位和作用的新认识，是对创新人才培养的新要求。

教育是国之大计、党之大计。培养什么人、怎样培养人、为谁培养人是教育的根本问题。习近平在全国教育大会上的重要讲话指出，教育要培养德智体美劳全面发展的社会主义建设者和接班人。[①] 育人的根本在于立德，要把立德

① 习近平在全国教育大会上强调 坚持中国特色社会主义教育发展道路，培养德智体美劳全面发展的社会主义建设者和接班人 [EB/OL].新华网，2018-09-10[2020-03-27]. http://www.xinhuanet.com/video/2018-09/10/c_129950774.htm.

树人的成效作为检验学校一切工作的根本标准。^①具体地，学校德育要落实以下要求。

1.学校德育要坚持正确方向

加强党对中小学校的领导，全面贯彻党的教育方针，坚持社会主义办学方向，牢牢把握中小学思想政治和德育工作主导权，保证中小学校成为坚持党的领导的坚强阵地。

学校德育要坚持遵循规律。德育工作要符合中小学生年龄特点、认知规律和教育规律，注重学段衔接和知行统一，强化道德实践、情感培育和行为习惯养成，努力增强德育工作的吸引力、感染力和针对性、实效性。

2.学校德育要坚持协同配合

发挥学校主导作用，引导家庭、社会增强育人责任意识，提高对学生道德发展、成长成人的重视程度和参与度，形成学校、家庭、社会协调一致的育人合力。

3.学校德育要坚持常态开展

推进德育工作制度化常态化，创新途径和载体，将中小学德育工作要求贯穿融入学校各项日常工作中，努力形成一以贯之、久久为功的德育工作长效机制。^②

（二）学校德育体系的建构

要将立德树人根本任务落到实处，就要注重学校德育体系的构建。主要包括德育目标体系的构建、德育内容体系的构建、德育途径体系的构建、德育评价体系的构建、德育规律体系的构建。

1.德育目标体系的构建

德育目标应遵循《中小学德育工作指南》所厘定的目标。为便于读者学习

---

① 习近平.在北京大学师生座谈会上的讲话[N].人民日报，2018-05-03.
② 教育部.中小学德育工作指南[EB/OL].教育部官网，2017-08-17[2020-03-29].
http : //www.moe.gov.cn/srcsite/A06/s3325/201709/t20170904_313128.html.

研究，现摘录于下。

（1）总体目标

培养学生爱党爱国爱人民，增强国家意识和社会责任意识，教育学生理解、认同和拥护国家政治制度，了解中华优秀传统文化和革命文化、社会主义先进文化，增强中国特色社会主义道路自信、理论自信、制度自信、文化自信，引导学生准确理解和把握社会主义核心价值观的深刻内涵和实践要求，养成良好政治素质、道德品质、法治意识和行为习惯，形成积极健康的人格和良好心理品质，促进学生核心素养提升和全面发展，为学生一生成长奠定坚实的思想基础。

（2）学段目标

小学低年级。教育和引导学生热爱中国共产党、热爱祖国、热爱人民，爱亲敬长、爱集体、爱家乡，初步了解生活中的自然、社会常识和有关祖国的知识，保护环境，爱惜资源，养成基本的文明行为习惯，形成自信向上、诚实勇敢、有责任心等良好品质。

小学中高年级。教育和引导学生热爱中国共产党、热爱祖国、热爱人民，了解家乡发展变化和国家历史常识，了解中华优秀传统文化和党的光荣革命传统，理解日常生活的道德规范和文明礼貌，初步形成规则意识和民主法治观念，养成良好生活和行为习惯，具备保护生态环境的意识，形成诚实守信、友爱宽容、自尊自律、乐观向上等良好品质。

初中学段。教育和引导学生热爱中国共产党、热爱祖国、热爱人民，认同中华文化，继承革命传统，弘扬民族精神，理解基本的社会规范和道德规范，树立规则意识、法治观念，培养公民意识，掌握促进身心健康发展的途径和方法，养成热爱劳动、自主自立、意志坚强的生活态度，形成尊重他人、乐于助人、善于合作、勇于创新等良好品质。

高中学段。教育和引导学生热爱中国共产党、热爱祖国、热爱人民，拥护中国特色社会主义道路，弘扬民族精神，增强民族自尊心、自信心和自豪感，增强公民意识、社会责任感和民主法治观念，学习运用马克思主义基本观点和方法观察问题、分析问题和解决问题，学会正确选择人生发展道路的相关知识，具备自主、自立、自强的态度和能力，初步形成正确的世界观、人生观和价值观。

构建德育目标体系的实践，我们认识到：总体目标，应一以贯之；学段目标，应各有侧重；年级目标，应具体明确；情意兼顾，知行统一。

2.德育内容体系的构建

在学习习近平新时代中国特色社会主义思想，党的十八大、十九大报告，中共中央、国务院 2019 年 10 月印发的《新时代公民道德建设实施纲要》，2017 年 9 月 24 日中共中央办公厅、国务院办公厅印发的《关于深化教育体制机制改革的意见》，以及教育部颁布的《中小学德育工作指南》（教基〔2017〕8 号）等文件精神的基础上，我们认为德育的新要求就是落实立德树人根本任务的新要求。具体地，德育内容主要包括：

（1）理想信念教育

人民有信仰，国家有力量，民族有希望。信仰信念指引人生方向，引领道德追求。在德育工作中开展理想信念教育，主要是深化社会主义和共产主义宣传教育，深化中国特色社会主义和中国梦宣传教育，引导学生不断增强道路自信、理论自信、制度自信、文化自信，把马克思主义信仰、共产主义远大理想与中国特色社会主义共同理想统一起来，把实现个人理想融入实现国家富强、民族振兴、人民幸福的伟大梦想之中。①

第一，进行马克思主义信仰和共产主义远大理想教育。马克思主义被誉为"放之四海而皆准的真理"，是我党多年来不忘初心的根本支撑和不变信仰，学

---

① 教育部.中小学德育工作指南 [EB/OL].教育部官网，（2017-08-17）[2020-03-29].
http://www.moe.gov.cn/srcsite/A06/s3325/201709/t20170904_313128.html.

生肩负着民族复兴的重任，就要有共产主义的远大理想。在这个思想多元化的时代，要想时刻保持清醒的头脑来看待问题，就要参透事物发展的规律，由此在主观上自觉采用辩证法予以分析。学校思政教育需要加大马克思主义教育力度，让学生通过对党的不断了解获得越来越多的认同感，同时将共产主义远大理想纳入自身理想信念中，将党和国家利益与自我价值融合到一处，成为新时代国家建设所急需的、坚定的马克思主义践行者。

第二，进行热爱中国共产党的教育。教育青少年学生知党史、感党恩、听党话、跟党走，使他们了解红船精神、井冈山精神、长征精神、延安精神、西柏坡精神、抗疫精神……了解新中国成立 70 多年来中国共产党领导人民创造了世界罕见的经济快速发展的奇迹和社会长期稳定的奇迹，认识中国共产党领导人民迎来了从站起来、富起来到强起来的伟大飞跃。教育学生继承革命传统，传承红色基因，深刻领会实现中华民族伟大复兴是中华民族近代以来最伟大的梦想，培养学生对党的政治认同、情感认同、价值认同，不断树立为共产主义远大理想和中国特色社会主义共同理想而奋斗的信念和信心。[①]

第三，进行社会主义共同理想教育。对学生进行社会主义共同理想教育，一是要教育学生认识中国特色社会主义制度和国家治理体系是确保中华民族实现"两个一百年"奋斗目标进而实现伟大复兴的制度和治理体系；二是要教育学生正确认识我国国家制度和国家治理体系重在坚持党的集中统一领导，坚持党的科学理论，保持政治稳定，确保国家始终沿着社会主义方向前进；坚持人民当家作主，发展全过程人民民主，密切联系群众，紧紧依靠人民推动国家发展；坚持全面依法治国，建设社会主义法治国家，切实保障社会公平正义和人民权利；坚持全国一盘棋、调动各方面积极性、集中力量办大事等多方面的显著优势。要深入开展中国特色社会主义道路自信、理论自信、制度自信、文化自信教育，教育学生要认识到党的领导、人民当家作主、依法治国三者有机统

① 教育部.中小学德育工作指南[EB/OL].教育部官网，（2017-08-17）[2020-03-29]. http：//www.moe.gov.cn/srcsite/A06/s3325/201709/t20170904_313128.html.

解放心灵

·168·

一，是中国特色社会主义政治文明的基本特征。在三者的相互关系中，党的领导是根本，人民当家作主是政治基础，依法治国是党领导人民治理国家的基本任务。[1]

第四，进行社会主义核心价值观教育。青少年处在价值观形成和确立的时期，我们要引导他们把个人的价值追求与国家、社会、公民的价值要求融为一体，帮助他们扣好人生的第一粒扣子。把社会主义核心价值观融入国民教育全过程，落实到中小学教育教学和管理服务各环节，深入开展爱国主义教育、国情教育、国家安全教育、民族团结教育、法治教育、诚信教育、文明礼仪教育等，引导学生牢牢把握富强、民主、文明、和谐作为国家层面的价值目标，深刻理解自由、平等、公正、法治作为社会层面的价值取向，自觉遵守爱国、敬业、诚信、友善作为公民层面的价值准则，将社会主义核心价值观内化于心、外化于行。[2]

（2）以爱国主义为核心的民族精神和以改革创新为核心的时代精神教育

第一，进行以爱国主义为核心的民族精神教育。加强爱国主义教育，要深入开展国情教育和形势政策教育，培养学生了解我国的国体和政体，知道人民代表大会制度和中国共产党领导的多党合作和政治协商制度，知道加强和完善国家治理所取得历史性成就，为政治稳定、经济发展、文化繁荣、民族团结、人民幸福、社会安宁、国家统一提供了有力保障，引导学生深刻体验自己的获得感、幸福感和安全感；要深入开展国家富强、民族振兴、人民幸福教育，引导学生厚植家国情怀，培育精神家园，坚信中国道路、弘扬中国精神、凝聚中国力量；引导学生把个人理想与实现中华民族伟大复兴的中国梦紧密结合起来，敢于有梦、勇于追梦、勤于圆梦。

....

① 詹万生.整体构建学校德育体系 落实立德树人根本任务[J].创新人才教育，2020（1）.
② 教育部.中小学德育工作指南[EB/OL].教育部官网，（2017-08-17）[2020-03-29].http：//www.moe.gov.cn/srcsite/A06/s3325/201709/t20170904_313128.html.

第二，进行以改革创新为核心的时代精神教育。我们要教育学生，新时代改革创新精神的内涵有三个向度：一是马克思主义的指导，这是方向。二是民族精神的滋养，这是根基。三是革命精神的传承，这是关键。[①]

我们必须教育学生，弘扬改革创新的时代精神，必须坚持党对一切工作的领导，不断加强和改善党的领导；必须坚持以人民为中心，不断实现人民对美好生活的向往；必须坚持马克思主义指导地位，不断推进实践基础上的理论创新；必须坚持走中国特色社会主义道路，不断坚持和发展中国特色社会主义；必须坚持完善和发展中国特色社会主义制度，不断发挥和增强我国制度优势；必须坚持以发展为第一要务，不断增强我国综合国力；必须坚持扩大开放，不断推动共建人类命运共同体；必须坚持全面从严治党，不断提高党的创造力、凝聚力、战斗力；必须坚持辩证唯物主义和历史唯物主义世界观和方法论，正确处理改革发展稳定关系。

（3）道德教育

《新时代公民道德建设实施纲要》指出，全面推进社会公德、职业道德、家庭美德、个人品德建设，抓好网络空间道德的建设，持续强化教育引导、实践养成、制度保障，不断提升公民道德素质，促进人的全面发展，培养和造就担当民族复兴大任的时代新人。

第一，进行社会公德教育。社会公德是全体公民在社会交往和公共生活中应该遵循的行为准则。社会公德体现了一个社会的道德风貌，是公民个人道德修养和社会文明程度的标尺，也是社会对每个成员最基本的道德要求。社会公德教育，重在推动践行以文明礼貌、助人为乐、爱护公物、保护环境、遵纪守法为主要内容的社会公德，鼓励学生在社会上做一个好公民。

第二，进行职业道德教育。职业道德是从业人员在职业活动中应该遵循的行为准则，对于调节从业人员之间以及从业人员与服务对象之间的关系，维护

---

① 王岩，李义.新时代改革创新精神的学理价值与实践意义[J].毛泽东邓小平理论研究，2018（10）.

和提高本行业、企业的信誉，促进本行业、企业的发展具有重要作用。职业道德教育，重在推动践行以爱岗敬业、诚实守信、办事公道、热情服务、奉献社会为主要内容的职业道德，鼓励学生未来在工作中做一个好建设者。

第三，进行家庭美德教育。家庭美德是指家庭成员之间以及与家庭生活有血缘、亲缘和地缘关系的人们应该遵循的行为准则。中华民族历来重视家庭，正所谓"天下之本在家"。家庭美德教育，重在推动学生践行以尊老爱幼、男女平等、夫妻和睦、勤俭持家、邻里互助为主要内容的家庭美德，鼓励学生在家庭里做一个好成员。

第四，进行个人品德教育。个人品德规范，是指一个人在个人生活与社会交往中应当遵循的行为准则。个人品德是一个人立身、处事、成人、成才、成功的保证。个人品德教育，重在推动践行以爱国奉献、明礼遵规、勤劳善良、宽厚正直、自强自律为主要内容的个人品德，鼓励学生在日常生活中养成好品行。

第五，进行网络道德教育。网络空间已经成为学生重要的成长空间。网络道德是指人们在网络空间中应该遵循的行为准则。进行网络道德教育，一是要培养文明自律网络行为，这是网络空间道德建设的基础。要倡导学生文明上网，广泛开展争做中国好网民活动，推进学生网络素养教育，引导广大学生遵德守法、文明互动、理性表达，远离不良网站，防止网络沉迷，自觉维护良好网络秩序。二是要丰富网上道德实践。互联网为道德实践提供了新的空间、新的载体。加强网络公益宣传，引导学生随时、随地、随手做公益，推动形成关爱他人、奉献社会的良好风尚。三是要营造良好网络道德环境。引导学生反对网络暴力行为，促进网络空间日益清朗。

（4）法治教育

2001年，中共中央、国务院决定将我国现行宪法实施日12月4日作为每年的全国法制宣传日。民主与法治的推进，都寄希望于广大的青少年。用社会主义民主和法律的基础知识来教育年轻后代，使他们从小就受到民主的训练和守法的教育，懂得和善于履行社会主义公民的权利和义务，增强法治观念，养成自觉遵守法律的行为习惯，是德育的内容之一。社会主义民主与法治教育的主要内容包括：一是教育学生懂得什么是社会主义民主，怎样发展社会主义民主；二是教育学生懂得宪法是国家的根本大法，是制定一切法律的依据，人人都要养成遵守宪法，维护宪法的观念和习惯，同违反和破坏宪法的行为进行斗争；三是要让学生了解社会主义民主与社会主义法治的辩证统一关系，懂得民主是法治的前提和基础，而法治是民主的体现和保障；四是对学生进行法律常识的教育，使学生懂得什么是法，法的阶级本质和作用，以及有关的政策法令。引导学生自觉遵守法律，并勇于同一切违法现象做斗争。

（5）中华优秀传统文化和革命文化、社会主义先进文化教育[1]

进行中华优秀传统文化教育，要使学生认识到中华优秀传统文化是中华民族在漫长历史长河中淘洗出来的智慧结晶，集中体现为贯穿其中的思想理念、传统美德、人文精神。它昭示了中华民族的璀璨历史，展现了各族人民的伟大智慧创造，也是中华民族和中国人民在修齐治平、尊时守位、知常达变、开物成务、建功立业过程中逐渐形成的有别于其他民族的独特标识。

进行革命文化教育，要使学生认识到革命文化是近代以来特别是五四新文化运动以来，在党和人民的伟大斗争中培育和创造的思想理论、价值追求、精神品格，如红船精神、井冈山精神、长征精神、延安精神、沂蒙精神、西柏坡精神等，集中体现了马克思主义指导下的中国近现代文化的发展及其成果，展现了中国人民顽强不屈、坚韧不拔的民族气节和英雄气概。革命文化既是中华民族革命斗争历史的高度文化凝聚，也是中国精神在革命年代的主要表现形式，寄托着各族人民对美好生活的向往。

进行社会主义先进文化教育，要使学生认识到社会主义先进文化是在党领导人民推进中国特色社会主义伟大实践中，在马克思主义指导下形成的面向现代化、面向世界、面向未来的，民族的科学的大众的社会主义文化，代表着时

[1] 汤玲.中华优秀传统文化、革命文化和社会主义先进文化的关系[J].红旗文稿，2019（19）.

代进步潮流和发展要求。

这三种文化一脉相承、延续发展、不断升华，共同构成了中华文化的主体与主流，辩证统一于当代中国特色社会主义伟大实践，以此激发学生的文化自觉和文化自信。习近平总书记指出，"中国特色社会主义文化，源自于中华民族五千多年文明历史所孕育的中华优秀传统文化，熔铸于党领导人民在革命、建设、改革中创造的革命文化和社会主义先进文化，植根于中国特色社会主义伟大实践"。

（6）生态道德教育

生态道德是指人们在从事与生态相关的活动中应该遵循的行为准则。绿色发展、生态道德是现代文明的重要标志，是美好生活的基础、人民群众的期盼。生态道德水平是衡量一个国家、一个民族文明程度的重要标志，也是衡量一个人综合素质的重要尺度。生态道德教育，重在推动美丽中国建设，围绕世界地球日、世界环境日、世界森林日、世界水日、世界海洋日和全国节能宣传周等，广泛开展多种形式的主题宣传实践活动，坚持人与自然和谐共生，引导人们树立尊重自然、顺应自然、保护自然的理念，树立绿水青山就是金山银山的理念，增强节约意识、环保意识和生态意识。开展创建节约型机关、绿色家庭、绿色学校、绿色社区、绿色出行和垃圾分类等行动，倡导简约适度、绿色低碳的生活方式，拒绝奢华和浪费，引导人们做生态环境的保护者、建设者。

（7）心理健康教育

开展认识自我、尊重生命、学会学习、人际交往、情绪调适、升学择业、人生规划以及适应社会生活等方面教育，引导学生增强调控心理、自主自助、应对挫折、适应环境的能力，培养学生健全的人格、积极的心态和良好的个性心理品质。

综上，立什么样的德，就树什么样的人。树什么样的人也就需要立什么样的德。"立德"是"树人"的前提，"树人"是"立德"的目标，"立德树人"体现了"立德"和"树人"的唯物辩证关系。立德树人就是聚焦学生健康成才成长，以德为先，培养塑造德才兼备的中国特色社会主义事业建设者和接班人。[①]

为了将德育内容落实落细，我们构建了德育内容按年级实施的进阶序列，便于在具体实施中有的放矢，有序推进（见表 3-1）。

表 3-1　人大附中航天城学校德育主题、内容按年级实施一览

主题	内容	年级											
		1	2	3	4	5	6	7	8	9	10	11	12
1. 理想信念教育	马克思主义信仰与共产主义远大理想	▬	▬	▬	▬	▬	▬	▬	▬	▬	▬	▬	▶
	热爱党	▬	▬	▬	▬	▬	▬	▬	▬	▬	▬	▬	▶
	中国特色社会主义共同理想							▬	▬	▬	▬	▬	▶
	社会主义核心价值观	▬	▬	▬	▬	▬	▬	▬	▬	▬	▬	▬	▶
2. 民族精神与时代精神教育	以爱国主义为核心的民族精神	▬	▬	▬	▬	▬	▬	▬	▬	▬	▬	▬	▶
	以改革创新为核心的时代精神						▬	▬	▬	▬	▬	▬	▶
3. 道德教育	社会公德		▬	▬	▬	▬	▬	▬	▬	▬	▬	▬	▶
	职业道德		▬	▬	▬	▬	▬	▬	▬	▬	▬	▬	▶
	家庭美德		▬	▬	▬	▬	▬	▬	▬	▬	▬	▬	▶
	个人品德	▬	▬	▬	▬	▬	▬	▬	▬	▬	▬	▬	▶
	网络道德							▬	▬	▬	▬	▬	▶
4. 法治教育	法治教育		▬	▬	▬	▬	▬	▬	▬	▬	▬	▬	▶
5. 文化自信教育	中华优秀传统文化	▬	▬	▬	▬	▬	▬	▬	▬	▬	▬	▬	▶
	革命文化		▬	▬	▬	▬	▬	▬	▬	▬	▬	▬	▶
	社会主义先进文化						▬	▬	▬	▬	▬	▬	▶
6. 生态道德教育	生态道德		▬	▬	▬	▬	▬	▬	▬	▬	▬	▬	▶
7. 心理健康教育	心理健康	▬	▬	▬	▬	▬	▬	▬	▬	▬	▬	▬	▶

[①]　谢安国. 习近平立德树人思想的科学内涵和重大意义 [J]. 国家行政学院学报，2018（8）.

解放心灵

3.德育途径体系的构建

德育途径是对学生实施德育影响的渠道，是实现学校德育目标、落实德育内容的组织形式。德育途径体系是以完成德育任务、提高德育实效为目的，以新时代学校德育工作的实际情况为依据而构建的。[①]

课程育人。课程是育人的载体。课程育人，一是要基于育人目标，聚焦核心素养，重构学校的课程结构。二是完善德育课程体系，充分发挥课堂教学的主渠道作用，充分挖掘各门课程蕴含的德育资源，将德育内容有机融入各门课程教学中。三是严格落实德育课程。四是统筹安排地方和学校课程，因地制宜开发地方和学校德育课程。

文化育人。一是要加强学校物质文化建设，优化校园环境。二是要加强学校精神文化建设，形成引导全校师生共同进步的精神力量。三是加强网络文化建设。防止网络沉迷和伤害，提升网络素养，打造清朗的校园网络文化。

活动育人。著名教育家顾明远认为："学生成长在活动中。"学生自己的路必须自己走，必须自己实践，自己体悟，自己成长。活动育人，一是开展中华传统节日、重大节庆日和纪念日活动，增强传统节日的体验感和文化感。二是开展仪式教育活动。三是开展校园节（会）活动。四是开展团、队活动。

实践育人。一是开展各类主题实践。二是加强劳动实践。三是组织研学旅行。四是开展学雷锋志愿服务。

管理育人。一是完善管理制度。二是明确岗位责任。三是加强师德师风建设。四是细化学生行为规范。五是关爱特殊群体。

协同育人。要积极争取家庭、社会共同参与和支持学校德育工作，引导家长注重家庭、注重家教、注重家风，营造积极向上的良好社会氛围。

家庭教育起基础作用。一是要建立健全家庭教育工作机制。二是及时了解、

---

① 詹万生.整体构建学校德育体系 落实立德树人根本任务[J].创新人才教育，2020（1）.

沟通和反馈学生思想状况和行为表现，认真听取家长对学校的意见和建议。三是促进家长了解学校办学理念、教育教学改进措施，帮助家长提高家教水平。

社会教育起支持作用。一是社会意识形态会形塑学校德育的"小气候"，必须更多地供给"正能量"。二是学校应主动与社会各界联系，建构更多的校外德育资源。

4.德育评价体系的构建

德育评价是学校德育体系构建的重要环节，是保证学校德育目标实现的必要措施，是学校德育工作中一项根本性建设。德育评价在督导检查学校德育工作的水平和质量、落实立德树人根本任务方面发挥着不可替代的作用。德育评价体系主要包括教育行政部门对学校德育工作的评价、学校领导对班主任德育工作和任课教师教书育人的评价、班主任及任课教师对学生品德的评价等。

构建德育评价体系的要求是：一是建立学校、班级、学生三级评价体系，评价指标要科学简明；评语鉴定，应力求准确翔实；通过评价鼓励先进，鞭策后进。二是德育评价的难点是量化的指标体系，指标体系一般包括一级指标、二级指标、三级指标。评价指标宜粗不宜细，总结评语应准确而翔实。三是德育评价体系既要有科学性、系统性，又要有实用性、可行性，克服在教育评价上"重智育轻德育、重分数轻能力、重课堂教学轻社会实践"的倾向，医治"唯分数、唯升学、唯文凭"的顽瘴痼疾。[①]

5.德育规律体系的构建

构建德育体系应遵循哪些德育规律？如何按照这些规律的要求来构建德育体系呢？

（1）人性的生成发展规律

一般而言，人性是指人们所具有的正常的情感和理性。从学理而言，人性是指由人的社会关系总和所制约的，通过人的自由自觉的活动所实现的人的需

---

① 詹万生.整体构建学校德育体系 落实立德树人根本任务[J].创新人才教育，2020（1）.

要。① 马斯洛的人的需求层次理论给我们以很好的启发。总体而言，幼儿的人性发展主要体现在满足生理需要和安全需要上，中小学生的人性发展主要体现在满足归属需要和尊重需要上，大学生的人性发展主要体现在自我实现需要和超越自我需要上（见表3-2）。

表 3-2　人的需要的六种形态

需要形态	主要内容	应用学段
生理需要	级别最低、最具优势的需求，如：食物、水、空气、健康等	幼儿园
安全需要	低级别的需求，其中包括对人身安全、生活稳定以及免遭痛苦、威胁或疾病等	
归属需要	较高层次的需求，如：对友谊、爱情以及隶属关系的需求	中小学
尊重需要	较高层次的需求，如：成就、名声、地位和晋升机会等	
自我实现需要	高层次的需求，包括针对真善美至高人生境界获得的需求	大学
超越自我需要	超越自我欲望和需要，成为它的主人。追求梦想，坦然面对缺憾	

（2）道德认知的生成发展规律

著名的心理学家柯尔伯格提出了道德发展阶段理论，将道德认知的发展划分为三个水平六个阶段。在幼儿园时期，幼儿的道德认知主要处在第一阶段和第二阶段，并由第一阶段向第二阶段发展。在中小学时期，学生们的道德认知主要处在第三阶段和第四阶段，在前两个阶段基础上不断向前发展。在这个时期，学生们由第三阶段追求人与人之间的和谐一致向第四阶段追求良好的社会秩序和集体氛围提升。学生们进行道德判断的标准从能否实现人际关系的和谐向能否遵守社会法律法则发展。中小学时期进行道德认知教育必须尊重学生们

----

① 李健.构建新时代中国特色大中小幼一体化德育体系的四个维度 [J].深圳大学学报（人文社会科学版），2018（1）.

道德认知发展的这些特点。在大学时期，学生们的道德认知主要处在第五阶段和第六阶段，不断走向成熟（见表3-3）。[1]

表3-3　道德认知的发展水平、发展阶段及其应用

发展水平	发展阶段	发展特征	应用学段
前习俗水平	第一阶段	惩罚和服从	幼儿园
	第二阶段	工具相对主义	
习俗水平	第三阶段	人际关系和谐	中小学
	第四阶段	社会秩序和法则	
后习俗水平	第五阶段	社会契约和个人权利	大学
	第六阶段	普遍的社会伦理原则	

（3）道德情感的生成发展规律

在一定意义上人们道德行为的直接动力是道德情感，而不是道德认知。道德认知只是道德行为的间接基础。伟大的行为源于伟大的激情。麦克菲尔强调，学校德育的侧重点应以道德情感教育为主。道德情感发展的第一个层次，是单个道德情感的发展。其核心是爱，从爱母亲的教育起始，逐步进展到对家人、小朋友、老师和自我的爱的教育。道德情感发展的第二个层次，是全部道德情感的发展。包括爱，也包括归属感、责任感、公正感、尊严感、荣誉感、幸福感等，其发展由单一到丰富，由狭隘到宽广，由浅薄到深刻。中小学阶段，继续抓好爱的教育及其逐步扩展，使学生懂得为什么要爱，怎样去爱（见表3-4）。

表3-4　道德情感的发展规律及其应用

发展层次	发展主题	发展内容及规律	应用学段
第一层次	单个道德情感	核心是爱，逐步由内圈向外圈扩展："爱有等差"	在幼儿园时期，主要是爱的教育，从爱母亲的教育起始，逐步进展到对家人、小朋友、老师和自我的爱的教育

[1]　李健.构建新时代中国特色大中小幼一体化德育体系的四个维度[J].深圳大学学报（人文社会科学版），2018（1）.

解放心灵

续表

发展层次	发展主题	发展内容及规律	应用学段
第二层次	全部道德情感	包括爱，也包括归属感、责任感、公正感、尊严感、荣誉感、幸福感等，其发展由单一到丰富，由狭隘到宽广，由浅薄到深刻	在中小学时期，继续抓好爱的教育，使爱的教育逐步从家人、熟人向陌生人扩展，从自我向国家、民族扩展，从人向自然、地球和宇宙扩展。要使学生懂得为什么要爱，怎样去爱

（4）道德行为生成发展规律

道德认知和道德情感最终都要通过道德行为表现出来。人们道德行为的生成发展规律主要包括密切联系、相互衔接两个阶段。一是他律性道德行为阶段，人们的行为是不自主、不自觉和不自由的。人们在道德生活中的主客体关系中处于客体地位。二是自律性道德行为阶段，人们的行为具有自主性、自觉性和自由性特征。人们在这个阶段在道德生活的主客体关系中既处在客体地位，又处在主体地位，主体性起决定作用①（见表3-5）。

表 3-5　道德行为的发展规律及其应用

阶段名称	阶段特点	相应学段
他律性道德行为阶段	人们的行为是不自主的，只是服从外界的权威；人们的行为是不自觉的，不理解自己行为的道德性质、意义和价值；人们的行为是不自由的，还不能运用自己的自由权利去支配自己的行为。	幼儿园：学生处在他律性道德行为阶段
自律性道德行为阶段	人们的行为是自主的，不再服从异己意志和外界权威；人们的行为是自觉的，明确自己行为的使命和目的，理解自己行为的道德性质、意义和价值；人们的行为是自由的，能运用自己的自由权利去支配自己的行为。	中小学：学生的道德行为处于他律性行为向自律性行为过渡阶段

---

① 李健. 构建新时代中国特色大中小幼一体化德育体系的四个维度 [J]. 深圳大学学报（人文社会科学版），2018（1）.

在中小学，学生的道德行为处于他律性行为向自律性行为过渡阶段，因此教师要做好三方面的引导：其一，引导学生认识到行为规则不是不变的，而是通过同伴间自主合作的约定可以改变的；其二，引导学生提升道德评价能力，注重对行为动机的评价，从而发展在复杂的环境中进行道德行为的自我选择能力；其三，引导学生发挥自由意志的作用，在道德行为领域从"要我做"逐步升华为"我要做"，尊重和遵从道德规范的要求，并对自己的选择负责，让自己的选择更有价值。[①]

（三）"解放心灵"的德育实践

下面是基于德育工作的具体要求，引导教师们在德育工作中解放心灵的一些实践案例。

1. 德育是心育，要将体验的功夫做足

教育的根本任务是立德树人，新时代要立的"德"是"大德"，包括理想信念、社会主义核心价值观、职业道德、个人私德、家庭美德等，涵盖世界观、人生观、价值观等各个领域。立德树人必须培"根"育"心"，以体验为基础，与学生心心相印，同感共鸣。

有学者在对理性哲学传统的消解和非理性主义伦理学的兴起进行研究后指出："如果说 20 世纪是科技理性占统治地位的时代，那么，21 世纪则是一个凸显体验的时代。"[②] 体验是置身其中的心灵感受，是在实践活动中的自我教育、自我管理、自我规范和自我超越。注重情感体验，已经成为德育研究和德育实践的重要抓手。

在德育实践中注重情感体验应包括激发体验、聆听体验和反思体验三个逐步深入、相互联系的阶段。

[①] 李健. 构建新时代中国特色大中小幼一体化德育体系的四个维度 [J]. 深圳大学学报（人文社会科学版），2018（1）.

[②] 刘惊铎. 道德体验论 [M]. 北京：人民教育出版社，2003：11.

案例1　带着玩具去上学

不知不觉间，人航一年级的"小豆包们"度过了两个星期的小学生活，他们体会到这两个星期和幼儿园真的大有不同！为了让"小豆包们"更加平稳地度过"幼小衔接"的特殊阶段，学校专门给"小豆包们"组织了一次别开生面的玩具节活动。

看！每个"人航娃"都带了自己最喜欢的玩具，他们笑盈盈的小脸上，充满了自豪和喜悦呢！

瞧！人大附中航天城学校一年级"玩具总动员"启动仪式正式开始了。

小代表们纷纷上台，向大家介绍自己最喜欢的玩具。

孩子们早就已经按捺不住要和同学们一起分享玩具了。在动画片耳熟能详的主题音乐声中，孩子们笑呀，跳呀，闹呀，好不热闹！不过，我们可不是单纯地玩儿，分享交流的过程中，很多同学都有大发现。例如：男生和女生喜欢的玩具不太一样，颜色种类都不同，可真有意思。还有几个小朋友带来的玩具居然惊人地相似，看来大家都有一样的喜好，真是太神奇了！

案例2　趣味漂流　物尽其用

玩玩具、看图书是孩子们平时最喜欢的活动。每个孩子家里都有很多玩具和图书，随着年龄的增长，知识的丰富，有些玩具和图书已经封存在收纳箱里，也有些已不再被小主人关注。怎样才能更好地发挥它们的作用呢？我们开展了玩具图书漂流活动，让这些曾经被小主人爱不释手的玩具和图书，再次找到新的主人，成为新主人心中的宝贝。

本次漂流活动最大的初衷就是让孩子们能够把自己家里的闲置物品分享给其他同学，让这些资源的价值得到更好的利用。当然，这也不仅仅是一次简单的物品交流活动，还蕴藏着好多学科的知识哦！

语文。首先，漂流的图书激发了孩子们的阅读兴趣，让他们在阅读的过程中识字造句，增加文学素养。其次，活动过程中如何向他人介绍自己的物品，如何在沟通中正确使用礼貌用语等，既能提高孩子们口语交际能力，又能传递信息，传递思想，传递友谊。

数学。孩子们在物品交易活动前，统计了漂流物品的种类和数量，整理出每个小组的物品价格清单；交易过程中，孩子们运用数学学科中的"钱币认识"一课，了解了人民币的几种不同币值。尝试了应用元、角之间的换算关系解决实际问题，让知识走出书本和教室，走进孩子们的日常生活。

美术。美术学科以艺术市集的形式贯穿到整场活动中来，同学们纷纷拿出了自己亲手制作的陶泥盘挂饰、原创的小画、超轻黏土玩偶、书签、贺卡等各种"限量"创艺手作，孩子们摇身一变成了充满想象力的艺术家、设计师和工艺者，亲手绘出了心中的世界。

英语＆科学。除了上述学科之外，我们还尽可能地将英语与科学知识融入其中，比如学会区分不同材料，并以此为依据将玩具图书进行分类，了解不同材料的价格；引导孩子设计带有英语信息的促销海报、说唱英文做买卖、简单英文讨价还价等。

最后，为了让孩子们人生中第一笔收入变得更加有意义，学校还专门设立了爱心募捐的环节。鼓励孩子们自愿进行捐款，这些款项会统一交由北京青少年发展基金会管理，融入为贫困地区孩子建造图书馆的项目中去。

金钱有价，爱心无价，看着一双双小手郑重地把自己所得投入募捐箱，仿佛看到了一颗颗爱心的种子在土壤中生根发芽。愿你们能够始终保有这份爱心，不断地向他人传递温暖和能量。

本次募捐，共计收到爱心款 7567.90 元。孩子们的爱心悉数捐献给北京青少年发展基金会，由其统筹规划用作图书馆建设款项。

上述两个案例，给我们激发体验以很多有益的启示。

第一，激发体验要注重学生的情绪感受。因为，"儿童真切的情绪感受是真正的体验式德育活动的基础性要素，情绪感受就像'温度计'一样反映着体验是否真的发生及其程度如何"[①]。那么，如何才能有效激发学生的情绪感受呢？这就要求我们的德育教育活动与学生的生活世界和生命成长产生实质性的联系。比如，案例1"带着玩具去上学"、案例2"趣味漂流 物尽其用"都紧密联系学生的生活世界和年龄特点，将孩子们的"玩具""图书"等曾经的心爱之物作为教育活动的重要载体，创设活动情境，有效地切入学科活动，儿童真切地体验分享、互助的快乐。儿童在真正体验快乐的基础上培养道德情感，进而内化道德认识，强化道德行为。

第二，激发体验要注重学生的本体感觉。研究表明，德育活动是否真正令学生产生体验，身体感觉是很重要的判断依据。一般情况下，人的身体感觉和对情绪情感的觉察是一致的。[②] 应当指出的是，情绪体验也不应全部是快乐的情绪体验。应当指出的是，痛苦、恐惧等情绪体验也是具有德育价值的，只不过要根据德育对象的年龄及实际情况谨慎运用，注重学生的本体感觉。

为应对新冠病毒感染疫情，学校开启了在老师指导下的"停课不停学"学生居家自主学习模式。面对每天扑面而来的疫情信息，学生难免产生恐惧、害怕、痛苦等情绪体验。这些体验，关键在于如何抓住契机进行引导。我在网上发现了《大自然在说话》的视频，非常生动，于是推荐给孩子们，要求学生和家长一起观看。该片通

扫码观看
"案例3 人航少年为
'大自然'说话"

---

① 左群英.体验：让德育活动走进学生心灵 [J].中国教育学刊，2017（4）.
② 同上。

过海洋、雨林、土地、花等自述的形式告诉我们：人类需要控制欲望、敬畏自然、采取负责任的态度保护地球。

令我眼前一亮且特别感动的是，七年级英语刘凌之老师指导学生认真观看《大自然在说话》的英文视频后，启发学生采取配音的方式，"声临其境"地扮演"我是自然"，"绿水青山就是金山银山"理念的教育润物无声，取得很好的教育效果。完成配音活动后，孩子们纷纷表达自己的感受。

组织这项活动的刘凌之老师清楚地记得，从2月23日发起配音活动以来，自愿参与配音的学生人数由最初的11人增长到125人左右，占全年级总人数的75%。学生们配音的热情高涨，经常会追着老师问："老师，我们下一个配什么？"家长们也对此活动非常肯定，提供了各种软硬件的支持。更多的学生甚至包括学生家长都在思考：

我们终将成为地球的破坏者，还是环境的保护者？

我们是野生动物的毁灭者？还是善待者？

我们是永无止境的索取者？还是慷慨节制的给予者？

这些问题留给你，留给我，留给我们在大自然中生活的每一个人……

2020年12月，刘凌之等老师就此撰写的论文《英语配音在初中英语教学中的应用——以人航少年为〈大自然在说话〉配音为例》，发表在《创新人才教育》（季刊）2020年第4期上。

这个案例启示我们，在激发体验的基础上，教师要善于聆听体验。主要策略包括：

第一，"听到"或"看到"学生的体验。案例3中，在配音活动结束后，教师鼓励学生记录、分享自己真实的感受，教师也用心聆听，并通过学校微信公众号推送，让更多的人"听到"或"看到"学生的体验。这样，既可以了解学生的真实体验，检验德育体验活动的实效，也可以因此调整明确下一步德育活动的方向和思路，尤其是对一些比较深入的体验活动，更需要"听到"或"看到"学生内心真实的体验。

第二，"共情"学生的体验。在"听到"或"看到"学生内心真实的体验后，还有一个重要的环节，就是共情学生的体验，其主要路径是教师要学会接纳和尊重学生。

最后一个环节，引导学生反思体验。共情和尊重并不意味着教师可以完全丧失价值立场，教师还需要引导学生反思体验：在平等对话中升华道德认识。主要策略包括：

一是"先跟后带"。就是在与对方沟通的时候，先接受对方的观点或态度（肯定可以肯定的部分），让对方感觉到被理解和被尊重，再寻找恰当契机和方式引导对方从另一个角度看问题，带其走出原来的思想和行为模式，或者至少找到更多更具建设性的方向。

二是"道而弗牵"。就是强调对学生要引导，但不控制。在德育活动的分享反思环节，教师重要的不是评价和控制，而是维持一种和谐的对话氛围，并适时地引导方向。当教师发现学生的道德认识存在偏差时，要遵循"不拿走学生的选择，而是增加他们的选择"这一原则，即教师分享和提供符合一定道德标准的选择，启发学生换个角度思考问题，抓住过程中的积极资源，从而引导整个讨论进程。①

2.德育是课程，要将阵地的建设做强

学校将德育课程作为落实立德树人根本任务的主阵地，积极开发德育课程，构建德育课程结构体系，实现高品质的德育教育。根据学校实际，航天城学校构建了"启航—领航—自航"的德育课程体系（见表3-6）。

（1）德育启航课程

面向全体学生，重在夯实学生的德育共同基础。启航课程包括德育国家课程、学科育人课程。德育国家课程包括小学及初中的道德与法治、高中思

---

① 左群英.体验：让德育活动走进学生心灵 [J].中国教育学刊，2017（4）.

想政治，以及各年级的班会课程。学科育人，主要是发挥学科教学的育人价值，包括人文类主题、科学类主题、体艺类主题、综合实践类主题学科教学中的育人。

（2）德育领航课程

面向分层学生，重在挖掘学生的德育潜能。德育领航课程包括文化育人课程、活动育人课程、实践育人课程、协同育人课程及阅读经典。文化育人课程包括校园物质文化主题、校园制度文化主题、校园精神文化主题、年级文化主题和班级文化主题课程。活动育人课程包括重大节日主题、仪式教育主题、校园节（会）主题、共青团少先队主题及社团主题课程。实践育人课程包括社会主义核心价值观主题、爱心公益主题、劳动主题、研究性学习主题、志愿服务主题课程。协同育人课程包括家校共育主题、学校社区共育主题、与大学科研院所共育主题、国际交流与合作主题课程。

（3）德育自航课程

面向个体学生，重在打造学生的德育个性。德育自航课程包括社会情感课程、人生规划课程、荣誉课程和社团课程。社会情感课程包括自我认知课程、情绪情感主题及人际交往课程。人生规划课程包括职业生涯认知主题、职业领域探索主题、职业生涯体验主题及职业生涯规划主题课程。

掌握了这样的课程构建范式，我们便可以将上述德育内容按照主题进一步落细落实。比如，"法治教育"主题课程，我们按此思路建构了法治教育课程体系。

立德树人是教育的根本任务，法治教育是"立德"的重要内容。全面推进依法治国，加快建设社会主义法治国家，需要提升包括青少年学生在内的每个公民的法治素养。就学校层面而言，加强法治课程建设，是提升学生法治素养的重要载体。根据我校实际，我们建构了"启航—领航—自航"的法治教育课程体系（见表3-7）。

解放心灵

表 3-6　人大附中航天城学校德育课程体系

课程群	德育启航课程		德育领航课程					德育自航课程			
课程类别	德育国家课程	学科育人课程	文化育人课程	活动育人课程	实践育人课程	协同育人课程	阅读经典	社会情感课程	人生规划课程	荣誉课程	社团课程
课程主题	小学：道德与法治　初中：道德与法治　高中：思想政治　各年级：主题班会	人文类主题　科学类主题　体艺类主题　综合实践类主题	校园物质文化主题　校园制度文化主题　校园精神文化主题　年级文化主题　班级文化主题	重大节日主题　仪式教育主题　校园节（会）主题　团、队主题　社团主题	社会主义核心价值观主题　爱心公益主题　劳动主题　研学主题　志愿服务主题	家校共育主题　学校社区共育主题　与大学科研院所共育主题　国际交流与合作主题	小学：《五星红旗》《哲学启蒙》　初中：《红岩》　高中：《共产党宣言》《简单逻辑学》	自我认知课程　情绪情感课程　人际交往课程	职业生涯认知主题　职业领域探索主题　职业生涯体验主题　职业生涯规划主题	演讲与辩论　宪法研读　模拟政协　创业大赛	公益社　情景剧表演社　辩论社　律师协会　记者社　创业社

3. 德育是践行，要将参与的渠道拓宽

教育要为未来社会准备人才并为个体适应未来社会的生活做好准备。作为一所十二年包括小学到高中全学段的学校，帮助学生顺利地从儿童走向成人阶段，使其更好地社会化以参与成人社会的生活，是我们义不容辞的使命。"我们不希望教科书是孩子们的全部世界，而是希望社会成为孩子们的大课堂，世界作为孩子们的教科书"。为此我们重点关注：一是生活技能的社会化，二是行为规范的社会化，三是生活目标的社会化。

表 3-7　人大附中航天城学校法治教育课程体系

课程群	法治启航课程		法治领航课程	法治自航课程	
课程对象	面向全体		面向分层	面向个体	
课程目标	夯实法治基础		挖掘法治潜能	发展法治特长	
课程类别	法治国家课程（必修）	学科渗透课程	法治选修课程	法治荣誉课程	法治社团课程
小学	《道德与法治·法治教育专册》 ·我们的守护者 ·我们是公民 ·我们的国家机构 ·法律保护我们健康成长	·人文主题 ·科学主题 ·体艺主题 ·综合实践主题 ·重大节日主题（宪法日等）	低年级 ·生活中的规矩 ·保护豆豆 中年级 ·身边的法律知识 ·故事·说法 ·法律绘本阅读 高年级 ·法治案例之我见 ·法治进行时	·普法专家	·法治宣讲社团
初中	《道德与法治·法治教育专册》 ·坚持宪法至上 ·理解权利义务 ·人民当家作主 ·崇尚法治精神		·安全防护 ·法治思维 ·法治案例讲堂	·以案说法 ·明辨社（"法说天下"）	·模拟法庭 ·"法治课堂"志愿团 ·法治情景剧
高中	《思想政治》 ·政治与法 ·法律与生活（选择性必修）		·法官与律师 ·法律热点	·法治影视鉴赏 ·法学基础	·模拟政协 ·法苑工作坊（法治专题调研）

（1）生活技能的社会化，重在培养社会角色

生活技能包括生活自理能力、日常生活知识、生活适应技能等。关于社会结构模式的研究认为，社会化首先要使人们知道社会对不同角色的具体要求。社会化过程就是角色学习的过程，角色学习必须从基本的生活技能和某些专门

技能的学习开始，从中了解自己在群体或社会关系中的角色，并逐步学习按照社会规范做事做人。

（2）行为规范的社会化，重在培养自我观念

行为规范的社会化，是社会化的核心，是个体适应社会生活和形成人格特征的关键。个体通过社会化过程将社会价值观念内化，学习和掌握社会规范。这一过程对于个体人格的形成和发展、自我观念的

扫码观看
"案例 4 在'一日护蛋'
中体验'爱'与'感恩'"

完善，以及个体在特定社会结构中的角色扮演具有重要意义。行为规范的社会化，包括政治规范、法律规范、道德规范和角色规范的社会化等内容。

让我们再看一个少先队主题教育活动课程的案例。

案例 5 "清明祭英烈 共铸中华魂"——人大附中航天城学校少先队主题活动课程

清明，既是一个节日，也是一个中国传统节气。每当清明时节，天空上，五颜六色的风筝拥抱蓝天揽朝霞；地面上，人们涌向了陵园，缅怀先烈和故人。斯人已逝，精神长存，清明之风，远吹万里。

面对新冠病毒感染疫情，在这个特殊的清明节里，人大附中航天城学校的少先队员们通过升旗仪式、诵读诗歌、绘画作品、网上祭扫等别样的方式向那些为我们幸福生活而牺牲的英雄们以及为抗击疫情付出生命的医护人员们表达崇敬之心、感念之情（见表 3-8）。

表 3-8 "清明祭英烈 共铸中华魂"少先队主题活动课程设计

序号	活动环节	活动内容
环节 1	清明时节·"云"倡议	清明祭英烈，共铸中华魂 ——少先队清明节综合实践活动倡议书
环节 2	清明时节·主题升旗仪式	国旗下讲话：属于我们的清明记忆

续表

序号	活动环节	活动内容
环节 3	清明时节 · 我行动	经典诗词浸润我心（语文）
		故事会中致敬英烈（道德与法治）
		DIY 原创传递真情（美术）
		网络祭奠表达敬意（少先队主题活动）
		清明时节，种瓜点豆（科学）

（3）生活目标的社会化，重在传递社会文化

生活目标的社会化，一方面要把社会目标内化为个体的生活目标；另一方面要造就出大批胸怀大志，努力将自己的知识、技能、才智和创造力等能动地外化于社会、为社会造福的人，使其成为社会文化的承上启下者。[①]

案例 6　开学第一课：体验航天梦

人航的开学第一课，是"火箭模型前体验航天梦"，我们请来航天专家在校门口"长征七号"火箭模型前讲述航天人科技强国的初心，自主创新攻坚克难的决心、智慧和毅力，介绍中国航天的伟大成就。航天专家勉励孩子们在学习成长中铸下自己的初心和使命，弘扬几代航天人凝聚而成的"特别能吃苦，特别能战斗，特别能攻关，特别能奉献"的航天精神。许多航天娃，为爸爸、妈妈是航天工作者而倍感自豪。学生们通过聆听英雄航天员刘洋遨游太空时的所见所闻所感，认真观看火箭发射瞬间以及亲身参与"水火箭"发射活动，引发了对航天知识的渴望，对成为航天员的向往，对探索宇宙的憧憬，进而激发学生的民族自豪感和兴国的使命感。实践表明，新时代的爱国主义教育要善于具化教育内容、增进爱国热情、深化爱国认知、践行爱国行为。

---

① 赖育珍 . 个案管理视角下社区戒毒康复人员再社会化的实践研究 [D]. 广州：华南理工大学，2019.

解放心灵

上述教育实践，既注重个体层面的心灵完整，也注重群体层面的关系完整，还注重社会层面的价值完整，进而在心灵品质、社会关系和生命价值的和谐统一的基础上，激发学生担当责任、丰富情感、完善人格，促进"完整的人"的生成。

要解放学生的心灵，关键是要解放教师的心灵，而解放班主任的心灵则是重中之重。对于每位新教师，学校一般都给他安排两个导师，一位是教学工作导师，另一位是班主任工作导师（无论新教师是否做班主任）。此外，做好岗位培训工作，定期分享班主任工作经验。2020年12月21日，人大附中航天城学校举行班主任工作经验分享。狄玉洁老师以《改变·成长》为题，分享了她的班主任工作经验。

扫码观看
"案例7 狄玉洁：改变·成长——班主任工作经验分享"

狄老师的分享，从治乱到解惑、从共性到个性、从弘毅到博雅、从结果到过程，是不断解放心灵的过程，也是尽可能持一份教育的初心、保持一份对学生的爱心、自己也获得成长的过程。特别是，报告中"失去自由的独处，需要用你丰盈的内心去抵抗单调"，这句话深深地打动了我，因为狄老师已经自觉地关注学生心灵的成长。

二、课程建构是解放心灵的重要载体

教育的价值主要包括工具性价值——传承人类文明；社会性价值——为未来社会准备人才；个体性价值——为个体在未来社会的幸福生活做好准备。那么，未来社会有什么特点？未来社会需要怎样的人才？如何使个体能在未来社会美好生活？当下的教育需要做哪些准备？这是世界教育变革关注的重要课题。教育的根本任务是立德树人，课程是教育的载体。

（一）完善课程结构，聚焦学生发展核心素养

1.世界教育变革的趋势：凝练与提出核心素养

未来社会有何特征？这个问题的答案林林总总，难以确定。未来社会可以确定的一个特征是，"未来社会具有高度的不确定性"。未来社会需要的人才需要当下的教育来培育。因此，世界教育变革的一个重要趋势是，凝练与提出学生发展核心素养，以此来回应未来社会所需要的人才标准。

让我们回溯一下部分国家和国际组织凝练与提出学生发展核心素养的进程。1998年，新加坡政府发布"21世纪素养"框架。2003年，联合国教科文组织在1996年发布的《终身学习的支柱》包含"学会求知、学会做事、学会共同生活、学会生存"这"四个学会"的基础上，增加了第五个"学会变化——接受、适应、主动、引领"。不难看出，"学会变化"这一素养的提出就是为了应对"不确定性"：接受变化、适应变化、主动应对变化和引领变化。2005年，国际经济合作与发展组织（OECD）发布《核心素养的界定与遴选：行动纲要》。2007年，美国政府发布"21世纪素养"框架。2013年，日本政府颁布了"21世纪能力框架"。2016年，我国政府颁布了《中国学生发展核心素养框架》，这是教育部委托的课题研究组成果。2018年1月，《普通高中课程标准（2017年版）》首次出现学科核心素养。2022年，我国教育部出台体现课程核心素养的义务教育课程标准（2022年版）。

综上，世界教育变革的趋势是：将育人的目标规格细化为学生发展核心素养，再以核心素养统领教育的载体——课程（见图3-1）。

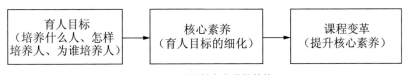

图3-1 世界教育变革的趋势

国际国内落实核心素养的现状如何？有哪些问题？国际现状方面，一是核心素养的落实更多地停留在政府承诺层面，尚未转化到学校和教师实施层

面；二是核心素养的落实，带来了教育结果的不公平问题。国内现状方面，一是我国学者主要围绕核心素养概念展开讨论，很少关注到核心素养的实施问题；二是核心素养的落实还遇到了利益相关者的支持不够和执行能力不足的问题。

为了解决上述问题，必须在以下两方面着力：一是要建构好从育人目标到核心素养的链接，二是要建构好以核心素养统领课程变革的路径。

2. 从育人目标到核心素养：梳理、关联、落实

（1）中国学生发展核心素养及普通高中学科核心素养

2016 年，我国政府发布了《中国学生发展核心素养框架》。该成果是教育部委托北京师范大学，联合国内高校近百位专家成立课题组，历时 3 年完成的。当时对学生发展核心素养的界定是指学生应具备的，能够适应终身发展和社会发展需要的必备品格和关键能力。[①]

关键能力包括什么？2017 年 9 月 24 日，中共中央办公厅、国务院办公厅印发的《关于深化教育体制机制改革的实施意见》对此做出了明确的界定。关键能力包括认知能力、合作能力、创新能力和职业能力。具体地，培养认知能力，引导学生具备独立思考、逻辑推理、信息加工、学会学习、语言表达和文字写作的素养，养成终身学习的意识和能力。培养合作能力，引导学生学会自我管理，学会与他人合作，学会过集体生活，学会处理好个人与社会的关系，遵守、履行道德准则和行为规范。培养创新能力，激发学生好奇心、想象力和创新思维，养成创新人格，鼓励学生勇于探索、大胆尝试、创新创造。培养职业能力，引导学生适应社会需求，树立爱岗敬业、精益求精的职业精神，践行知行合一，积极动手实践和解决实际问题。要建立促进学生身心健康、全面发展的长效机制。切实加强和改进体育，改变美育薄弱局面，深入开展劳动教育，

---

① 教育部关于全面深化课程改革落实立德树人根本任务的意见 [EB/OL]. (2014-04-08) [2020-04-19]. http : //old.moe.gov.cn//publicfiles/business/htmlfiles/moe/s7054/201404/167226.html.

加强心理健康教育和国防教育。

中国学生发展核心素养包括文化基础、自主发展、社会参与三个方面。每个方面又分别细化为两个素养，六个素养依次为：人文情怀、科学精神；学会学习、健康生活；责任担当、实践创新。每个素养再细化为三个基本点，共18个基本点（见图3-2）。

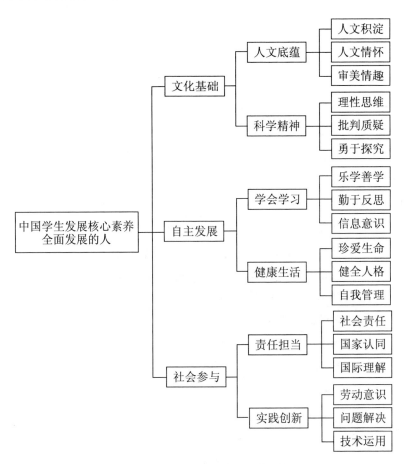

图 3-2 中国学生发展核心素养框架

应当指出的是，按照"培养德智体美劳全面发展的社会主义建设者和接班人"的要求，该学生发展核心素养还有诸多需要完善和深化之处。

2018 年年初，我国教育部出台体现学科核心素养的普通高中各学科课程标准（2017 版），2020 年进行了修订。学科核心素养是指通过某学科的学习而逐步形成的正确价值观念、关键能力和必备品格。学科核心素养是学科育人价值的集中体现，也是学科在落实立德树人根本任务中的独特贡献。学科核心素养界定的关键词比中国学生发展核心素养界定的关键词多了一个："正确价值观念"，无论是认识理解层面，还是实践层面，这都要引起我们高度的重视。依据《普通高中课程标准（2017 年版 2020 年修订）》，普通高中各学科核心素养列表如下，15 门学科，合计 64 条学科核心素养（见表 3-9）。

表 3-9　普通高中学科核心素养

学科	核心素养
语文	语言建构与运用，思维发展与提升，审美鉴赏与创造，文化传承与理解
数学	数学抽象，逻辑推理，数学建模，直观想象，数学运算，数据分析
思想政治	政治认同，科学精神，法治意识，公共参与
历史	唯物史观，时空观念，史料实证，历史解释，家国情怀
地理	人地协调观，综合思维，区域认知，地理实践力
物理	物理观念，科学思维，科学探究，科学态度与责任
化学	宏观辨识与微观探析，变化观念与平衡思想，证据推理与模型认知，科学探究与创新意识，科学态度与社会责任
生物	生命观念，科学思维，科学探究，社会责任
体育与健康	运动能力，健康行为，体育品德
美术	图像识读，美术表现，审美判断，创意实践，文化理解
音乐	审美感知，艺术表现，文化理解
艺术	艺术感知，创意表达，审美情趣，文化理解
信息技术	信息意识，计算思维，数字化学习与创新，信息社会责任
通用技术	技术意识，工程思维，创新设计，图样表达，物化能力
英语	语言能力，文化意识，思维品质，学习能力

（2）中国学生发展核心素养及普通高中学科核心素养的关系

第一，学生发展核心素养与学科核心素养的联系表现在以下三个方面。

——上位与下位、整体与部分、抽象与具体的关系。学生发展核心素养具体化为学科核心素养，学科核心素养提炼概括为学生发展核心素养。

——目的、方向与手段、途径的关系。学生发展核心素养是学科核心素养的总目的、总方向，学科核心素养是落实学生发展核心素养的手段和途径。

——有机转化、相互促进的关系。学生发展核心素养与学科核心素养是相互转化、相互促进的关系。①

第二，学生发展核心素养与学科核心素养的区别。

——各个学科核心素养是学生核心素养的最重要、最关键的组成部分，但是学生核心素养却不是各个学科核心素养的简单的机械相加，在内涵和外延上都有超学科的成分。

——核心素养的内涵一般是从学生终身发展、可持续发展、身心全面健康发展的要求来分析和界定高中生应该具备的素质。学科核心素养的内涵是从学科的本质、功能、价值、作用出发的，即从挖掘和分析本学科对学生发展的独特内涵和意义开始。

——学科核心素养要重在方向性、思想性上体现学生发展核心素养的精神和本质。

第三，学生发展核心素养与学科核心素养的对应关系。

首先，我们通过表格来看一看学生发展核心素养与学科的对应关系。横向看，语文学科培育了学生发展核心素养中人文积淀、审美思维、理性思维、批判质疑、国家认同、国际理解等基本点。其余类推。纵向看，学生发展核心素养中人文积淀这一基本点在语文、英语、美术、音乐、艺术等学科中培育。其余类推（见表3-10）。

① 邵朝友.学科核心素养与核心素养的关系辨析——基于学科核心素养逻辑起点的考察[J].教育发展研究，2019（6）.

解放心灵

表 3-10　学生发展核心素养与学科的对应关系 [1]

学生发展核心素养	文化基础						自主发展						社会参与					
	人文底蕴			科学精神			学会学习			健康生活			责任担当			实践创新		
	人文积淀	人文情怀	审美情趣	理性思维	批判质疑	勇于探究	乐学善学	勤于反思	信息意识	珍爱生命	健全人格	自我管理	社会责任	国家认同	国际理解	劳动意识	问题解决	技术运用
语文	√		√	√	√									√	√			
数学				√			√		√								√	
英语	√			√	√		√	√							√			
思想政治				√	√	√							√	√				
历史		√		√	√	√								√			√	
地理				√		√							√				√	
物理				√		√							√					
化学				√	√	√							√					
生物				√		√							√				√	
体育与健康											√		√					
美术	√		√			√											√	
音乐	√		√														√	
艺术	√					√											√	
信息技术				√			√		√				√				√	
通用技术				√												√	√	√

其次，我们从总体上再来看学生发展核心素养与学科核心素养的对应关系。

[1]　王卫华.普通高中学科核心素养与学生发展核心素养的对接探析[J].课程·教材·教法，2018（6）.

　　从中，我们不难发现，学生发展核心素养 18 个基本点中有 16 个基本点与学科核心素养对应，占 89%；学科核心素养 64 条中，有 56 条与学生发展核心素养对应，占 88%。这说明，两者的相关程度较高（见图 3-3）。当然，如果学生发展核心素养框架在"德智体美劳"五育上表达得更充分，上述相关程度会更高。

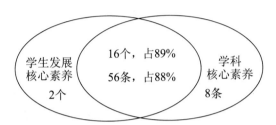

图 3-3　学生发展核心素养与学科核心素养对应关系

　　有关学科对应学生发展核心素养的情况。研究表明，语文、历史、英语学科各对应学生发展核心素养的 6 个基本点，思想政治、信息技术学科各对应学生发展核心素养的 5 个基本点，数学、物理、化学、生物、地理、美术、艺术、通用技术学科各对应学生发展核心素养的 4 个基本点，音乐、体育与健康学科分别对应学生发展核心素养的 3 个、2 个基本点（见图 3-4）。这说明，每个学科均培育学生发展核心素养的基本点，多者 6 个，少者 2 个。这也说明，如果以学科核心素养指导教学不会造成学生发展核心素养基本点培育上的弱化与盲点。

　　有关学生发展核心素养基本点对应学科情况。学生发展核心素养中哪些基本点被强调了？是否相对忽略了一些基本点呢？研究表明，学生发展核心素养基本点中，"理性思维"有 11 个学科对应，"勇于探究"有 8 个学科对应，"社会责任"有 7 个学科对应。因此，这些基本点无疑被强调了。"人文情怀""勤于反思""珍爱生命""劳动意识"等基本点均只有 1 个学科与之对应，因此，这些基本点被相对弱化了。此外，学生发展核心素养中尚有 2 个基本点未对应任何学科（见图 3-5）。

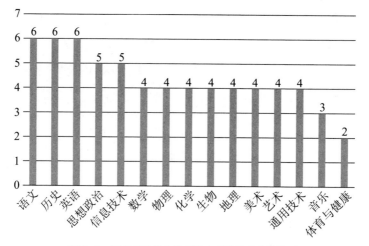

图 3-4 学科对应学生发展核心素养基本点的情况

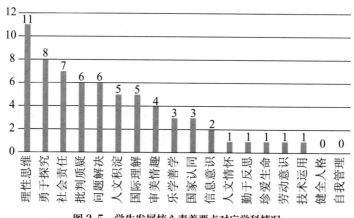

图 3-5 学生发展核心素养要点对应学科情况

　　学生发展核心素养中与学科未对应的两个基本点是"健全人格"和"自我管理"。"健全人格"是指"具有积极的心理品质，自信自爱，坚韧乐观；有自制力，能调节和管理自己的情绪，具有抗挫折能力等"。"自我管理"是指"能正确认识与评估自我；依据自身个性和潜质选择适合的发展方向；合理分配和使用时间与精力；具有达成目标的持续行动力等"。鉴于这两个基本点未与任何学科核心素养叠合的实际，在教育实践中，一方面每个学科都要关注、都要注重对"健全人格"和"自我管理"这两个基本点的培育；另一方面，学校应设计专门的，或与其他基本点融合的教育活动，来加强对这两个基本点的培育。

学科核心素养中未与学生发展核心素养对应的有8个，分别是数学学科的"直观想象"，历史学科的"时空观念"，地理学科"区域认知"，物理学科的"物理观念"，化学学科的"宏观辨识与微观探析、变化观念和平衡思想"，生物学科的"生命观念"，通用技术学科的"技术意识"。如何认识这个问题？研究表明，这些学科核心素养条目并不直接对应学生发展核心素养要点，但它们却对本学科内其他一些与要点密切相关的学科核心素养有利，或者直接成为这些学科核心素养的基础，工具或条件。比如，数学学科"直观想象"是"数学建模、数学抽象、逻辑推理"的基础；历史学科"时空观念"是"史料实证、历史解释、家国情怀"的基础。因此，与学生核心素养无直接对应的学科核心素养，支撑并促进与学生核心素养直接关联的学科核心素养的提升，进而促进学生发展核心素养的提升。

3.以核心素养统领课程变革

充分认识学科核心素养在学生发展核心素养培育中的重要地位。

第一，学生发展核心素养统领学科核心素养，学科核心素养统领课程标准并直接指导教学。学生发展核心素养诠释的是宏观的育人目标，学科核心素养统领的是中观的学科课程目标，学科课程目标统领微观的、具体的课堂学习目标，直接指导课堂教学（见图3-6）。

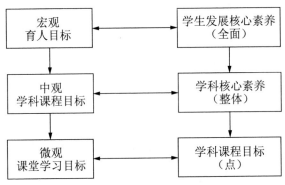

图3-6 学科核心素养在学生发展核心素养培育中的重要地位

解放心灵

第二，直接指导教学目标的是学科核心素养，而不是学生发展核心素养。学生发展核心素养的培育具有长期性的特征，犹如人的骨骼和肌肉。如果直接以学生发展核心素养指导教学目标，会陷入僵化、形式化和标签化的窠臼，甚至会出现弱化和盲点。而学科核心素养则是促进骨骼和肌肉生长的食物，是其养分来源。如前所述，学科核心素养统领课程标准的各个部分，再具体化为课堂学习目标。

第三，学科核心素养统领课程标准的各个部分。学科核心素养是如何统领课程标准的各个部分，体现"教—学—评的一致性"的？在"课程性质与基本理念"上，从学科核心素养的角度对学科本质和独特教育价值进行重新定位定性；在"课程目标"上，课程目标的描述要突破和超越三维目标模式，聚焦学生正确的价值观念、必备品格和关键能力；在"课程结构"上，课程结构的设计要与学科核心素养的不同要素成分、不同水平层次保持对接；在"课程内容"上，课程内容的选择和组织必须打破传统的学科本位和知识中心倾向，确立促进学科核心素养形成的内容标准并进行内容的选择与完善；在"学业质量标准"上，学业质量标准就是学科核心素养的内容化、模块化、具体化、可测化；在"实施建议"上，实施建议主要包括教学改革、考试评价改革和教科书编写改革，这是学科核心素养落地的"三个路径"。

综上，充分认识学科核心素养在学生发展核心素养培育中的重要地位，统领学科课程标准的各个部分，是指导学科教学的直接依据。

4.以核心素养为统领建构学校课程结构体系

以核心素养为统领，航天城学校建构了"三三三"课程结构（见图3-7）。该课程结构的内涵是：

（1）三足鼎立的课程结构。结构决定功能。课程结构是完备的，课程的育人功能才可能是完备的；课程结构若是缺失的，课程的育人功能一定是缺失的。事实上，有些学校在建构课程体系时指导思想常常这样表述：建构满足学生需求的课程体系。这是有问题的——学生的发展需求有的是积极向上的需

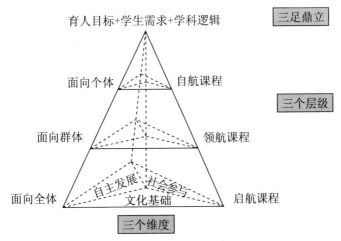

图 3-7 人大附中航天城学校课程结构

求，有的则反之；有的是突出为国家为民族的需求，有个别也不排除是为了成为"精致的利己主义者"；有的是努力奋斗的需求，有的是懈怠懒惰的需求……航天城学校建构了育人目标、学生需求与学科逻辑三足鼎立的学校课程结构。三者具体内容如下：

以育人目标为轴心。就是将坚持社会主义办学方向，立德树人，培养德智体美劳全面发展的社会主义建设者和接班人这些根本要求和任务通过学校的育人目标的聚焦具体化，作为课程结构的主轴，通过课程结构落地。人大附中航天城学校的育人目标为：全面发展 + 突出特长 + 创新精神 + 高尚品德。人大附中航天城学校旗帜鲜明地宣言：绝不培养"精致的利己主义者"。在课程结构上，基础类、发展类和荣誉类课程都构建包括自主发展、文化基础和社会参与三大板块的课程，这样的课程结构确保育人目标的落地。

融合学生发展需求。就是在建构学校课程结构时，既注意夯实党和国家对该年龄段学生要求的德智体美劳的共同基础（由基础类课程保障），又融合学生发展的个性化需求，给学生装上自主发展的发动机，促进学生在全面发展的基础上的个性发展、充分发展（由发展类、荣誉类课程保障）。

兼顾学科逻辑。学生发展核心素养主要是通过学科教育培育学科核心素养来达成的，即通过培育学科核心素养实现学科育人。因此，学校课程结构必须兼顾学科逻辑，为各学科课程体系的建构既起到一定的引领作用，又留下足够的自主创新空间，为学科核心素养的培育和学科育人奠定基础。当然，并不是学科核心素养的简单相加就等于学生发展核心素养，因为有些核心素养还需要通过跨学科课程和综合实践活动加以培育。

（2）三个层级"启航—领航—自航"的课程进阶。启航课程：面向全体学生，课程目标重在夯实学生的共同基础。主要包括国家必修课程以及国家课程的校本化拓展（校本必修课程）。领航课程：面向分层分类学生，课程目标重在挖掘学生的潜能。主要包括丰富的校本选修课程。自航课程：面向学生个体，课程目标重在发展学生的个性特长。主要包括荣誉课程和校级学生社团课程。荣誉课程为满足对未来某发展方向要求较高的学生，重在拓展学生的学术视野。社团课程，重在鼓励学生以提升个性素养为主线，鼓励学生自我设计、自我实践和自我提升。

（3）三个维度的课程版图。三个维度主要指中国学生发展核心素养的文化基础、自主发展、社会参与三个维度。

5. 学校课程建构的案例

下面，我们介绍航天城学校课程建构的案例。

案例8　小学低段课程体系

一是重在夯实学生共同基础的启航课程。包括国家必修课程的语文、数学、英语、音乐、舞蹈、体育、美术、科学和道德与法治等课程，也包括各学科的校本化拓展（必修）课程。如语文学科校本化拓展的是"经典诗文诵读"和"中文绘本阅读"，数学学科校本化拓展的是"数字与游戏"，英语学科校本化拓展的是"英文绘本阅读"和"外教口语"，音乐学科校本化拓展的是"奥尔夫音乐"和"音乐与律动"，舞蹈学科校本化拓展的是"形体"，体育学科校本化拓展的是"武术"和"篮球"，美术学科校本化拓展的是"主体塑造""水墨游戏",科学学科校本化拓展的是"科学与艺术",道德与法治校本化拓展的是"情绪认知与管理"。

二是重在挖掘学生潜能的领航课程。主要指校本选修课程,语文学科开设了"中文绘本阅读""咬文嚼字""戏剧""小小主持人"等模块,数学学科开设了"思维数学""数字世界"等模块,英语学科开设了"英文戏剧""英文绘本阅读""英文演讲"等模块,音乐学科开设了"尤克里里""音乐剧""戏曲"等模块,舞蹈学科开设了"中国舞""排舞"等模块,体育学科开设了"啦啦操""足球""花样跳绳""篮球 男 / 女"等模块,美术学科开设了"巧手妙心——折纸"等模块,科学学科开设了"牛顿与搭建""变化的世界""奇妙的动物"等模块,心理学科开设了"情绪馆"等模块。

三是重在发展学生个性的自航课程。自航课程包括荣誉课程和社团课程,主要有语文学科的戏剧社团,音乐学科的尤克里里和合唱社团,舞蹈学科的民族舞和排舞社团,体育学科的啦啦操、武术、花样跳绳、轮滑社团,美术学科的书法、原绘坊、未来泥社等社团(见表 3-11)。

表 3-11　人大附中航天城学校小学低段课程设置表

	国家课程	语文	数学	英语	音乐	舞蹈	体育	美术	科学	道德与法治
启航课程	校本化拓展	经典诗文诵读	数字与游戏	英文绘本阅读	奥尔夫音乐	形体	武术	立体塑造	科学与艺术	情绪认知与管理
		中文绘本阅读		外教口语	音乐与律动		篮球	水墨游戏		
领航课程	选修课程	中文绘本阅读	思维数学	英文戏剧	尤克里里	中国舞	啦啦操	巧手妙心——折纸	牛顿与搭建	情绪馆
		咬文嚼字	数字世界	英文绘本阅读	音乐剧	排舞	足球	创意黏土	变化的世界	

续表

领航课程	选修课程	戏剧	魔方	英文演讲	戏曲		花样跳绳	变废为宝	奇妙的动物	
		小小主持人					篮球女/男			
自航课程	社团课程	戏剧			尤克里里	民族舞	啦啦操	书法		
					合唱	排舞	武术	原绘坊		
							花样跳绳	未来泥社		
							轮滑	墨游社		

　　这是包括所有学科在内的整体课程结构。上述课程建构，体现了这样的逻辑：学生发展核心素养（育人目标）统整学校课程结构，学校课程结构引领学段课程结构，在学科核心素养和学段课程结构的共同引领下，建构学科课程体系（见图3-8）。

图3-8　学校课程结构到学科课程结构建构路径

　　我们再看一些学科课程体系建构的案例。

　　上述课程体系建构的过程，体现了这样的课程建构逻辑：学科核心素养统整学段课程目标，学段课程目标引领学段课程体系建构。此外，学段课程目标还统整年级课程目标，引领年级课程体系建构（见图3-9）。

扫码观看
"案例9　人大附中航天城学校学科课程体系"

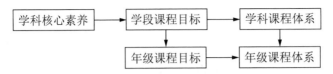

图 3-9　学科核心素养统整学科课程建构的逻辑关系

（二）优化课程实施，提升学科核心素养

加拿大学者迈克尔·富兰（Michael Fullan）指出，课程改革一般由三个阶段组成：（1）发起或启动阶段；（2）实施或最初使用阶段；（3）常规化或制度化阶段。可见，课程实施是课程改革过程中的第二个阶段，即将课程改革计划付诸实践的过程。研究表明，课程实施是将课程理论转化为课程实践的活动，是决定课程改革成败的关键环节。

1. 课程实施的关键因素是教师

"课程实施"这一术语来自国外的话语体系，代表性的界定是学者富兰的观点："课程实施是把某项改革付诸实践的过程……实施的焦点是实践中发生故事的程度和影响改革程度的那些因素。"[①]

以该界定为蓝本，我国学者将"课程实施"界定为："课程实施可视作课程发展的其中一个重要环节，这个名词具有下列特征：它是一个过程，涉及课程变革或创新；它也可以理解为新的实践（或课程纲要）的实际使用情况；它是'课程设计和教学'周期的重要阶段。"[②] 这一界定，将"教学"这一教育要素纳入了课程实施的范畴，使相对独立的两者产生了关联。

在此基础上，有学者给出了如下界定：课程实施是课程论和教学论研究领域的重要课题。从课程论的角度，可以将课程实施视为课程开发过程中的一个重要环节，而在教学论意义上的课程实施，至少包括教学设计和教学过程。[③]

① ［瑞典］托斯顿·胡森，等. 简明国际教育百科全书：课程 [M]. 江山野，主编译. 北京：教育科学出版社，1991：156.
② 李子建，黄显华. 课程：范式取向和设计 [M]. 香港：香港中文大学出版社，1998：311.
③ 李臣之. 课程实施：意义与本质 [J]. 课程·教材·教法，2001（9）.

解放心灵

课堂教学是实施学校课程的主要渠道，因此课程实施与教学必然有着紧密的联系，鉴于教师在课堂教学中发挥主导的作用，有学者指出，课程实施是教师的一种特定的课程行为，它以实现既定的课程目标为追求，通过课堂教学、实验演示、设计开发等方式和方法落实课程计划，最终将课程要素转化为学生的学习经验。①

综上，课程实施的关键因素是教师。教师工作的能动性和创造性直接决定着课程实施的结果。这已被教育实践所证实。没有教师的积极参与与倾心投入，任何改革都注定要失败。这，也被教育实践所证实。

课程实施，我们主要狠抓两条、突出一条。狠抓两条主要是一抓教学设计，二抓教学过程。突出一条，就是突出教学评价设计，这是目前教师较为普遍的短板。

2. 课程实施应基于课程标准

从历史的角度来看，我国的课程实施或教学主要有三种类型：一是基于教师经验的课程实施，二是基于教科书的课程实施，三是基于课程标准的课程实施（教学）。②当前，以学科核心素养为统领的课程标准已经颁布，应倡导教师基于课程标准开展教学。

基于课程标准开展教学，有这样几个特点：③

一是教学目标源于课程标准。课程标准反映了对学生的总体期望，是课时教学目标累积起来达成的。教师要在深刻理解课程标准的基础上，对课程标准进行解构，再在具体的教学情境中，结合教科书的内容，对课程标准进行重构，形成学年（学期）目标—单元目标—课时目标。需要指出的是，教师要根据拟定的教学目标处理教学内容。教科书只是用以支持教学的工具或资源之一。

二是评估任务先于教学任务，评估设计先于教学设计。基于课程标准的教

① 杨明全. 课程综合化实施的理论旨趣与实践路径 [J]. 教育学报，2018（6）.
② 崔允漷. 课程实施的新取向：基于课程标准的教学 [J]. 教育研究，2009（1）.
③ 同上。

学是由学生应知和能做的共识来驱动的。因此，明确学生在结束时能做什么，最终判断表现的指标又是什么，并对学生做出解释，这是基于课程标准的教学的起点。也就是说，在基于课程标准的教学中，评估的设计必须先于教学活动的设计。

三是教学质量指向学生学习结果。基于课程标准的教学，对表现的评价是根据共同认定的表现标准来判断特定的表现证据，也就是说，对学生进步和表现质量的判断必须反映出课程标准所列举的适当表现的特征。毋庸置疑，学生的作业是表现信息的重要来源，也是教师判断教学是否成功或需要改善的重要依据，教师据此了解学生的学习状况，进而为设计下一步的教学提供决策基础。

基于标准的教育改革是当前课程研究热点问题，基于标准的改革要求教师能够一致性地思考目标、教学与评价问题，即教—学—评一致性。教—学—评一致性要求教学与评价基于课程标准、以学定教、以评价促进教与学。[①]

从课程的视角来看教学，教学目标既是教学的出发点，又是教学的归宿。教—学—评是基于目标的专业活动，没有清晰的目标，就无所谓教—学—评的专业实践；没有清晰的目标，也就无所谓"一致性"了。这里的目标，就是课程标准所界定的学生学习目标。[②]"教"是指教师帮助学生实现目标的指导活动，教师要牢牢把握为什么教，教什么，怎么教，教到什么程度，重在以教促学。"学"是指学生为实现目标而付出的种种努力，学生要牢牢把握为什么学，学什么，怎么学，学到什么程度，教师要注重以学定教。"评"是指教师和学生对学生学习表现的评价，以监测学生的目标达成，注重以评价促进教与学。

教—学—评一致性包括在目标指引下的三种含义：

....

① 黄山，刘丽丽 . 教—学—评一致性：课堂研究与教学的新动向 [J]. 教育发展研究，2014（22）.

② 崔允漷，雷浩 . 教—学—评一致性三因素理论模型的构建 [J]. 华东师范大学学报（教育科学版），2015（4）.

一是学—教一致性，所学即所教，是指在目标的指引下学生的学习与教师的教学之间的匹配程度。学—教一致性，其内涵是学生的学习内容与教师所教的内容保持一致，学生的学习策略要与教师的指导策略保持一致，学生对学习内容的理解、运用与教师预设的目标保持一致。

二是教—评一致性，所教即所评，它是指教师的教学与对学生学习评价的匹配程度。教—评一致性，其内涵是教师在讲解教学目标时要展示评价的要求，教师在设计教学内容时要注意把评价内容考虑进来，以及教师在教学过程中要持续获取学生关于目标达成的信息而作出自己的教学决策。

三是评—学一致性，所学即所评，它是指学生的学习与对学生学习的评价之间的匹配程度。评—学一致性，其内涵是所有课堂上的形成性评价与终结性的测验与学生所学的内容都是一致的，所获得的学情信息都应参照预设的目标进行分析、作出判断、形成反馈，以促进学生更好的后续学习。

因此，教—学—评一致性是由目标导向的学—教一致性、教—评一致性和评—学一致性三个因素组成，它们两两之间存在着一致性的关系，然后组合成一个整体，构成教—学—评一致性的所有含义（见图 3-10）。[①]

图 3-10 教—学—评一致性模型

3.课程实施要拓展课程资源

课程资源是指课程要素来源以及实施课程的必要而直接的条件。新时代打

---

① 崔允漷，雷浩.教—学—评一致性三因素理论模型的构建 [J]. 华东师范大学学报（教育科学版），2015（4）.

通各种硬软件的课程资源壁垒，借力系列新型教育服务平台和沟通协同机制，促进学校内外课程资源的深度融合，将分散、割裂的课程资源融合为促进学生成长的"教育力"。

拓展课程资源的主要举措有：打通学科壁垒，生成跨学科或超越学科（研究性学习、项目学习）课程资源；打通校内外边界，生成家校合作育人资源及模式；打通系统内外边界，构建社会协同育人资源及机制。

为此，学校需要通过完善校本培训体系、项目教师研修、聘请校外专家教师等多种举措，为教师拓宽多渠道交流平台、丰富项目化发展资源，为课程资源的生成、积淀和迭代提供有力的支撑。

4. 课程实施的主要路径与策略

（1）学科课程实施

第一，注重三级课程的有机整合。国家课程、地方课程与校本课程是相互关联相互支撑的有机课程体系，国家课程是地方课程、校本课程的依托，地方课程、校本课程是国家课程的补充和延伸，三者在共同实施的过程中形成了课程变革的共同体。在整合过程中，我们进一步明确办学思想，抓住三级课程之间的纽带，大胆挑战自我，不断调适课程的实施方式，努力创造每一个学生发展的课程。

案例 10 小学科学与艺术课程的实施

在国家课程"科学"的基础上，我校校本化拓展的课程是"科学与艺术"。以国家"科学"课程的有关内容为依托，我们进行了校本化拓展。

一是在课程实施的内容上，进行校本化拓展。如在学习《我们知道的植物》时，我们校本化拓展的内容是《植物与衣食住行》，学习《观察一棵植物》时，我们拓展的内容是《植物的器官》等（见表 3-12）。

二是在课程实施的方式上，进行校本化拓展。如表 3-12 中对应国家课程拓展的"延伸实践内容"，这些内容倡导的是"做中学"的方式，在

"做"的过程中，让学生不断发现问题、提出问题和解决问题，提升学生的探究能力；在"做"的过程中，学以致用，体验所学科学知识在生产生活中的运用；在"做"的过程中，培养学生的劳动意识、劳动知识和劳动技能；在"做"的过程中，让学生发现美，发现自然美、艺术美的有机融合。

由此可见，课程内容与方式的改革，是课程实施变革的重要抓手。

表 3-12　小学一年级"科学与艺术"课程实施内容

序号	国家课程内容	校本化拓展内容	延伸实践内容
1	我们知道的植物	植物与衣食住行	体验各种植物材料
2	观察一棵植物	植物的器官	制作一朵花
3	植物是"活"的吗？	植物的生长要素	种植一株多肉植物
4	观察叶；这是谁的叶？	多姿多彩的叶	蓝晒法制叶画
5	观察中比较；起点和终点	俯视角度看校园	手绘教学楼俯视图
6	用手测量	脚步丈量校园	测量校园＋标注测量结果
7	用不同的物体来测量		
8	用相同的物体来测量	纸造校园	手绘校园地图

第二，注重实施策略的凝练与应用。课程实施过程中，学校应依据国家课程设置要求，结合办学目标、学生特点和实际条件，来制定满足学生发展需要的课程实施规划与方案。课程实施是决定课程改革成败的关键环节，课程实施策略与模式对课程实施意义重大。

在课程实施过程中，学校引导老师通过专业研修，凝练出各个学科课程实施策略。如小学段，道德与法治课程实施策略——结合生活，融入心理，在活动中感悟道德与法治；语文课程实施策略——诗文诵读锻造国学童子功，海量阅读丰富学生书香童年；数学课程实施策略——操作数学、游戏数学、思维数学，做中学、玩中学、学中思；英语课程实施策略——多元情境激发兴趣，多种方式实践语言；音乐课程实施策略——在音乐情境中培养艺术素养，在舞蹈表现中提升审美情趣；体育课程实施策略——多元特色课程，强健学生体魄；美术课程实施策略——展美术课程多元体系，育创造之心绘成长佳作；科学课程实施策略——科学与艺术巧融合，实践与创造共提升（见表 3-13）。

表 3-13　人大附中航天城学校各学科课程实施策略

序号	学科	课程实施策略
1	道德与法治	结合生活，融入心理，在活动中感悟道德与法治
2	语文	诗文诵读锻造国学童子功，海量阅读丰富学生书香童年
3	数学	操作数学、游戏数学、思维数学，做中学、玩中学、学中思
4	英语	多元情境激发兴趣，多种方式实践语言
5	音乐	在音乐情境中培养艺术素养，在舞蹈表现中提升审美情趣
6	体育	多元特色课程，强健学生体魄
7	美术	展美术课程多元体系，育创造之心绘成长佳作
8	科学	科学与艺术巧融合，实践与创造共提升

（2）跨学科课程实施

跨学科课程是指由一些有着内在联系的不同学科合并或融合而成的新课程，也称交叉学科课程。跨学科课程重在培养学生的基本技能、批判性的思考能力、解决问题的能力、利用图书馆和获取信息的能力、创造性思维及艺术表现能力。通过跨学科课程的学习，学生学会比较不同的学科和理论观点、理解综合的力量，学会使用对比方法阐明一个或一系列问题，其中心目的是促进学习的综合化，使知识结构和知识体系成为一个紧密联系的整体，形成整体知识观和生活观，以全面的观点认识世界和解决问题。[①] 具体地，我们按学科融合主题、优秀传统文化主题、感恩教育主题、综合实践主题等进行跨学科课程的实施。分述如下。

学科融合主题课程。以教育主题为主线，融合相关学科，建构学科融合的

---

① 郭德红 . 美国大学本科跨学科课程的设置与教学 [J]. 中国电力教育，2007（5）.

主题课程，有利于培育学生跨学科的核心素养，自然也会促进学生学科核心素养的提升。

案例 11 "吟唱经典 舞动诗韵"学科融合课程

"吟唱经典 舞动诗韵"是语文、音乐、舞蹈三门学科融合课程。在经典诗文诵读课程中，孩子们背诵了古诗词百余首。在舞蹈课上，老师将诗文、舞蹈和音乐跨学科整合，让孩子们在多种艺术表现形式中，学习优秀传统文化，吟诵经典，舞动诗韵。

优秀传统文化主题。为加深学生对"端午节""中秋节"等传统节日及相应的优秀传统文化的认识，我们设计了优秀传统文化主题教育课程。

案例 12 中秋节主题教育课程

中秋节是我们国家传统节日，因其蕴含着阖家团圆的美好寓意，而成为人们心中的美好节日。我校的中秋节主题教育课程设计如下（见表3-14）：

表 3-14 中秋节主题教育课程

序号	课程主题	活动内容
1	中秋节学科融合课程	听绘本，吟古诗（语文）
2		观月相，识数学（科学、数学、英语）
3		唱歌舞曲听故事（音乐、舞蹈、历史）
4		七彩画笔绘月饼（美术）
5		做月饼（劳动）

在"听绘本，吟古诗"（语文学科）环节，老师和孩子们一起读中秋节绘本，讲中秋节故事。了解中秋节的来历、风俗，讲吴刚伐桂、嫦娥奔月、玉兔捣药的传说故事，感受到了中秋佳节团圆的美好愿景。提到

中秋，当然也少不了吟诗赏月。"人航娃"一起吟诵了一组关于中秋的古诗词——《静夜思》《古朗月行》，吟诵苏轼的诗句"小饼如嚼月，中有酥与饴"，孩子们仿佛尝到了月饼的滋味。

在"观月相，识数学"（科学、数学、英语学科）环节，老师引领孩子们了解我国传统计时方式。借着中秋节，二年级的孩子们开始了解季度，辨别旬位，见识古人的智慧。一年级的孩子们也在收集、整理、记录、分析数据的过程中了解了简单的统计方法。科学课上老师引导孩子们观察记录月相，了解上弦月、下弦月、新月、满月。英语课上孩子们尝试通过涂色的方式展示月相变化。有趣的多学科融合活动，满足了学生对神秘天文世界的好奇。

在"唱歌舞曲听故事"（音乐、舞蹈、历史学科）环节，孩子们听到了"霓裳羽衣舞"的传说故事，吟唱《水调歌头》《八月十五月儿圆》的小调，还有英文歌曲moon，"人航娃"浸润在音乐和舞蹈的世界里，感受中秋的韵律之美。奥尔夫音乐课上，孩子们还动手进行歌谣创编，表达他们心中的中秋情怀。

在"七彩画笔绘月饼"（美术学科）环节，美术课上，一年级的孩子们有着奇思妙想，用七彩的画笔涂画出独一无二的奇特月饼；二年级的孩子们通过巧手剪了玉兔团花，做了精美的礼品贺卡。创意无限，精彩不断！

"做月饼"（劳动学科）环节，是该课程的重头戏，也是孩子们最期待的环节！孩子们用小手制作美食，一个个小小的冰皮月饼，软糯香甜，伴着孩子们的笑脸，充满了幸福和甜蜜！

感恩，是对别人所给的帮助心存感激，是对他人帮助的回报。感恩教育是教育者运用一定的教育方法与手段、通过一定的感恩教育内容对受教育者实施的识恩、知恩、感恩、报恩和施恩的人文教育学。会"感恩"，对于孩子来说尤其重要。学会感恩，先要学会知恩，要理解父母的养育之恩，师长的教诲之恩，朋友的帮助之恩。让孩子学会感恩，关键是通过家庭、学校的教育，让孩子学会知恩、感恩。

案例 13　感恩季·爱在"女神节"

"三八"节，你会如何庆祝呢？一句我爱您，一首短短的诗，一张薄薄的贺卡，一片浓浓的深情。这一切都是因为您爱我，我爱您！——致人航娃妈妈们。

学校精心设计了感恩主题教育课程（见表 3-15）。

表 3-15　感恩主题教育课程

序号	活动内容	活动要求
1	保护蛋宝贝	将一枚生鸡蛋放在身上，保护一天
2	共读绘本 畅谈妈妈	共读《我妈妈》的绘本，体味妈妈的爱
3	感受诗韵 创编小诗	给妈妈写一首小诗
4	手工做花 表达爱意	亲手为妈妈制作向日葵或康乃馨花
5	传递爱意 制作贺卡	亲手为妈妈制作一张贺卡
6	手语舞蹈《感恩的心》	为妈妈唱手语歌

"三八节"活动是学校感恩主题教育系列活动之一，感受爱，表达爱，学会爱是孩子们一生都要学习的课题。人航的孩子们不仅仅是在知识的海洋里遨游，更应在爱的浸润中成长。

综合实践活动。综合实践活动是现代教育中的个性内容、体验内容和反思内容。综合实践课程强调学生通过实践，增强探究和创新意识，学习科学研究的方法，发展综合运用知识的能力，增进学校与社会的联系，培养学生的社会责任感。比如，学生的春游，如果没有课程意识，那么学生就是轻轻松松玩儿；如果有了课程开发与实施的意识，学生又是怎样的状态呢？

案例 14　植物园里找春天

迟日江山丽，春风花草香。泥融飞燕子，沙暖睡鸳鸯。听，伴着人航娃们的琅琅书声，春天悄然而至。带着好心情，背上小书包，孩子们手拉着手，去北京植物园里找春天啦！

本次综合实践活动，我们设计了"多学科融合·知春""踏歌而行·舞春""童声朗诵·颂春"及"巧手妙心·绘春"四个活动环节（见表 3-16）。

表 3-16　植物园里找春天综合课程

序号	活动环节	活动内容
1	多学科融合·知春	语文：经典诗文颂春天
2		数学：花朵中的斐波那契螺旋线
3		英语：讲英语，点评花花草草
4		科学：小昆虫眼里的花朵
5		美术：巧手面塑，捏出春天的多肉
6	踏歌而行·舞春	音乐与律动：童谣《郊游》
7	童声朗诵·颂春	朗诵《少年中国说》
8	巧手妙心·绘春	非遗手工：棕榈树叶编织动物

（3）超学科课程实施

超学科课程是指在教师引导下，学生自主选题、自主设计探究方案，开展超学科的探究实践活动，培养好奇心与感知力，通过综合性的知识学习与技能训练，发展对概念的理解，养成积极的学习态度，鼓励主动探究和创新思维，激发责任心和行动力，培养有未来竞争力的创新人才。

我校在小学初中学段、高中学段的超学科课程分别是"智立方"和"研究性学习"。"智立方"是"研究性学习"的基础，"研究性学习"是"智立方"的延伸和拓展。下面重点介绍"智立方"课程的实施。

从寒（暑）假作业说起。常态的寒（暑）假作业是这样的：寒（暑）假作

解放心灵

业、抄写、做题、背课文、读后感、日记、游记等。学生和家长往往是这样对待：要么前几天集中做完，要么开学前三天抓紧补做！

寒（暑）假作业要区别于平时的规律性学习。趣味性浓、实践性强的作业，简单而充满意义，不仅锻炼孩子对周围环境的观察能力，而且培养了他们对感兴趣的问题专注探究的意识。既不影响学生对课本知识的学习，也不会造成僵化思维。

"寒（暑）假智立方"，这种方式不是分学科布置作业，而是多学科的融合，或是超学科的探究。在这样的探究中，让学生真切地体会知识在有声有色的生活中的应用，在探究问题中培养学生专注力、参与意识、探究的意识和勇于实践的精神！在探究问题中生成智慧，丰富情感，担当责任，完善人格，体会成长的快乐。

"智立方"课程具体实施流程如下（见图 3-11）：

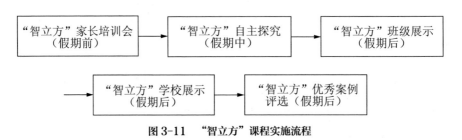

图 3-11 "智立方"课程实施流程

一年级寒假前，学校集中对学生家长进行培训。主要内容包括：什么是"智立方"？为什么要做"智立方"？如何引导帮助孩子自主做"智立方"？为了使家长对此有信心，培训会安排学生"智立方"展示环节。为了给家长一个"脚手架"，学校提供了"智立方"选题参考（见表 3-17）。

"智立方"如何反馈呢？开学后，人人要在班级分享，每班推荐 5 人年级内部巡讲，每班推荐 1 人校级分享（每年轮换）。

下面，请看两个学生所做的"智立方"案例。

表 3-17　小学低段"智立方"选题参考

类别	手工实践类	民俗文化类	科学探究类	成长记录类	生活技能类
项目	这是我的家	饺子／年夜饭	大自然现象（如下雪）	Get新技能	去污小窍门
	航天航空模型	春联／鞭炮／庙会	冬季运动项目调查／推荐	我的瘦身日记／健身计划	生活应急处理
	制作一本漫画书	走访历史文化名城	小动物／植物养成记	我的阅读日记	小分类大智慧
	动手装饰过新年	大拜年小讲究	为什么太阳晒多皮肤会变黑	我的心情日记	生活礼仪
		十二生肖	地铁里的小秘密	我的训练日记	家务劳动小能手

案例 15　追寻革命前辈的足迹——我的井冈山之旅（"暑假智立方"，2017 级小学 03 班　李郭济）

2019 年是中华人民共和国成立 70 周年，从 1949 年到 2019 年，我们的祖国从风雨中走来，迈向繁荣富强。虽然我们现在过上了幸福的生活，但不能忘记那一段艰苦卓绝的革命岁月。这个暑假，我们一家来到了革命的摇篮——井冈山，开始了纪念、致敬、学习之旅。大家请跟随我的脚步，一起来感受一下当年艰苦而又辉煌的革命岁月吧！

同学们看（出示照片），这就是我们乘坐的从北京开往井冈山的列车，这趟列车非常有特色，车厢内挂着毛主席在革命年代写下的诗篇，我利用睡前时间背诵了一首。

清平乐·蒋桂战争

风云突变，军阀重开战。洒向人间都是怨，一枕黄粱再现。

红旗越过汀江，直下龙岩上杭。收拾金瓯一片，分田分地真忙。

看，红军一建立新根据地，就帮助群众争得胜利果实！

看这张井冈山照片（出示照片），西边是湖南，东边是江西，井冈山就在这两省的交界处。它属于罗霄山脉，据传在东汉年间就已经有人

解放心灵

在井冈山居住了。

在过去很长的时间里，井冈山这个地方都是鲜为人知的，20世纪二三十年代，毛泽东、朱德等老一辈革命家带领工农红军来到这里建立了农村革命根据地，这里成了红色革命的摇篮，被载入史册。

井冈山的斗争，从1927年10月到1930年2月为止，共计两年零四个月，时间虽不长，但为后人留下宝贵的精神财富——井冈山精神。在这一段时间，老一辈革命家们在斗争中学习摸索，中国革命不断成熟。

这里是黄洋界哨口，为了阻击从湖南方向攻上来的敌人所设。这个地方地势险要，一面是千仞高山，一面是万丈深渊，一夫当关，万夫莫开。1928年9月，我红军以少胜多，取得了黄洋界保卫战的伟大胜利，毛主席得知胜利喜讯，诗兴大发，写下了《西江月·井冈山》的不朽诗篇。

西江月·井冈山

山下旌旗在望，山头鼓角相闻。故军围困万千重，我自岿然不动。

早已森严壁垒，更加众志成城。黄洋界上炮声隆，报道敌军宵遁。

同学们，大家一定都记得我们语文课本里学过的《朱德的扁担》的故事吧？这事就发生在黄洋界。1965年，毛主席重回井冈山，感慨良多，写下了另一篇名作《水调歌头·重上井冈山》。

水调歌头·重上井冈山

久有凌云志，重上井冈山。千里来寻故地，旧貌变新颜。到处莺歌燕舞，更有潺潺流水，高路入云端。过了黄洋界，险处不须看。

风雷动，旌旗奋，是人寰。三十八年过去，弹指一挥间。可上九天揽月，可下五洋捉鳖，谈笑凯歌还。世上无难事，只要肯登攀。

这里是黄洋界保卫战纪念碑，是为了纪念这场伟大的胜利所建。正面刻有毛主席手迹：星星之火，可以燎原。背面刻的是朱德总司令所写的：黄洋界保卫战纪念碑。

这里常年有来学习和瞻仰的人们，我站在纪念碑下，郑重地敬了一个队礼，由衷地表达了对于革命先辈的敬意！

在井冈山革命老区，到处都流传着革命先烈的英勇事迹，在这里我得知，这里的人民为了中国革命的胜利做出了极大的牺牲：父母送走自己的子女，妻子送走自己的丈夫，儿女送走自己的父母，他们都走上战场，保家卫国，很多人再也没有回去。

这里是毛主席在井冈山茨坪镇的故居，90多年前毛主席家门前布满荆棘的小路，如今已开满鲜花。

我们胜利了，我们幸福了，我来到井冈山，想看看这里的山水，想象每一寸土地都有先辈们斗争的鲜血和足迹，每一个山林里都有战士们穿梭战斗的身影。我们如今的幸福来之不易，须——永远不忘革命精神，不忘牺牲，不忘先烈，举着他们的旗帜，继续向前！

李郭济的汇报，我在现场听了。听他的汇报，我特别地激动和感慨，同时一种自信也油然而生。激动和感慨的是，刚上完小学二年级的李郭济，利用暑假，不去游乐园玩耍，不去国外旅行，而去了井冈山。而且，是一种深度的体验，是用心在体验！听着他娓娓道来井冈山斗争和井冈山精神，听着他非常流利地背诵毛主席诗词，听着他用还带稚嫩的童音说："我们如今的幸福来之不易，须——永远不忘革命精神，不忘牺牲，不忘先烈，举着他们的旗帜，继续向前！"作为教育人的感慨和自信油然而生！感慨的是，教育需要学校教育、家庭教育、社会教育紧密配合和衔接。自信的是，沿着解放心灵教育道路前行，我们距离培养德智体美劳全面发展的社会主义建设者和接班人的目标一定会越来越近！

让我们再看一个小学一年级学生的"智立方"案例。

这是一位一年级小同学在家长帮助下完成的"寒假智立方"。听着孩子沉稳地层层深入地报告，您会发现，这样的课程实施，不仅激发了学生的求知欲，领会到科

扫码观看
"案例16 轮船为什么
能漂浮在水面上"

解放心灵

学在生活中的应用，而且在探究的过程中，丰富了学生的科学知识，促使学生学会了一定的科学研究方法，积淀了科学研究的体验，培育了科学精神。这样的课程有利于激发学生的科学兴趣，鼓励学生认真学习科学知识，长大后争取成为创新型人才。

为了更好地了解同学们对"智立方"寒暑假作业的认知，以及研究过程中的困难与收获，学校定期面向同学们进行问卷调查，通过分析数据了解学生需求，以便更好地指导今后的寒暑假作业改革和设计。[①]

比如，学生认为"智立方"是一种什么样的活动呢？问卷表明，认为其"是一种实践活动"的占86%，认为其"是一种研究活动"的占84%，认为其"是一种学习活动"的占83%，认为其"是一种亲子活动"的占81%，而认为其"是一种游戏活动"的仅占19%。

再如，"你喜欢'智立方'作业的理由是_____？"，学生给出的答案有：（1）这样的学习使我们学会倾听，也可以让我们更自信大声流利地演讲；（2）大家互相分享，互相学习，互相了解，是很好的学习方法；（3）听一个同学讲等于听一堂课，听全班同学讲等于听三十多堂课；（4）给大家分享"智立方"有一种成就感，自己也能收获全班同学汇报的有趣知识；（5）"智立方"没有固定主题，所以我们可以自己定自己喜欢的内容；（6）"智立方"可以给我们更多发展的空间，也可以开发自己的大脑，学会很多知识；（7）"智立方"做的过程让我不断地动脑，而且有时当我做完那一刻，有一种说不出来的开心；（8）"智立方"让每个人都能说出自己的想法，增强自信心；（9）"智立方"这样学更生动，不枯燥；（10）"智立方"能够多元化地发展我们的能力，并且丰富我们的知识面；（11）"智立方"可以练习打字能力，学会查阅资料，让自己更加自强自立……

同学们真实的反馈带给老师们很多惊喜和动力。寒暑假作业形式的改革，

....

① 马艳辉.创新设计寒暑假作业，提升学生核心素养：以人大附中航天城学校小学部"智立方"作业为例[J].教育家，2021（36）.

让枯燥重复的习题变成了人人期待的展示，同时也搭建起了学习与生活的桥梁——让学习的延续变成了解决生活问题，让学生在解决生活问题的过程中提升了学习能力。指向核心素养提升的小学寒暑假作业设计，改变了传统的寒暑假作业形式，它不仅增强了学生学习的内驱力，让学生乐于探索、敏于求知，而且促进学生学会思考，敢于质疑，勇于探究，把学习所得运用于真实生活和学习中，做到知行合一。"智立方"作业改变的不只是作业形式，而是育人的理念与方法，切实为学生核心素养的提升提供了强大的动力。

实践表明，智立方是减轻学生过重的课业负担、过重的校外培训负担，提升学生核心素养的有效举措。

综上，学校课程实施效果是制约课程教学改革的关键性因素。为使课程实施取得预期的效果，需要把握以下几个策略：

第一，赋予教师专业自主权。主要策略有：(1) 学校要允许教师有自己的声音与观点，表达真实的课程理解与认识，为教师提供课程决策的话语权。(2) 教师要做自己的主人，积极转变自身角色，进行专业自我的构建。(3) 为促进教师专业自主权的实现，学校还要注重教师专业能力的提升，除了专业培训之外，还要注重与教师专业实践的深度联系。如构建教师专业发展共同体，不断开展课程会话，加强教师之间的相互沟通和理解，以期形成对课程的共同理解。在课堂实践中，教师要努力联系教学知识的现实意义，在学习者中间进行对话性实践，使课堂学习成为联系学校课程知识与社会生活的中介。

第二，营造教师专业合作的氛围和文化。学校课程的有效实施离不开学校组织的有效沟通。研究发现，成功的学校文化能够创造有益于教与学的氛围和气质……如果学校的改革目的在于，在一个有利于实验和评估的氛围中，通过协作规划、集体决策和合作分工等策略来影响整个学校文化时，改革最有效、最持久。[①] 主要策略有：(1) 学校课程改革首先需要积极开拓信息渠道，以更

① Fullan.The meaning of education change（2nd）[M].Toronto：OISE press, 1991：113.

解放心灵

广阔的范围、更快捷的传播速度，尽量减少课程变革的信息在传递过程中的衰减，将课程变革的理念、策略及意义传递给课程使用者，使他们对课程变革的理解更深刻，对课程变革更感兴趣，从而树立积极接纳的态度。（2）学校需要创新教师沟通交流的方式，如可以通过每日通报、微信群、"圆钉"等方式，在组织沟通中确立相互信任、准确理解对方意图、相互理解的原则。（3）学校课程改革还需要建立分享、公开、真诚的合作氛围，培育良好的专业文化，改变教师的行为方式。

第三，提升学校组织的课程领导力。首先，加强课程领导，主要策略有：（1）支持教师进行真实的专业学习，引导并支持教师开展以教师为领导的专业发展；（2）重新设计学校课程，使之更好地适应教师真实专业学习和合作的专业发展的需要；（3）重新设计组织结构，使之更好地支持教师合作的专业发展，做好组织转型，建立富有意义的学校和社会的对话；（4）校长要带头提升课程领导力，采取主动积极的引导风格，帮助教师们在学校成为专业学习共同体过程中扮演新的角色。[1] 其次，注重有利于变革开展的组织重构和文化重建，主要策略包括：（1）注重目的、愿景激励人心的作用以及促进课程变革得以持续发展的功能；（2）注重对教师的赋权，注重构建民主的组织建构，让教师有机会、有能力参与学校课程决策；（3）注重构建学习型学校，形成开放创造的氛围；（4）强调教师的发展，坚信教师专业发展是学校发展的根本；（5）以学习为中心，学校的一切工作决策都要从是否有利于学生和教师的学习出发，而不是其他目的。[2]

（三）改进课程评价，促进师生发展

课程评价是对课程全过程的评价，即对课程设计、课程实施和课程效果进行的综合性的评价活动。

---

[1] 李洪修，熊梅.组织社会学视域中的学校课程实施策略[J].东北师范大学学报（哲学社会科学版），2011（4）.
[2] 黄显华，朱嘉颖.课程领导与校本课程发展[M].北京：教育科学出版社，2005：47.

1.教师是重要的课程评价者

教师从课程开发伊始就成为课程全过程的主体，他们比较了解课程开发的各个阶段，相较于课程评价专家，教师的唯一不足之处就是缺少系统的评价知识和评价技能。而课程评价专家由于缺乏在学校的常驻性，所以不能及时对学校课程开发各个阶段所出现的问题予以评价，提出解决方案，只能做出诊断性评价。因此，可以对教师进行培训，以提高他们评价的专业知识和技能，便可促进其成为校本课程评价者的最理想人选。[①]

教师对学校课程的熟悉度、与课程开发者对话的真诚度、课程实施评价的时效性、评价主体在学校的常驻性等方面比校外课程评价者更具有优势。当然，教师在课程评价的专业性、客观性及公信度方面，确有不足，但是学校可以通过课程评价专题培训，提高教师课程评价的专业性、客观性及公信度，从而化"短"为"长"，逐渐变劣势为优势。

2.教师积极参与课程评价的角度与路径

（1）从理解的角度评价课程标准

"课程标准"是规定某一学科的课程性质与基本理念、课程目标、课程结构、课程内容、学业质量标准、实施建议的纲领性教学文件。

教师使用"课程标准"的过程，首先是对"课程标准"进行个人理解与接受的过程。在这个过程中，教师要根据教学实际情况、学生的学习需要、学科特点以及个人学术经验进行理解，形成自己理解的"标准"。这一"标准"既有与"课程标准"相符的部分，也会有与之冲突或抵触的部分。教师反思、批判、理解与运用"课程标准"的过程，从某种意义上说，就是对"课程标准"评价的过程，并在这个过程中又加深对"课程标准"的理解和反思。

（2）从育人的角度评价课程目标

这里至少要从两个层级去理解评价。以普通高中为例，一是要从教育部制

[①] 丁文萃，杨李娜.中小学校本课程评价主体探析[J].西南交通大学学报（社会科学版），2013（2）.

定的《普通高中课程方案（2017年版2020年修订）》（以下简称《方案》）去认识，该《方案》设定的培养目标是：普通高中课程在义务教育的基础上，进一步提升学生综合素质，着力发展学生核心素养，使学生成为有理想、有本领、有担当的时代新人。该《方案》着重对以下三方面进行了阐述：具有理想信念和社会责任感；具有科学文化素养和终身学习能力；具有自主发展能力和沟通合作能力。[①] 二是要深入学科层面，从普通高中学科课程标准的角度去认识。以《普通高中数学课程标准（2017年版2020年修订）》为例，通过高中数学课程的学习，界定了三个方面的课程目标：首先，学生能获得进一步学习以及未来发展所必需的数学基础知识、基本技能、基本思想、基本活动经验（简称"四基"）；提高从数学角度发现和提出问题的能力、分析和解决问题的能力（简称"四能"）。其次，在学习数学和应用数学的过程中，学生能发展数学抽象、逻辑推理、数学建模、直观想象、数学运算、数据分析等数学学科核心素养。再次，学生能提高学习数学的兴趣，增强学好数学的自信心，养成良好的数学学习习惯，发展自主学习的能力；树立敢于质疑、善于思考、严谨求实的科学精神；不断提高实践能力，提升创新意识；认识数学的科学价值、应用价值、文化价值和审美价值。[②] 因此，教师在学习实践的基础上，要从《方案》的角度去评价课程整体育人，从学科课程标准的角度去评价学科育人，这样才能更好地以育人引领课程实施，在课程始终中真正育人。

（3）从对话的角度评价课程内容

教师对课程内容的评价，包括对课程方案、课程标准中课程内容和教材的评价。这实际上是教师基于教材与课程方案、课程标准的制定者和教材编写者的对话。教师通过认真钻研教材，把握教材编写特点，领会教材编写主

① 中华人民共和国教育部.普通高中课程方案（2017年版2020年修订）[S].北京：人民教育出版社，2020.
② 同上。

旨，实现与文本的对话。在对话的基础上，将教材用于真实的教学场景，以及教学实际，对教材做出评价，进而根据学校条件和学生特点，对教材内容进行添加、删减、替换或整合，真正实现"用教材教"，创造性地使用教材，以达到与教材编写者主旨的融合。[①] 这里，还要注重教师对校本课程方案及内容的对话与评价，强调教师与课程专家、评价专家、教师共同体、学生及家长代表的协商和对话，扬长避短，解决突出问题，优化课程内容，为课程的高水平实施奠定基础。

（4）从发展的角度评价课程实施

教师对课程实施进行评价，主要是教师对教学进行发展性评价。[②] 教学是课程实施的重要途径。在教学过程中，教师要专业性地实施专业的教学设计，在实施的过程中，教师要注重分析教学进程（实然课程）与教学设计（应然课程）之间的差距，对这种差距进行评价，找出差距的原因，在教学过程中根据评价及反馈信息及时作出教学调整，以更好地在促进学生学习的基础上，促进学生的发展。

（5）从反思的角度评价课程绩效

波斯纳曾总结：经验＋反思＝成长。第一，教师要对自己在课程实施后的变化进行评价。主要路径有：与学生对话、与同事交流、翻阅自己的教案和反思日记等。第二，教师要对学生在课程实施后的变化进行评价。主要依据是：学生作业、学生作品、学生成绩、学生体验等。第三，教师要对学校在课程实施后的变化进行评价。主要路径有：学校为推进课程实施所做的创新实践、制度重建、文化重塑等。总之，教师应综合利用上述评价信息，探索改进学校课程的方案或措施，反馈融合到下一轮课程发展中，让下一轮课程发展站在更高的平台上。

---

① 张瑞.课程评价：教师专业发展的又一实践平台[J].教育发展研究，2010（8）.
② 同上。

解放心灵

3.教师参与课程评价的大致进程

教师参与课程评价，大致可以分为以下几个阶段（见图 3-12）。[①]

图 3-12　教师参与课程评价的进程

上述进程中，第一阶段，缄默式评价。一是教师以缄默的方式，如无声批判、反思等进行课程评价；二是教师运用自身"缄默知识"对课程进行评价。第二阶段，表达式评价。教师用"个性化的语言"对课程进行评价。第三阶段，对话式评价。它是指教师与其他评价者在民主、平等、协商、接纳的评价对话下，对课程进行评价。第四阶段，内化式评价。它是指教师把外在的课程评价行为的要求转化为内在的课程理念与方式的过程。

4.课程评价的实践案例

在教育实践中，根据学校自身的特点，我们主要运用以下几种课程评价方式。

（1）课堂表现评价

在小学低段和中段，学生在课堂上有良好的表现，教师就会给学生一枚"人航娃"贴纸。学生将"人航娃"贴纸贴在自己的荣誉护照上，到了期末"收获节"，可以兑换奖品。这样的评价方式，增强了孩子们的获得感。

（2）精彩收获节

积攒了一个学期，甚至是一年的贴纸，漫长的等待就为了今天的收获。看着每个孩子手里的荣誉护照，和大家眼中满满的期待，后台备货的老师也压力山大，绞尽脑汁给孩子们挑选实用好物。

（3）期末快乐闯关

在小学低中段，我们不进行期末考试，但为孩子们精心设计了"快乐闯

---

① 张瑞.课程评价：教师专业发展的又一实践平台[J].教育发展研究，2010（8）.

关"。我们希望，通过优化评价，让学习和成长成为一种期待。

人航低年级期末"快乐闯关"体现了趣味性、实践性、综合性，深受学生的欢迎和喜爱。它让学生在轻松、民主的环境中，经历独立阅读、独立解决问题和自我表达等过程，体验成功的快乐，在减轻学生学习负担与压力的同时，促使他们以更积极的心态投入学习、展现自我。"快乐闯关"很好地促进学生自主发展、快乐成长。

第一，在闯关中给予学生自主选择权。"快乐闯关"给学生提供了自主选择、自主发展的空间，学生可以拿着闯关卡和古诗通关卡自主安排闯关的顺序，可以根据兴趣和实力自主选择不同程度的闯关题目，在闯关过程中充分地展现自我。

第二，在闯关中增强学生自信心。"快乐闯关"给了学生更大的选择权和自主权，使学生可以自觉地把平时学到的方法在闯关中迁移运用并满怀信心地给大家讲解。

第三，在闯关中实现知识、情感等的实际获得。"古诗分级通关"项目中，学生积极挑战，全年级88%的学生达到三级，完成了《经典诗文诵读》第一册75首古诗的背诵。学生在"快乐闯关"中展示自我、证明自己的学习能力，不仅掌握了知识，而且对未来学习充满自信与憧憬。

正因为这样，"快乐闯关"活动被诸多兄弟学校引用和借鉴。

三、课堂教学是解放心灵的主要阵地

2014年3月，教育部印发的《关于全面深化课程改革落实立德树人根本任务的意见》中，"核心素养"被置于深化课程改革、落实立德树人目标的基础地位。2016 年 9 月，《中国学生发展核心素养框架》发布，受到教育工作者的广泛关注。2018 年 1 月，教育部颁布《普通高中课程方案（2017 年版）》和《普通高中课程标准（2017 年版）》，2020 年进一步修订，普通高中学科核心素养的提出是其重要标志。2022 年 4 月，《义务教育课程方案（2022 年版）》及相应课程标准颁布。当前，核心素养已是基础教育课程改革的热词，这个概念体系正在成为新一轮课程改革深化的指南。

课堂教学是培养学生核心素养的主要渠道和阵地，新时代背景下，课堂教学为什么要变革，基于核心素养的课堂教学又该变革什么及怎样变革，这是需要每一位教育工作者深度思考的问题。特别是，校长对课堂的引领，是校长教学领导力的重要表征。

（一）改革最终发生在课堂

1. 课堂教学要凸显学科育人：新时代对学校育人提出了新的要求

2017 年 9 月，中共中央办公厅、国务院办公厅印发的《关于深化教育体制机制改革的意见》明确提出，"要注重培养支撑终身发展、适应时代要求的关键能力"[①]，并指明了四种关键能力，即认知能力、合作能力、创新能力和职业能力。

2018 年 9 月 10 日，习近平总书记在全国教育大会上强调，要"坚持中国特色社会主义教育发展道路""落实立德树人根本任务""培养德智体美劳全面发展的社会主义建设者和接班人"。[②]

2019 年 6 月印发的《中共中央、国务院关于深化教育教学改革全面提高义务教育质量的意见》《国务院办公厅关于新时代推进普通高中育人方式改革的指

---

① 中共中央办公厅、国务院办公厅印发《关于深化教育体制机制改革的意见》[EB/OL].（2017-09-24）[2021-8-1].http：//www.gov.cn/xinwen/2017-09-24/content_5227267.htm.

② 习近平出席全国教育大会并发表重要讲话 [EB/OL].（2018-09-10）[2021-8-1].http：//www.gov.cn/xinwen/2018-09-10/content_5320835.htm.

导意见》中，分别对"强化课堂主阵地作用，着力解决课堂教学质量不高的问题""深化课堂教学改革"提出了明确具体的要求。

2021年7月，中共中央办公厅、国务院办公厅印发《关于进一步减轻义务教育阶段学生作业负担和校外培训负担的意见》。该《意见》引导教育回归学校、学校回归育人、学生回归成长。其中，课堂教学是减负提质，促进学生在校内学会、学好、学足的最重要的路径。

新时代育人目标有两个核心内涵：对于学生自身来说，必须学会终身发展；对于未来社会而言，则要求学生能顺应时代要求。新时代育人目标对学校教育教学提出了新的要求，因此作为育人核心环节的课堂教学需要随之作出相应的变革。

2.课堂教学是提升核心素养的主阵地

核心素养表征的是学生支撑终身发展、适应时代要求的正确价值观念、必备品格和关键能力，是育人目标落地的抓手。核心素养包括学科核心素养、跨学科核心素养及综合素养等，因此学校需要构建学科课程体系、跨学科课程体系、综合实践课程体系等。另外，学生要有自己的个性特色，因而学校还要构建特需课程体系。课程建构解决供给学生什么学习内容的问题，课堂教学解决学生怎么学的问题。所有这一切都要通过深耕课堂来落实。

3.课堂教学改革是新一轮课改的核心节点

新一轮课程改革是先改高考，再改课程方案与课程标准，最后改教材，而把这些统一起来就是课堂。

2018年北京高考文综卷有一道考题，考的是"学习历史有什么用呢？"该题平均得分在全卷中是最低的。这道题要求考生结合中国近代史的内容，谈谈历史对你有什么用。具体要求是，从"能力或方法""价值观"两个方面进行阐述；观点正确，史论结合，论证充分，逻辑清晰。该题考查历史学科高阶能力和学科核心素养，既要从学科角度去认识历史学习与自身发展的关系，又具有很高的能力要求，即探讨与论证问题。这属于历史学科的高阶能力，要求考生依据情境提出观点，在多个历史事实、概念之间建立关系，加以论证，因此对学生历史观、学科方法及知识框架的完整性都有很高要求。这是导致该题得分最低的重要原因。

于是，我们自然会想到学习语文有什么用、学习数学有什么用等。其实，每个学科核心素养就是该学科独特的育人价值。学习某一学科与自身发展有什么关系、学某一学科对核心素养的培育有何帮助，这就是每个学科的育人价值。实现这些育人价值的主要途径便是课堂。

4.课堂本身的地位和作用的重要性

学校教育最核心的环节是教学，对学生培养过程的核心是教学过程，课堂教学是最能体现教育专业性的活动。

笔者曾算了一笔账，学生从小学到高中学习 12 年，大概要上 16000 节课（每天上 7 节课，一周 5 天，一学期上课 19 周，一年 2 个学期，学习 12 年，一共是 $7 \times 5 \times 19 \times 2 \times 12 = 15960$ 节课）。一位教师一辈子大约上 13300 节课（一天 2 节课，一周 5 天，一学期上课 19 周，一年 2 个学期，教学 35 年，一共是 $2 \times 5 \times 19 \times 2 \times 35 = 13300$ 节课）。

课堂决定了一个民族的未来。事实上，学生和教师最深层次的快乐来自课堂，他们最深层次的痛苦也来自课堂。因此，要提高育人质量，必先提高课堂教学质量——改革最终发生在课堂。我们必须通过课堂教学改革来提高课堂教学质量。

（二）课堂教学变革什么

不少学校在推进课堂教学变革时，往往采用整齐划一的学校规定或模式，且这种规定或模式往往是学校领导的认知。这样的好处是，在变革的初期能统一教师的教学行为。但问题是，没有抓住课堂教学的本质，造成课堂教学变革"形"似而"神"离，教学效果自然难尽如人意。甚至诸多不同时期在全国较有影响的改革典型，往往也难以逃此厄运。因此，课堂教学变革应抓住课堂教学的要素，从本质上寻求突破。

课堂教学主要包括学习目标、学习内容、教学方式和学习评价等要素。课堂教学变革，就是要在这些要素自身和整体性的变革中，使之更符合教育教学规律、更符合学生身心发展规律、更符合人才成长规律，符合上述规律是课堂教学变革的最重要的价值取向。

l.课堂学习目标的统整取向：突破分解割裂，注重融会贯通[①]

学习目标是教学设计的起点，是引导学习者能力发展的重要指引。传统教学设计为了保证教学目标的可测性，目标设置呈现精确性与分解性的特征。优势是能在教学内容、教学实践与评价等相关环节之间建立紧密的关联，而劣势在于对教学实践过程中富有生成性价值的内容与结果产生束缚。为此，课堂学习目标的设计力求在纵向上统整学习目标的层级，在横向上统整三维目标，在表述上统整学习活动、显性目标及隐性目标。

（1）纵向上，注重课堂学习目标的层级统整

教学目标是有层级的。学科教育的"目标域"是一个从抽象到具体的连续体。我们可以将这个连续体区分为四个层次的目标：教育目的、课程目标、单元目标和课堂目标。如果老师眼中仅仅只有课堂目标，那么这样的教学极有可能是"短视"的、缺乏系统规划的，这样极易导致课时教学目标的单薄，并会忽视课程的整体功能。教育"目标域"层级如下（见图 3-13）。

图 3-13　学科教育"目标域"层级图

---

① 李煜晖,郑国民.核心素养视域下的中小学课堂教学变革[J].教育研究,2018（2）.

解放心灵

教育目的。教育目的是学校一切学科教学的目标。教育目的是培养人的总目标，其核心是对培养什么样的人做出规定，即把学生培养成怎样的社会角色。教育目的具有历史性、一般性、概括性和抽象性特征，是对学生在德智体美劳等方面发展的总体规格要求。

课程目标。课程目标是指学生修习该课程后所形成的正确的价值观念、必备品质和关键能力。课程目标是"宏观目标"，要付出大量时间和精力，经过长期努力才能实现的学习结果，通常包含多方面的、更为具体的目标。

单元目标。单元目标是"中观目标"，是用于计划需要几周或几个月才能完成的学习单元，是课程目标的具体化。

课堂目标。课堂目标是"微观目标"，专注于具体内容的学习，只处理细节，它们在日常教学中发挥作用。[①] 因此，课堂目标的统整，要注重教育目标系统的统整。没有从教育目的、课程目标、单元目标到课堂目标的层层深入，步步聚焦，课堂学习目标便是无本之木、无源之水。反之，没有课堂目标的落实，教育目的、课程目标、单元目标便是空中楼阁，难以落地。

（2）横向上，应注重课程目标与高考评价体系的统整

课程目标是指学生修习该课程后所形成的正确的价值观念、必备品质和关键能力。其中，有些部分是可测的，有些部分是不可测的。

2014年9月，《国务院关于深化考试招生制度改革的实施意见》（以下简称《实施意见》），明确将深化高考考试内容改革列入考试招生制度改革的主要任务和措施。党的十九大报告强调，要全面贯彻党的教育方针，落实立德树人根本任务，发展素质教育，推进教育公平，培养德智体美全面发展的社会主义建设者和接班人。这为纵深推动高考内容改革指明了方向，注入了丰富内涵。

为落实上述要求，教育部考试中心提出"一核四层四翼"的高考评价体系（见图3-14）。

---

① 黄祥勇，董克强.再谈教育目标的制定[J].中国教师，2016（21）.

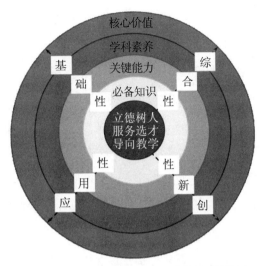

图 3-14 "一核四层四翼"高考评价体系结构图

"一核"是高考的考查目的,指高考的核心功能:立德树人、服务选才、引导教学。"一核"阐述"为什么考",这是高考内容改革的方向。聚焦"立德树人",上好"一堂课",着力凸显价值引领;注重"服务选才",做精"一把尺",全面提升选拔功能;积极"引导教学",树好"一面旗",大力助推素质教育。立德树人是高考的根本任务,服务选才是高考的基本功能,导向教学是基础教育对高考的现实需求,也是高利害考试必然的反拨功能。

"四层"是高考的考查内容,包括核心价值、学科素养、关键能力、必备知识四个维度的考查内容,阐述"考什么",这是高考内容改革的着力点。这四个维度考查内容的设计突破了以往仅从知识和能力两个维度考查的理念。核心价值是学生的政治素质、道德品质和思想方法的综合体现,是学生面对现实的问题情境时表现出来的情感态度和价值观。学科素养是学生在面对生活实践或学习探索问题时,能够在正确的思想价值观念指导下,合理运用科学的思维方式方法,有效地整合学科相关知识,运用学科相关能力,高质量地认识问题、分析问题和解决问题的综合品质。关键能力是学生在面对与学科相关的生活实践或学习探索问题情境时,能够有效地认识问题、分析问题和解决问题所必须具备的能力。必备知识是学生在面对与学科相关的生活实践或学习探索问题时，有效地认识问题、分析问题和解决问题所必须具备的知识。它是由人文社会科学和自然科学各学科的基本事实、基本概念、基本技术与基本原理组成的知识体系，由陈述性知识和程序性知识构成。

"四翼"是高考的考查要求，包括基础性、综合性、应用性、创新性，阐述"怎么考"，这是高考命题改革的要求。这样的考查要求，一方面体现了高校对人才选拔的要求，另一方面体现了素质教育培养目标的要求。基础性主要包括学科内容的基本性与通用性、问题情境的典型性。高考命题的基础性，要求以生活实践与学习探索中最基本的问题情境作为任务创设与知识能力运用的载体，考查对学科基本概念、基本原理、基本技能和基本思想方法的掌握和应用程度。综合性是高考命题的重要要求，不仅针对学科内容，而且包括问题情境的复杂程度。从学科内容选择的角度看，综合性要求以多项相互关联活动的复杂问题情境作为载体，能够反映学科知识、能力内部的整合及其综合运用，考查对知识、能力、素养之间的整合能力以及综合运用水平。应用性是高考命题的显性要求。学以致用是学习的重要目标。高考命题的应用性，要求试题以贴近生活、贴近社会、贴近时代的生活实践和学习探索情境为载体，联系国家社会发展、科学技术进步、生产生活实际、生态环境保护等现实问题，考查学生迁移课堂所学内容、理论联系实际的能力和水平。创新性是高考选拔功能的体现。高考命题的创新性，要求创设合理问题情境，设置新颖的试题呈现方式和设问方式，考查学生在新颖的或陌生的情境中主动思考，完成开放性或探究性的任务，发现新问题、找到新规律、得出新结论的能力和水平。[①] 进行课程标准与高考评价体系的统整，以做到"四个明晰"：第一，明晰学科的功能定位；第二，明晰学科的考查内容；第三，明晰学科的考查要求；第四，明晰学科的考查载体。上述"四个明晰"，一方面用以指导课堂教学，促进课程目标

---

① 李勇，赵静宇，史辰曦.高考评价体系的基本内涵与主要特征 [J].中国考试，2012（12）.

的达成；另一方面，用以指导学科教学内容的变革，为高考备考打下坚实的基础。

下面，以语文学科为例，说明基于高考评价体系的语文学科考试内容改革实施路径，以此来指导日常高中语文教学内容及方式改革。

第一，高考语文学科的功能定位。一是坚定立场与方向，聚焦"立德树人"：充分发挥语文的强大育人功能和不可替代的优势，有机融入社会主义核心价值观教育，继承和弘扬中华优秀传统文化、革命文化、社会主义先进文化，加强法治意识、国家安全、民族团结、生态文明等方面的教育，培养具有良好政治素质、道德品质和健全人格的社会主义建设者和接班人，增强中国特色社会主义道路自信、理论自信、制度自信、文化自信；关注学生个性化、多样化发展需求在高考语文中的体现，关注与高中语文课程改革理念与实践的衔接，大力促进学生语文核心素养的形成与发展。二是坚持科学与创新，注重"服务选才"：从科教兴国战略和人才强国战略出发，依据高校人才选拔要求和《普通高中语文课程标准》，努力体现各类高校选拔人才在语文素养方面的共性需求；关注先进的教育思想和理念，关注教育测评理论和技术的新进展，科学把握语文教学与测评以及人才选拔的规律，努力提升高考语文和高考选才的效度，及时更新、不断创新高考语文的内容和话语体系。三是坚持传统与特色，积极"引导教学"：我国历史悠久，语文教育和考试文化源远流长、博大精深，在长期的教育和考试发展历程中，形成了以德为先、注重公平、尊重知识等独具特色的人才培养和选拔观念。为了实现科学、公平、合理、稳定的测评目标，高考语文形成了较为稳定的命题队伍和命题机制，积累了较为丰厚的命题经验，形成了以语文学科考试大纲为代表的成果内容。所有这些，都需要进行系统梳理、总结提升，以丰富和发展具有中国特色的教育评价理论与语文测评实践，确保高考语文改革的连续性，在继承中前行，在改革中完善。

第二，高考语文学科的考查内容。一是"核心价值"：发挥坚定学生理想信念的积极作用，培养学生的爱国热情，在历史与现实、时代与发展中，感受中华优秀传统文化、革命文化和社会主义先进文化；要发挥育人功能，让学生在考查情境中得到品格之美的浸润和熏陶，帮助学生提升思想道德品行，树立正确的道德观，全面提升个人的人格境界和精神文明水平；要彰显语文学科独特的美育特质，如通过古代诗歌的鉴赏感受文学的意象之美、形象之美、色彩之美，甚至语言文字精练之美，帮助学生形成正确的审美观，提高审美情趣，涵育审美修养，养成感受美、鉴赏美、创造美的能力。二是"学科素养"：语文学科素养还需从高中语文学习内容的维度来认识，并从"语言建构与运用""思维发展与提升""审美鉴赏与创造""文化传承与理解"4个方面予以强调，进而在高考语文中全面、综合而均衡地予以最大限度的落实。三是"关键能力"。（1）阅读能力：信息性阅读能力；文学性阅读能力；古代诗文阅读能力。（2）表达能力：语言策略与技能；写作能力。四是"必备知识"。（1）语言文字知识：如现代汉语和古代汉语的字词句法相关知识等。（2）文学审美知识：如小说、散文、诗歌、戏剧等文学作品的文体基本特征和主要表现手法；此外，还包括《普通高中语文课程标准（2017年版2020年修订）》涉及的文学作品和背诵篇目等相关知识内容。（3）中外文化常识：如中外优秀文化中艺术、历史、科学等领域的基本常识，中华优秀传统文化、革命文化和社会主义先进文化的基本常识等。

第三，高考语文学科的考查要求。一是"基础性"：要求学生具备符合高校人才选拔要求、社会生活实践需要、终身发展需要的语文学科的基础知识、基本技能。通过对语文各领域基本概念、原理、思想方法的考查，引导学生将所学的语文知识和方法内化为自身的素养和能力。二是"综合性"：突出考查学生掌握知识体系的完整性和不同知识间的交叉与渗透，引导学生全面完整认识问题的复杂性与动态性，综合运用语文学科的知识、方法，灵活调动阅读与表达策略，以有效解决复杂情境中的各种语文任务。三是"应用性"：通过设置新颖的问题情境，将学科内容与国家经济社会发展、社会生活实际等紧密联系起来，引导学生增强语文联系实际的能力，善于观察、体验，主动灵活运用

所学知识解决实际问题。四是"创新性"：通过设计开放性和探究性的情境与
设问，培养学生辩证思维和创新思维能力，引导学生独立思考、敢于创新，大
胆提出自己的观点和结论，允许学生根据自己的理解，从不同角度加以探讨，
对同一问题或现象得出不同的结论。

第四，高考语文学科的考查载体。包括个人体验情境、学科认知情境和社
会生活情境。个人体验情境是指学生个体独自开展的语文实践活动。基于学生
的自主阅读、独立思考与自主写作实践，强调在各自不同的语文实践活动中，
正确理解和熟练掌握祖国语言文字的具体应用情境。学科认知情境是指学生探
究语文学科本体的具体过程。基于语文学科的综合性、整体性、系统性，突出
学生参与语文实践活动过程的语文学科认知能力。社会生活情境是指学生熟悉
的家庭生活、学校生活和社会生活。基于语文学科特有的工具性、基础性、实
践性，突出运用祖国语言文字参与社会实践的语文核心素养。①

（3）教学实践上，注重对三维目标的统整

第八次课程改革以来，为了打破学科教学过分注重学科知识点的传授和操
练的窠臼，全面落实课程改革的总体目标，提出了"知识与技能、过程与方法、
情感态度与价值观"的三维课程目标。然而，由于理论和现实中的种种原因，
三维目标在实际教学实践中演变成只剩"知识与技能"，而"过程与方法"未
能充分落实，"情感态度与价值观"则被形式化和虚化。

需要指出的是，三维目标是课程目标，是经过长期努力才能实现的学习结
果。三维目标不是课堂学习目标，课堂学习目标应是经过该课学习即要实现的
目标。三维目标有内在统一性，都指向人的发展。三维目标是交融互进的："知
识与技能"只有在学生积极反思、大胆批判和实践运用中，才能实现知识的
意义建构；"情感态度与价值观"只有伴随着学生对学科知识技能的反思、批
判与运用才能得到提升；"过程与方法"只有学生以积极的情感、态度为动力，

① 张开.基于高考评价体系的语文科考试内容改革实施路径[J].中国考试,2019(12).

解放心灵

以知识和技能目标为适用对象，才能体现它的存在价值。[①] 三维目标是课程目标，是课堂学习目标的总体性目标。三维目标的达成，基于一个又一个课堂学习目标的达成。一个又一个课堂学习目标的达成，是三维目标达成的基础。每一个课堂学习目标，是在三维课程目标的引领下确定的，可以包括三维目标的全部要素，也可以仅以三维课程目标中的一维或两维作为课堂学习目标。

三维目标包括显性目标和隐性目标。比如，三维目标中，"知识与技能""过程与方法"维度的目标相对而言是显性的目标，而"情感态度与价值观"维度的目标则是隐性目标。在教学实践中，教师往往忽略显性目标与隐性目标的不同，常常出现的问题是：显性目标不具体，隐性目标贴标签。这样的目标设定，对教学的定向作用就不充分了。

学科核心素养指向学科育人，有助于重新审视三维目标的整合问题。学科核心素养在本质上是应对和解决陌生复杂开放的真实问题中如何做事做人，是一种综合品质。这一过程离不开个体能否综合运用相关的知识技能、思维模式或探究技能以及情感态度与价值观等内在的动力系统。在这个意义上，核心素养是三维目标的整合。这种整合发生在具体的、特定的任务情境中。核心素养是个体在与情境的持续互动中，不断解决问题、创生意义的过程中形成的。

三维目标的整合应充分考虑教学内容的特点。三维目标是课程目标的设计思路，同一学习过程中的三个心理维度不是教学目标的维度。三维目标的整合应充分考虑教学内容的特点，要在三个维度的指导下，综合考虑学段目标、内容特点和学情来确定；课堂教学不是为了体现课程目标的三个维度而存在，而是要具体而扎实地把课程内容传递给学生，促进学生健康发展。课堂学习目标，应当以知识、技能、方法为载体，在过程中渗透情感态度与价值观教育。特别是，教学目标也要减负——聚焦在学科知识和技能、学科思维能力、学科精神。[②]

① 黄祥勇，董克强.再谈教育目标的制定 [J].中国教师，2016（21）.
② 同上。

2.课堂学习内容的典型取向：突破面面俱到，注重深度理解

学习内容服务于学习目标，是学习目标落地的载体。传统教学对学习内容的处理，往往是贪多贪全，学生学习负担沉重，学习效果不尽如人意。课堂教学变革，应强调课堂学习内容的核心取向，注重课堂学习内容的深度理解。

（1）课堂学习内容的"典型取向"

当下的信息社会，人们随时能获得海量的信息与数据，教师早已不是学生获取知识的唯一来源。现在，学生获取知识很容易，但关键是获取什么样的知识，以及如何获取知识，如何对获取的知识进行加工。也就是说，当下的教学要实现从"知其然"到"知其所以然"再到"何以知其所以然"的飞跃，特别是如何运用知识在复杂陌生环境中做事做人，这是教育在新时代的价值追求，也是教师在新时代的使命所在。

传统的课堂教学，对课堂学习内容的选择及处理往往注重面面俱到，将重心放在结论性的知识上。这样带来的问题是教学往往平均使用力量，学科基础知识、基本技能、基本思想、基本活动经验并没有得到很好的落实，学科核心概念、主干知识、核心素养更难以落实。为此，基于核心素养的课程改革与课堂教学不再追求面面俱到的结论性的知识，转而强调"关键少数"的重要作用，即通过关键少数学习内容的突破和发展带动学生综合能力的整体提升。这种"少即是多"的课程组织原则，具化到课堂教学，必然在学习内容上呈现出"典型取向"：通过典型内容的学习，使学生经历典型的探究过程，尝试典型的学习方法与策略，获得典型的情感体验，最终实现学科核心素养的显著提升。[①]

（2）深度理解学科知识背后更为核心的是学科思想

学科知识、学科能力和学科思想是学科体系的三个重要组成部分，其中学科思想是学科的精髓和灵魂。但目前大多课堂教学依然只注重基础知识和基本技能的"双基"层面，普遍忽视学科思想方法。过分强调知识会使学生陷入庞

---

① 李煜晖,郑国民.核心素养视域下的中小学课堂教学变革[J].教育研究,2018（2）.

解放心灵

杂、零散知识的记忆之中；过分强调解题技巧和重复训练，则会使学生仅仅停留在浅层学习之中。

学科思想是指在学科发展过程中沉淀形成的本质特征，是具有恒久影响力的观念和认识，集中反映学科核心知识本质、思维特点和内在学习规律，能优化学习方式、提升思维品质，促进学生深刻领悟学科知识，掌握学科学习的认知范式和思维工具，从而提升认知的层次和规格，促进知识的迁移和升华，为发展与创新奠定坚实基础。思想方法是学科的本质和灵魂，引领学科的认知方向，促进学科的创新与发展。抓住了学科的思想方法，就能在复杂多变的学科现象中发现本质不变的东西，从而进入"以不变应万变"的高级认知状态。学科思想方法犹如美国课程专家埃里克森所说的"概念透境"，如果没有概念透镜去聚焦思维使其达到综合、迁移的水平，那么学生的学习获得仅仅是一盘散沙、一堆碎片的知识。[①]

如何加强学科思想的教育呢？一是准确把握学科思想的内涵和特性，明确本学科有哪些学科思想。进一步思考，这些学科思想中哪些是宏观的哲学思想方法，哪些是中观的一般思想方法，哪些是微观的具体思想方法。二是准确把握学科思想方法的特性。一般地，学科思想方法往往具有抽象性与深刻性、统摄性与引领性、稳定性与持久性、继承性与发展性等特性。三是掌握学科思想的教学策略。比如，以"探究性学习"体悟学科思想方法，以"主题式教学设计"凸显学科思想方法，以"项目式学习"强化学科思想方法等。

这里要特别指出的是，要深度理解学科知识背后的学科思想，必须加强思维活动的教学。这是因为，学科思想指导学科思维活动，学科思维活动折射学科思想的理解程度。我在长期的教学实践中认识到，课堂教学活动中一般会涉及三种思维活动：一是科学家的思维活动，其成果隐含在教科书的知

---

① 王波．核心素养视角下生物学科思想方法及其教学策略 [J]．中学生物教学，2020（1）．

识体系中；二是学科教师的思维活动，其成果体现在对科学家思维活动的理解和对学生学习及思维活动的设计、实施及评价上；三是学生的思维活动，其成果体现在对学科思想的领悟与应用上。因此，深度理解学科知识背后的学科思想可以采取以下几个策略：第一，深钻教材，追踪科学家的思维活动；第二，稚化模拟，展示教师的思维活动；第三，放手探索，激活学生的思维活动。

（3）精选学习内容，重在改进学习方式，提高教学质量

在基础教育年限和课程总的时长不变的情况下，精选并适度减少学习内容的同时，要提高学习过程的质量。传统的课堂教学，学生在掌握现成性、实体性的知识过程中，与个人经验、生活世界及知识探究之间形成隔离，使得学生在生活世界中的经验、感受与课堂实体性、概念性的知识学习无法自由连接。单纯基于讲解、传授所获得的知识，除了满足课堂、应试等结构良好情境的需求外，在复杂、不可预测的生活场域中却往往难以迁移并灵活运用。[1] 要解决这样的问题，教师要善于将以往重复低效、反复训练，令学生感到乏味、厌倦甚至恐怖的学习，转向对典型内容的深度探究、深度学习，使学生获得发现的乐趣、探索的愉悦、深刻的理解和取得学习成果后的自我效能感。课堂教学中，我们要引导学生更多地运用探究学习、讨论学习以及合作学习等学习方式，提高学习活动的质量，从而提高课堂教学的质量。

3.课堂教学方式的实践取向：突破单向传递，注重建构分享

（1）课堂教学方式必须变革

从"满堂灌"到"满堂问"再到"满堂转"的课堂教学方式，备受诟病。照本宣科、枯燥无味的讲授肯定不利于学生自主建构；大题量、反复训练、"乱打三年出拳师"的套路，极大扼杀学生的学习兴趣；被广为运用的、形式大于实质的、"套路"遮蔽规律的流于形式的"小组合作学习"，并没有改变学生被

---

① 张良.核心素养的生成：以知识观重建为路径[J].教育研究，2019（9）.

动接受知识的状态。当前，诸多课堂并没有通过教学方式的变革真正培养学生发散性思维和创造性思维的能力，动手实践能力和创新精神的培养则更是奢望。

学生的角色定位与实践方式是新世纪世界课程改革共同关注的焦点。相对于学生单向度的被动接受学习内容，以培养核心素养为根本目标的教学设计与实施，强调学生自主实践与教师的引导作用，关注学习行为发生的多元主体性及其相互作用。因此，课堂教学方式必须变革。换言之，学习活动的基本特征是建构的、自主的、实践的，而学习主体是多元的、交互的、合作的。

（2）实践活动是培育学生核心素养的有效途径，也是转变教学方式的重要转向

实践活动是培育学生核心素养的有效途径，也是转变教学方式的重要转向。实践活动具有综合性，是每个人思维活动、情感活动与交际行为的同步与统一，符合素养形成的整体性特征；实践活动具有发展性，在进行活动的过程中，学生既从已有的经验出发，也在活动中不断地重构和丰富着自己的经验。实践活动具有情境性，实践者必然受其自身的文化背景、个体经验和具体的、特定的活动情境和条件的影响，在情境中分析问题和解决问题，避免了知识的符号化、概念化。因此，应突出和强调教学的实践取向，从根本上提升学习质量，培养学生的核心素养。

（3）课堂教学方式中加强实践活动的策略

第一，教师课堂权力下放，构建民主、自由、开放、平等的课堂文化。摆脱以教师为中心的观念，尊重学生作为学习者应有的权利，尤其是在教学活动中赋予学生一定程度的决策权和选择权。既让每个学生都能够参与到教学方案的制定和学习活动的组织实施中来，又让学生能够最大限度地选择个体感兴趣的学习内容，从自身的真实问题出发逐步探究未知领域。在探究活动中，学生可以根据自己的能力水平和实际需要选择学习方法，自主安排学习进度，并用

擅长的方式展示学习结果。

第二，任务驱动是学生实践活动的支点。组织学生在情境中参与学科课题的探究并完成相应的学习任务，能将课堂教学中的学科实践活动与活动课程中的综合实践活动以及社会生活中时刻发生着的一般性实践活动区分开来。作为学科课题探究的情境至少有：一是个人体验情境，指学生个体独自开展的学科课题探究的活动，基于学生的独立思考与自主探索实践，强调在各自不同的学科实践活动中，正确理解和熟练掌握该学科的具体应用情境。二是学科认知情境，是指学生探究学科本体的具体过程。基于学科的综合性、整体性、系统性，突出学生参与学科实践活动过程的学科认知能力。三是社会生活情境，是指学生熟悉的家庭生活、学校生活和社会生活。基于学科特有的工具性、基础性、实践性等特征，突出运用该学科参与社会实践的学科核心素养。

4.课堂学习评价的个性取向：突破整齐划一，注重多元开放

当前的课堂教学学习主要存在以下问题。一是标准化评价滞后于学习过程，易于将学习过程简单化。二是教师很难以发展的眼光整体评价学生长期学习的效果，多是截取孤立的横断面进行评价，加之情感、态度、价值观的形成无法在短期内得到测量，就只能侧重于知识和技能的评价，评价标准单一僵化，使三维目标在评价环节被割裂开来。这样做的结果是，学生的学习以大同小异的方式习得同样的知识和技能，并参加统一标准的学业水平测试和升学考试，学生没有展示个性和创造力的舞台，只能把分数、排名和升学作为学习的内在动机和尺度——把手段当目的，把结果当价值，把功利当追求，已经逐渐内化为学习者自身的道德律令和生存法则。

核心素养取向的学习评价注重以下几个方面：一是更关注学习者的整体发展，强调根据学习者的发展需求选取恰当的评价方式。二是就评价主体而言，核心素养取向的教学评价强调评价主体的多样化，即教师、学生、重要他人等都可以参与到评价过程。三是评价的方式也从纸笔测试等单一形式转变为标准

化测试、表现性评价、过程性评价等多种方式的结合。[①]

从操作路径来看，落实基于核心素养的学习评价可尝试以下策略。首先，秉持以评促学、学会自主评价的教学评价理念，倡导终结性评价、表现性评价、过程性评价等多元评价方式的有机结合。其次，关注学生核心素养发展的动态过程。最后，关注学生学习过程中存在的问题，能够及时、有针对性地提供学习改进建议与方法。

5. 单元／课时教学设计变革

要提高课堂教学质量，首先要提高教学设计的质量。如前所述，采用"套路"式地推进课堂教学变革，往往是"短视"和"短命"的。因此，我在人航的课堂教学变革紧紧抓住课堂教学的要素及其内在整体性展开，将突破口选择在单元／课时教学设计上。

课堂（课时）教学设计是单元教学设计的一个部分，单元教学设计是课堂（课时）教学设计的整体。因此，要做好课堂（课时）教学设计，必须做好单元教学设计。事实上，当前教学实践中的教学设计也正是这样要求的。

单元／课时教学设计的一般模板如下（见表 3-18）。

下面，对上述模板详细要求进行阐述，并进行例析。

第一，关于单元教学设计。

1. 关于"单元学习主题"。单元教学、学习主题是本次课改强调的一个重点，旨在通过学科的整体性、逻辑的连贯性、方法的共同性、思想的系统性来凸显"单元整体"教学，克服以往的碎片化教学倾向，进而更好地在课堂上落实与提升学科核心素养。

单元学习主题如何确定？请看车雪梅老师"流动的组织——血液"单元的案例。

---

① 李煜晖,郑国民.核心素养视域下的中小学课堂教学变革[J].教育研究,2018（2）.

表 3-18　单元教学设计模板

单元教学设计	
单元学习主题	
1. 单元教学设计说明	
2. 单元学习目标与重点难点	
3. 单元整体教学思路	
课时教学设计	
课题	
课型	新授课□　章/单元复习课□　专题复习课□　习题/试卷讲评课□　学科实践活动课□　其他□
一、教学内容分析	
二、学习者分析	
三、学习目标	
四、学习重点与难点	
五、学习评价设计	
六、学习活动设计	
七、板书设计	
八、作业与拓展学习设计	
九、特色学习资源、技术手段应用说明	
十、教学反思与改进	

解放心灵

本部分在生物学课程中的地位突出。该内容一级主题"生物圈中的人"，二级主题"人体生命活动的能量供给"，其关系如图3-15所示。

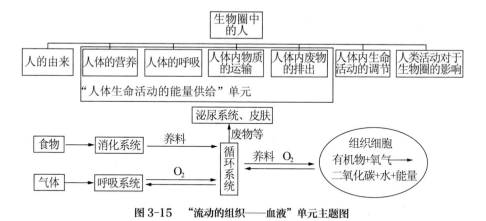

图 3-15　"流动的组织——血液"单元主题图

单元主题确定后，如何将单元主题与学科核心素养紧密关联呢？本单元突出体现结构与功能相适应的生命观念，而这些观念的形成依赖于科学思维和科学探究等活动，并且培育社会责任。因此，在教学过程中注重对于结构和功能观的渗透有助于核心素养的培养（见图3-16）。

"人体生命活动的能量供给"单元

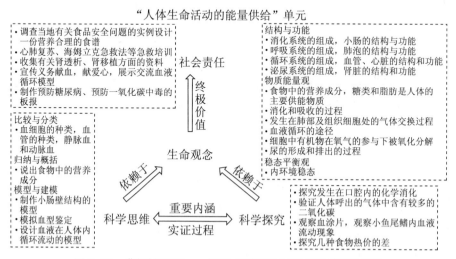

图 3-16　"流动的组织——血液"单元教学主题与核心素养的关联

2. 关于"单元教学设计说明"。依据学科课程标准的要求，简述本单元学习对学生学科核心素养发展的价值；简要说明教学设计与实践的理论基础。学习单元可以按教材内容组织，也可以按学科学业发展和学科核心素养发展的进阶来组织，还可以按真实情境下的学习任务跨学科组织。

仍以"流动的组织——血液"为例，车老师是这样分析的。

本单元教学的指导思想以生物学核心素养引领教学活动。

本单元学习对学生学科核心素养发展的价值体现在：

生命观念是构成生物学学科核心素养的生物学特质，是生物学学科育人价值最为显著的表现，居于核心位置。

生命观念的建立，需要以概念为支撑，需要以科学思维为工具；生命观念对价值观念、品格的形成起到支持作用，因此与社会责任有关联。

科学探究是概念形成的重要途径，也就自然成为生命观念建立的重要途径。科学思维是科学探究的重要内涵，科学探究是科学思维的实证过程，两者在不断相互作用过程中形成生命观念。

生命观念的终极价值是参与个人和社会事务的讨论，作出理性判断，即社会责任。

由此可知，在学科核心素养形成过程中，这四个方面是立体关联的整体，它们指向的人的发展，是立体的、融通的，它们构成一个整体，共同体现生物学学科主要的育人价值（见图3-17）。

明晰教学实践的理论基础，可以在教学理论的指导下进行教学实践，提高课堂教学质量。本教学设计与实践的理论基础是米西亚的知识整合理论，主要包括四个步骤（见图3-18）。

解放心灵

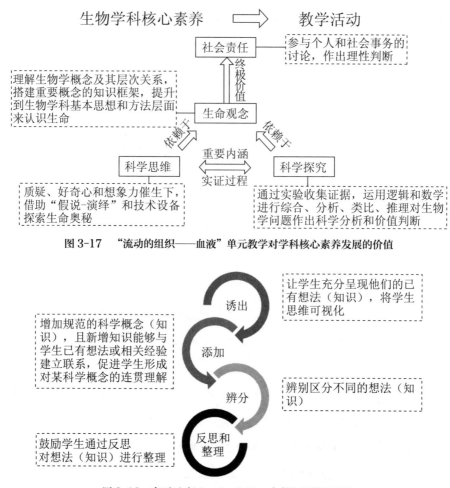

图 3-17 "流动的组织——血液"单元教学对学科核心素养发展的价值

图 3-18 米西亚 (Marcia C.Linn) 的知识整合理论

3. 关于"单元学习目标与重点难点"。根据国家课程标准和学生实际,指向学科核心内容、学科思想方法、学科核心素养的落实,设计单元学习目标,明确重点和难点。

4. 关于"单元整体教学思路"。介绍单元整体教学实施的思路,包括课时安排、教与学活动规划,以结构图等形式整体呈现单元内的课时安排及课时之间的关联。

比如,八年级数学垂径定理单元。某老师在单元教材分析和单元整体教学思路都粘贴了下图（见图 3-19）。这是非常不妥当的。因为图 3-19 仅仅是一个单元知识结构，既不能代替单元教材分析，也不能代替单元整体教学思路。

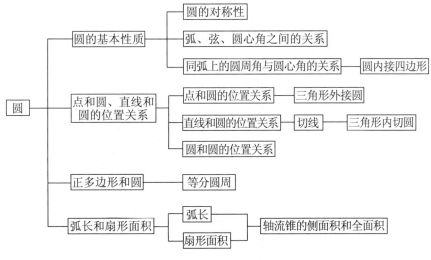

图 3-19　垂径定理单元知识结构

教学实践表明，该单元教学整体思路如下设计较为合理，即基于圆的对称性，从圆的概念出发，研究圆的基本性质，再研究点和圆、直线和圆的位置关系，正多边形和圆（等分圆周），最后研究弧长和扇形面积（度量）（见图 3-20）。

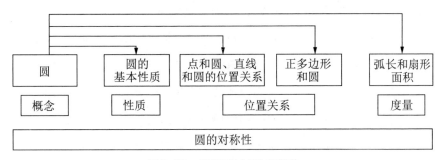

图 3-20　垂径定理单元知识结构

本单元教学时间约需 16 课时：

1. 圆的基本性质　　　　　　　　5 课时

2. 点和圆、直线和圆的位置关系　　5 课时

3. 正多边形和圆　　　　　　　　2 课时

4. 弧长和扇形面积　　　　　　　2 课时

小结　　　　　　　　　　　　　2 课时

第二，关于课时教学设计。

根据课堂教学实践，现对课时教学设计中，老师们普遍感到困难，或并未感到明显困难，但理解和表述不尽如人意之处，做如下分析。

1. 教学内容分析。重点是在揭示概念内涵的基础上，说明概念的核心所在，并要对概念的地位进行分析，其中蕴含的学科思想和方法要做出明确表述。在此基础上阐明教学重点、难点。

教学内容分析折射教师对教学内容的理解水平。教学实践表明，在这方面，教师间差异巨大。

仍以"流动的组织——血液"为例，车雪梅老师从四个角度进行分析，带给我们很大的启发，也折射出了车老师自身深厚的学术功底。

角度一，课程结构分析（可体现跨年级、跨学段的进阶，宏观角度）。下图梳理了结构和功能观在中学阶段的相关内容，其中七年级下册是很重要的承上启下内容，也为高中的学习奠定基础（见图 3-21）。

角度二，知识体系分析（微观角度）。将血液循环内容部分重整，可以清晰呈现本部分架构，其中血液是载体，血管是管道，心脏是动力，三者构成血液循环这个复杂的系统，血液是这一部分内容的起始内容，起到承上启下的作用，为这部分的学习奠定了基础（见图 3-22）。

角度三，学业标准分析。重在分析教到什么程度，学生学得如何。本节课的课程标准是描述人体血液循环的组成，了解水平相当于加涅的言语信息和辨别技能。其中包括了大量的事实性知识，在教学过程中是

通过这些生物学事实构建重要概念，那么如何达成呢？学生应达到的学业标准又是什么呢？（见图 3-23）

角度四，不同教材版本、同一教学单元（课时）的分析比较。为了丰富教学内容和活动，参考了其他版本教材，各版本教材均涉及血液分层的观察和人血永久涂片的观察。北京版小资料介绍了贫血和白血病，用清晰的表格比较了三种细胞，教学拟予以采用（见图 3-24）。

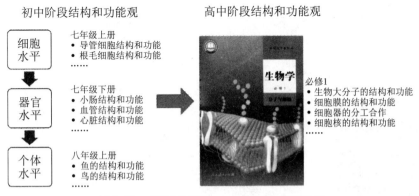

图 3-21　"流动的组织——血液"课程结构分析

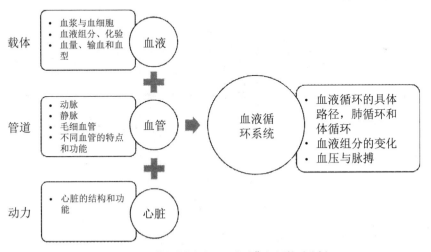

图 3-22　"流动的组织——血液"知识体系分析

解放心灵

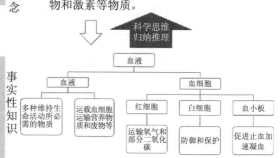

义务教育生物课程标准（2022年版）

描述人体血液循环的组成。

重要概念

血液循环系统包括心脏、动脉、静脉、毛细血管和血液，其功能是运输氧气、二氧化碳、营养物质、废物和激素等物质。

科学思维
归纳推理

海淀区义务教育学业标准

通过观察图片、示意图等，描述血液的组成和各成分的主要功能。
使用显微镜观察人血涂片永久装片，尝试识别红细胞和白细胞。
尝试解读血常规化验报告单的主要数据。

事实性知识

血液

├─ 血浆
│   ├─ 多种维持生命活动所必需的物质
│   └─ 运载血细胞 运输营养物质和废物等
└─ 血细胞
    ├─ 红细胞 —— 运输氧气和部分二氧化碳
    ├─ 白细胞 —— 防御和保护
    └─ 血小板 —— 促进止血加速凝血

图 3-23 "流动的组织——血液"学业标准分析

各版本教材均涉及血液分层的观察和人血永久涂片的观察
北京版小资料介绍了贫血和白血病
用清晰表格比较了三种细胞，拟采用

版本	人教版	北京版	北师大版
活动安排	资料分析： 1.血液分层 2.分析血常规化验单 实验：观察人血永久涂片	学习活动： 1.观察血液的组成 2.观察人血永久涂片 资料分析：分析血常规化验数据	演示：观察血液的组成 活动： 1.观察血细胞 2.分析化验单 建议活动：模拟"血型鉴定"
资料拓展	科学·技术·社会：干细胞和造血干细胞的研究	小资料：贫血、白血病、交叉配血实验	小资料：血型的发现、成分输血、组织液和淋巴

图 3-24 "流动的组织——血液"不同教材版本、同一教学单元（课时）的分析比较

2.学习者分析。重点是论述学生学习本课内容之前已有的学科基础，对本课提高学生的学习能力做出说明，学生会遇到何种障碍，如何突破，再根据以上条件，确定本课的教学活动的设计思路，选用何种教学方法。

学习者分析主要有两种方式，一种是质性分析，基于教学经验分析学生已有学习基础，学习新内容可能遇到的障碍，以及应对措施。另一种是实证分析，精心设计前测问卷，基于问卷数据，分析学生学习新内容可能遇到的障碍，进而确定应对措施。

示例 1　八年级生物"流动的组织——血液"学情分析（见图 3-25），这里采用的是质性分析的方法。

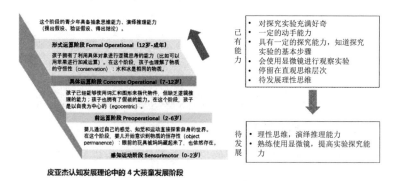

图 3-25　"流动的组织——血液"学情分析

示例 2　九年级化学"分子和原子"（第 2 课时）学情分析（见图 3-26），这里采用的是实证分析的方法。[①]

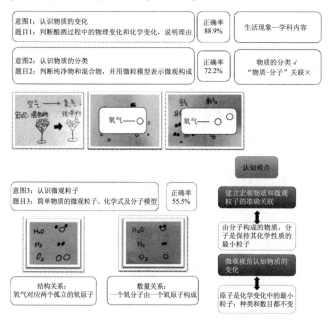

图 3-26　"分子和原子"（第 2 课时）学情分析

----

① 本课例引用自人大附中航天城学校任红老师，该课例获 2019 年北京市新教师"启航杯"说课比赛一等奖。

解放心灵

3.学习目标。课时学习目标的呈现方式要注意过程与结果的融合、隐性目标与显性目标的融合。

请看九年级数学"垂径定理"课时教学目标的两种表述。

"垂径定理"课时目标1

（1）理解圆的轴对称性，探索并证明垂径定理，并能简单应用该定理解决有关的证明和计算问题。

（2）在探索轴对称图形的证明过程中，培养动手操作、观察归纳、分析综合的能力。

（3）在对问题的探究过程中体验数学活动充满着创造与探索，培养主动探究、善于思考、积极进取的学习态度。

"垂径定理"课时目标2

（1）（学生）通过观察折纸图片，理解圆的轴对称性。

（2）经历动手操作、观察归纳、分析综合（推理论证）的过程，探索并证明垂径定理及其推论，获得将感性认识发展为理性认识的体验，发展几何直观与推理论证的能力。

（3）通过比较垂径定理及其推论的异同，深化对数学定理及其推论的理解。

（4）在对问题的探究过程中体验数学活动充满着创造与探索，培养主动探究、善于思考、积极进取的学习态度。

对比该课时目标1与课时目标2，不难发现，目标1是老师们熟悉的、广为应用的表述方法。这种表述方法不能讲有什么错误，但对教学的定向作用比较弱。为什么呢？比如，目标1第（1）条目标中的"理解圆的轴对称性"，学生通过什么学习活动或路径去"理解圆的轴对称性"呢？不甚了了。再如，课时目标1中"（2）在探索轴对称图形的证明过程中，培养动手操作、观察归纳、分析综合的能力"这一目标中,显性目标与隐性目标纠缠在一起,对教学的定向作用较弱。而课时目标2则很好地解决了这个问题,它很好地统整了学习活动(实现目标的路径)、显性学习目标和隐性学习目标。

如何做好课时教学目标的统整表述呢?课时教学目标的呈现方式要注意过程与结果的融合、隐性目标与显性目标的融合。具体地,我们在教学实践的基础上总结了课时教学目标表述模板:通过(经历)X(学科活动过程)+能(会)Y[应会解决的问题(显性目标,主要是具体的知识点或学科技能目标)]+发展(提高、体会)Z[学科思想和方法、学科关键能力(隐性目标)](见图3-27)。

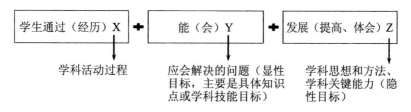

图3-27 课时教学目标表述模板

4.学习重点难点。"学习重点"是指本节课中的核心概念及其蕴含的学科思想和方法。"学习难点"主要指学生在学习过程中可能遇到的困难和问题。可以根据以往的教学经验,指出学生在学习本节课内容时可能出现的困难,特别是在理解概念(原理)的过程中可能出现的问题。需要注意的是,重点、难点要落实在"点"上,特别是"难点"要与学生学习的普遍情况相吻合(不能主观臆测),主要以知识点的方式来表现(根据需要也有思想方法、研究方法),直接列出条目即可。①

5.学习评价设计。这是老师们教学设计能力中较为普遍的短板。学习

① 章建跃.《普通高中教科书·数学(人教A版)》"单元—课时教学设计"体例与要求 [J].中学数学教学参考,2019(8).

评价应从知识获得、能力提升、学习态度、学习方法、思维发展、价值观念培育等方面设计过程性评价的内容、方式与工具等，通过评价持续促进课堂学习深入，突出诊断性、表现性、激励性。学习评价要体现学科核心素养发展的进阶，课时的学习评价是单元学习过程性评价的细化，要适量、适度，评价不应中断学生学习活动，通过学生的行为表现判断学习目标的达成度。

学习评价主要包括两种：一是过程性评价（在学习活动中可观测的表现），评价方式主要有课堂观察和访谈等；二是结果性评价（对可测的学习结果的评价），评价方式主要有纸笔练习和表演等。因此，学习评价设计可以设计过程性评价（以学习活动为线索——过程做好了结果不会差），也可以设计结果性评价（以设定的学习目标为线索）。

示例1 "流动的组织——血液"学习评价设计（过程性评价，见图3-28；结果性评价，见图3-29）。

过程性评价 　学习活动评价量表　　　　　　　　回答问题水平量规

	水平一	水平二	水平三
血液组成血浆成分	能够说出血液的组成和血浆的成分与功能	能够说出血液的组成和血浆的成分与功能，区分血清和血浆	能够说出血液的组成和血浆的成分与功能，区分血清和血浆，举例说明血浆的功能
血细胞形态结构	能够使用显微镜观察人血图片的永久装片，识别红细胞和白细胞	能够熟练使用显微镜观察人血图片的永久装片，识别红细胞、白细胞和血小板	熟练使用显微镜观察人血图片的永久装片，识别红细胞、白细胞和血小板，准确描述各个细胞的形态结构、数量特征
血细胞功能	描述三种血细胞的功能	描述三种血细胞的功能，举例说明相应病症	通过化验单和病症反推出三种血细胞的功能，运用结构和功能观，解释红细胞结构和功能相适应
应用迁移	读懂化验单的主要数据	准确读懂化验单，初步解释高原反应和一氧化碳中毒等	读懂化验单、基于血细胞的功能，分析并科学解释高原反应和一氧化碳中毒等，了解白血病和镰刀型贫血症

水平	回答问题水平描述
1	跑题，学生的回答和问题不相关；学生写了部分内容，但答非所问
2	提出了相关观点，但没有找到观点间的联系；将相关观点与不相关观点建立了联系
3	提出了相关观点，但没能完整、清晰地阐述清楚给定情境下观点间的联系
4	能够清楚地阐述与给定情境相关的两个观点间一条科学、有效的联系
5	能够清晰地阐述与给定情境相关的多个观点间两条或更多科学、有效的连接

图 3-28　"流动的组织——血液"过程性评价设计

结果性评价 ▶ 通过当堂检测对学生的概念理解水平和科学思维与实际生活问题解决能力进一步进行评价

左下图是显微镜下的血涂片示意图，下表是某人的血常规化验单，下列分析正确的是（　）

检查项目	测定值	参考值
RBC（红细胞计数）	$3.00×10^{12}$个/L	$3.50~5.50×10^{12}$个/L
WBC（白细胞计数）	$4.80×10^9$个/L	$4.00~10.00×10^9$个/L
PLC（血小板计数）	$140×10^9$个/L	$100.00~300.00×10^9$个/L

A.血细胞中数量最多是A细胞，且A没有细胞核，数量最少的是C细胞
B.B的数量明显下降时，会引起伤口血流不止和人体皮下出血
C.根据血常规化验单可以判断该同学可能患有炎病
D.B细胞可以做变形运动，穿过毛细血管壁，吞噬病菌

图 3-29　"流动的组织——血液"结果性评价设计

一般地，课时学习评价设计框架，纵向是评价要素的结构分解，横向是外在可观察的表现水平分级。可以将学生的学习活动作为评级要素，也可以将"问题串"作为评价要素，还可以创新形式（作品、手抄报等）作为评价要素（见图 3-30）。

横向：外在可观察的表现水平分级 →

纵向：评价要素结构分解 ↓

	水平1	水平2	水平3	评价结果
评价要素1				
评价要素2				
评价要素3				
评价要素4				

1.可以将学生的学习活动作为评级要素
2.也可将"问题串"作为评价要素
3.还可以创新形式（作品、手抄报等）作为评价要素

图 3-30　课时学习评价设计框架

6.学习活动设计。要强调教学过程的内在逻辑线索，这一线索应当从学科概念和思想方法的发生发展过程（基于内容解析）、学生学科思维过程两方面的融合来构建。学生学科思维过程应当以认知分析为依据，即在对学生应该做什么、能够做什么和怎样做才能实现教学目标进行分析的基础上得出思维过程的描述。教师可以基于自己以往教学中观察到的学生学习状况，通过分析学生

学习本内容的思维活动过程，给出学生学习过程的具体描述。其中，应突出核心概念的思维建构和技能操作过程，突出学科基本思想的领悟过程，突出学科基本活动经验的积累过程。[①]学习活动应是学生在真实问题情境中开展学习的活动；围绕完成学习任务开展系列活动与教学环节对应，学生分析任务—设计方案—解决问题—分享交流中学习并有实际收获。每一环节需要说明活动意图：简要说明教学环节、学习情境、教学活动等的组织与实施意图，预设学生可能出现的障碍，说明环节或活动对目标达成的意义和学生发展的意义，说出教与学活动的关联，如何在活动中达成目标，关注课堂互动的层次与深度。具体地，教学过程设计以"问题串"或"活动串"方式呈现为主，而且"问题串"或"活动串"就是整节课的教学主线。

示例1 "流动的组织——血液"学习活动设计。以学生的学习活动为主线设计（见图3-31）。

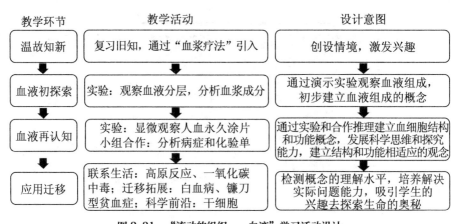

图 3-31 "流动的组织——血液"学习活动设计

示例2 "垂径定理"学习活动设计。教学过程设计以"问题串"方式呈现为主，而且"问题串"就是整节课的教学主线。问题串要有逻辑，

①　章建跃.《普通高中教科书·数学（人教A版）》"单元—课时教学设计"体例与要求[J].中学数学教学参考，2019（8）.

以引导学生"有序思考""有序表达"（见图 3-32）。

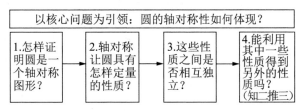

图 3-32 "垂径定理"学习活动设计

7.板书设计。板书设计本是教师最为基本的一项基本功，但是由于教学 PPT 的大量运用或滥用，导致部分教师在课堂上少板书或不板书。这样，板书设计反而成为教学设计中的"痛点"。其实，板书应完整呈现教与学活动的过程，最好能呈现建构知识结构与思维发展的路径与关键点。使用 PPT 应注意呈现学生学习过程的完整性。

示例 高一数学"向量的加法与减法"板书设计（图 3-33）。这是我的一则板书设计①，该板书设计既揭示了向量加法与减法的基础及相互

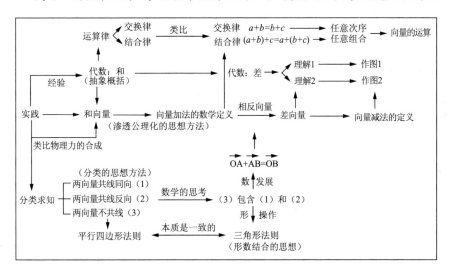

图 3-33 "向量的加法与减法"板书设计

----

① 周建华."向量的加法和减法"教学设计 [J].中学数学月刊，2004（3）.

解放心灵

关系，又将设计的数学思想用醒目的字标出。该教学设计获全国中学数学设计比赛特等奖。

8. 作业与拓展学习设计。教师在设计时关注作业的意图、功能、针对性、预计完成时间。发挥好作业复习巩固、引导学生深入学习的作用；面向全体，进行分层设计；检测类作业与探究类、实践类作业有机衔接；分析作业完成情况，作为教学改进和个性化指导与补偿的依据。

作业设计既要体现规范性，主要指向传统的作业设计；又要体现创新性，体现在创新的作业设计（内容创新、情境创新、设问方式创新、作业形式创新及作业评价创新等）。

9. 特色学习资源、技术手段应用说明。结合教学特色和实际撰写即可。

10. 教学反思与改进。一般要求是，单节课教与学的经验性总结，基于学习者分析和目标达成度进行对比反思，教学自我评估与教学改进设想。课后及时撰写，突出单元整体实施的改进策略，后续课时教学如何运用本课学习成果，如何持续促进学生发展。

这个环节对教师课堂教学能力的提升非常重要，因此教师还应充分认识以下三点：

第一，教学反思的意义。教学反思，是教师对自己参与的教学活动的回顾、检验与认识，本质上是对教学的一种反省认知活动。教师以自己的实践过程为思考对象，在"回放过程"的基础上，对其中的成败得失及其原因进行思考，得到一定的能用以指导自己教学的理性认识，并形成更为合理的实践方案。从某种意义上说，教学是一种学术活动。教学反思是教师专业发展和自我成长的核心因素，实践＋反思＝成长。"经验之中有规律"，教师的反思能力决定着他的教育教学实践能力和在工作中开展研究的能力。如果教师对自己的教育教学实践缺乏反省，不对自己的教学经验进行概括，课堂教学实践后不反思，那么他们就很难成长为专家型教师。通过反思，教师不断更新教学观念，改善教学行为，提升教学水平，同时形成对教学现象、教学问题的深层次思考和创造性见解，使自己真正成为"研究型教师"。①

第二，教学反思的内容。可以按教学活动顺序进行反思：（1）对教学设计的反思，即对教学思考和预设是否与教学的实际进程比较和反思，找出成功和不足之处及其原因；（2）对教学过程的反思，即对教学过程中各要素的相互作用过程及其效果的反思；（3）对教学效果的反思，即教学是否达到了预期的目标，学生行为是否产生了预期的变化；（4）对个人经验的反思，一是将教学经历沉淀为教学经验，二是将经验中的规律概括为理论。也可以对教学活动涉及的要素进行反思：（1）学科方面，对学科内容的"解构"是否到位，并提出改进措施；（2）教的方面，反思教学活动中的行为表现及其效果，并提出改进建议；（3）学的方面，反思学生在课堂中的行为表现，分析成因，改进教学，等等。

第三，教学反思与改进的方法步骤。一般是截取课堂教学片段及其相关的教学设计，提炼反思的问题（案例问题），在个人撰写反思材料的基础上，集体讨论，个人再反思，并撰写反思论文，改进教学。

（三）课堂变革的推进策略
1.建构"三航课堂"制度

根据教师的实际情况，每学期要做相应的研究课。启航课堂，是面向新教师的达标课，重在课堂教学合乎规范；领航课堂，是面向骨干教师的研究课，重在揭示课堂教学规律；自航课堂，是面向专家教师的示范课，重在展示其独树一帜的教学思想与教学实践。学校从中遴选三个层级的优秀课例，并加工为组织学习的素材和教师课堂教学研训的课程。

---

① 章建跃.《普通高中教科书·数学（人教A版）》"单元—课时教学设计"体例与要求[J].中学数学教学参考，2019（8）.

2. 发挥优秀课例的引领作用

让我们从一个课例谈起。在人大附中面向北京市的基于核心素养的课程与教学改革展示会上，侯立伟老师呈现了关于"函数曲线的应用"的课例。

侯老师的教学过程如下。

第一个环节是"音乐中的数学"。一是让学生观看音乐家把圆周率用钢琴弹出来的视频。此音乐非常美妙，一下子就吸引了学生。教师指出，一个音乐家是不可能把这件事情做完的，因为圆周率是一个无限不循环小数，而音乐家的生命总是有限的。二是提出问题："准备七个红酒杯，请你往里面倒水做成音阶，可以弹奏音乐。你怎么办？"倒多少水才可以做成音阶呢？这可以从大型钢琴的弦长成等比数列中得到启发。

第二个环节是"自行车中的数学"。包括三个问题，第一，假如一个自行车的轮子是正方形，在平地上无滑动前行，请在轮子上标记一点并研究该点运动一周所形成的函数解析式。第二，如果要求该自行车骑行时像圆轮自行车在平地上骑行一样平顺，你怎么办？学生说，只有改变地面——地面不能是平的，应该是曲面。事实上，中国科技馆就有一个这样的自行车模型，骑行时确实和圆轮自行车在平地上骑行一样平顺。学生的兴趣被激发了，纷纷提出：这个路面的曲线到底是什么曲线呢？有的学生说是圆弧，有的学生说是抛物线，有的学生说椭圆线，有的学生说是双曲线……其实，在数学发展史上，数学家研究这个曲线的历程也是漫长的，最终发现是悬链线。什么叫悬链线？把一根项链两端等高抓住，中间自然下垂，所形成的曲线就是悬链线。悬链线在生活中有很多应用，如高压输电线、挂上露珠的蜘蛛网等都是悬链线。

第三，再回到圆轮自行车，如果在其车轮上标记一点，自行车车轮无滑动向前滚动，该点也形成一条曲线。这个曲线非常特别：如果在一个坡面固定一块平直的木板和模仿该曲线制成的滑槽，在木板和滑槽的顶端同时分别释放两个钢球，哪个钢球先到达底端——是沿曲线滑槽下滑的钢球。因此，这条曲线被称为"最速降线"。

这节课涉及数学学科六大核心素养中五大核心素养的培育，教学效果很好。这个课例带给我们的启示是，基于核心素养的课堂教学亟待解决以下几个问题。

第一，关于课堂教学的价值。课堂教学要让学生感受到所学的东西是有用的，而且能够在真实的情境中发挥作用。当前高考中区分度最好的题目就是在陌生的、复杂的情境中解决问题。而在情境当中考查学生的能力，就是国际学生评估项目 PISA 的重要思想。教学实践表明，如果学生觉得自己学某个知识只是为了考试，且要通过反复刷题才能在考试中取得好成绩，那么他们的学习热情就会下降。

第二，关于课堂教学的过程。课堂教学要使学生感受到所学东西不仅是结果有用，而且学习过程是有意义的，要有趣、有情感、有态度。

第三，关于课堂教学的方式。学生学习知识的方式要改变，不是死记硬背、机械操练，而应该结构化、条件化和情境化。

一个优秀的课例有哪些价值呢？第一，以例说"事"，即通过课例呈现出基于核心素养的课堂教学中的故事；第二，以例说"法"，即通过课例阐述基于核心素养的课堂教学方法和策略；第三，以例说"理"，即通过课例阐述基于核心素养的课堂教学原理和规律；第四，以例说"人"，即通过课例阐述课堂教学如何基于核心素养发挥学科独特的育人功能，促进人的全面而有个性的发展。

那么，优秀的课例从哪里来？第一步，教师在自身的教学实践中拿出课例。第二步，备课组要基于课例进行经验概括，分析这些成功的课例有哪些经验可供借鉴。第三步，教研组和学校则要善于用理论框架反思教师的经验，并将优秀课例加工成学校组织学习的素材。

3. 把握课堂教学的基本原理

让我们先看一个小学数学的课例。课题是"一共有多少"。常规的教学流程是：看一看，想一想（课本主题图 1：铅笔；图 2：熊猫）；摆一摆，想一想（摆学具——小棒）；画一画，想一想；数一数，答一答。

这是我在人航小学部听课的一个课例。课后评课，我对学生是否真正理解加法的结构和原理，表示担忧。有的老师说，前辈教师就是这么教的。有的老师说："学生慢慢就会了……""学生弄弄就会了……"

这节课折射了当下数学教学亟待解决的问题。比如"模仿"多于"理解"，"套路"多于"思路"，"形式"多于"本质"，"刷题"多于"思维"等。为解决此类问题，我尝试再进行这节课的教学设计，并利用学校会议以"从听课谈课堂教学变革"为题，进行全校课堂教学变革讲座。

这节课，我仍按照原教学安排设计了四个学习活动，但对为什么设计这样的活动则力求解析到位。

"一共有多少"教学设计如下。

活动1：说一说。数学教学中加强"说"的教学的学理基础是：语言是思维的外显，思维是语言的内核，学习活动是两者的中介。课本上"说"的原型是：左手有3支铅笔，右手有2支铅笔，合在一起，一共有几支铅笔？让学生的"说"充分发生，一方面通过说理解加法的结构；另一方面，在这一过程中，学会表达—倾听—评价。变式1：一只手有3支铅笔，另一只手有2支铅笔，合在一起，一共有几支铅笔？（这里，抽象去"左手""右手"，隐含了加法的交换律。）变式2：以熊猫为对象说；你能仿照着另举例子说一说吗？

活动2：摆一摆。这一活动的学理基础是：实物操作，既能培养学生的动手能力，又能为学生的数学学习建立更多的认知通道。第一步，可以让学生摆一摆：这边摆3根小棒，另一边摆2根小棒，合在一起是几根小棒？第二步，边摆边说：（1）理解结构，一边……，另一边……，合在一起，一共……？在此基础上悟一悟：（2）小棒"替代"什么？（3）还能"替代"什么？

（2）（3）的教学处理建议。提问1：你明明是"小棒"合在一起是5个，那为什么回答"铅笔"也是5支，"熊猫"也是5只呢？（设计意图：引导学生认识到：第一，小棒与铅笔、熊猫的数是一样的；第二，一只小棒"替代"

一支铅笔或一只熊猫。因此，只要算准小棒的数是多少就可以了。）提问2：那么，小棒还可以"替代"什么？（设计意图：使学生认识到，小棒可以"替代"很多物体，是"说不完的"。）提问3：同学们认为，小棒可以"替代"的物体是"说不完的"，你同意吗？你能用一句话把它说完吗？（设计意图：让学生认识到，"你想小棒替代什么它就能替代什么"。这样，学生将来学习代数——"用字母代替数"时，字母"你想替代什么数就能替代什么数"就不再成为教学难点了。）

活动3：画一画。这一活动的学理基础是：超越实物，以画替代小棒，替代实物。第一步，画一画：让学生根据自己想法去画。第二步，说一说：让学生交流画的过程中的体验。因为有些学生用美术课的方法来画数学的图，3分钟过去了，羊角还没画好。而有些学生则画了一个非常简单的画，很快解决了问题。在此基础上，引导学生想一想：画一画的根本目的是什么？通过上述活动，让学生悟一悟其中涉及的数学核心素养：（1）替代思想；（2）求简意识。

活动4：算一算。这一活动的学理基础：数学学习结果的形式化。在操作上，注重建立联系：说—摆—画—算。同时，还要注意逆向思维训练，如从形式化4+1=5到"画一画""摆一摆""说一说"，逐步回归原型。

这节课的学习评价设计如下（见表3-19）。

表3-19　"一共有多少"学习评价设计1

	水平1	水平2	水平3
活动1：说一说	正确说出"铅笔"情形	正确说出"熊猫"情形	正确另举他例
活动2：摆一摆	正确摆出"铅笔"情形	正确说出"铅笔"情形	领悟其他一般情形
活动3：画一画	正确画出"铅笔"情形	理解"替代"思想	初步建立"求简"意识
活动4：算一算	正确计算结果	理解加法算理	理解加法本质

当然，如果我们借用PISA科学素养测试关于知识的分类框架，则可有另

一种学习评价设计（见表 3-20）。

表 3-20　"一共有多少"学习评价设计 2

序号	学习任务	学习任务群/评价要点	评价结果
1	内容性知识	知道"一共有多少"的意义。	
2	程序性知识	（1）按程序分清："这边有……""那边有……""合在一起""一共有多少？" （2）了解"文字语言""图形语言""符号语言"，并会转换； （3）会写出运算式，并正确算出结果（数学运算）。	
3	认知性知识	（1）对应思想； （2）求简意识； （3）智力图像。	

这节课的教学流程设计分析如下。活动 1：说一说，学生通过文字语言去理解加法的结构。活动 2：摆一摆，学生通过实物操作，丰富感知。活动 3：画一画，学生通过图形语言，建立替代。活动 4：算一算，学生通过符号语言，将加法形式化（见图 3-34）。

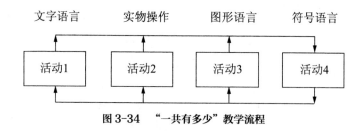

图 3-34　"一共有多少"教学流程

这节课的教学，重点培育四方面的数学核心素养。一是替代思想。二是求简意识。三是数学抽象，从看得见摸得着的"摆一摆"，到看得见摸不着的"画一画"，再到看不见摸不着的"算一算"，这是一个逐步抽象的过程。四是直观想象，我们还要善于逆向思维训练，从看不见摸不着的"算一算"，到看得见摸不着的"画一画"，再到从看得见摸得着的"摆一摆"，这是一个回归原型，直观想象的过程（图 3-35）。

逐步抽象（数学抽象）

| 看得见 | 看得见 | 看不见 |
| 摸得着 | 摸不着 | 摸不着 |

回归原型（直观想象）

图3-35　"一共有多少"培育的数学核心素养

通过这样的分析，帮助老师们理解数学教育的终极目标是：会用数学的眼光观察现实世界，会用数学的思维思考现实世界，会用数学的语言表现现实世界。数学眼光包括数学抽象、直观想象，表征数学的一般性；数学思维包括逻辑推理、数学运算，表征数学的严谨性；数学语言包括数学模型、数据分析，表征数学的广泛性。

在此基础上促进教师理解，课堂教学的基本原理主要有：情意原理，即让学生在迫切要求下学习；序进原理，即按照知识发展的逻辑线索组织好课堂教学的层次和结构；活动原理，即精心组织各类发挥学生自主性的深度学习活动；反馈原理，即运用反馈调节，促进学生的心理和行为向预期目标发展。

4.引导教师转变角色

教师的角色，要避免落入"套路"的窠臼——从"满堂灌"到"满堂问"再到"满堂转"，而要从课堂的"控制者"转变为"引领者"，最终致力成为"隐身者"。"隐身"以后，教师要把工夫花在提高自身设计学生深度学习活动的能力和提高基于学科核心素养的教、学、评一致性的设计、实施、评价及矫正的能力，以及提升学科育人能力上。

5.引导教师"顶天立地"

教学理念顶天，教学基本功立地。我们做过一个关于教师课堂提问的研究，这对提升教师教学理念、提高教学基本功有重要的意义。

扫码观看
"关于课堂提问的研究"

应当特别指出的是，科学实验中，失败999次，成功1次，是值得称道的！但是，在教育教学变革中不能

解放心灵

如此——失败一次，就可能损害几个班、一个年级或几代人的成长和发展。因此，教育教学变革的风险一定要降到最低。在课堂教学变革中，如何将这种创新变革的风险降到最低？那就要着力建设高水平专业化创新型的教师队伍。

四、教师队伍建设是解放心灵的根本保障

解放心灵，深化立德树人，着眼点是学生，着力点是教师。教师是学校教育创新的主体，校长的教育理念，学校的办学目标都要通过教师的教育行为落实到每一个课堂，每一个学生身上。因此，按照教师专业成长规律，打造一支高水平专业化创新型的教师队伍是学校教育的前提和保障。

党中央、国务院印发的《关于全面深化新时代教师队伍建设改革的意见》，提出要造就党和人民满意的高素质专业化创新型教师队伍。教育部发布了《中学教师专业标准（试行）》。近期，教育部等八部门印发了《新时代基础教育强师计划》。学校上要接党中央、国务院以及教育部的要求，下要基于自己学校的过去，立足现在，面向未来，建设自身高质量的教师队伍。习近平总书记非常重视教师队伍建设。他指出，教师重要，就在于教师的工作是塑造灵魂、塑造生命、塑造人的工作。一个人遇到好老师是人生的幸运，一个学校拥有好老师是学校的光荣，一个民族源源不断涌现一批又一批好老师则是民族的希望。可见，习总书记把民族的希望与一批又一批的好老师的涌现直接联系在一起。习总书记也对广大教师提出了谆谆教诲，号召广大教师做"四有好老师"（有理想信念、有道德情操、有扎实学识、有仁爱之心）的要求，做好"四种引路人"（做学生锤炼品格的引路人、做学生学习知识的引路人、做学生创新思维的引路人、做学生奉献祖国的引路人），成为"大先生"（教师不能只做传授书本知识的教书匠，而要成为塑造学生品格、品行、品位的"大先生"），注重"四个相结合"（坚持教书和育人相统一、坚持言传和身教相统一、坚持潜心问道和

关注社会相统一、坚持学术自由和学术规范相统一），立德树人要坚持"六个下功夫"（要在坚定理想信念上下功夫、要在厚植爱国主义情怀上下功夫、要在加强品德修养上下功夫、要在增长知识见识上下功夫、要在培养奋斗精神上下功夫、要在增强综合素质上下功夫）。

教育部发布了《幼儿园教师专业标准》《小学教师专业标准》《中学教师专业标准》，包括专业理念与师德、专业知识和专业能力三个方面。

现在，人们都认识到一个国家、一个民族的振兴，就在中小学老师的课堂上。

人大附中航天城学校教师队伍建设目标是，建设一支献身教育事业、具有高尚品德、教育观念先进、治学精神严谨、基础知识宽厚、专业知识精深、教学水平一流、育人艺术精湛、不断创新的教师队伍。

（一）教师入口：选好苗子

教师队伍建设，首先要把好入口关。人大附中航天城学校从 2015 年开始教师储备，到现在已经有 150 多人的教师队伍，我坚持每个教师都亲自面试，并和班子成员、教研组长一起对求职的教师评估甄别。

人航教师来源主要有三类。第一类是应届大学毕业生，第二类是京内在职区级以上骨干教师、学科带头人的调入，第三类是京外省级以上骨干教师、学科带头人、特级教师、正高级教师的引进。

应届大学毕业生如何选苗？先看两个案例。

案例 18 "大强老师"

何强老师，是清华大学陶瓷专业设计学硕士。当年第一次面试时，他手上拿着一个包，包中装着白色的菊花。询问后方知，这是何老师的作品，是陶瓷做的。当时在场的学校领导老师都啧啧称奇，一个阳光的大男孩，又是这样心灵手巧。再细了解，该作品参加中国美术馆第二届中国好手艺展、中国美术学院民艺博物馆三重阶——中国当代手工艺学术提名展，作为封底刊登于中华人民共和国文化和旅游部主管中国艺术研究院主办期刊《中国艺术时空》、收录于业内著名期刊《中华手工》，作品获得"数化科技，智绘未来"西门子创新科技艺术大赛三等奖、法蓝瓷光点计划国际陶瓷设计奖学金（见图 3-36），作品展示了何老师良好的美术专业功底。学

图 3-36　何强老师陶瓷作品《礼物》

校招聘老师的一面、二面、三面，以及海淀区公招笔试、面试这"五关"，何老师全部顺利通过，入职成为人大附中航天城学校的美术教师。

　　"美术、音乐和体育，是学生一辈子的课程。"这是我的一个重要的课程理念。何老师入职后，在学校浓厚的课程建设氛围影响下，开发了"泥塑实践课程"，从学习用品到生活用品，从熟悉的场景到跨越时空，孩子们跟着何老师用泥塑表达自己的想象力和创造力（见图 3-37）。该课程获得学生极大好评，何老师也被学生称为"大强老师"（意为"何老师太强了"）。一年后，《中国美术报》发表了何老师的论文《塑造未来：小学泥塑实践课程》，该报还配发了编者按：

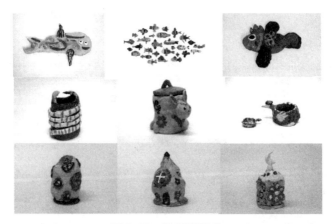

图 3-37　学生泥塑作品

随着时代的发展，让孩子从小可以接受良好的美术教育，成为时下家长越发关心的问题。学校里的美术课推陈出新，有了许多新的课堂内容和形式。本期美育·艺教版，我们关注了人大附中航天城学校的泥塑实践课程，让我们来看看这些有趣的美术课吧。

2020年春节期间，我在何老师的微信朋友圈看到他发了一幅官窑瓷器的照片，非常精美。便问他，怎么对瓷器感兴趣了，这张照片是在哪儿拍的？他告诉我，这不是实物照片，而是看着照片用彩色铅笔画的。我听了非常吃惊，由衷赞叹何老师的美术功底。我问他这一幅画大概要画多长时间，他说得4~5小时。我建议他画好后，将绘画所用铅笔与绘画作品一起拍照留念，他也照做了。让我感慨的是，一位教师，在抗疫期间，能从自己的专业创作中获得心灵的慰藉与解放，这是多么难能可贵啊。由此想象，数学老师通过解几道难题，语文老师创作一篇散文……而获得心灵的慰藉与解放，不也是很美妙的事吗？这可能会带给老师们别样的专业体验。

2021年7月17日，刚放暑假，我在何老师的微信朋友圈看到了他的杭州行程。他没去西湖，没去六和塔，而是去了杭州博物馆、中国丝绸博物馆、南宋官窑博物馆。我当时猜想，与博物馆有关的美术课程，何老师已经着手研发了。后了解得知，果然如此！

网易教育曾以"教孩子玩泥巴的清华硕士：一个美术老师的匠人之心"为题讲述何强老师的成长故事，该文最后写道：

在人航的校园里，教师和匠人的标签并不需要来回切换，它们妥帖地融合、交汇在一个人的身上。对于匠人何强，作品是他的孩子；对于老师何强，孩子即是他的作品。

那么孩子们呢？学习美术除了提升观察力、创造力、审美能力等外，更重要的是通过自由的创作去"找自己"，这也是为什么人航要把他们的美术课程体系叫作"我手绘我心"。

小时候的何强就是在美术的世界里找到了自己的一生所爱，而现在，他想带孩子们一块儿上路。

陶行知先生曾提出"六大解放"的教育主张，倡导解放儿童的头脑，使之能想；解放儿童的双手，使之能干；解放儿童的眼睛，使之能看；解放儿童的嘴，使之能谈；解放儿童的空间，使他能到大自然大社会去取得更丰富的学问；解放他的时间，使他做自己喜欢做的事。何强老师和人航美术组的老师，正是践行这样的理念——"我手绘我心"。

案例 19　海归音乐硕士

我一直为自己的另一个决定感到欣慰：人航与马思琦的双向选择，像是一种缘分。

2018 年初夏，从美国读完研究生回国的马思琦，并没有像其他面试者那样过分紧张和在意，而恰恰是这种坦诚、放松和大气，特别是她的专业背景——奥尔夫音乐，最终让她得到了这份工作。2018 年秋天，马思琦正式入职人航，等待她的是一批一年级的孩子。

奥尔夫音乐是世界三大音乐教育体系之一，其最大的特点是回归音乐的本源，音乐不仅仅是节奏和旋律，而是与说白、律动、舞蹈、戏剧表演甚至绘画、雕塑这样的视觉艺术结合在一起。奥尔夫音乐的这种开放性，能充分调动起孩子们的全部感性，让孩子们在游戏互动中接受音乐的启蒙。

奥尔夫音乐的特点，与"教育解放心灵"的理念非常契合。当我走进马老师的音乐课时，我看到的是这样的场景：

在马老师击打的鼓点节奏的带动下，整个班的孩子都变成了森林里的动物，"动物们"或伺机蛰伏或蠢蠢欲动，这种对大自然节奏的回归，让孩子们不是"学习音乐"，而是"在音乐之中"。

又如孩子们会通过聆听的方式来作画，他们听到了什么，就会画出什么。从展现儿童想象力的角度说，这几乎是一个成人难以企及和捉摸的世界：

画纸上的线条代表旋律？点状代表短促的拨弦？三角形代表三角铁的声音？那么像花瓣一样的东西又代表什么？（见图3-38）

图3-38　学生创作的"音乐画"

更让人难以想象的是，在马老师的协助下，二三年级的孩子们已经能够进行谱曲游戏：孩子们被分成若干个小组，每个孩子在小组中报出自己的生日，然后孩子们用这些生日里出现的数字作为音阶来谱曲。

就是这样一个由老师发起的谱曲游戏，孩子们丰富的想象力仍然能够让马思琦大呼神奇：

音阶天然对应的数字只有1~7，而生日会出现10个数字，比如遇到8应该是哪个音？绝大多数成年人的做法一定是让8对应高音do，但孩子们的创意包括但不限于，将8竖着切变成两个3（也就是两个mi），或者将8横着切变成两个休止符，又或者让8＝2×4，也就是拆成re和fa两个音……

在谱曲的过程中，每当马思琦把孩子们的各种数字组合在钢琴上演奏出来时，孩子们很快就能发现其中的区别，比如这一段旋律是比前一段更好听的。

有了自己谱曲的基础，孩子们就更容易理解为什么会出现这种差异，原来是"音程距离"在作怪，适当缩短音程距离，一段旋律听起来就舒服多了。

2020 年寒假，结合自己的生活体验，看到爸爸作为人民警察的责任担当，在武汉封城一个月后，马老师创作了一首歌曲——《别怕》。

尽管居家条件有限，马老师用手机录的 demo 还是让几个听过的朋友大为触动。马老师灵机一动，为什么不请孩子们一起来合唱呢？马老师本来就带着一个奥尔夫社团，这些孩子过去是在录音棚里录过歌的，可是这一次，孩子们需要和远在千里之外的马老师完成一次史无前例却亲密无间的合作。一个个孩子在家反复练习，用手机、数码相机录好这首歌后，发给马老师。有家长给马老师在微信上留言说："孩子嗓子哑了，太投入了，把自己都唱哭了。"马老师进行了录制合成。从谱曲填词，到孩子们学唱歌曲，再到最后的录制合成工作，马老师和她的社团用 7 天时间完成了整个作品。作品发给我，我听后非常感动。为了在更大范围传递正能量，我向新华网推荐了这首歌，编辑老师迅速编排上线，一天多时间，点击量超 150 万。读者的留言更是非常感人，催人振作和奋进。

每次应邀给校长同行做学术报告，我都会分享这首歌和背后的故事。

"网易教育"曾以"一个音乐老师想疗愈她的家乡、国家和孩子"为题，讲述马老师的成长故事。该文中，有句话说得深得我心：音乐的其中一种力量，似乎的确是叫人"别怕"。这不正是给心灵赋能吗？

一般地，人航招录应届毕业生的流程是:(1)在大学招聘会或毕业生自荐，收取简历;(2)对简历进行遴选，选择毕业生进行面试;(3)面试通过的毕业生，进班试讲（或线上试讲）;(4)试讲通过的毕业生，进行交流答辩，看其性格及专业的深度广度;(5)通过第三次面试的学生，到校实习至少两周，以便对其有全方位的了解;(6)报名参加区统一组织的公招笔试;(7)笔试合格者，参加区公招面试;(8)合格者录用。（见图 3-39）学校选的"苗子"，必须通过区公考的笔试、面试，方可录用。

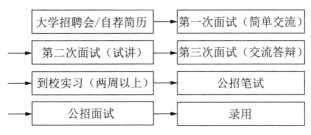

图 3-39　人大附中航天城学校录用应届毕业生程序

由于我们有明确的目标、规范的工作流程、扎实的工作基础，我们确实选取了诸多"好苗子"。经过培养，这些青年教师很快脱颖而出。

案例 20　杨爽：来者不拒，来者不惧

杨爽老师是清华大学毕业的优秀硕士，进步非常快。究其原因，正如她在学校 2020 年 12 月 21 日青年教师成长报告会上发言的题目"来者不拒，来者不惧"。杨老师的心路历程，就是青年教师解放心灵，不拒绝，不惧怕，不断成长的历程。

扫码观看
"杨老师发言"

从杨爽老师的成长中，我们不难看到，杨老师入职人航后，拍照、做视频，从心中有拒到来者不拒，变被动为主动，是心灵的解放与成长；做一事，爱一事，钻一事，精一事，是能力的提升与精进。在佛山比赛的世界机器人大赛总决赛，则是来者不惧，为什么？因为有学校的支持，有孩子们的热爱与坚持，有教师团队的配合与合作，因而心无所惧，这是情感的丰沛与升腾。

案例 21　沈慧：感悟成长，爱中前行

沈慧老师是我们 2018 年招录的应届硕士，也是我们选得比较好的苗子。工作以来，学校不断给她压担子，她也取得了长足进步。在 2020 年 12 月 21 日学校举办的教师成长报告会上，她以"感悟成长，爱中前行"为题，

扫码观看
"沈老师发言"

做了发言。

从沈慧老师的成长过程中，我们可以看到，学校根据沈慧老师的特点，帮助她在两方面获得成长。一是促进她在教学上合乎规范，长足进步，以赛促练，在"世纪杯"比赛中获得不错的成绩。二是给她压上少先大队辅导员这样的担子，促进她向学生传递成长的力量，分享幸福的体验。

（二）教师培养：构建教师专业发展生态系统

为避免教师队伍建设误入主观性、经验性和碎片化的歧途，我基于布朗芬布伦纳的人类发展生态系统理论，构建教师专业发展生态系统。[①]

1. 宏系统：教师专业发展的社会环境系统

该系统是教师专业发展的外力系统，系统要素为：党的教育方针、国家教育政策及人民群众对好的教育的期待等。这些要素发挥作用的主要方式是逐渐地由外在理性的说教，转变为内在感性的无意识塑造，"形塑"教师专业发展的理念与师德。在宏系统构建中，我校教师形成了这样的共识：新时代，党和人民对"好的教育"更加期盼，好的教育是立德树人、适合每个学生发展的教育，而"有好的教师才有好的教育"，从而深刻领会习近平总书记"四有好教师"及做好"四个引路人"等的殷切期望。

2. 中系统：教师专业发展的学校组织系统

该系统是教师专业发展的耐力（可持续发展）系统，系统要素为支持制度及文化自觉。

我校建立的教师专业发展支持制度有三类基本要素：一是正式的制度，主要指学校政策、规章及规范等。如我校建立了教师梯队的"三航"工程。青年教师的启航工程，在新教师入职1~3年内实施，主要促进青年教师教育教学工作尽快合乎规范；骨干教师的领航工程，促进骨干教师在引领青年教师发展

----

① 周建华.学校本位教师专业发展研究 [D].北京：北京航空航天大学，2014.

教育解放心灵

中逐步形成自身的教育教学特色；专家教师的自航工程，促进专家教师在引领青年教师、骨干教师的过程中形成自身的教育教学思想及创新的教育教学实践。二是非正式约束，学校成员认同相关的习惯、道德伦理及风俗等。如我校确立了"在一起，飞更远"的团队建设理念，凝聚了以"奉献精神、科学精神、创新精神"为内核的团队精神，既注重学校以任务驱动的"他组织"团队建设，又重视教师因学术旨趣相投的"自组织"的建设。三是正式制度及非正式约束的实施机制。我校构建了教研、培训、上课听课评课、课程研发与实施、社团建设等平台及制度机制，建立了教师任教"能上能下（能跨年级、跨学段任教），能内能外（既能教好我国国家课程，又能教好从国外引进融合的优质学术课程）"的动态机制，配套了"多劳多得，优劳优得"的工作绩效考核与奖励机制。实践表明，支持制度在教师的专业发展中具有导向功能、约束功能、激励功能和整合功能。那么建立教师专业发展支持制度应把握哪些策略呢？主要包括：因校制宜，提高支持制度的针对性；面向梯队，突出支持制度的层次性；面向常规，坚持支持制度的常态性；便于实施，注重支持制度的操作性；注重绩效，克服支持制度的随意性。

支持制度往往重在外在约束，而文化自觉则是内在激励。教师专业发展的文化自觉是指教师在文化视角下专业发展的自我觉醒、自我反省和自主发展，其核心内涵是教师的职业认同感和自主发展意识。文化自觉对教师专业发展的重要性，主要体现在激发教师专业发展的生命价值，发掘教师专业发展的自主性，促进教师专业发展的合作性，提升教师对组织文化的认同感。激发教师专业发展的文化自觉的策略主要有：一是基于教师专业发展的学校文化建构，我校建构了注重"引领·担当"的学校精神文化，崇尚"反思·实践"的学习共同体文化，倡导"学术·合作"的教研文化。二是基于教师专业发展的教师文化重建，如完善适合教师专业发展的校内"软环境"，在教师群体中确立专业化的共同愿景和信念，激发教师专业发展的自主性，提供全方位、多维度"无边界学习"机会和学习机制，推进以人为本的管理，改革教师评价制度等。

3.微系统：教师专业发展的共同体系统

该系统为教师专业发展的动力系统，系统要素为需求推动、反思及职业幸福感。

教师专业发展需求是教师专业发展的动力，因而激发教师专业发展行动，这种需求的满足有利于教师获得高峰心理体验，提升教师专业发展境界。我校基于教师的需求开展专业发展活动的策略主要有：正确认识教师专业发展的真正需求，辩证地看待教师的专业发展需求，基于教师的发展需求精心设计和组织专业发展活动。

波斯纳认为，经验＋反思＝成长。反思被认为是"教师专业发展和自我成长的核心力量，反思能激发教师专业发展需求，能提高教师专业发展水平"。我校利用反思促进教师专业发展的策略主要有：一是促进教师个体反思的策略，如提高教师的反思意识，掌握在常规教育教学活动中反思的方式，提高反思能力，丰富反思的过程与策略，养成经常反思的习惯，加强系统的理论学习等。二是促进学校组织反思的策略。明确组织发展目标，建立组织反思的机制，在具体实践中，要根据学校组织发展的现状和要解决的突出问题，明确组织反思的主题，明确组织反思的核心，确立组织反思的流程，完善组织反思的机制，共享组织反思的成果，积淀组织反思的文化。

教师职业幸福感是教师专业发展的前提，是教师专业发展的核心，是教师专业发展的过程。我校提升教师职业幸福感的策略主要有：构建学校的共同愿景，提高教师待遇，量身定制专业发展平台，创建宽松的教育环境，提高教师评价的质量，促进教师继续学习，构建和谐的人际关系等。

下面，请看几则教师发展的案例。

扫码观看
"沈晓涵老师的发言"

案例22　沈晓涵：做有追求的智慧型老师

构建教师专业发展生态系统，就会为教师的专业发展提供强大的动力。沈晓涵老师入职时间并不长，但已经快速成长为优秀的语文教师。她曾以"做有追求的智慧型老师"为题，在青年教师成长报告会上做分享。

沈晓涵老师的成长汇报主要围绕两个关键词：一是有追求，二是有智慧。有追求表现在"将内心的激情转化为工作上的动力"，表现为追求将孩子教好，做优秀的教师，做优秀的班主任。有智慧表现在准确定位语文教师的角色，追求"语文课要上出语文味""要用语文的方法教语文"，并且在常态教学中、在赛课中、在课题研究中、在班主任工作中丰富和发展自己的教育智慧。这，值得成长中的教师借鉴。

（三）教师队伍建设的策略

1. 点燃教师成长激情，树立教育理想

一是用学校的办学愿景激励教师；二是以校长对教育的激情与热爱，实干与创新去影响教师；三是以学生、社区及社会对学校的高度认可去激发教师，不断提出新的奋斗目标，并使之成为全体教师共同的奋斗目标，促进教师树立为党的教育事业、办好人民满意的教育终生奋斗的理想；四是实施"双培养"工程——把教育教学骨干培养成党员，把党员培养成教育教学骨干。

2. 实施"三航"工程，建设教师梯队

一是青年教师启航工程，在新教师入职 1~3 年内实施，主要包括岗前入职培训、班主任及教学师徒结对培养、班主任基本功培训、教学基本功培训、新教师达标课、青年教师基本功大赛、"优秀青年教师"评选活动等。二是骨干教师领航工程，主要包括专家报告、专题培训，骨干教师在职或脱产进修，参观考察，学术交流，专业阅读，校本课题研究、参与市区级课题研究，培养本学科青年教师，市区级公开课、教学比赛，学校"骨干教师精品课大赛""优秀骨干教师"评选活动等。三是专家教师自航工程，主要包括参加国家级名师领航班或骨干教师培训，承担市区级教师培训、名师工作站工作，成立名师工作室，主持市区级课题研究，指导市区级公开课、教学比赛，指导学校"骨干

教师精品课大赛"，整理出版教育教学专著，举办"名师教育教学思想研讨会"等。

3. 注重团队建设，建设教师共同发展机制

团队精神是促进教师更好的工作状态、改善教育实践、获得最佳结果的一个重要因素。我们确立了"在一起，飞更远"的团队建设理念，凝聚了以"奉献精神、科学精神、创新精神"为内核的团队精神，既注重学校以任务驱动的"他组织"团队建设，又重视教师因学术旨趣相投的"自组织"的建设，构建了教研、培训、上课听课评课、课程研发与实施、社团建设等平台及制度机制，建立了教师任教"能上能下（能跨年级、跨学段任教），能内能外（既能教好国家课程，又能较好从国外引进融合的优质学术课程）"的动态机制，配套了"多劳多得，优劳优得"的工作绩效考核与奖励机制。

4. 为教师量身定制发展平台，助力教师实现人生价值

教师能翻多大的跟头，学校就给他们搭建多大的舞台，要让每一位教师都能够工作得有尊严、有自由、有成就。比如，美术教师张昱，学校为她搭建了美术课程建构、美术社团指导、"人航娃"LOGO 设计及人航文创产品设计、重大活动背板设计等平台，她还编印美术组学生绘画作品两册。音乐教师马思琦，学校为她搭建了奥尔夫音乐课程平台，自编奥尔夫音乐读本三册，她长于创作与演唱，今年初她亲历了武汉封城，创作了歌曲《别怕》，带领奥尔夫社团的孩子们演唱，在新华网首发，点击量很快突破 150 万，无比感人。舞蹈教师吕慧敏，学校积极支持她参加国庆 70 周年庆祝晚会舞蹈节目的排练，她既是导演，又是重要演员。她带领的舞蹈社团，从零开始，短短四年就获得北京市比赛的金奖。这样的例子很多。在我校，我们追求每位老师的贡献都会被及时发现，每位教师的价值都会被极大发掘。

5. 加强校本研训，引领教师成才

一是引领式的主题研训，近期我校就学生发展核心素养、学科核心素养及学业质量标准、高考评价体系中的学科素养、劳动教育、基于合作的深度学习、

单元整体教学及课时教学设计、教学评价、作业设计等教师亟须厘清概念、明晰主张、探寻路径的主题，进行校本研修，切合教师需求，效果显著。二是任务驱动的主题研训，比如承担上级教研任务、参加相关教学比赛、举办重大汇报展示等。三是课题研究的主题研训，基于教师申报的各级课题开展。教师正是在循环往复的工作中，不断解决一个又一个问题，获得"职业—敬业—乐业"的旨趣。这是教师成才的"三部曲"。

扫码观看
"案例23 王思远：
教学相长 以体育人"

扫码观看
"案例24 吴海睿：
我的教师修炼之路"

6. 关爱教师身心健康，营造宽松和谐的工作氛围

校长要真诚地尊重、关爱每一位员工，用人之长，记人之功，容人之过，解人之难，让教师在追求自己人生理想的过程中有尊严，有自由，有幸福感。学校则为教师的工作创设良好的物质环境，营造宽松和谐的工作氛围。

我反复和老师们讲过：艺术体育等课程是每个人一辈子的课程。因此，人航特别重视这些课程的教师，当然也特别重视任教这些课程的教师的成长。在人大附中航天城学校，没有"主科""副科"之分，为孩子们成长服务的学科都重要，德智体美劳要五育融合，全面推进。王思远老师的成长中，"让体育走进学生的内心"的学科教学理念先进，在常态课、赛课中磨砺自己，在教育科研中提升自己，在学生社团建设中发展自己。

人大附中航天城学校特别重视校级学生社团的建设。第一，这是学生实现全面发展基础上个性发展的重要路径；第二，如果有学生在社团活动中发现发掘了自己未来的专业志趣，那就有利于拔尖创新人才的早期发现和早期培养；第三，这也是发挥教师专业特长的平台。

王思远、吴海睿老师是人航青年教师的优秀代表。在他们的快速成长中，我们可以看到以下四个要素及其共同作用。第一，教师自身有强烈的发展意愿，

解放心灵

努力成长为优秀教师。第二，每位教师的成长都伴有"他组织"和"自组织"的建设，获得学习共同体和成长连续体的支持。第三，学校不但给教师成长搭建平台，而且提供制度和文化的支持。第四，学生的努力进取及家长对"家门口的好学校"的期盼也给教师的成长提供强大动力。

五、智慧校园建设是解放心灵的技术支持

在设计建设人大附中航天城学校时，基于人大附中十多年智慧校园建设管理实践，我对智慧校园的建设尤为重视。特别是，我们必须站在教育现代化 3.0 时代来谋划智慧校园的建设。

教育现代化 1.0 时代，是以"三通两平台"为抓手的基础网络建设时代。

教育现代化 2.0 时代，是全面数字化转型时代，是教育城域网（信息化升级）建设，以互联网教育和教育大数据为特征。

教育现代化 3.0 时代，是智慧教育建设，包括宽带网络、数据中心、云计算、大数据、物联网等要素的教育智慧化时代。

（一）打好智慧校园建设的硬件基础

人航是一所全新建设的学校，智慧校园的建设日新月异。但是，必要的、先进的、适度冗余的硬件配备是基础。那么，这个基础如何把握呢？我综合了四方面的建议：一是来自大学、研究院、区教委信息中心、网络公司等专家的建议，二是来自人大附中本部信息技术管理部门的建议，三是人航教师的需求分析，四是我自身在人大附中分管智慧校园建设十余年的管理经验。

1. 总体要求

人大附中航天城学校智慧校园建设的顶层设计是：以互联网＋智慧校园管理平台为基础，展开课程设计、教学设计、空间设计、技术设计、组织设计，

实现学生成长、教师发展及学校发展的总体目标。

课程设计：丰富、分层、可选择；

教学设计：主动、合作、探究；

空间设计：简洁、实用、可重定义；

技术设计：开放、灵活、按需出发；

组织设计：扁平、人本、优化。

其中，智慧校园的"智慧"更多体现在"应用"升级提质上：教学应用覆盖全体教师，学习应用覆盖全体学生，数字校园覆盖整个学校。

2.智慧校园建设内容

由于人航是一所新建学校，因此，智慧校园建设一切都是从零开始。这既是挑战，又是机遇。我和学校领导班子以及智慧校园设计、建设团队，反复沟通，邀请专家和本校老师反复论证，最终确定了智慧校园建设的20项主要内容：基础网络系统、无线接入系统、数字IP电话系统、智慧教室多媒体系统、智能一卡通系统、停车场管理系统、云录播系统、数字化校园系统、电子班牌及信息发布系统、数字广播及高考模拟广播系统、核心机房工程、高清闭路系统、计算机教室、报告厅系统、标准篮球馆系统、标准游泳馆系统、标准冰球馆系统、数字影音录播观摩系统、校园电视台、语音教室及辅助用房。

确定了上述建设内容后，经过严格的招投标程序，我们在设计团队、建设团队、监理团队、学校骨干团队的共同配合下，已经如期完成了建设内容。人航智慧校园的基础建设有以下几个特点：

（1）一流的硬件设施。从2017年7月正式开工建设，于2019年8月底基本竣工，并即刻投入了使用，在开学典礼、运动会、学术汇报演出、北京市青少年武术比赛、主题演讲、庆祝中华人民共和国成立70周年学校活动、消防演练等重大活动和日常办公教学中发挥了重大作用，获得了外界参观人员、学生和家长的一致赞誉，他们对学校的软硬件设施和科技感发出了来自内心的赞叹！

（2）绿色环保智能模块化的数据中心机房。数据中心机房的特点如图

解放心灵

全封闭框体
前后均为封闭玻璃门，内外环境
互不影响，冷热气流各行其道

机架式配电单元
各级配电、防雷、监测功能齐备

机架式供电单元
紧凑、高效，支持服务器分时安
全关机

系统应急风扇
制冷故障时辅助散热&消防报警
时导入灭火气体

系统走线单元
强弱电缆有序隔离，美观整洁

系统级触摸屏
界面友好，详而不繁

行级制冷单元
柔性按需供冷，显热比可达1，IT
散热的最佳匹配

系统管理单元
动环安防一览无余，还可享受
原厂远程代维服务

图 3-40　绿色环保智能模块化的数据中心机房

3-40 所示。

（3）融合的资源平台。构建"校本资源""教研资源""标准资源库"等相互融合的资源平台，提供多元化的授课方式。这些资源及平台，为新冠疫情期间"线上教学"提供了强有力的技术保障。

（4）基于物联网技术的智能一卡通系统。其功能主要有：人脸识别（师生入校、访客管理）、门禁管理（含通道管理）、智能手环（体质监测、运动大数据、就餐消费、考勤）、物联网（车辆管理、门锁管理、储物管理、图书借阅、智慧餐盘、手机应用等），数据交互中心（链接其他应用）等。其优势是集中资源、创新应用、生态共建、深度融合。

（5）可视化教学评估和教研系统。该系统可实现直播互动课堂、课堂实录、课堂回放、教学巡视、教学测评、学科教研、数据统计、智能环控、智能运维等功能，从而为师生提供便捷的教学管理，促进教师学习新型教学模式、构建学校课程中心、提升教学效果、改善课堂互动、丰富学习途径与方式、建立多元沟通交流等。

（6）安全、稳定、符合安保要求的网络系统。全光网络—10G PON 是一种基于交换机加 PON 技术的网络方案，通过光纤入教室 / 到楼层的方式为老师提供高可靠、高带宽的融合数据及视频业务。其优势是，全光纤入教室；架构简单；中间无电源易维护。泛在的无线网络，随时与智能手环、一卡通、智能门禁、安防监控、WLAN 终端等实现全融合网关，进而基于物联网平台，促进学生签到、安全管理及教学改进等服务质量的提升。

（7）现代化的智慧教室。硬件上，每个教室都部署有电子班牌、无线覆盖、音响、门禁、物联网、高清监控、黑板大屏、智能讲台、教学终端、录播互动等模块。技术支持上，主要包括云计算、大数据、物联网、多媒体及图像识别等。教学管理技术上，主要包括教学多媒体应用、常态课录制评估、智慧课堂互动、班级信息发布、智能考勤管理、集控式网络管理、环境感知控制等。

（二）从"人航小应"谈起

智慧校园建设的价值在于应用，在于为教育教学提供更好的服务和保障。谈到教育教学的服务和保障，后勤部门是重要角色。然而，在智慧校园建设中，这一部分往往被忽略和遮蔽。

人航负责后勤工作的是我们招录的专业退伍人员胡锐老师，他在部队负责过工程建设，专业基础好，工作积极性高、主动性强。在智慧校园建设中，他和我谈了想法，"智慧后勤"不能"落后"，争取先行。他想先开发一个"人航小应"，更便捷地服务师生。我非常认同他的想法，并积极支持他的探索。学校班子经过讨论，进一步拓展了"智慧后勤"的建设思路。

1. "智慧后勤"建设思路

（1）指导思想

指导思想是用智慧教育建设占领现代教育的制高点，以"智慧后勤"建设为抓手，助力智慧教育建设，更高质量地服务师生、服务学校的发展。在后勤服务中突出服务育人，以现代技术手段促进后勤服务全过程育人、全员育人、全方位育人，促进立德树人根本任务的落实。

（2）明晰"智慧后勤"的内涵

"智慧后勤"就是以物联网技术为基础，通过监测、分析、融合、智能响应等方式，融合优化现有服务和保障资源，构建绿色的环境、平安的校园，打造智慧的生活环境和学习环境，以服务师生发展，保障学校立德树人根本任务的落实。

（3）把握"智慧后勤"的特征

其特征主要有：①便利化服务。更新服务育人理念，综合运用技术手段，让师生员工感受"智慧后勤"的便利，投入更多时间、空间与精力实现学生成长、教师发展和学校提升。②智能化分析。针对学校后勤管理中存在的低层次、无序性问题，运用大数据等现代化技术手段进行决策，提高后勤工作的效率与效益。③可视化展现。采用互联网、物联网、智能传感、云计算、GIS、视频、图表等方式，真正实现学校后勤综合信息的可视化动态监督管理，为后勤管理提供更为直观的支撑手段。同时，为在学校内对学生进行可持续发展及生态文明教育提供可视化载体。④精细化管理。运用信息化手段，在后勤工作标准化基础上推行网格化管理，全面提升学校后勤保障能力与服务水平。

2. "智慧后勤"建设的顶层设计

人大附中航天城学校"智慧后勤"建设按照信息化、数据化、标准化、统一化的原则分步推进。目前，已经基本建成集"一个系统，10大平台"为一体的学校"智慧后勤"系统（见图3-41）。

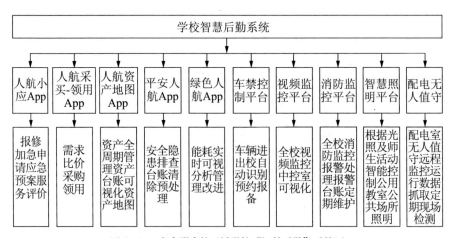

图3-41 人大附中航天城学校"智慧后勤"系统图

3. "智慧后勤"建设的探索与实践

在对后勤角色准确自我定位，以及树立"to-c"思路下的移动端交互式管理改革的方向后，我们尝试开发了"人航小应""人航采买-领用""人航资产地图""平安人航""绿色人航"等 App。此外，我们经过招标程序，用购买服务的方式实现学校配电室的无人值守。现逐一介绍。

扫码观看
"智慧后勤 App 介绍"

4. "智慧后勤"建设育人成效

建设"智慧后勤"的目的是强化服务育人功能，借助物联网、大数据、云计算以及人工智能等手段，推进校园管理方式的变革，实现后勤管理效率的提升，通过信息互通、资源组合、数据分析、科学决策等流程实现管理的规范化、可视化、智能化，为师生提供良好的教育教学育人环境。

（1）打造新阵地，统一服务窗口，提升服务师生的水平

"智慧后勤"将师生服务工作置于"智慧后勤系统"的平台上，并打造线下实体的师生服务中心，创新性建立"线上""线下"两条线，实现了后勤服务的功能性跨越，突破了传统条件限制。利用线上平台可以实时接受咨询服务，拓宽师生服务渠道，践行了无纸化办公理念，提高了空间资源利用率；网络报修平台集报修、派单、跟踪、评价于一体，实现报修、实时跟踪、信息公开，提高工作效率，以实时数据化驱动报修管理水平；服务监督平台畅通师生反馈渠道，即收即转，限时反馈，精细可视化管理，促进后勤内部管理建设水平的提升，进而促进服务育人的质量提升。

（2）利用新平台，创新工作方式，提升后勤工作效率，促进服务育人

"智慧后勤"整合校园用水、供电、供热、制冷、照明等能源相关管理体系，建立智慧校园运行监管区，集成 10 套智能化运行管理平台统一管理，制定运行监管制度，设立日常巡视与值守岗位，实现校园能源高效统一监管，有效节约用工成本，降低用工风险。无人值守平台通过摄像头、烟感、温湿度传

感器及智能电表等一系列监测及传感器设备，实现了对全校重点用能场所设备设施运行的全方位、立体化监测；节能监管平台对校园用电数据进行分析，挖掘节能潜力，监测用电负荷，及时处理用电安全隐患。这些，也成了在校内对学生进行可持续发展教育及生态文明教育可视化的平台资源。

（三）建设"人航大脑"

智慧校园建设是教育信息化新常态下的一种必然发展趋势，是学校综合实力的重要体现，智慧校园建设将有助于学校构建完整统一、技术先进、覆盖全面、应用深入、高效稳定、安全可靠的智慧化教学环境、科研环境、管理环境和生活环境。为给广大师生提供一个全面的智能感知环境和综合信息服务平台，为学校与外部世界提供一个互相交流和互相感知的接口，推进教育信息化的繁荣发展和"互联网＋教育"智慧校园建设项目，不断满足人航智慧办学需求，经党政班子深入研讨，学校在 2020 年 9 月尝试着将部分行政审批工作转移至钉钉工作平台。

1. 从步履维艰到柳暗花明

截至 2020 年 12 月，学校已在钉钉工作平台搭建起了人航的组织架构，录入了所有教师信息和专业教室及场馆信息。进入 2021 年，在学校领导和各部门负责人的一致努力下，逐步搭建起了属于人航的"行政工作台"，老师们可以通过"人航小应"提交服务需求，如公物维修等，遇到伤害事故、生病、火险等紧急信息可以一键启动应急预案；通过"人航小秘书"提交请假申请、盖章申请、出车申请、会议室预约等，减少了工作中周转式的人际交流，提高了工作效率。

2021 年 5 月，为了更好地推进智慧校园建设，促进互联网与教育教学的有机融合，学校领导多方调研。其中，我在教育部中学校长培训中心第 8 期优秀校长研修班的同学、浙江省杭州市建兰中学的饶美红校长，在学校大脑建设方面非常有心得。我校团队到该校考察后，于 2021 年 7 月，正式与杭州学同科技有限公司确认合作关系，建立工作联系群，正式开启了"人航大脑"的建设工作。学校经过若干次各部门的线上会议沟通，确定校园值周相关流程，制定学生常规评比流程，开通宜搭权限，搭建教师基本信息功能，与第三方教务公司进行数据对接，终于在8月底前完成了钉钉和学校大脑的应用设置和授权，成立了基于钉钉建立的学校大脑数据资源部。

8月23日，为了保证暑期教师培训会顺利进行，全体中层及以上干部召开了线上预培训会，对"人航大脑"使用过程中出现的问题及时沟通、及时解决。由于疫情原因，在27日的全体教师培训会上，学同科技有限公司通过线上培训的方式对班级日志、校园值周和听评课记录系统进行了介绍和说明，全体教师现场操作演练，并对存疑的点当场提问。火热的培训会过后，原计划于10月底完成人航数字驾驶舱的部署及试运行，但工作一度停滞不前。究竟是什么原因阻挡了"人航大脑"的推进的步伐？通过仔细调研分析，主要原因有：

第一，通讯录信息导入受阻。

新学期教师队伍调整，需要对钉钉通讯录进行更新，同时完善家校通讯录。但因合作问题，多次被钉钉运维工程师婉拒。信息导入受阻，后面的工作无法推进，党政办公室主任尹老师及时向我和书记进行了汇报。我得知情况后，迅速与钉钉北大区总监达狄先生取得联系，仅两天时间，他便指派了专家王淼老师到人航驻场，负责解决学校各部门遇到的问题。

第二，被迫线上一对一交流。

时间宝贵，老师们在自我探索中积攒了大量困惑亟待解决，经与王淼老师商定，学校党政办公室主任尹兆梦老师根据双方空余时间制定了一对一的沟通时间安排表。学校各部门参考《钉钉智慧校园平台功能清单》，结合自己的工作实际，对部门需求进行梳理，主要是日常重复性工作、需要多个数据计算分析的工作、需要多个部门协同合作完成的工作，列出存疑点和目前的困难，形成问题清单反馈给王淼老师，根据时间表轮流与隔离中的王老师进行线上对接。经过两周的线上沟通，9月13日各部门负责人第一次与王淼老师进行了线下会谈，针对目前的工作提出智能化设想，双方一起沟通是否能够实现，并对实施过程中可能遇到的问题进行了细致讨论。

第三，固有模式不愿意改变。

一方面，老师们习惯了目前已有的工作方式，对于新事物、新方式接受起来比较困难，也存在思维惰性，觉得去了解、适应新鲜事物很浪费时间精力，只把钉钉当作微信的补充甚至负担。另一方面，由于日常工作繁忙，没有时间真正静下来去思考、反思自己当下的工作怎样做可以更简化，以至于不清楚自己有哪些问题和需求。这是学校信息化部署经常碰到的问题。面对这样的问题，学校积极与王淼老师沟通，我和书记牵头，行政各部门带头，把工作重心由微信转移到钉钉平台，助力"人航大脑"的推进和使用，从源头上引导老师们逐步习惯在钉钉上查看重要工作信息、逐步适应将线下繁复的工作内容转移到线上。此外，搭建需求窗口，将问题解决日常化，方便老师们在使用钉钉的过程中，逐步熟悉各项功能，发现工作或操作上的问题，提出相应需求，由王淼老师对教师们的需求进行处理和反馈。这样一来，在保证教育教学正常秩序的同时，达到双方沟通交流的最大化，为"人航大脑"的实施和智慧校园建设奠定良好基础。

第四，技术操作生疏、有困难。

在推广使用钉钉的初始阶段，不少老师反映"钉钉"给自己的工作带来了"麻烦"，因为技术操作上非常生疏，经常会花费很多时间研究技术问题，降低了工作效率，反而情绪低落。针对这种情况，王淼老师向全体行政人员及各年级组长进行了钉钉基本操作的使用培训，历时近3小时的培训，幽默且实用，老师们惊叹于钉钉的功能强大和工作流程的智能化。年级组长通过年级组会将培训内容进行传达，同时学校拟于学期末和学期初，针对班级管理、教育教学、家校沟通、日常办公等模块进行细致化培训，积少成多、熟能生巧，以数量的堆积促进质量的飞跃。

2. 从排斥抗拒，到期待接纳

在与钉钉平台磨合的过程中，老师们的观念也随之改变，经过这样的努力，我们渐渐听到了这样的声音。

（1）服务日常工作，高效便利

钉钉平台集聊天、视频、电话会议、文件编辑、传输、存储于一体，避免多个平台来回切换。对于日常重复性工作、需要多个数据计算分析的工作、需要多个部门协同合作完成的工作，有了明显的改善。它不仅简化了工作流程，将重复性的人工工作变得智能化、自动化，而且减少了部门之间的烦琐复杂的无效沟通，利用程序代码，使工作更加便捷。例如，会议实时记录，且有水印照片，工作留痕，美观整洁，方便查阅；OA审批功能丰富，坐在办公室处理各项工作，实现效率最大化；信息可显示对方已读，清晰明了，沟通高效；启用"Ding一下"功能，不必一一查询对照未完成任务的名单，系统可自动识别分类，提醒督促，数据反馈及时，统计准确方便；针对某一项任务可设定"责任人"，实时追踪项目进度，确保时效。

（2）助力教育教学，科学提质

"人航大脑"为老师们的教育教学工作带来新的体验。教学功能齐全，应用操作便捷。例如：发布打卡任务式的作业，学生查阅并完成作业后，能够看到自己一段时间以来的打卡成果，记录完备、条理清晰，帮助学生养成良好习惯；学生也能够看到本项任务自己在班级内的排行榜，帮助学生认识自己，确立目标。再如，教师能够实时对学生的作业进行监督和评价，通过作业的完成情况，了解学生的学习状态和身心状况，通过多元评价，鼓励学生全面发展。发布成绩的私密性高，教师发布成绩单，每位学生只能查看自己的成绩，既保护了学生的自尊心和隐私，也方便家长及时了解孩子的情况，有针对性地帮助孩子更好地成长。

举一个简单的例子。"双减"背景下，作业管理是减轻学生过重作业负担的重要举措。我引领老师们确立了"作业提质，重在求精"的指导思想。一是精准教研，探索单元大作业、实践性作业、跨学科作业的设计策略。二是精确分层，设计"三航"作业，启航作业，夯实共同基础；领航作业，面向分层需

解放心灵

求；自航作业，促进个性发展。三是精巧实践，设计"智"造作业、跨学科作业、劳动、采访等多形式作业。四是精心批改，做到有发必收、有收必批、有批必评、有评必补。五是精细管理，出台作业管理细则。六是精彩展示，即优秀作业展示。其中，"人航大脑"对"精细管理"有惊艳的表现。每位老师会提前一周，将下周每天的作业发布到"人航大脑"上，学校的公开展示屏幕及家长手机端都及时发布，便于查看。老师只要在相应的表格中一次填报，其余工作均由"人航大脑"完成，给教师教、学生学、学校管理、家校合作带来极大便利。

当然，一项新事物的推广会在使用过程中暴露出各种各样的问题，教育教学方式和服务工作机制，也会随着问题的解决越来越完善。相信人航会在与"人航大脑"的一次次磨合中，越发便捷，越发智能，越发高效！

（四）智慧校园建设的推进策略

1.注重组织架构的设计

完善的组织架构是推进智慧校园建设的重要基础。学校设置专门的智慧校园建设领导小组，校长、书记担任组长，智慧校园建设需要在专项领导小组的组织和指导下统一进行。其工作内容主要包括智慧校园建设的顶层设计，教职员工的思想教育和技能培训，建设工程的统一调度等。

2.重视顶层设计

明确智慧校园建设目标、建设内容、建设策略以及建设评价等，既重视基础硬件设施的建设，又重视应用软件的建设，为智慧校园的建设规范路线图和时间表。

3.注重资源建设

一是硬件建设，注意投资切入时机的把握。一般地，硬件设施刚研发出来时，价格往往较高，在教育教学中的应用尚未进入高效能期，此时不宜大力投入。等到应用较为广泛时，价格已进入较为合理的区间，此时投入硬件时机较佳。二是软件建设，首先是有利于促进教育教学质量的提高，其次是在学校管理上，为师生员工提供便利。三是注重数据的打通和共享，提高数据的使用便利性和效能。

4.注重需求推动

注重师生员工对智慧校园建设的需求，及时了解需求，认真研判需求，及时投入建设行动，满足师生需求，再引发新的需求。如此循环往复，为学校赋能。

5.注重开发和购买服务并举

本案例中，我们五个 App 平台均是根据学校特点和需求自己研发的，而配电室则是按照招标程序进行的购买服务，大大减少了用工，而且实现了远程云值守和线下障碍排除及巡检的有机结合，效率效益均衡好。因此，"智慧后勤"建设、智慧校园建设要注重开发和购买服务并举。

6.鼓励先进，允许落后

在智慧校园建设中，及时发现、鼓励表扬先进典型，也允许一部分部门或个别教师暂时落后，并认真分析落后原因，遴选对策，投身实践，迎头赶上。

六、家校共育是解放心灵的重要基础

习近平总书记在 2018 年全国教育大会上强调："办好教育事业，家庭、学校、政府、社会都有责任。家庭是人生的第一所学校，家长是孩子的第一任老师，要给孩子讲好'人生第一课'，帮助扣好人生第一粒扣子。"

随着我们党对"培养什么人""为谁培养人""如何培养人"问题充分重视，家校合作的意义与价值被提升到新高度。立德树人是教育的根本任务，从"全面落实立德树人"的角度提出"全员育人、全过程育人、全方位育人"，即要发挥学校、家庭、社会各自优势，凝聚起强大的育人合力，家校合作成为实现立德树人根本任务的关键路径。2019 年发布的《中国教育现代化 2035》则明确提出"推进家庭学校共同育人"，显示出家校合作将长期作为教育发展重要任务的战略地位。

朱永新教授认为："孩子在进入学校之前，其实他的认知风格，行为习惯，个性特征，都已经基本形成了。学校在一定程度上，其实是对家庭教育的成果进行加工。"家庭教育是教育的起点，家长要注重言传身教、身体力行，不仅教知识，而且要育品德，帮助孩子迈好人生的第一个台阶。

（一）邀请家长走进学校，完善家校互动的渠道和支持系统

在小学阶段，学校设立家长开放日，邀请家长走进学校，全方位体验孩子在学校的学习生活，有利于家长身临其境，进一步了解孩子、了解学校，从而更好地理解孩子、理解学校。家长开放日既要呈现常态，又要精心安排。

扫码观看
"案例25 人大附中
航天城学校小学一年级
家长开放日"

在家长开放日，我们精心设计了公开课、学科组长汇报、校长报告、学生智立方汇报、社团成果汇报、与班主任面对面、广播操比赛、学生特色作品展示、体验学生餐等环节。内容丰富、形式多样，彰显了学校的教育理念，拉近了家庭与学校、老师的距离，增强了学校、家长、教师之间的联系，凝聚了家校师生之间的感情，有力地促进了家校协同育人。

这些工作可能每所学校都在做，但人航将它做实、做细、做新，做到家长心里去。家长会是家校共育的另一个重要渠道，我们每次都开得扎实高效。我校每学期召开两到三次家长会，开学初、期中、期末，各有侧重点，解决家长在不同时期家庭教育上的需求和困惑。特殊年级如一、七和九年级，还会安排得更有针对性，如入学、毕业等，缓解家长焦虑，解答家长疑问的专题家长会。"双减"政策实施以来，学校更是安排多次政策解读宣讲会，每次家长会都安排学校领导、年级组长、班主任、学科教师站在不同角度为家长答疑解惑，更

新家庭教育观念，宣传"双减"政策和学校落实办法，缓解家长因变化带来的新的焦虑，同时提供有效的家庭教育方法和建议。

案例26　携手同行，守护花开｜七年级家长会成功举办

2020级人航七年级新生已经入学一月有余。开学以来，孩子们文明有礼，努力学习，取得了很大进步。为了实现家校联动，帮助孩子获得更大的进步与成长，2020年9月29日，人大附中航天城学校七年级举办了新生入学后第一次家长会，以帮助家长了解七年级学生的在校情况，结合中学的学习内容与学生心理特点为家长提出合理有效的教育建议。

本次家长会分为年级家长会和班级家长会两个环节。13：00至16：00，年级家长会在报告厅举行，周建华校长、马静书记、七年级领导以及各学科备课组长出席了会议，为七学生家长介绍中学生特点，并分享各个学科的学习方法。

年级家长会的第一个环节，周建华校长代表学校发言。（见图3-42）周校长结合自己几十年从事教育事业的丰富经验，指出"优秀的孩子一定是父母'陪'出来的"。围绕这一观点，他建议家长们做好以下五件事。

图3-42　周建华校长在家长会做报告

解放心灵

第一件事，要帮助孩子认识"我要成为怎样的人"，引导孩子逐步确立人生目标，家长要做孩子成长过程中的"陪伴人"。

第二件事，要帮助孩子养成良好的习惯，这包括按时作息、认真听讲、深入思考、坚持劳动等，而培养好的习惯必须讲究方法才能有效引导孩子，还要咬牙坚持。

第三件事，帮助孩子掌握科学的学习方法，这是一种精细化的陪伴，要帮助孩子喜欢学习、学会学习、善于学习。

第四件事，帮助孩子在应该发展智慧的阶段不要发展恋情，遇到类似问题，要在尊重孩子的前提下与孩子有效沟通。

第五件事，让厨房有热气，即帮助孩子爱劳动、有情趣，一方面，通过下厨制造家中的烟火气，为孩子营造家庭的温暖；另一方面，锻炼孩子的动手与生活能力，培养孩子的生活情趣。

周校长智慧独到的观点与由浅入深的分析激发了家长们陪伴孩子学习、成长的热情和决心，为家长们指明了今后家庭教育的努力方向。

随后，马静书记带领家长们进行了现场互动，现场选择八位家长分别演示了强势控制型、娇纵放任型、平和坚定型和沉默忽视型四种类型的家庭沟通和教育的方式，帮助家长们体会到怎样的沟通方式对家庭氛围与孩子成长有更好的影响。令人熟悉的各种模拟生活场景引发了台下家长们的阵阵笑声，现场氛围更加轻松融洽。（见图3-43）

图3-43　马静书记（右）与家长互动

接下来，副校长孙福明老师对初中三年的整体情况及中考政策进行了解读，帮助家长及早规划，扬长避短，尽快适应初中学习生活。年级组长周海英老师讲解了七年级的常规要求。

领导们高屋建瓴的理论与经验分享之后，家长会进入了各学科学法指导环节，语、数、英、道、地、生、政及体育八个学科的学科组长就中学阶段本学科的知识体系与特点、学科学习要求及学法建议进行了介绍。

年级家长会后，家长们在老师引导下进入学生所在班级，各班班级家长会开始。六位班主任就班级发展、教育教学、日常活动及荣誉成绩等向家长们做了详细介绍。班主任们进行了本班阶段学习情况的深度分析，展示了学生们在校学习、活动的每个瞬间，和家长们一起感受孩子的成长变化，分享共育成果带来的喜悦。嘉奖与鼓励贯穿整个家长会全过程，班主任们润物无声的育人智慧与家长们宽严相济的育人理念相互碰撞、相互交融——家校携手，只为守护花开。

班主任进行整体介绍后，语、数、英等学科老师也进入班级，就各学科的情况与家长们进行了交流。

从年级家长会到班级家长会，从学校报告厅到各班教室，家长们对孩子的爱与关怀，浓缩在了五小时的认真聆听中，浓缩在了父母专注的目光里。家长会结束后，许多家长单独找老师讨论孩子的学习、生活等问题，话语中无一不是对孩子成长的关注与进步的渴望。老师们也依然继续留在教室，耐心解答家长们的问题，结合学生特点向家长提出有针对性的教育建议。

本次家长会让七年级家长们对学校的办学环境与理念有了更加全面的了解，对家校合作的内容与方法有了更加明确的认识，实现了家校携手、互联互动的目的与效果。我们期待此次家长会能对人航七年级今后的教育教学工作起到更大的促进作用，学校也将继续秉承"尊重个性，

解放心灵

挖掘潜力，一切为了学生的发展，一切为了祖国的腾飞"这一办学理念，以爱与尊重为支点，以知识、智慧、技巧为支柱，撑起家校合作的共同体，为孩子创造良好的学习生活环境，让每一个孩子都成为最好的自己，让孩子的梦想乘着时代的风帆远航。

邀请家长走进学校，是家校共育的重要途径。作为家校共育的新常态，学校更要完善家校互动的渠道和支持系统。

1. 拓展畅通、及时、便利的家校互动渠道

要充分利用信息化手段，拓展新媒体服务平台，设立家校合作共育专栏，向家长推送学校相关政策、活动专题、家庭教育相关知识，提升家校沟通和家庭教育指导服务的及时性和有效性。

例如，我们利用学校公众号、官网等平台，及时向家长推送学校重要教育教学活动，帮助家长了解学校。利用钉钉平台与家长沟通，传送学校的通知要求，及时了解家长的意见和建议。当然，要注意针对不同学段，采用适宜的家校互动途径和方法。

2. 创立家长学校，带动家长一起成长

我校早在 2019 年就开始创建"人航家长学校"，每学期制定系列培训方案，通过"线上 + 线下"的方式开展，邀请家庭教育专家、心理专家、教育专家以及学校领导和经验丰富的老师为家长培训，既能促进家长与学校之间的联系，又能使家长抛开现实工作和原有专业的限制，认真学习家庭教育方法，了解孩子的生长特点，尊重孩子的需求，建设好和谐的家庭氛围，让孩子在健康的家庭环境中成长。

3. 建立家校互动评估，为提升家校互动质量提供有力抓手

家校互动活动后，我们设计问卷与访谈，通过实证研究，关注学生、家长、教师及学校等各方实际获得，发现问题、诊断问题、解决问题。我们正在建立家校共育评估框架，以评促建、以评促改，为家校共育质量的提升提供有力支

撑。可资借鉴的是，澳大利亚政府在修订《家校合作框架》时开发了"学校评估工具"作为配套材料，用于评估当前家校合作的发展阶段及有效性，推动家校互动的完善和改进。①

（二）提升教师家庭教育指导能力，为家长赋能

《全国家庭教育状况调查报告（2018）》显示，超过九成班主任报告与家长沟通遇到困难。② 学校应重视提升教师家校合作和互动的能力，通过开展家校合作的校本教研、家校沟通问题专项研讨、家校沟通技能专题培训和指导等措施为教师赋能。研究发现，接受家校合作相关培训能够促进教师掌握有效推进家校合作的技巧和方法。③

1.加强班主任队伍建设，为家长赋能

学校重视班主任队伍建设，开展各类班主任培训，尤其重视对班主任家校沟通能力的培训，鼓励班主任创新工作方式，传递先进的家庭教育理念，做好家校共育工作。

扫码观看
"案例27 班主任给家长的
'见面礼'——每人一封信"

2.加强心理教师队伍建设，为家长赋能

学校成立心理咨询室，两位专业心理教师近一年就为30多个存在心理及家庭教育困惑的家长提供一对一辅导，帮助其更好地调整自我状态、认识孩子问题，帮助家长构建和谐亲子关系，助力孩子健康成长。

扫码观看
"案例28 '看见'成长：
建设班级微信公众号"

3.鼓励教师培训考"证"，为家长赋能

人航要求每一位教师尤其是班主任，都具备指导家

---

① 元英，刘文利.澳大利亚家校合作评估及其启示[J].教学与管理，2019（28）.
② 边玉芳，梁丽婵，田微微，等.全国家庭教育状况调查报告［R］.北京：北京师范大学中国基础教育质量监测协同创新中心，2018.
③ HUGHES JAN, KWOK OI-MAN.Influence of Student-teacher and Parent-teacher Relationships on Lower A-chieving Readers' Engagement and Achievement in the Primary Grades［J］.Journal of Educational Psychology, 2007（1）.

庭教育的素养，指导家长提升家庭教育的理念、水平，形成家校协同育人的良好局面。目前，学校有8名教师参与了各级家庭教育指导师的专业培训并取得证书。部分班主任通过业余学习取得了心理健康咨询证书，在班级管理中能及时、专业地对有帮助需求的学生和家长进行心理咨询和家庭教育指导。

4.加强家长学校课程建设

在孩子成长的关键节点，根据家长的需求和学生身心发展规律，设计完善家长学校课程。指导家长将课程研修成果运用于家庭教育实践，在实践中反思和提升。学校建立面向家长的家庭教育咨询中心，为家长在家庭教育中遇到的难题提供专业咨询，为其承受的压力和情绪提供"出口"，提升家长的育儿效能感。

（三）提高家校合作的全纳性，营造公平互信的家校合作氛围

家校合作中往往会出现对"边缘化学生"的忽略、家校沟通不畅、家委会变成"拼爹会"等不良现象。为此，注重家校合作伦理，提高家校合作的全纳性，营造公平互信的家校合作氛围非常重要。一是对所有孩子和家庭的全纳和公平，既无关乎家长的官职、财富、地位等，对学校而言，共同的身份是家长；也无关乎孩子的智力、长相、性格等，对学校而言，共同的身份是学生。二是家长委员会产生程序和方式要注重全纳和公平。通过民主的方式建立的家长委员会，应努力让每一位家长认为这个组织公正、可靠，不会猜忌。家长委员会在运行的时候，要真正全纳公平地看待每个学生应该得到的权益，会切实从每一位学生角度出发，为他们的发展提供更好的支撑。

（四）我的"家庭教育主张与建议"

作为一位校长，同时也是自己孩子的家长，如果对家庭教育不深耕，没有自己独到的见解与主张，没有成功的实践，那么自然是不合格的家长，也不会是合格的校长。下面几个方面，是我在指导家庭教育工作实践中积累的有效的

举措和感悟。在不同阶段，家庭教育的重心是不一样的。

小学阶段，家庭教育重在陪伴；初中阶段，家庭教育重在尊重；高中阶段，家庭教育重在放手；成年阶段，家庭教育重在发现和欣赏。

下面，对其中家长普遍困惑的几点进行论述。

1. 家长要科学陪伴孩子

"双减"政策颁布前，许多家长的育儿做法往往是花大量时间去挣钱，挣来的钱将孩子送到培训机构。而且，家长们普遍认为，"小班培训"肯定比"大班培训"好，"一对一"的培训肯定比"大班"好——越贵越好，一分钱一分货嘛。因此，家长的育儿责任异化为"挣钱"。

"双减"背景下，优秀的父母要拿出更多的时间进行亲子陪伴，成为孩子的家庭教师，这应该成为家庭教育的"新常态"。其实，这种做法的正确性在"双减"政策颁布前就已在家庭教育实践中被反复证明了。

家长如何陪伴孩子呢？

第一，以身示范，帮助孩子认识"我要成为怎样的人"。家长要引导孩子逐步确立人生目标，明确"我要成为怎样的人"，这样孩子长大以后才不会得"空心病"。到底要帮助孩子成为怎样的人？简单来说就是要成为德才兼备的人。我经常说三句话：有德无才干不成事；有才无德干坏事；德才兼备干成事。因此，要成才，先成人。父母是孩子的"底片"，孩子是父母的"影子"，要教育孩子成为德才兼备的人，父母首先要成为德才兼备的人。

家庭教育实践和研究均表明，以下 10 种不健康的家庭类型及家长行为是要尽力避免的：

（1）家庭中有一个过度严厉的父亲，其后果常常导致孩子有暴力倾向，原因是父亲其实没长大。

（2）家庭中有一个过分唠叨的妈妈，其后果是孩子往往有拖延症，原因是妈妈还停留在"口欲期"。

（3）家庭话题被限制：只谈孩子的学习，其后果是孩子对学习讨厌、感

解放心灵

到恐怖，原因是父母谈不了学习以外的话题。

（4）过度象征化。例如，全世界华人的孩子都在学钢琴，人家报班我家也报班，人家报3个班，我们家报4个班，反正要比人家多。其后果是导致孩子虚伪，没机会亲近大自然，原因往往是父母虚荣、具攻击欲。

（5）过度背景化（拼爹、拼妈）。其后果是孩子以父母的背景为荣为傲，也可能为卑为耻，原因是父母心里其实很虚荣。

（6）过度工作化。父母只顾忙自己的工作。其后果是孩子被忽略了，原因是父母情感能力较弱，以忙遮弱。

（7）限制孩子的某一个兴趣特长。如孩子喜欢踢足球，父母会说"你就知道玩！"其后果是弱化孩子的特长甚至是健康，原因是父母具有攻击行为，不了解孩子。

（8）家庭角色失衡。其后果会导致孩子畸形心理，原因是父弱母强，或父强母弱。

（9）隔代卷入。如爷爷、奶奶、外公、外婆卷入，其后果会导致情感隔代，内心冲突，原因是隔代娇惯。

（10）有条件的爱。凡事都跟孩子讲条件，其后果会导致孩子感情冷淡，原因是父母人格成长没有到位。

父母对孩子的引领，首先要帮助孩子逐步确立人生目标。哈佛大学曾对一群智力、学历相似的人进行25年的跟踪，研究发现：3%有清晰且长期目标的人，大都成了社会杰出人士；10%有清晰短期目标的人，大都成为专业人士；60%目标模糊者，大多安稳工作生活，无特别成就；27%无目标的人，经常失业，生活动荡。可见，人生目标对人生的重要影响。

关于如何确定目标，我认为要把握两个"学会"。一是学会树立正确的目标，具体包括以下三点：（1）从党和人民的需要出发，树立自己的人生目标；（2）人生目标引领学习目标的确立；（3）人生目标不能空心、不能跑偏，既不能成为"空心人"，也不能成为"精致的利己主义者"。二是学会正确地树立目标，具体包括以下三点：（1）将人生目标与学习目标有机地结合，以人生目标推动学习目标确立，用学习目标的完成来促进人生目标的逐步实现；（2）坚持长期目标、中期目标和短期目标相互衔接；（3）咬定青山不放松，一张蓝图绘到底。

第二，亲子活动，深化沟通，增进亲情。家长要多花时间陪孩子进行亲子活动，从中可以促进沟通，增进亲情，促进孩子及家长素质的提高。

一是亲子游戏。席勒说："只有当人游戏时，他才是完整的人。"游戏是人的普遍性的行为，游戏与自由和美紧密相连。游戏不是简单的"玩"，而是有其独到的价值：游戏是一种情感宣泄；是对生活或工作中各种事物的模仿；是一种心理满足；是人类认识一切客观事物及其发明创造的前提条件；是人的经历和经验的重复。游戏的本质特征是自由的行为，同时，不受形式的制约。游戏，既有想象力或创造精神，又有美及文化的成分存在其中。亲子游戏是家庭内父母（包括血亲关系的亲生父母与拟血亲关系的继父母与养父母）与孩子之间，以亲子情感为基础而进行的一种活动，是亲子之间交往的重要形式。亲子游戏能够促进孩子的认知发展，自然而然地引发孩子智能的发展，启迪孩子的智慧；家长要能和孩子平等地参与到游戏当中，让孩子体验初步的交往关系，有助于社会关系的发展；游戏的整个过程要能够给孩子和家长双方都带来乐趣；加强了亲子之间的情感联系，有助于个性的完善和发展。家长应注意的是，孩子在玩游戏时，不要过多地干涉孩子；不要以自己的价值取向来衡量孩子的游戏行为；不要忽略孩子的年龄特征，不要忽略游戏中良好习惯的培养。比如，玩具玩完了让孩子自己收拾好，并物归原处；游戏时间要有节制，不能没完没了地让孩子玩，更不能因为玩而影响吃饭、睡觉等；不要因为孩子的游戏活动毫无意义而袖手旁观或忽视他或限制他，而应尽量帮助他们。亲子游戏的种类有很多，如运动游戏、玩具游戏、科学游戏、角色扮演等。

二是亲子阅读。我经常对老师、家长和孩子们说："读书是门槛最低的高贵行为。"但是，目前我国亲子阅读的状况不容乐观。犹太人爱书，以色列14岁以上的人平均每月读一本书，平均4500人就有一个图书馆，在人均拥有图书、出版社及读书量上，以色列居世界第一。在以色列，当孩子稍稍懂事时，几乎每一个母亲都会严肃地告诉他：书里藏着的智慧，要比金钱和钻石贵重得多，是任何人也抢不走的。

亲子阅读至少有这样几方面的功能。

——促进孩子的精神成长。一个人的阅读史就是他的思想发育史。阅读，决定一个家庭的精神层次；阅读，决定了一个民族的精神境界。高尔基说："书是人类进步的阶梯。每一本书是一级小阶梯，我每爬上一级，就更脱离畜生而上升到人类，更接近美好生活的观念，更热爱书籍。"雨果认为，书籍是造就灵魂的工具。惠普尔则认为，书籍是屹立在时间的汪洋大海中的灯塔。笛卡儿说，阅读优秀的书籍，就是和过去时代中最杰出的人们——书籍的作者——进行交谈，也就是和他们传播的优秀思想进行交流。需要特别指出的是，经典名著是几千年的文化精髓，它的思想价值、文学价值无与伦比，它影响了几代人甚至几十代人。因此，名著阅读是学生成长的正能量，这种能量需要家校共同去发掘。朱永新教授认为："早期阅读对人们的影响无疑是刻骨铭心的，是塑造精神趣味与人格倾向的，自然，也是多少能够预测未来的。""阅读滋养底气，思考带来灵气，实践造就才气。"

——培育孩子的阅读习惯。家中有"书香气"，家长以身示范，亲子阅读，久久为功。念念不忘，必有反响。慢慢地，家长就会发现孩子喜欢阅读了，这对培养孩子良好的阅读习惯大有裨益。钱理群教授在《我的教师梦》中的一段话，或许正是我们老师和家长所期许的："牵着中小学生的手，把他们引导到这些大师、巨人的身边，互作介绍以后，就悄悄地离开，让他们这些代表着辉煌过去的老人和将创造未来的孩子在一起心贴心地谈话，我只躲在一旁，静静地欣赏，时时发出会心的微笑。"如此，是一种多么美妙的画卷啊！

——提升孩子的梳理交流能力。在与学生交流时，我经常会问学生：除了教科书外，你还读过什么书？为什么选择读这些（本）书？这本书主要讲了什么？你对这本书有什么看法？另外，还有一种现象也让我倍加关注，就是西方中小学教学过程中常常布置学生一晚（或一段时间）大量的阅读，在此基础上课上讨论：阅读了这些素材，你有什么观点？我们也在自己的教学中尝试过，学生往往回答的是作者的观点——自己基本上没有观点！因此，亲子阅读后，家长和孩子可以就阅读的书籍进行交流，让孩子学会梳理作者的观点，并引导孩子批判性地形成自己的观点，促进思想发育，如果家长再鼓励孩子把自己的观点书写成文，那就更是锦上添花了。这对提升孩子的核心素养是非常有帮助的。

——提升家庭的文化品格。在教育实践中，我们走进学生家庭，碰到过两种场景：一种是客厅里在打麻将，家长打着，孩子看着；另一种是家长、孩子都在读书，家长读着，孩子也读着……不言而喻，这两种不同场景，折射了不同的家庭文化品格。我们常说，要给学生一碗水，老师要有一桶水；现在看已经不够了，仅从学生的角度要有一潭水。其实，对家长而言，何尝不是如此？家长更得有一潭水！家长也需要终身学习、终身阅读、终身发展，着力提升家庭的文化品格。试想，孩子在一个充盈书香气息的家庭中长大，和在一个充斥麻将气息的家庭中长大，他能一样吗？

亲子阅读，读什么？建议家长可参阅朱永新、王林教授主编的《中国人阅读书目（一）——中国幼儿基础阅读书目·导赏手册》《中国人阅读书目（二）——中国小学生基础阅读书目·导赏手册》《中国人阅读书目（三）——中国初中生基础阅读书目·导赏手册》《中国人阅读书目（四）——中国高中生基础阅读书目》。我觉得，两位教授主编的上述"阅读书目"，是一件非常值得敬佩的杰出工作！

三是亲子运动。根据家庭实际，家长和孩子一起进行亲子运动，让孩子在体育运动中享受乐趣、增强体质、健全人格、锤炼意志，促进以体育智、以体育心，是非常有意义的。亲子运动，可以提升孩子的幸福感。研究表明，运动让大脑分泌更多的多巴胺，提高幸福感。多巴胺作为神经递质，与控制行为、行动的动机、认知密切相关，通过运动能够提高体内白介素的水平，可以提高免疫力。另外，运动能够更好地促进大脑中多巴胺水平的分泌，辅助提高睡眠质量。多巴胺水平增加后，个体会感觉非常幸福、有动力、非常愉悦。亲子运动的过程，可以增进亲情，可以提高孩子的身体素质。亲子运动后，孩子很容易被"带入"，家长可以就"最近在学校快乐吗？""什么事让你最高兴？""什么事让你很不愉快？"等问题与孩子交流，从中肯定孩子的进步和正确的价值取向，并有机地引导孩子矫正自己的不正确或不恰当的认识，促进孩子的成长。亲子运动，可以培养家庭运动习惯，促进家庭成员养成终生锻炼的习惯。一举多得，何乐不为？

四是亲子艺术。艺术是纯洁道德、丰富精神的重要源泉。艺术是审美教育、情操教育、心灵教育，也是丰富想象力和培养创新意识的教育，能提升审美素养、陶冶情操、温润心灵、激发创新创造活力。有人曾说过，未来什么都有可能被人工智能替代，唯独艺术不可能被替代。这话不无道理。艺术，是孩子情商提高和完整人格形成的主要途径，更是一个人的造诣和人生高度的必备催化剂！因此，基于家庭实际的亲子艺术，可以是帮助孩子学一门才艺，也可以低成本地带孩子走进艺术馆、博物馆、科学馆，或是观看一场音乐会、一场话剧、一场舞蹈……甚至可以走进大自然，感受自然之美、天然之美、淳朴之美……经过艺术熏陶的孩子，他们看人看事看世界都会不一样：他们眼里充满了光芒与色彩；他们的大脑充满创造力；他们在艺术的世界里照样撑起一片天；他们的未来将拥有无限可能，将自己的人生变成一件最好的艺术作品。每一个孩子都有权利享受到艺术的滋养，现在的家长不会让孩子成为"文盲"，但别让孩子成为"艺盲"。

五是亲子厨艺。一个厨房冷清的家庭很难培养出高幸福感的孩子。厨房有热气、有人间的烟火气，家庭才有温情、才有情趣。从购买食材、择菜、洗菜到做菜，这个过程不但会提升孩子的生活自理能力，学会时空的优化利用，还能增进沟通。孩子能提升生活技能。孩子学习厨艺的背后，实际上是让孩子力所能及地做一些劳动，通过劳动来立德、通过劳动来发展智力、通过劳动来健康体魄、通过劳动来帮助审美、通过劳动来创造。通过劳动、通过下厨，家长要教育孩子弘扬劳动精神，形成崇尚劳动、尊重劳动的态度，学会长大后辛勤劳动、诚实劳动、创造性劳动，确立劳动最光荣、劳动最崇高、劳动最伟大、劳动最美丽的观念。这也是习近平总书记对劳动教育提出的总要求。因此，在家庭教育当中，家长一定要让孩子多动手。通过动手实践，培养孩子的劳动价值观——人民创造历史，劳动创造未来；劳动过程观——一分耕耘一分收获，空谈误国，实干兴邦；劳动技能观——业精于勤，荒于嬉；劳动成果观——一粥一饭，当思来之不易；劳动关系观——认识劳动与经济、劳动与法律、劳动与职业、劳动与健康的关系等。

2.家长要帮助孩子养成良好的习惯

第一，家庭教育要抓根本。

家庭教育要抓根本，这个根本就是习惯。习惯，既是一切教育的起点，又是一切教育的终点。作为家长和教师，努力培养孩子良好的习惯，就是送给孩子最好的礼物和最大的财富。

哲学家亚里士多德有过一段精彩论述，他说："播种一种思想，收获一种行为；播种一种行为，收获一种习惯；播种一种习惯，收获一种性格；播种一种性格，收获一种人生。"

罗素则言："人生幸福在于良好习惯的养成。"

第二，习惯要从小培养。

1978 年，75 位诺贝尔奖获得者在巴黎聚会。会议组织者请参会的获奖者思考回答：你在哪所大学、哪所实验室里学到了你认为是最主要的东西呢？令组织者意外的是，与会者们的答案竟是在幼儿园！在幼儿园学到了些什么呢？把自己的东西分一半给小伙伴们，不是自己的东西不要拿，东西要放整齐，吃饭前要洗手，做了错事要表示歉意，午饭后要休息，学习要多思考，要仔细观察大自然。从根本上说，我学到的全部东西就是这些。这是到会科学家的普遍看法，终生所学到的最主要的东西是从小家长和老师给他们培养的良好习惯。

解放心灵

20 世纪 50 年代，苏联发射了第一艘载人宇宙飞船，宇航员是大家熟知的加加林。当时挑选第一个上太空的人选时，有这么一个插曲：几名候选宇航员去参观他们要乘坐的飞船，进舱门的时候，只有加加林一个人把鞋脱下来了。他觉得："这么贵重的一个舱，怎么能穿着鞋进去呢？"加加林的这一个动作，让主设计师非常感动。他觉得，只有把这飞船交给一个如此爱惜它的人，他才放心。在他的推荐下，加加林就成了人类第一个飞上太空的宇航员。

可见，习惯不同，人的机遇就不同。良好行为习惯的培养的关键期是幼儿园和小学阶段，初中为辅，关键是小学低学段。

第三，培养孩子哪些习惯。

小学阶段，主要培养孩子良好的生活习惯，良好的学习习惯，良好的安全习惯，良好的劳动习惯，良好的与人相处的习惯……需要特别培养的习惯是：守时习惯，让孩子成为"靠谱"的人；整理习惯，让孩子成为有秩序感和规划力的人；阅读习惯，让孩子拥有终身受益的财富；运动习惯，激发孩子的"体能自尊"；做家务习惯，让孩子拥有自理能力和责任心；专注习惯，让孩子拥有成长的催化剂；耐挫习惯，让孩子拥有坚强的毅力；"吃亏习惯"，从小就开始培养，让孩子拥有宏大的格局。

中学阶段，主要培养孩子良好的习惯包括按时作息的习惯；认真听老师的课、认真思考、认真记笔记、认真做作业的习惯；及时订正，化错为对的习惯；与同学交流、质疑、探讨的习惯；按时完成作业的习惯；坚持体育锻炼的习惯；坚持做力所能及的家务劳动的习惯；思考人生的习惯……

第四，认识习惯的形成机制。

从神经科学、神经生物化学和脑科学的研究成果看，外部信息经大脑的上行网络激活系统，以及配合处理机构处理进入下行反馈神经网络和网状结构处理执行，大脑同时对类似信息块形成内部反应控制器，使得个体的行为更为准确、平稳和可靠。这个过程中，开始从外部调用的信息量大、处理的时间长，反应的速度比较慢，无数次地重复，产生易化效应，外部认知转化为内部认知，建立快速反省通道，定型化、自动化，习惯慢慢养成（见图3-44）。

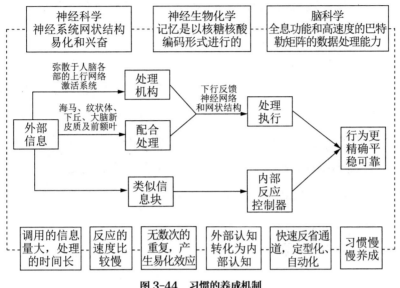

图 3-44　习惯的养成机制

第五，如何培养孩子良好的习惯。

国外有学者提出训练 21 天就能养成习惯。国内学者经过多年实验得出结论：21 天不够，要连续六周才能养成好习惯。习惯是因人因事而异的，有些习惯训练还要更长的时间。

案例 29　培养孩子回家先做作业的好习惯的设计

时间为六周。第一周和第二周：提出要求，要求孩子回家先自觉写作业，如能一周内有 2 天达到要求应给予表扬。若没达到要求，下周不准看电视（有所为，有所不为）。第三周和第四周：有 3 天能达到要求就给予表扬并配以物质奖励。孩子达不到要求，下周六、周日家长不准孩子外出。第五周：孩子有 4 天能达到要求给予表扬，那么由家长带孩子外出旅游、参观，予以奖赏。如果孩子达不到要求，那么下周不准其看电视，取消家长原定要给孩子买的衣物或玩具。第六周：如果一周 5 天孩子天天达到要求，那么全家开庆祝会，并向孩子发放礼品。然后家长提出要求，希望孩子自己巩固成果，形成习惯。如果孩子达不到要求，那么家长延长其训练时间，并给予相应的惩罚。

在人大附中，孩子们经常说："优秀是一种习惯。"如何做到呢？孩子们总结了这样几点：第一，要刻苦，要舍得在学习上花时间，并养成习惯；第二，要讲究方法，要少走或者不走弯路；第三，要咬牙坚持，千万不能松劲；第四，要创造好的环境，可以几个人约定同伴学习，也可以班级倡议，大家互相监督、互相促进；第五，不找借口、不逃避；第六，利用一切机会来锻炼自己，习惯于为他人服务。

3. 家长如何尊重孩子

第一，家长要平等地将孩子当成一个独立的人对待。

家长爱自己的孩子天经地义。但是，诸多家长常常认为"孩子太小了，他知道什么呀！"因而不能够很好地处理"爱"的方式与策略，往往以"对你负责"为名，采用较为"暴力"的爱。在小学阶段，由此引发亲子矛盾或冲突还较为温和。但到了初中阶段，则是"山雨欲来风满楼"后的"强对流"了。

其实，孩子是一个独立的人，他有自己的爱好，有自己的想法，也有自己的尊严。因此，父母在生活中，要学会尊重孩子，与孩子相关的事情，最好让他自己做主；即使孩子还小，父母在替孩子做决定时，也要听取孩子的意见。如果由父母决定成了孩子一生的习惯，孩子长大后怎么办呢？

第二，了解孩子是尊重孩子的基础。

家长要尊重孩子，就要理解孩子；要理解孩子，就要了解孩子。那么，如何了解孩子呢？我的体会有三点，一是基于"观察"的了解，二是基于"证据"的了解，三是基于"交流"的了解。细述如下：

首先，善于观察孩子的状态是家长的重要技能。

　　学会观察孩子的状态是担当好家长角色的基本功。家长既要重视观察孩子的状态，又要善于观察孩子的状态，还要善于分析孩子的状态。比如，孩子在家的状态，是否宁静舒适？学习的状态，是否投入专注？孩子放学的情绪状态，是兴高采烈，还是若有所思，或怒火中烧？孩子与同伴交流的状态，是正大光明，还是遮遮掩掩？孩子与大人在一起讨论事情的状态，是主动参与，还是默默旁观，或游离在外……

　　事实上，家长只有"将孩子当成最重要的"，才会用心用情用智地观察孩子。同时，每位家长应该知道：每一个孩子都是独一无二的，都是在变化中成长的，没有统一的标准，但一定有属于他自己的天赋，天赋中有全情投入的热爱和带有个体特色的擅长点，会有忘我的状态，这些还能够影响到周围人。因此，千万不能对孩子施加"暴力"的爱，也不能对孩子"漠视不见"，更不能用"别人的孩子"来打压"自己的孩子"。

　　其次，基于"证据"的交流是尊重孩子重要的方法。

　　在家庭教育实践中，如下的场景屡见不鲜。家长：我看你最近的学习不认真啊！孩子：我很认真啊！家长：我看你就是不认真！孩子：我就是很认真！……

　　这是典型的无效的交流。家长、孩子所说的都没有用"证据"予以证明，都是基于自我的直接感觉或定势思维的判断。因此，家长要学会基于"证据"与孩子交流。"证据"来自哪里？"证据"如何用于交流？

　　我在做学生个体学习或成长咨询时，一般会请孩子和家长一起与我见面，而且请孩子带上他的课本、作业本、练习册以及练习卷——这些，就是孩子学习态度、学习习惯、学习效果最直接的证据来源。怎么看"证据"呢？

　　一看孩子的课本。怎么看？是非常新的，还是经常使用比较旧了？——非常新，说明孩子几乎没有使用课本，这是一个严重的问题。是认真批注的，还是信手涂鸦的？——学生一般在课堂使用课本，课堂没有集中精力才会去涂鸦。而且，涂鸦往往能折射孩子的心理状态。孩子的书写是规范工整的，还是凌乱潦草的？——这说明孩子学习习惯的好坏。家长如果文化基础较好，那么可以更深入一些。语文的重要篇目、要求背诵的，孩子是否背诵了？各个学科的重要概念，孩子能否说得上，说得对，说得深？英语的词汇量，大概有多少个？……

二看孩子的作业本。怎么看？先看对错。课后作业本上的题主要是课堂学习的巩固，因此一般的孩子不会出现错误。如果错误较多，就说明课堂学习有严重问题。如果在某一阶段出现较多错误，说明这一阶段有外界因素影响导致学习出现严重问题。再看书写，是否规范、工整、美观，说明孩子的作业态度和习惯。最后看做错的题是否订正，及时订正，不仅会及时解决学习出现的问题，而且会将错误变成一种学习资源。不及时订正，则会日积月累，积重难返，出现学习障碍，最终沦为学习困难生！

三看孩子的练习册。练习册往往是课堂学习内容的拓展应用。练习册是从未做过，是偶尔做过，还是全部做过？这本身就反映出不同的学习态度、能力和水平。还要看，做错的是否及时订正了？

四看孩子的练习卷。练习卷是基础题错得多，还是难题错得多？是仅仅错了选择题、填空题，还是较多解答题错了？解答题是错了靠前的题（基础），还是错了靠后的题（能力）？做错的是否及时订正了？

这样，基于证据的交流，孩子是"服气"的。而且，家长可从中引导孩子如何上课、如何作业、如何练习、如何测试，这是做好家长的实功夫、硬功夫、真功夫！

最后，让孩子把话讲出来讲充分是重要的策略。

在小学，我们曾经让孩子讲讲最想对父母说的心里话，小学生频次较高的主要有：

　　他们对我的要求太高了，我真做不到。
　　他们只会伤害我的自尊。

他们根本不了解我在想什么。

我当时心情不好。

他们经常打我，我真想离家出走。

我太烦了，谁的话也听不进去。

他们经常说假话，我才不爱听呢。

他们遇上烦心事，就拿我撒气。

他们经常冤枉我，我太委屈了。

他们总爱带一帮人到家喝酒打牌，吵死了。

他们还把我当小孩，我已经长大了。

……

因此，家长要平等地与孩子交流，让孩子把心里话讲出来、讲充分，把高兴的事讲出来，把委屈讲出来，把痛苦讲出来，把孤独讲出来，把无助讲出来，把急切的需要讲出来……讲出来，孩子就"宣泄"了，心灵的垃圾就大部分清理了，人也就舒坦舒展了。这时，家长再进行适度的引导，孩子自然就听得进去了，也就不会再"逆反"了，教育效果自不待言。

4.家长对待孩子的"早恋"的策略

初中阶段孩子们情窦初开，这是正常的。家长应该了解孩子、理解孩子、尊重孩子。处理早恋的基本策略是有效沟通，分析缘由。早恋一般分为两种。一种是被异性吸引、对异性爱慕，这是美好的感情。对于这种情况，家长要引导孩子如何让自己做得更好。另一种是随大流，这种情况下的孩子往往是由于空虚或是攀比，家长要引导孩子如何让自己更加充实、更有魅力。不管怎样，家长要切忌"一棍子打死"，也切忌用简单粗暴的方法将孩子物理分开。此外，家长要引导孩子多关注其有意义又有意思的事，适当转移孩子的兴趣和注意力，以免孩子陷入不必要的泥潭中。我曾经对孩子们说过这样的话，在初中阶段，忽然有一天，你对异性同学有好感，与异性同学说话脸红了、不好意思了，那是很正常的——你生理发育正常，心理发育正常。但是，如果你整天红着脸，那就得赶紧来找我聊聊了……这自然引发了孩子们会心的笑声。

5. 家长要了解帮助孩子改进学习方法的策略

家长关注孩子学习的一般做法往往是口头要求孩子认真学习，但很少去研究学习方法，更难以对学生的学习方法进行指导。其实，即便对教师而言，这也是巨大的挑战。

为此，我将从教30多年学习方法指导的研究成果陈述于下，供家长们参考，请家长提出意见和建议。下文中，语境是我对学生交流的情境，当然会涉及家长对孩子学习的影响以及相关建议。

从1989年起，历时30余年，我对数千名不同地区（乡村、县城、二线城市、首都）、不同年级的中学生进行长期的调查和研究，结果表明：影响学生学习的因素固然很多，但最重要的不外乎三条：第一，是否"想学"，这是学习的目标态度问题；第二，是否"会学"，这是学习的方法策略问题；第三，是否"善学"，这是学习的能力素养问题。

美国未来学家托夫勒认为，一个人生下来到他50岁的半个世纪中，其知识量将增加32倍。即使是一个学富五车的人，他所学的知识也难以达到他所需要的知识的20%。因此，同学们不但要学会学习，而且要终身学习，培养一种可持续发展的能力和提高素养。

当下，无论是新冠疫情的影响，还是终身学习的需要，改进学习方法势在必行。

（1）想学：改进学习方法的发动机

是否"想学"，是影响同学们学习的最重要的因素。那么，又是哪些因素影响同学们是否想学呢？

我对人大附中学生的一次问卷结果，可以带给我们一些启示。对问题"我认为影响学习的非智力因素中最重要的是_____"的调查结果如下（每位被试选择不超过三项，下同）：兴趣（68.64%），习惯（60.26%），毅力（55.82%），自信（47.00%），目标（45.05%），焦虑（9.17%）（见图 3-45）。

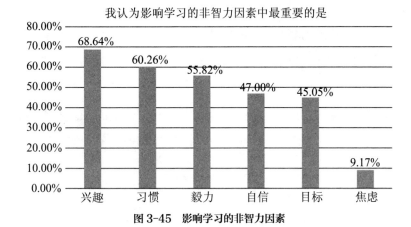

图 3-45　影响学习的非智力因素

就此，我们对影响学习的非智力因素做如下分析：

①目标

在与同学们的交往中，我发现了两个高频词。

高频词1：不知道

我在工作中经常会遇到这样的同学，我问他：“你长大以后想做什么？”“不知道。”“你梦想的大学是哪所？”“不知道。”“你喜欢的职业是什么？”“不知道。”……像这样，没有目标意识的学生，他在学习、生活中采取的应对措施必定是消极、盲目、被动、应付。因此，同学们在学习时，首先要认真思考为什么要学习，怎么样高效学习，我学得怎么样，绝不能陷入“不知道”的陷阱。

高频词2：还行

我在工作中还经常遇到这样的同学，我问他：“最近学得怎么样？”“还行。”“难吗？”“还行。”“会吗？”“还行。”“考得咋样？”“还行。”“心情好吗？”“还行。”……这样的学生，往往以得过且过的心态度过每一天。

我们的目标意识在哪里？

目标是个人、部门或整个组织所期望的成果。梦想、理想通常是大目标的另一称呼。梦想比较宏大，理想比较现实，而目标则更强调实践。

或许你会问，老师，我的目标意识在哪儿呢？

随着同学们年龄的增长，目标意识会从各方面有所改变，但同学们最初的目标意识恐怕来源于父母期待的目光，也就是说父母的目光在哪里，孩子的目标意识往往就在哪里。

有报道称，中国有很高比例的中学生没有明确的目标意识。为什么呢？因为有些家长的目光过于功利。比如，在填报高考志愿时，一位妈妈与儿子的对话如下：

> 妈妈：长大以后你做金融家。
>
> 妈妈：像爸爸那样，挺神气的！
>
> 妈妈：你看，咱家想买什么就买什么，想怎么花钱就怎么花钱……
>
> 儿子：哦。

这样，往往会导致有些同学没有社会责任感，也没有家庭责任感，不知道学习为了什么，没有学习的目标意识。

李兰娟院士早在十几年前就曾说过："在当今中国娱乐至上的社会里，青少年盲目地崇拜影视明星，有一天必定会成为社会的隐患。"近期，网上有一段李兰娟院士说的话："这次疫情结束以后，希望国家给年青一代树立正确的人生导向！把高薪留给德才兼备的科研、军事人员……适当管控娱乐圈那些'明星'动辄上千万的片酬！只有少年强则国强，为祖国未来发展培养自己的栋梁之材！教育我们的孩子要崇尚科学，要尊重科学家，要努力成为科学家。疫情过后，希望全社会树立健康观念，树立生物安全意识，多科普健康知识，多一些忧患意识。"这些话振聋发聩，也给同学们思考人生目标、学习目标提供了重要的参考。

学习目标对学习行为起着决定性的作用，崇高的目标可以产生强大而持久的学习动力，学习行为对学习目标则具有反作用。确定人生目标、学习目标后，要"咬定青山不放松，一张蓝图绘到底"。雅斯贝尔斯说："如果人被迫只顾眼前的目标，他就没有时间去展望整个的生命。"

T型人才

我们要引导孩子经常思考：未来社会需要什么样的人才？我要成为怎样的人？

研究表明，西方人才培养模式注重的特质是：知识面、创造力、适应性、独立性和实践能力。东方人才培养模式注重的特质是：逻辑思维、知识深度、重视读书、统一规范和集体主义。

我认为，未来的人才可能是集东西方培养模式之长的像图钉一样的"T型"人才（见图3-46），既有广度，又有深度。

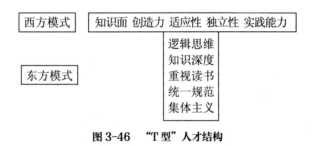

图 3-46 "T型"人才结构

②兴趣

兴趣是人积极探究某种事物的认识倾向。兴趣这种个性心理倾向一般总是伴随着良好的心理体验。一个人如果对某种事物发生了兴趣，那么他就会对该事物表现出特别的关注，大胆地探索，积极地从事与此有关的活动。对学习有兴趣，就极容易学好。

别坠入游戏的陷阱

在工作中我发现，不少同学特别是一些男同学对电子游戏感兴趣。这一现象，可能在孩子小时候就埋下了"雷"——小孩子哭闹时，家长很心烦，许多家长的做法是，给孩子一个手机，让他玩游戏，孩子立马就不哭了。而且，家长还很纳闷：你看这么小的孩子，游戏没人教他，他怎么无师自通自己就会玩了呢！甚至沾沾自喜，这孩子挺聪明的！

我们应该了解，为什么孩子们会对游戏感兴趣呢？首先，游戏有很炫的画面，非常吸引人；其次，游戏基本上是通关或装备的模式，能给游戏者即时的肯定和鼓励；最后，青少年求知欲强，学生中的"游戏行家"往往在同学中吹嘘其装备，在同学们羡慕的眼神中满足自己的虚荣心。

我们更应该知道，沉湎游戏给孩子带来的后果至少有：第一，除游戏外，对什么都不感兴趣——当然包括学习；第二，整天精神萎靡（玩游戏时除外）；第三，人际交往和共情能力弱；第四，为了配备游戏豪华装备，要投入大量的时间和金钱，因而要想方设法"搞钱"，由此往往诱发次生成长灾难甚至违法犯罪；第五，矫正游戏成瘾和戒断毒瘾一样困难！

如果我们最有希望的、最有朝气的、整个民族的希望——中学生成了游戏软件最大的消费群体，这不能不说是一种莫名的悲哀！

我在工作中接触和剖析过不少游戏成瘾的案例。我的结论是，"中学生不戒掉游戏，就不要谈学习"。

因此，家长一定要引导孩子培养自己一些健康的、向上的、积极的兴趣。不要沉迷于游戏，不要做那个井底之蛙，生活中比游戏有意思的事情、美好的事情太多了！

因为喜欢，所以不累；因为喜欢，所以快乐

在我们学校，学生的学习兴趣很浓。同学们经常说的是：因为喜欢，所以不累；因为喜欢，所以快乐！

为什么呢？我们从学生和教师两个角度对此进行了深入的研究。

第一，从学生角度看。"课堂教学中最能激发学习兴趣的是"：动手实践，占62.21%；学生讨论，占51.16%；启发，占47.57%；提供思考问题的时间，占47.35%；创设问题情境，占43.69%；利用信息技术，占36.03%（见图3-47）。

第二，从教师角度看。创设问题情境，占80.80%；学生讨论，占46.20%；启发，占46.20%；提供思考问题的时间，占42.30%；动手实践，占42.30%；

利用信息技术，占 26.90%（见图 3-48）。

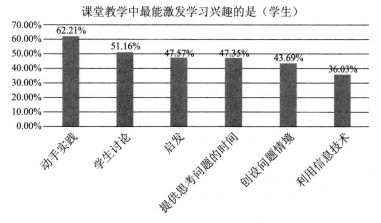

图 3-47　课堂教学中最能激发学习兴趣的因素（学生视角）

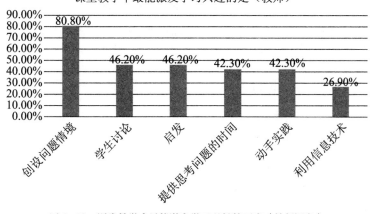

图 3-48　课堂教学中最能激发学习兴趣的因素（教师视角）

　　学生大量的学习时间在课堂，因此学习兴趣也更多地在课堂上激发，并在课堂上外显。无论是学生，还是老师，都要更多采用动手实践、学生讨论、启发、提供思考问题的时间、创设问题情境、利用信息技术等教学方法激发学习兴趣。反之，一味地教师讲学生听，无疑会扼杀学生的学习兴趣。家长知道这一点，在家中也可以鼓励孩子多动手，多实践，"手巧"促进"心灵"。

③习惯

习惯指在长时期里逐渐养成的、一时不容易改变的行为、倾向或社会风尚。

"习惯的力量是巨大的。"习惯有好坏之分,好习惯的力量是巨大的,坏习惯的力量同样是巨大的!怎样的习惯就有怎样的结果,习惯决定着结果。前面说过,家长如能培养孩子良好的习惯,这便是送给孩子一生最大的财富!

大象的启示

在印度和泰国随处可见拴在柱子上的大象。

有趣的是,一根矮矮的柱子,一条细细的链子,竟能拴住一头重达几吨的大象,可你又不能不相信自己的眼睛。

原来那些驯象人在大象很小的时候,就用一条铁链把它绑在柱子上。小象很小,无论怎样挣扎都摆脱不了锁链的束缚。于是,小象渐渐地习惯了而不再挣扎。后来,它们长大了,虽然它们大得已经可以轻而易举地挣脱链子,但是它们已经不会再挣扎,因为在这些大象的思维习惯里,已经牢固地认为摆脱链子是永远不可能的。

小象是被实实在在的链子拴住的,而大象却是被看不见的习惯的"链子"拴住的。

④自信

自信,是个人对自己所做各种准备的感性评估。相信自己行,是一种信念。只有自己相信自己,他人才会相信你。

有资料宣称,我国有非常高比例的中学生学习自信心不足。为什么我们的学生自信心不足呢?学生的自信心又来自哪里?

坏孩子是打骂出来的,好孩子是夸出来的

生活中,经常有家长拿"别人家的孩子"来打压自己的孩子,这是孩子缺乏自信的重要原因。因此,家长应坚信:坏孩子是打骂出来的,好孩子是夸出来的。发现自己孩子的优点,一定要及时表扬鼓励。千万不要拿别的孩子的优点比您孩子的缺点!

每一个孩子都是一颗种子

每一个孩子就是一颗种子，不论他是名贵的还是平凡的、高尚的还是粗鄙的，作为家长、作为教师的要义是耐心地扶植，尽心地呵护——用心去倾听花开的声音，用心去体味果实的厚重！

正如印度哲学家奥修所说："你将会成长，你将会开花，你所开出来的或许是玫瑰花，别人所开出来的或许是金盏花。并不因为你是玫瑰花，你就比较优越，也不因为他是金盏花就比较低劣，重点在于你们两个人都开花了……必须成为对自己的一个庆祝，它并不是一个竞争的问题，它甚至不是一个比较的问题。"

综上，一方面，学生的自信心来自家长、老师、同伴等方面的评价。另一方面，来自积极、肯定的自我评价与自我认知。因此，确立自信心关键在于自己，要坚信"我能行！"家长要通过适度且及时的肯定与夸奖帮助孩子建立自信。

⑤毅力

毅力也叫意志力，是人们为达到预定的目标而自觉克服困难、努力实现的一种意志品质。毅力，是人的一种"心理忍耐力"，是一个人完成学习、工作、事业的"持久力"。它与人的期望、目标结合起来后，会发挥巨大的作用。毅力是一个人敢不敢自信、会不会专注、是不是果断、善不善自制和能不能忍受挫折的结晶。

欧拉：单目工作 31 年，双目失明工作 12 年

大数学家欧拉 28 岁时，为了计算一个彗星的轨道，连续工作几天几夜，由于劳累过度，右眼失明。沉重的打击并没有使他停下数学研究，59 岁时欧拉的左眼也失明了。眼睛看不见，他就口述，由他的儿子做记录，继续撰写数学论文。1771 年，彼得堡发生大火，欧拉的住宅被烧毁，双目失明的欧拉虽然被人们从火海中抢救了出来，但是他的藏书及大量的研究成果都化为灰烬。接二连三的打击并没有使欧拉丧失斗志，他双目失明后在黑暗中整整工作了 12

解放心灵

年。

培根说："奇迹多是在厄运中出现。"别林斯基说："当你面临逆境，不幸是一所最好的大学。"

心理学把人为了实现某种目的，在行动中自觉克服困难时所表现出来的心理过程，称为毅力。在学习过程中，人的毅力具有一个最基本的功能，即调节内外活动。毅力表现在一方面推动个体去从事学习所必需的行动，另一方面制止与学习相矛盾的愿望和行动。推动和制止是辩证统一的，有所不为才能有所为，要有所为就得有所不为。

毅力：决心—信心—恒心

毅力的基本心理过程应为"决心—信心—恒心"三个阶段，要培养良好的毅力，首先要立下决心，其次要树立信心，最后还要有恒心。这三个阶段密切联系、互相交织、彼此促进、缺一不可。一般说来，决心越大，信心越足，恒心越久。反之，决心越小，信心越弱，恒心越短。

俄国教育家乌申斯基说："在学习中，并不是所有的东西都是有趣的，一定有，而且应当有枯燥无味的东西。应当教育儿童不仅去做有趣的事，而且要做没有趣味的事，即为了完成自己的责任而做的事。"因此，家长要引导孩子认识到，必须培养坚强的毅力，以此克服学习中的厌烦心理，树立学习的责任感、人生的责任感。用坚强的毅力去指挥学习，逐步增加对学习的兴趣。

学习过程，不可能是全程快乐的，也不应该是全程痛苦的！经历学习不得法的困顿、找不到方向的迷茫、拨云见日的顿悟后的智力满足而带来的深层次的快乐，无疑是难能可贵的，会给学习带来强大的动力。

⑥焦虑

焦虑是一个情绪变量，一般认为是一种伴随着某种不祥预感而产生的令人不愉快的情绪，它包括紧张、不安、惧怕、愤怒、压抑等情绪体验。学习焦虑就是人们在学习过程中形成的一种特殊焦虑，它指向学习活动，并影响学习活动的效率及效果。

学习焦虑与学习目标、学习态度、学习成绩的关系如下（见图3-49）。

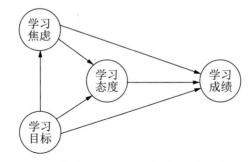

图3-49　学习焦虑与学习目标、学习态度、学习成绩的关系

焦虑，并非一无是处。适度的焦虑，甚至是成长过程中的必需品，可以带来学习和成长的动力。现在的孩子，家长物质上的供给往往是"过剩"的，精神上的熏陶恰恰又是"贫乏"的，孩子们长期的、过度的焦虑往往是"常态"的，这对孩子的成长是有害的。如果孩子出现这种状况，家长一定要及时介入，通过真诚有效的沟通，帮助孩子化解焦虑，轻装上阵。如果家长做了沟通，但收效甚微，则建议借助学校心理教师或专业心理医生的力量，及时化解孩子的焦虑。

（2）会学：改进学习方法的助推器

①会学是学习成功的重要因素

虽然每个学生刚入学时都想在学习上取得成功，但有的会学，有的不会学。会学的学生因学习得法而成绩好，成绩好又可以激发学习兴趣，增强信心，更加想学。越想学，知识越增加，智力越发展，能力越提高，成绩越拔尖，形成了良性循环，学习必然优秀。不会学习的学生开始时学习不得法而成绩不好，如能及时汲取教训，改进学法，变不会学为会学，经过一番努力是可以迎头赶上的；如果任其发展，不思改进，不做努力，成绩就会越来越差，差距拉到一定程度以后，就不容易赶上去了。那时，就会对学习丧失兴趣，不想学习。越不想学，就越不会学，成绩就越差，继而怀疑自己的学习能力，认为自己不是学习的料，对学习完全丧失信心，厌恶、害怕，甚至拒绝学习。这种恶性循环一旦形成，学生必将成为学习上的失败者（见图3-50）。

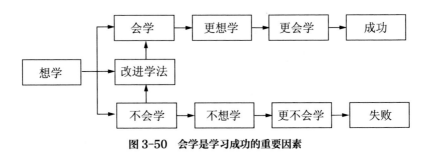

图 3-50 会学是学习成功的重要因素

可见，两条路线的起点相同（想学），分点就在学习方法上（会不会学）。由此可见，会不会学习，也就是学习方法是否科学，是想学的同学在学习上取得成功的极其重要的因素。

我的窍门：不过夜

我曾经教过一个学生，学习非常优秀，然而他的先天禀赋只能说是中等。我曾问过他：为什么学得这样好？他说：老师，我的窍门是"不过夜"。凡是课上没有听明白的问题，当天问老师、问同学，不过夜；凡是老师布置的任务，按时完成，不拖过夜；凡是作业、练习、考试中做错的题目，当天纠正，不过夜……

事实上，他的"不过夜"的窍门，是他自觉或不自觉地领悟了学习科学中的重要原理——反馈原理。利用及时反馈，解决学习中没有达到学习目标的问题，这样学习中存在的问题就被及时地一一清除了。同时，这个窍门培养了他良好的学习习惯，锤炼了他坚韧的学习品质。因而，他学习自然优秀。你看，他很好地抓住了学习方法里的一条，学习就很优秀了。这应该对我们很有启发。家长从小就要引导孩子，尽可能做到"当日事，当日毕"，尽可能多地掌握适合自己的学习方法。

②我的学习方法存在哪些问题？

研究表明，中学生学习方法常常存在以下问题。家长可以引导孩子测一测，这十大问题中，他存在几方面的问题？

a. 学习目的不明确，不愿动脑思考；

b. 不订学习计划，凭以往形成的学习惯性（或良好的自我感觉）运转；

c. 忽视预习，坐等上课，缺乏学习的主动性；

d. 不会听课，或分散注意力，或凭兴趣听课，事倍功半；

e. 死记硬背，乱对题型，机械模仿；

f. 不懂不问，一知半解，日积月累，问题成堆，无法自拔；

g. 不重基础，好高骛远，"会而不对，对而不全"；

h. 赶做作业，作业做完，万事大吉，不会自学；

i. 资料成堆，重量轻质，陷入题海，苦海无边；

j. 不重视复习，不查漏补缺，匆忙应考，屡试屡败。

会而不对，对而不全：学习的字典中没有"粗心"二字

学习过程中，学生往往有这样的体会：这个题目明明会做，却没有做对；这个题目，明明会做，却没有想全！随之，同学们往往一声叹息：唉，又粗心了！这样，便导致"粗心"复"粗心"，"粗心"无止境！我认为，学习的字典里没有"粗心"二字！所谓"粗心"，是学习基本功不扎实的借口；所谓"粗心"，是学习技能练习不到位的托词；所谓"粗心"，是学科思想方法没有领悟的遮羞布……

那么，怎样解决这个问题呢？以数学学科为例，家长应该了解，"运算"是数学学习的"童子功"，"推理"是数学学习的"命根子"。没有"童子功"，就抓不住"命根子"；重视"命根子"，才会夯实"童子功"！那么，又怎样提升运算能力呢？答案是"限时限量练习"。

在家学习时，家长可以训练孩子集中时间、心无旁骛地做数学练习。比如，我们可以做 1 小时练习，然后休息 20 分钟甚至 30 分钟，当然还要注意答题的准确率。但绝不能做 10 分钟，休息 10 分钟；再做 10 分钟，再休息 10 分钟……这样，学习的状态是"碎片"的，思维就没有"连续长度"了。如果我们在家练习都是这样的"碎片"式的思维节奏，我们又如何应对正式升学考试的 90

分钟、120 分钟、150 分钟的时长呢？今后，我们又如何能集中精力做好工作呢？

③学习方法问题的成因是什么？

一般地，学生学习方法存在问题的主要原因有：

a. 缺乏正确的学习目的和勤奋的学习态度；

b. 对各阶段、各学科学习的特点认识不足；

c. 学习基础差，对学习不感兴趣；

d. 学习能力较差；

e. 学习情绪沮丧，缺乏学习毅力和学习恒心；

f. 外界（父母或亲朋好友）传授不正确的学习方法；

g. 教师的观念保守，教学方式不当；

h. 考试制度的消极影响等。

④到底什么是学习？

学习＝学（向老师、同学等学）＋习（自己练习）

《说文解字》中，"学"字小篆的上部，是两只手，中间两个"×"代表古代的算筹，中间"宝盖头"代表固定的房子，里面的"子"代表小孩儿。因而对"学"的释义是：在一个固定的房子里，手把手地教小孩儿算术。"习"字的上部"羽"指雏鹰——雏鹰谓之"羽"，下部指窠臼的"臼"。因而对"习"的释义是：雏鹰在窠臼上练习飞翔。（见图3-51）这里，强调了学习的两个重要的方面：一是要善于向老师学，获取间接的知识和经验；二是自身要不断地练习实践，获取直接的知识和经验。正如《论语》所云："学而时习之，不亦说乎！"

图 3-51　小篆"学习"

学习的现代界定，是指通过阅读、听讲、思考、研究、实践等途径获得知识和技能、提升自身素养的过程。学习分为狭义与广义两种：狭义学习，是指通过阅读、听讲、研究、观察、理解、探索、实验、实践等手段获得知识或技能的过程，是一种使个体可以得到持续变化（知识与技能，方法与过程，情感与价值的改善和升华）的行为方式，例如，通过学校教育获得知识的过程。广义学习，是人在生活过程中，通过获得经验而产生的行为或行为潜能的相对持久的行为方式。

⑤改进学习方法的建议

a. 为自己未来的学习适当地做些准备，尽快适应正式开学的学习生活。

家长要引导孩子给自己一个准确的定位。要知道，孩子周围的同学和他一样优秀，甚至比他更优秀，因此引导孩子不能掉以轻心，不能有松口气的想法；也不能沿用以前自己的定位，盲目地"傲视群雄"，更不能"妄自菲薄""长他人志气，灭自己威风"；了解未来学习的特点，对一些困难的学科，可适当地做些知识上的准备；改进学习方法，将以前行之有效的学习方法继承下来，并不断改进和完善，还要积极主动地学习和运用新的学习方法；在学习过程中，当发现自己的学习方法有问题，但又找不出问题所在时，要及时向老师请教，获得老师的帮助；拜访学习优秀的高年级学生、大学生或优秀教师，从他们那里获得经验和建议，走一条高效率的成功之路。

b. 注意学习常规的落实，从中培养良好的学习习惯。

c. 在长期的教学实践中，我们指导学生运用"四环一步"学习法。"四环"指预习、上课、整理、作业四个环节；"一步"指的是复习这一步骤。（见图3-52）以此落实学习常规，久久为功，对良好学习习惯的培养，大有裨益。

预习：复习旧知；查清新知；找重难点；尝试练习。

上课：专心听讲；当堂弄懂；理清思路；抓住关键；恰当笔记。

整理：尝试回忆；看教科书；整理笔记；看参考书。

作业：审清题意；寻找思路；正确解答；仔细检查；题后回顾；及时订正。

复习：融会贯通；查漏补缺；强化记忆；总结规律；矫正错误。

考试：心态沉稳；认真审题；规范作答；仔细检查。

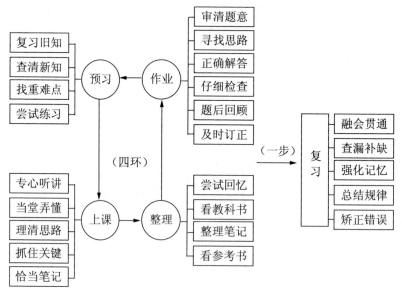

图 3-52 "四环一步"学习法

⑥学习是一个漫长的过程

学习是一个漫长的过程，学习成绩的好坏受到多种因素的制约。一些同学的学习方法出了问题，往往并不是所有的因素都出了问题，而是在某一方面或几方面出了问题。

学生是学习的主体，要改进自身的学习方法，主要是抓住三个方面：第一，我的学习方法存在什么问题？第二，导致这样问题的原因是什么？第三，采取什么样的措施解决这些存在的问题？

只要学生、老师、家长及时发现孩子学习存在的问题，帮助他积极协调自身的非智力因素，开发智力因素，不断地改进学习方法，不断提高自己的学习能力，积累学习成功的心理体验，培养自己的创新精神和创造能力，就一定能走出一条成功的、高效的学习之路！

（3）善学：改进学习方法的加油站

与"会学"（掌握科学的学习方法）同样重要的是"善学"，善学的重点是不断提升影响学习的智力因素，促进学习能力素养的提升。

智力不是什么神秘莫测的东西，而是人们在认识客观事物的过程中所形成的认识方面的稳定心理特征的综合，足以保证人们有效地进行认识活动。

下面，我对影响学习的注意力、观察力、记忆力、想象力、思维能力五个重要的智力因素加以分析。

①注意力

注意，是心理活动对一定对象的指向和集中。注意是学习的重要条件，而分心则是学习的大敌。注意，从不同角度对学习产生重要影响。

荀子说："目不能两视而明，耳不能两听而聪。"教育家把注意力比作"通向知识宝库的门户"，你不打开它，知识的阳光就无法透进心灵，智力也无法得到发展。所以，学会集中注意力，是学习成功的关键。

高斯：主人不在家

大数学家高斯边走边专心致志地思考数学问题，不知不觉走回到自己的家门，他敲门后听到里面仆人隔着上锁的大门回答："主人不在家。"高斯转身就走，边走边自言自语地说："好！我下次再来。"

一个人居然把自己的家当成别人的家，路过家门而忘返，足以证明他的注意力高度集中在数学问题上！无独有偶，我国著名数学家陈景润也有类似的故事，专心钻研数学难题，竟忘了时间，被锁在图书馆里过夜，甚至撞在大树上还道歉："对不起！"注意力高度集中，是他能够取得成功的主要原因之一。

培养学习的"饥饿感"

1938年诺贝尔物理学奖获得者费米小时候特别喜欢读书，对书有一种"饥饿感"。

有一天，费米拿回来两本书，并告诉姐姐，他要读这两本书了。这是两本物理方面的专著。书的内容包括波的传播、行星的运动、潮汐的循环等，费米读得津津有味。

费米有个当教授的邻居。有一次，教授半开玩笑地对费米说："我给你出几道题做好吗？""太好了。"费米跃跃欲试。题很难。让教授吃惊的是，费米居然全做出来了。从此以后，费米经常缠着教授要题目做，并在教授那里读到了大量的数学和物理学的书籍。

这里，对学习的"饥饿感"就是费米注意力之所在。

比如，有些同学在高中就自学高等数学、大学物理等大学课程，并且自学得很好，这就是有很好的学习"饥饿感"。在学校开展的名著阅读教学中，一位著名的特级教师说："三日不读书，便觉面目可憎！"这是教师的学习"饥饿感"。

体会时间的价值

要训练自己的注意力，就要体会时间的价值，不断训练自己在较长的时间段内，集中精力去学习、全神贯注去做一件事的能力，不断训练自己见缝插针，化零为整，挤出各种碎片时间用于学习的能力。下面这一席话，有助于孩子认识时间的价值。

> 要体会1年的价值，去问问没通过升学考试的学生；
>
> 要体会1个月的价值，去问问生下早产儿的母亲；
>
> 要体会1个星期的价值，去问问周刊的编辑；
>
> 要体会1天的价值，去问问要养活6个孩子的短工；
>
> 要体会1小时的价值，去问问等待见面的情侣；
>
> 要体会1分钟的价值，去问问没赶上火车的可怜虫；
>
> 要体会1秒的价值，去问问事故中幸存的人们；
>
> 要体会1毫秒的价值，去问问奥运会上获得银牌的人。

在学习过程中，我们有很多知识确实是通过无意注意获得的；在学习中，我们的系统知识则主要是通过有意注意的渠道获得的。确切地说，应当把无意注意和有意注意交替起来加以使用，才能提高学习效率。

②观察力

观察力是指大脑对事物的观察能力，如通过观察发现新奇的事物等，在观察过程中对声音、气味、温度等有一个新的认识。

观察力是智力活动的门户，是智力活动的源泉。

要发现和探索大自然的奥妙，需要观察。达尔文曾对自己做了这样一个评价："我既没有突出的理解力，也没有过人的机智；只是在觉察那些稍纵即逝的事物并对其精细观察的能力上，我可能在众人之上。"

我国明代著名的医药学家李时珍撰著《本草纲目》，记载药物 1892 种，附方 11096 种，就源于他"搜罗百氏，旁征博引"地总结前人的成果，并不辞劳苦、深入实际、有计划、有目地进行观察。

文学艺术创作，也需要观察。契诃夫指出："作家务必要把自己锻炼成一个目光敏锐、永不罢休的观察家。"艺术大师罗丹在其遗嘱中告诫青年："所谓大师就是这样的人，他们用自己的眼光去看别人见过的东西，在别人司空见惯的东西上能发现出美来。"

同样，学习也离不开观察。语文要观察，对人物、景物、事物的观察越仔细，描写就会越深入、具体、生动；数学要观察，对数学图形、数式、数量关系的观察越仔细，就能抓住数学的本质。物理、化学等实验学科，就更需要观察。

请尝尝糖尿病人的尿液

一次，一个医学院的老师带着几个学生进了实验室，对学生说："糖尿病人的尿液里有大量的糖，所以是甜的。"说着，把手指伸进一个盛着一些液体的量杯中蘸了一下，放进了嘴里，说："你们尝尝看。"

学生们无奈，只好照做，果然觉得液体有甜味。只有一个学生笑了笑，没有做。

老师问："你为什么不做？"学生说："老师，你伸进杯子的是中指，放进嘴里的是食指。"

老师笑了，对学生们说："虽然杯子里只是一些干净的糖水，但你们中间只有一个人善于观察。"

③记忆力

所谓记忆，就是过去经历过的事物在我们头脑中的反映。记忆是一种心理过程，它包括记忆、保持、回忆（或再认）三个基本的环节。

记忆是积累知识的仓库。俄国军事家苏沃洛夫说，记忆是智慧的仓库，要把一切东西迅速放到应该放的地方去。如果把学习比作一座工厂，那么记忆就是这座工厂的原料仓库。记忆为学习活动提供的原料越多，我们的想象力就越丰富，就越富有创造性，思维活动就越活跃，就越富有灵活性。否则，一切学习活动将无法进行下去。

首先，那些必须记住的应使之成为记忆硬件，这是学习成功的基础。哪些是必须记住的呢？比如，英语的语法、短语、单词，数理化的公式、推论、定义、定理，历史的重大事件，地理的区域分布等，这些是你必须记住的。同学们，如果你连这些都记不住，那你不必再继续学习了！一般而言，大多数同学这方面的记忆都是做得不错的。但学习困难的同学往往做得不够。

家长要引导孩子明白，所有你阅读过的诗词歌赋，名词佳句，所有的生活中感动过的素材，只要记忆容量里面有的，只要恰如其分的，都可以是资源，都可以为其所用。

其次，对典型例题解题思路的记忆。对典型问题的解题思路加以分析、总结、记忆，把它化成一个案例，就可以获得解题高峰体验，积累解题经验。事实上，从教育学及认知科学而言，基本学科活动经验是将学习过程中有效的行为内化为学科学习能力、学科素养的重要载体。同学们，为什么老中医非常厉害，老中医见的病人多，诊治的疑难杂症多，典型病例多，经验多，所以老中医非常厉害。

最后，对自己学习中错误及其纠正方法的记忆。只要稍加留心，我们就可以发现，孩子一般会在哪儿出错呢？那就是教材中的重点、难点！学习过程中，犯错是不可避免的，可以犯错误但不能犯同样的错误。我们有很多的学生并没有做到重复的错误不再犯。如何才能做到重复的错误不再犯呢？首先，要分析导致错误的原因；其次，对错误进行矫正；最后，选择一些与此类问题类似的问题，进行练习，提高自己处理此类问题的能力，提高对这类"顽固错误"的"免疫力"。

比如，有些同学建立错题档案本，坚持下来了。实践证明，效果确实是不错的！

多感官结合，记忆效果更佳

大样本研究显示：大约 20% 的学生是听觉偏好学习者，20%～25% 的学生是视觉偏好学习者，55%～60% 的学生是触觉偏好学习者。不同感官偏好（即不同风格）的学习者更加偏爱且更易于加工相适应类型的信息。

人获取的外界信息中，83% 来自视觉，11% 来自听觉，3.5% 来自嗅觉，1.5% 来自触觉，1% 来自味觉。显然增加视觉、听觉信息量是多获取信息最可取的方法。

人从视觉获得的知识，能够记住 25%，从听觉获得的知识，能够记住 15%，若把视觉与听觉结合起来，能够记住 65%。因此，多种感官结合，记忆效果会大大提升。

④想象力

想象力是人在已有形象的基础上，在头脑中创造出新形象的能力。

所谓想象，就是人脑在已有表象的基础上加工改造形成新形象的心理过程。学习过程中，更多的是需要有意想象。高中的立体几何，没有一定的空间想象力，就不容易形成立体概念；学习化学，如果不利用想象去认识各种微观粒子，就不能理解微观粒子的运动、结构和性质；学习语文，如果不能想象出

解放心灵

课文中的人物形象，就很难理解课文；写作文，如果没有一定的想象构思能力，就很难下笔；中学的物理课更是如此，一些抽象的东西，如光、电、磁、场、波、原子能的热核反应等，都需要在一定教学手段的配合下，通过想象去理解，以形成概念。总之，不论学习哪一学科，对知识的理解和科学概念的形成，都要借助想象力。所以，想象力是同学们学习必须具备的一种重要能力。

苯分子结构：来自梦中

100多年前，德国化学家凯库勒对苯分子结构百思不得其解。有一次，他坐在马车上，不知不觉进入梦乡。他梦到许多原子排成队，扭动着，像一条条狂舞的银蛇。突然，一条蛇把头卷曲上来，咬住自己的尾巴……就在这时，凯库勒醒了。他朝思暮想的苯分子结构问题就这样解决了，因为他悟出了苯分子的结构是环形的，就像首尾相接的一条蛇。

这是科学研究上无意想象的例子。有同学可能要问，那我怎么就做不出这样的梦呢？这是一个很好的问题。答案是，"日有所思，夜有所梦"。如果你对问题没有思考，或者想一想就放弃了，那肯定不会有"好梦"光临。而凯库勒对苯分子结构百思不得其解，才有了好梦："灵感从来不光顾没有准备的脑袋。"英国数学家布罗诺夫斯基指出："所有伟大的科学家都自由地运用他们的想象，并且听凭他们的想象得出一些狂妄的结论，而不叫喊停止前进！"

⑤思维能力

人们在工作、学习、生活中每逢遇到问题，总要"想一想"，这种"想"，就是思维。

思维是通过分析、综合、概括、抽象、比较、具体化和系统化等一系列过程，对感性材料进行加工并转化为理性认识及解决问题的。我们常说的概念、判断和推理是思维的基本形式。无论是学生的学习活动，还是人类的一切发明创造活动，都离不开思维，思维能力是学习能力的核心。

思维品质包括思维的创造性、系统性、深刻性、敏捷性、灵活性。

思维是人的学习活动的核心。人类认识客观事物，学习基本知识，掌握基本规律，进行创造发明，都离不开思维。坚持不断思考，是事业成功的重要基础。爱因斯坦说："学习知识要善于思考、思考、再思考，我就是靠这个方法成为科学家的。"牛顿说："思索、继续不断地思索，以待天曙，渐渐地见得光明……如果说我对世界有些微贡献的话，那不是由于别的，却只是由于我的辛勤耐久的思索所至。"爱迪生说："我平生从来没有做过一次偶然的发明。我的一切发明都是经过深思熟虑、严格试验的结果。"《论语》有言："学而不思则罔，思而不学则殆。"在全世界 IBM 管理人员的桌上，都摆着一块金属板，上面写着 "Think"（想）。

你什么时候思考呢？

有一位科学家，晚上散步路过他的实验室时，发现里面还亮着灯。他推门进去，看见他的学生正在忙碌着，就问："你这么晚还在做实验吗？""是的，先生。""那么你白天在干什么？"科学家又问。"看书，先生。"学生回答，并期待着老师表扬他的刻苦。科学家摇了摇头，叹了口气，说："那么你什么时候思考啊！"

这给我们的启示是：在学习（包括今后的工作）中，要避免"低效的勤奋"。

思维在学习中具有特别重要的意义。思维在学习中的作用具体表现在三个方面：一是通过思维可以更好地理解知识；二是通过思维可以更好地巩固知识；三是通过思维可以更好地应用知识。

"数学是思维的体操"，这是加里宁的名言。培养思维能力需要数学，数学学习需要思维。据闻外国企业家请数学系毕业生去管理工厂时这样说："我需要的是你的数学脑袋，而不是你的数学知识。"这从一个侧面说明数学对思维发展的重要作用。

家长要有效地引导孩子，无论在你求学的道路上，还是在你人生的道路上，你都要做全方位的努力，因为你今天的努力，决定了你明天将接受什么样的教育。而明天你接受什么样的教育，可能决定了你会有怎样的人生。

解放心灵

再缔心愿

　　我宁可做人类中有梦想和有完成梦想
愿望的、最渺小的人，而不愿做一个最伟
大的、无梦想、无愿望的人。

——纪伯伦

秉承"教育解放心灵"的教育思想，高起点办学、高质量发展，短短几年时间，学校便成了老百姓家门口的好学校、真正深入推进素质教育的新优质学校。

　　在这过程中，我一直在思考以下问题：一是用校长的教育思想引领学校高质量发展可否在更大的范围内检验推广，在更广的区域内发挥辐射引领作用，以促进更多的学校成为人民满意的学校，促进更多的校长成为优秀校长，让更多的孩子享受优质均衡的教育？二是教育是面向未来的事业，为了更好地为国家的明天培养人才，并为孩子们美好的明天做好准备，我们当下的教育应该做些什么？三是学习贯彻党的二十大精神，构建高质量教育体系，以教育改革激发教育优质均衡发展的动力，加快拔尖创新人才的自主培养，切实有效的路径如何开拓？

一、放大生命

在努力将人大附中航天城学校办成老百姓家门口的优质学校的过程中，我一直在思考，作为一所新办学校，办学起点高，办学质量提升得法，办学过程中的一些成功探索可否与其他学校分享？这种"放大生命"的想法源于人大附中的实践，人大附中航天城学校是否能发扬光大？

（一）放大生命

人大附中是一所国内领先、国际一流的学校。自 2002 年起，在刘彭芝校长的引领下，人大附中以"履行社会责任，促进教育均衡"为己任，通过对口帮扶、跨区域合作、委托管理、合并管理、远程共享、接收"留学生"、培养优秀校长优秀教师等多种途径，在教育扶贫方面作出了重大贡献，赢得了人民群众的广泛赞誉。2014 年，人大附中被评为全国社会扶贫工作先进集体。

1. 人大附中教育扶贫的理念与经验

（1）爱与尊重

爱是教育的最高境界，爱是自然流溢的奉献；尊重是教育的真谛，尊重是创造的源泉。

（2）放大生命

人的生命有大小之分。小生命，蕴含在自己的身体内；大生命，则体现在人群和社会中。一所学校的生命也有大小之分。小生命，蕴含在自己的校园内；大生命，则体现在整个教育事业中。人大附中不遗余力地培养优秀人才，把一些优秀人才输送到别的学校担任重要职务，让他们有施展才华的舞台，对优秀人才来说，这是放大生命；等他们把人大附中的教学理念和教学经验传播出去后，对人大附中来说，这也是放大生命。

（3）促进教育均衡，校长大有可为

教育均衡首先是政府责任和政府行为，但每个校长、每所学校应该也可以大有作为，带动薄弱学校发展，促进教育均衡。如果所有的校长、所有的学校都能做到这一点，那么我国教育均衡的程度将会大大提高。

（4）遣帅领渔

"授人以鱼，不如授人以渔"，其实，送人打鱼的技术，还不如给人家派一个能组织打鱼的领头人。在促进教育均衡的过程中，最好的做法是培养和向别的学校输送干部。

（5）目标引领

教育扶贫、促进教育均衡的目标是，让更多孩子享受优质教育，让更多教师成为优秀教师，让更多校长成为优秀教师，让更多学校成为人民满意的学校。

2. 人大附中教育扶贫的方式与模式

在刘彭芝校长提出的上述理念的引领下，经过十多年艰苦卓绝的探索与实践，人大附中逐渐形成并落实了对口帮扶，委托管理，合并管理，跨区域合作，远程共享，接收"留学生"，培养"卓越校长，卓越教师"等多种模式。

3. "放大生命"的启示

刘彭芝校长"放大生命"的理念，对人大附中"追求社会责任最大化，促进教育均衡"的实践有着重要的引领和激励作用，对我们创办人大附中航天城学校也有重要的启迪作用。

人航是人大附中"放大生命"的成果，我和马静同志受人大附中、人大附中联合学校总校委派创办人大附中航天城学校，这是放大我们自身的生命。我们把人大附中航天城学校的教学理念和教学经验传播出去后，对人大附中航天城学校来说，这也是"放大生命"。

（二）启动"人系"小学联合教研

在"三航"课程建构的引领下，人大附中航天城学校的集体备课、校本研训做得扎实高效，人航教师成长进步非常快。人大附中联合学校总校部分成员校提出，能否共享人航的集体备课成果？人航班子经过商量，认为第一，可以促进教师专业水平的进一步提升，促进教师更好地践行"单元整体教学"；第二，"送人玫瑰，手留余香"，可以促进成员校一起进步；第三，成员校其他学校教师也可以慢慢加入主讲教师行列，大家互相学习，共同提高。何乐不为？会议商定，小学部联合教研工作由马艳辉副校长主抓。

2020年10月15日，人航牵头对人大附中联合学校总校成员校中的小学进行联合教研活动，以线上腾讯会议形式，开展共享教研特别是"单元整体教学的设计与实施"的集体备课成果。

目前，小学联合教研包含人大附中总校成员校（简称"人系"）13所，人大附中航天城学校、人大附中翠微学校、人大附中实验小学、人大附中深圳学校、人大附中昌平学校、人大附中三亚学校、人大附中海口实验学校、人大附中丰台学校、人大附中石景山学校、人大附中第二分校、人大附中朝阳实验小学、人大附中朝阳分校、人大附中朝阳分校东坝校区。后来，河北高碑店市所有小学、酒泉卫星发射基地东风小学、北理工实验学校先后加入该联合教研。

截至2022年年底，人航牵头一共开展小学联合教研78场，其中人航承担32场，主讲教师82人次。除去人大附中航天城学校以外，承担过共享备课任务的学校还有：人大附中翠微学校、人大附中丰台学校、人大附中三亚学校、人大附中深圳学校、人大附中实验小学、人大附中昌平学校、人大附中海口实验学校、人大附中石景山学校。

小学联合教研的发展大致可以分为三个阶段：

起步阶段。2020年10—12月，全部由人航教师负责，开展单元整体备课和典型课例分析，带动总校成员校，尤其是新建校教师开展备课，共开展联合教研备课8次。

发展阶段。2021年2—6月，部分成员校开始尝试一起承担备课任务。其间还邀请了三位业内专家为全体教师做专题培训，共开展联合教研备课22次。

成熟阶段。2021年8月25日，人航带领成员校开展开学前的集体备课，分年级分学科同步开展10场备课。倡导所有教师新学期从认真备课开始。自

再缔心愿

此，成员校开始增加备课量，分语文、数学学科分年级开展备课，更加精准地帮助教师成长。共开展联合教研备课 48 次。

下面，是 2021—2022 学年第一学期第一次小学一年级联合教研，人航一年级数学教师永飞、魏聪聪老师的教研报告，题目是"大自然的语言——"生活中的数"单元整体分析"。其中，点评内容是我所写，一是学习老师们教研成果后的体会，二是试图借此揭示"单元整体教学的设计与实施"的一般规律。

扫码观看
小学联合教研案例

类似于上述诸多积极的反馈，既让人航的教师拥有了分享教研成果的快乐的高峰体验，又激励人航的每一位老师既独立思考又专业合作，在联合教研中拿出更高水平的成果。这项活动，对促进人航教师队伍的成长，作用巨大。

（三）走进"高碑店教育振兴实验区"

2021 年 4 月 28 日，保定市人民政府与创新人才教育研究会签署战略合作协议，就保定市基础教育改革与发展、教育拔尖人才培养等展开合作，为建设教育强市、品质生活之城提供可靠的智力支持和人才保障。

创新人才教育研究会会长是刘彭芝，刘彭芝会长雷厉风行调动各种教育资源，保定市管辖的 4 市、5 区、15 县的每个市（县、区）都由一位名校长牵头，并由校长所在学校组织提供教育支持。

我是创新人才教育研究会的常务副会长，我和人航班子领到的任务是对口支持高碑店市。2021 年 7 月 5 日，保定市人民政府与创新人才教育研究会战略合作启动会在保定召开。其间，高碑店市领导与人航团队举行了见面会。高碑店市委书记亲自向人航参会的书记、校长及其他领导老师介绍了高碑店市的基本情况，并充分表达了借此战略合作契机振兴高碑店教育的信心和决心。人航团队深受鼓舞，备感责任重大。见面会后，人航团队进行了磋商会，大致决策了振兴高碑店教育实验区的行动方案，梳理确定了振兴高碑店教育的"八大行动"：目标聚焦与分解行动、教育理念更新与提升行动、高三教学质量提升行动、优秀骨干教师到人航跟岗行动、教育创新实践暨新课程实施行动、优秀年轻校长到人航跟岗行动、联合教研行动、双师教学行动。

只看字面，这些行动并无太多新意。事实上，追求亮眼的新意也并非我们的根本目的。振兴高碑店教育，关键是依托当地党委政府的支持，拿出我们实实在在的行动，收获实实在在的成果。下面，列举几个重要事件，这些事件与上述八大行动有机融合。

1. 初进高碑店

7月5日傍晚，战略合作启动会结束后，我和马静书记率人航团队奔赴高碑店市。经过一个多小时的车程，我们到了该市，共同用完工作晚餐后，我们着手准备第二天的工作。

7月6日上午，创新人才教育研究会振兴高碑店教育实验区启动会举行，该市党委政府主要负责同志、教育局机关同志、幼儿园园长、中小学校长参会。启动仪式后，我对该市幼儿园园长、中小学校长进行大会报告。该报告主要包括：

（1）主题的确定与解析

经与该市党委政府及教育局主要负责同志磋商，与该市战略合作的主题确定为：重塑高碑店教育新高地。

报告中，我从以下几个方面对上述主题进行解析，并构建了行动的整体框架：

——动因（为什么）。从党的要求看，教育是民生之基；从社会发展看，高碑店原先教育、医疗是高地，现在经济动力和成效很好，但教育发展与之不匹配；从人民期盼看，老百姓期盼更好的教育；从教育发展看，这是应然要求。

——目标（是什么）。要做到教育理念新、发展方式优、教育质量高，并明确细化"三年大变样""六年大改观"的具体目标。

再缔心愿

——任务（做什么）。明确"三方任务"，即明确党委政府、学校、教师各自的任务。

——策略（怎么做）。特别是学校层面，一定要拿出具体的实施策略。

——绩效（做得如何）。党委政府对教育局、教育局对学校、学校对教师，均要建构本项目绩效评价方案。

（2）学校角度的行动框架

按照学校的办学要素，我构建了"十个方面、四个层面、两级水平"的框架（见表4-1）。

表4-1　学校教育振兴行动框架

	三年大变样				六年大改观			
	目标	任务	策略	评价	目标	任务	策略	评价
学校党建								
学校德育								
课程建构								
课堂教学								
学校管理								
教师队伍								
学校大脑								
家校社协同								
对外合作交流								
拔尖人才早培								

（3）我们能做什么？

简介上述八大行动（略）。

（4）案例分享

介绍人航发展愿景、高质量办学体系、高质量德育体系、高质量课程体系、高质量课堂教学体系。

通过案例，讲述人航的发展故事；通过案例，讲述人航的发展策略和方式；通过案例，讲述学校的规律与原理；通过案例，讲述学校如何落实立德树人，促进学生全面而有个性的发展。拓展了与会同行的教育理念视野和实践操作能力，得到与会同行的一致赞誉。

2. 高碑店教师到人航跟岗

2021 年 7 月 18 日上午，我在高碑店为高碑店中小学校长、幼儿园园长及优秀教师代表共计 400 余人做报告，报告题目是"重塑高碑店教育新高地——基于人航高质量教育体系构建的思考"。下午，听取高碑店市教育局初步遴选的中小学优秀骨干教师汇报。最终，我和马静书记以及人大附中航天城学校专家经过集体研究，确定了该市五位老师秋季学期到人航跟岗。其中一位教师因为自身原因未能成行，最后到人大附中航天城学校跟岗的教师为 4 人。人大附中航天城学校给四位跟岗教师每人都安排了优秀的指导教师（见表 4-2）。

表 4-2　高碑店市跟岗教师指导教师安排表

姓名	工作单位	职称	学科	教龄	人航指导教师
赵美辰	高碑店市东盛实验中学	中小学二级教师	音乐	5	翁丽
柳飞	高碑店市东盛实验中学	无	语文	3	罗燕
孟国杰	高碑店二中	中小学一级教师	数学	23	孙福明
张玉华	高碑店市幸福路小学	中小学一级教师	语文	25	崔俊京

在人大附中航天城学校跟岗近一学期，四位教师都撰写了跟岗体验。分享如右，见扫码文件。

上述四位教师从不同的角度谈了他们的跟岗体验，有对学校的赞誉，对学校教师的褒扬，也有自我反思。相信，再回到原单位，他们会在心灵解放的基础上以全

扫码观看"跟岗体验"

新的姿态"出发"，再上教育教学新征途。相信，人大附中航天城学校也会从中汲取力量，自我反思，解放心灵，向着高质量教育体系的构建与实施，落实立德树人根本任务，不懈努力。

3. 高碑店一中高三教学质量调研

2021 年 9 月 12 日，我邀请人大附中分管高三的有关专家，一起来到高碑店一中，进行高三教学质量调研。高碑店市分管教育的副市长、教育局领导及教师发展中心领导一起参加调研。

此次调研，上午我们主要安排了两个环节：

第一，听课。调研组到高碑店一中分成三个组在高三随机听课，听取了高三年级数学、物理、地理、历史、化学、生物等科目的复习课，在课堂中观察教与学的情况。

第二，听汇报。听取高碑店一中、三中校长的高三工作总体汇报，听取高三年级组长以及九门学科备课组长的汇报，了解高三各学科第一轮复习工作的总体思路和具体安排。

下午，与高碑店一中、三中全体高三教师、学校中层以上干部进行交流。

（1）人大附中高三专家从年级工作的角度对一中复习工作提出了意见和建议。

（2）人大附中高三专家从学校管理的角度对一中复习工作提出建议。

（3）我则结合高三工作，全面地进行了报告。

首先，我谈了调研的整体印象：

一是学校领导对高三工作重视，学校领导都分工到高三负责某一板块工作；二是备课组长很投入，很用心，引领学科复习，安排很细致；三是高三年级组工作的整体安排、阶段安排较科学；四是从学校、备课组、年级组到高三教师、班主任，系统安排，各负其责，系统运行较顺畅；五是学校高三工作有目标引领；六是学生作业，要求老师先要做一遍，这样作业布置就会很扎实……

其次，针对高三复习工作，我讲了以下六点意见：

第一，一中要强化目标引领。其中，英才目标，谋划"清北"的突破，双一流高校人数的增量；强基计划，人数的增量（百分比的提高）；整体上，本科生上线人数排名争取进保定市的前10位。

第二，关于高三管理理念与职能定位。要变"督查"为"学习"，学习新课标、新课程及新高考的要求，更新教育理念，学校领导要做一个领导"学习"的领导，通过学习要成为一个"明白"的领导，明白立德树人的新要求，明白新课程标准核心要义，明白新教学规律，明白新高考改革方向；变"督查"为"服务"，服务教师＋服务学生；变"执行"为"研判、解决"，研判和解决高三师生中的问题、困难，第一时间研判，第一时间解决。

第三，深入研究学生。要研究学生的学习基础、能力、优势、不足、成因及对策，要认真分析期中测试、期末测试、一模、二模的教学质量，分析学生的变化、原因、对策，要深入研究怎样的选科套餐对我们学校是"最好的套餐"，要群策群力将"尖子"打磨出来，还要深入研究作业的量、质的精准安排："周练"是否是最好的安排？是否要给学生留一些"喘气""调整"的时间？每周末能否留半天让学生调整一下（老师也跟着调整一下）？

第四，提高测试成绩分析的质量。期中测试、期末测试、一模、二模后，怎样进行基于数据的高三教学质量分析？校内外的横向比较以及自身的纵向比较，成功的做法，存在的问题与对策。

第五，深入研究高三课堂教学的基本规律。一是研究一轮、二轮的不同，二是研究复习课、习题课、讲评课的基本规律。

就本次听课，提出几点改进建议：一是概念复习，何种形式更有效？要引导学生进行三个层次"是什么、为什么、有何用（怎么用）"的梳理，理解概念，掌握规律。二是适当减少PPT的使用，凸显结构性板书的力量。三是摈弃"题型教学"（题海教学），转为引导学生从以下三个角度学会思考：（1）目标导向，这个题目要解决什么问题？（2）学科活动经验，以往见过吗？大致有哪几种

再缔心愿

解决问题的思路？（3）抉择，目标与条件相结合，选哪种方案入手，解决的可能性更大？解决问题后要善于从知识层面、方法层面、思维层面及核心素养层面进行"题后反思"。

第六，深化作业设计，着力提升命题能力。着眼于学科核心素养，通过深化作业设计、创新命题设计，引领综合运用所学知识，解决现实背景的问题来提升。

随后，关于新高考、新高考复习、新作业与新命题进行了深入的辅导。

报告贴合一线实际，肯定成绩，问题及对策都把脉比较准，与会教师多次鼓掌赞同。

2021年11月8日，高碑店一中于校长发来高三参加保定市摸底考试（期中测验）的分析报告。学校"强基计划"上本科线人数较去年有很大的进步。认真阅读分析于校长发来的报告，我们发现还存在一些问题。由于疫情反复，不便前去现场，我与有关专家一起研究后，就两方面给于校长发去书面建议。一是关于下一步复习措施的细化；二是成绩分析中自我纵向比较的理念与分析方法。希望对该校该市的高三后续工作有帮助。

4. 人航与高碑店市联合教研

在高碑店教育实验区做了诸多工作，务实推进后，我深入反思，发现一个问题，那就是这些工作大多治标，大多短线。那么，长线的、对该市教育教学能持续促进的、我们又力所能及的是什么？在我们牵头人大附中联合学校总校小学教研的基础上，我想到了教研引领。事实上，高碑店市全市的教研基础比较薄弱。全市的教研乏力，这样教师成长必然乏力。然而，我们的初中办学仅仅只有两年多时间，教师普遍年轻，能起到我们期望的让高碑店同行感到有收获、想学习研究的目的吗？我与马静书记商量后，召开了班子会。通过分析，认为人航持续地抓课程建构和课堂教学变革，教师一开始就走的是一条较为科学、高效、合作的成长道路，所以我们应该对此有信心——小学联合教研伊始我们也有这样的担心，但实践证明，我们的教师能够胜任。同时，这样的联合教研，也是我们初中教师成长的一个新平台。此项工作，由马静书记主抓。

2021年10月初，经过精心谋划与准备，以及与高碑店市密集的对接，人航对高碑店的初中联合教研线上开始了，高碑店市教育局也精心细致地组织了联合教研活动。从第一次活动开始至今，人航的教研引领赢得了高碑店市同行的高度赞誉及该市教育局的充分肯定。该市教育局表示，他们现在是"跟跑"，人航的教研模式很好，待时机成熟，他们就会学习人航的模式，独立自主地开展县域教研活动。这不正是我们所希望的助力当地教育部门和教师拥有自身造血的想法和能力吗？

2021年6月中旬，"神舟十三号"载人飞船卫星在酒泉基地发射。该基地邀请我观摩，并与位于该基地的专门服务基地航天科技人员的东风中学和东风小学领导老师交流。我征求有关领导意见后现场决策，东风中学、东风小学分别加入人航的初中、学校联合教研互动。

下面，呈现一个初中语文教师对高碑店市中学等学校联合教研的案例。

主讲教师是人航八年级语文教师刘敏、艾麟。内容是中学语文八年级上册第二单元。刘敏老师分享的题目是"开在记忆深处的花朵——品人物篇章，悟人格魅力，写人物精彩"。主要内容如下（点评为我学习刘老师教学设计后的体会与思考）：

初中联合教研案例

开在记忆深处的花朵——品人物篇章，悟人格魅力，写人物精彩

1.阅读写作教学要求分析

本单元教学中，阅读写作教学是重点。现将阅读教学相关要求分析如下。

（1）初中课程标准关于阅读的具体要求（见表4-3）

（2）高中课程标准有关阅读能力的要求（见表4-4）

表 4–3 义务教育课程标准关于初中阅读写作的具体要求

具体维度	阅读习惯和方法	阅读积累	阅读内容与阅读能力	写作
义务教育语文课程标准（2022年版）	养成默读习惯，有一定的速度，阅读一般的现代文，每分钟不少于500字。能较熟地运用略读和浏览的方法，扩大阅读范围。 在通读课文的基础上，理清思路，理解主要内容，分析主要内容，体味和推敲重要词句在语言环境中的意义和作用。 对课文的内容和表达有自己的心得，能提出自己的看法，并能与他人合作，共同探讨、分析、解决疑难问题。 学会制订自己的阅读计划，广泛阅读各种类型的读物，课外阅读总量不少于260万字。 背诵优秀诗文80篇（段）。	在阅读中了解叙述、描写、说明、议论、抒情等表达方式。能区分写实作品与虚构作品，了解诗歌、小说、散文、戏剧等文学样式。 了解课文涉及的重要作家作品知识和文化常识。 每学年阅读两三部名著，探索个性化的阅读方法，分享阅读感受，开展专题探究，建构阅读整本书的经验，感受经典名著的艺术魅力，丰富自己的精神世界。	欣赏文学作品，有自己的情感体验，初步领悟作品的内涵，从中获得对自然、社会、人生的有益启示。能对作品中感人的情境和形象说出自己的体验，品味作品中富于表现力的语言。 了解常用的修辞手法，体会它们在课文中的表达效果。 阅读简单的议论文，能区分观点与材料（道理、事实、数据、图表等），发现观点与材料之间的联系，并通过自己的思考，作出判断。 阅读新闻和说明性文章，能把握文章的基本内容，获取主要信息。 阅读科技作品，注意领会作品中所体现的科学精神和科学思想方法。 阅读由多种材料组合、较为复杂的非连续性文本，能领会文本的意思，得出有意义的结论。 诵读古代诗词，阅读浅易文言文，能借助注释和工具书理解基本内容。	写作要有真情实感，表达自己对自然、社会、人生的感受、体验和思考，力求有创意。 写作时考虑不同的目的和对象。根据表达的需要，围绕表达中心，选择恰当的表达方式。合理安排内容的先后和详略，条理清楚地表达自己的意思。运用联想和想象，丰富表达的内容。正确使用常用的标点符号。 写记叙文，表达意图明确，内容具体充实；写简单的说明性文章，做到明白清楚；写简单的议论性文章，做到观点明确，有理有据；能根据生活需要，写常见应用文。 能从文章中提取主要信息，进行缩写；能根据文章的基本内容和自己的合理想象，进行扩写；能变化文章的文体或表达方式等，进行改写。 尝试诗歌、小小说的写作。 注重写作过程中搜集素材、构思立意、列纲起草、修改加工等环节，提高独立写作的能力。根据表达的需要，借助语感和语文常识修改自己的作文，做到文从字顺。 作文每学年一般不少于14次，其他练笔不少于1万字，45分钟能完成不少于500字的习作。

表 4-4   普通高中课程标准有关阅读能力的要求

	整本书阅读与研讨	文学阅读与写作	思辨性阅读与表达	实用性阅读与交流
高中语文课程标准（2017年版2020年修订）	在指定范围内选阅读一部长篇小说、一部学术著作。 引导学生通过阅读整本书，拓展阅读视野，建构阅读整本书的经验，形成适合自己的读书方法，提升阅读鉴赏能力，养成良好的阅读习惯，促进学生对中华优秀传统文化、革命文化、社会主义先进文化的深入学习和思考，形成正确的世界观、人生观和价值观。	精读古今中外优秀的文学作品。 引导学生阅读古今中外诗歌、散文、小说、剧本等不同体裁的优秀文学作品，使学生在感受形象、品味语言、体验情感的过程中提升文学欣赏能力，并尝试文学写作，撰写文学评论，借以提高审美鉴赏能力和表达交流能力。课内阅读篇目中中国古代优秀作品应占 1/2。	阅读古今中外论说名篇。 引导学生学习思辨性阅读和表达，发展实证、推理、批判与发现的能力，增强思维的逻辑性和深刻性，认清事物的本质，辨别是非、善恶、美丑，提高理性思维水平。课内阅读篇目中中国古代优秀作品不少于 1/2。	可选阅读内容：社会交往类的，如会谈、谈判、讨论及其纪要，常见文书，演讲、陈述和致辞；新闻传媒类；知识性读物类。 引导学生学习当代社会生活中的实用性语文，包括实用性文本的独立阅读与理解，日常社会生活需要的口头与书面的表达交流。丰富学生的生活经历和情感体验，提高阅读与表达交流的水平，增强适应社会、服务社会的能力。

（3）小初高散文阅读能力要求梯度（见表 4-5）

表 4-5   小初高散文阅读能力要求梯度表

	维度	5—6年级	7—9年级	高中
小初高阅读能力相关要求	阅读速度	默读一般读物每分钟不少于 300 个字。	养成默读习惯，有一定的速度，阅读一般的现代文，每分钟不少于 500 字。能较熟练地运用略读和浏览的方法，扩大阅读范围。	
	内容把握情感理解本鉴赏	能联系上下文和自己的积累，推想课文中有关词句的意思，辨别词语的感情色彩，体会其表达效果。	在通读课文的基础上，理清思路，理解、分析主要内容，体味和推敲重要词句在语言环境中的意义和作用。 品味作品中富于表现力的语言。	感受作品中的艺术形象，理解欣赏作品的语言表达，把握作品的内涵，理解作者的创作意图。结合自己的生活经验和阅读写作经历，发挥想象，加深对作品的理解，力求有自己的发现。

再缔心愿

续表

	维度	5—6 年级	7—9 年级	高中
小初高阅读能力相关要求		体会作者的思想感情，了解事件梗概，能简单描述印象最深的场景、人物、细节，说出自己的喜爱、憎恶、崇敬、向往、同情等感受。	欣赏文学作品，有自己的情感体验。能提出自己的看法，并能与他人合作，共同探讨，分析、解决疑难问题。	
	写法掌握	在理解课文的过程中体会顿号与逗号、分号与句号的不同用法。在阅读中了解文章的表达顺序，初步领悟文章的基本表达方法。	在阅读中了解叙述、描写、说明、议论、抒情等表达方式。	
	审美鉴赏价值品析		初步领悟作品的内涵，从中获得对自然、社会、人生的有益启示。	从语言、构思、形象、意蕴、情感等多个角度欣赏作品，获得审美体验，认识作品的美学价值，发现作者独特的艺术创造。

（4）名家引领

"作者思有路，遵路识斯真。作者胸有境，入境始与亲。一字未宜忽，语语悟其神，惟文通彼此，譬如梁与津。"

——叶圣陶《语文教学二十韵》

叶圣陶先生这三句话，归结起来就是要"遵路""入境"与"悟神"。这里所说的"路"是指文章作者的思路，即作者写文的思维过程；"境"指作者的思想境界，文章的中心思想；"神"指文章中语言文字的意义和情味。叶老先生的这句话就是我们解决学生阅读问题的指导思想。

【点评】教学的专业性首先体现在依据课程标准开展教学。刘老师不但分析了初中课程标准关于阅读写作的具体要求，而且难能可贵的是分析了高中课程标准有关阅读能力的要求，注意高中语文核心素养的指导作用，在此基础上分析小初高散文阅读能力要求梯度，最后引用叶圣陶先生在《语文教学二十韵》的引领，说明作者写作要"遵路""入境"与"悟神"。这是教学中的"仰望星空"。从中既折射了刘老师作为文学博士宽厚坚实的学术功底，又折射了刘老师宽阔的教学视野和严谨的教学态度，还折射了刘老师勤勉好学、不断进取的治学精神。

2.教学内容分析

（1）写人课文汇总及编排分析

主要包括四部分。一是小学写人篇章汇总及编排分析。二是初中人物散文、传记类篇章汇总及编排分析。三是高中人物散文、传记类篇章汇总及编排分析。四是小初高写人篇章阅读能力梯度分析。分述如下：

①小学人物散文、传记类篇章汇总及编排分析。小学的编排指向读"表"（见表4-6）。

表4-6　小学人物散文、传记类篇章汇总及编排分析

年级	单元	主要内容	编排特点
四上	第四单元	神话人物（盘古、精卫、普罗米修斯）	
	第八单元	历史人物（王戎、西门豹、扁鹊、纪昌）	
		口语交际：讲历史人物故事	
四下	第六单元	《小英雄雨来》《我们家的男子汉》《芦花鞋》	
五上	第二单元	习作："漫画"老师	突出肖像特点
	第八单元	口语交际：我最喜欢的人物形象	
五下	第四单元	爱国人物	
		习作：他_____了（开心、生气……）	突出人物情绪
	第五单元	人物描写一组、《刷子李》	
		习作：把一个人的特点写具体 习作例文：《我的朋友容容》《小守门员和他的观众们》	突出性格特点

续表

年级	单元	主要内容	编排特点
六上	第八单元	《少年闰土》《好的故事》 《我的伯父鲁迅先生》《有的人——纪念鲁迅有感》	
		习作：有你真好	加入个人情感

②初中人物散文、传记类篇章汇总及编排分析。初中的编排指向读"里"（见表 4-7）。

表 4-7　初中人物散文、传记类篇章汇总及编排分析

年级	单元	篇名	编排特点
七上	第三单元	《再塑生命的人》《朝花夕拾》（名著导读）	传记人物正面向上篇目及篇幅偏少
		写作：写人要抓住特点	
七下	第一单元	《邓稼先》《说和做》《回忆鲁迅先生》	篇目及篇幅增多，自读＋教读，颇有建树的人物
	第四单元	《叶圣陶先生二三事》	
	第六单元	《伟大的悲剧》	失败的英雄形象
八上	第二单元	《藤野先生》《回忆我的母亲》《列夫·托尔斯泰》《美丽的颜色》	单元整体编排，明确提出"学写传记"，古代人物传记
		写作："学写传记"	
	第六单元	《周亚夫军细柳》	
八下	第六单元	《钢铁是怎样炼成的》（名著导读）	
九下	第三单元	《唐雎不辱使命》	古代人物传记，衔接高中
	第六单元	《陈涉世家》	

③高中人物散文、传记类篇章汇总及编排分析。高中编排指向读"透"（见表 4-8）。

表 4-8　高中人物散文、传记类篇章汇总及编排分析

年级	单元	篇名	编排特点
高一上	第三单元	写人记事散文：《纪念刘和珍君》《小狗包弟》《记梁任公先生的一次演讲》	人物选取：与社会、时代息息相关
		写作：写人要凸显个性	

年级	单元	篇名	编排特点
高一下	第四单元	古代人物传记: 《廉颇蔺相如传》《苏武传》《张衡传》	古代人物增多
高二上	名著阅读	《堂吉诃德》选修《中外传记作品选读》	
	选修	自主赏析:《项羽之死》 推荐作品:《西门豹治邺》《大铁椎传》	

【点评】这一段关于人物散文、传记类篇章汇总及编排分析,从小学到初中,再到高中,刘老师和备课组同事花了大量功夫,这是硬功夫、真功夫、实功夫,也是慢功夫,没有什么捷径可走。这是教学的"脚踏实地"。这样,教师的教学既有从整体到局部的以大领小,又有从局部到整体的以小见大,而不是"碎片教学""散点教学"。

④小初高写人篇章阅读能力梯度分析(见表 4-9)。

表 4-9　小初高写人篇章阅读能力梯度分析

学段	阅读指向	重点阅读能力
5—6 年级	读表	联系上下文,推断词语意思,辨别词语感情色彩,了解事物梗概,能简单描述印象最深的场景、人物、细节。 在理解课文的过程中,体会顿号与逗号、分号与句号的不同用法。
7—9 年级	读里	在通读课文的基础上,体味和推敲重要词句在语言环境中的意义和作用。 了解叙述、描写、说明、议论、抒情等表达方式。 初步领悟作品的内涵,从中获得对自然、社会、人生的有益启示。
高中	读透	感受作品中的艺术形象,理解欣赏作品的语言表达,把握作品的内涵,理解作者的创作意图。 从语言、构思、形象、意蕴、情感等多个角度欣赏作品,获得审美体验,认识作品的美学价值,发现作者独特的艺术创造。

【点评】小初高写人篇章阅读能力梯度分析非常重要。一般地,教学内容是表,能力发展和素养提升是里是本。教学内容是能力发展和素养提升的载体,能力提升和素养发展到位才能凸显教学内容的价值。当

然，有效关联两者尚需很好的教学策略。

（2）八年级上学期人物散文、传记单元内容与价值分析

①人物散文、传记单元所处位置。八年级上学期人物散文、传记单元以新闻单元为基础，该单元教学要体现品读领会他人思想情感，议论抒发自己思想情感的价值（见表4-10）。

表4-10　八年级上学期人物散文、传记单元位置表

单元	第一单元	第二单元	第三单元	第四单元	第五单元	第六单元
教学内容	新闻单元	人物传记类散文	写景抒情文言单元	状物抒情散文	说明文	品格志趣文言单元

②篇章构成。主要包括两部分。一是写人散文两篇：《藤野先生》《回忆我的母亲》。二是人物传记两篇：《列夫·托尔斯泰》《美丽的颜色》。

③文体特点。主要包括：历史性与文学性的统一；真实性与艺术性的统一；典型人物与典型事件的统一；抒情含蓄与语言生动的统一。

④篇章简介。《藤野先生》是一篇回忆性散文，是鲁迅对20世纪初自己在日本留学时一段经历的回顾。文章重点叙述了与藤野先生的交往，歌颂了藤野先生的高尚品格，也提及自己思想变化的原因，洋溢着爱国热情。《回忆我的母亲》是朱德总司令在母亲钟太夫人去世之后写的一篇回忆性散文。文章以质朴无华的语言，回忆了母亲勤劳的一生，抒发了对母亲无限敬爱的深情，也表达了作者尽忠于民族和人民，尽忠于党的决心。《列夫·托尔斯泰》是作家茨威格传记作品《三作家》中《托尔斯泰》一文里可以独立成篇的一节。作者用他老练而妙趣横生的笔，为我们描绘了一幅大文豪托尔斯泰的"肖像画"，揭示出托尔斯泰深邃而卓越的精神世界。《美丽的颜色》节选自居里夫人次女艾芙·居里的《居里夫人传》。作者用富有诗意的语言，记述了居里夫妇在艰苦的条件下提取镭的过程，令读者既感受到科学研究、科学发现的艰辛，也为居

里夫人坚韧、乐观、淡泊的人格所感染。

⑤篇章对比。对四篇课文进行同、异分析（见表 4-11）。

表 4-11　篇章对比分析表

比较	篇名	刻画人物的方法	语言特色
相异	《藤野先生》	典型事例 + 人物神态、动作、语言	冷峻、犀利、富于感情色彩、耐人寻味
	《回忆我的母亲》	具体事例 + 突出广阔的社会背景	质朴无华，没有澎湃激昂的语言，深沉宁静
	《列夫·托尔斯泰》	外貌描写、先抑后扬	浓墨重彩、气势非凡比喻、夸张
	《美丽的颜色》	叙述 + 引用（居里夫人的话语材料）	平实客观、温暖诗意
相同	记人为主，内容真实，事件典型，注重描写，都揭示出了人物内心世界及人物复杂的情感		

⑥教学价值。体现在四个方面：a. 开拓思想视野，培养认知能力（如认知个体与社会的关联）；b. 提供经典范本，提升阅读能力（如情感体会）；c. 辨析文体知识，锤炼写作技巧（如学习刻画人物）；d. 促进自我教育，涵养优秀品格（如择善而从）。

3. 学习者分析

（1）认知前测。题目是："你对人物传记类作品的文体特征和写作要求有明确了解吗？"选"明确知道""比较模糊""完全不知道"的学生分别为 28.22%、55.76% 及 16.02%（见图 4-1）。由此可见，学生对于传记类作品的文体特征和写作要求不太了解。

（2）写作前测。作文题目：岁月轻轻滑过指尖，往事便渐渐弥散在如水的光阴里。但回首过往，总有一些人或事，留在我们的记忆深处。他们如芬芳的花朵，香远益清，带给我们温暖或力量。请以"开在记忆深处的花朵"为题，选择一人或一事，写一篇记叙文。

再缔心愿

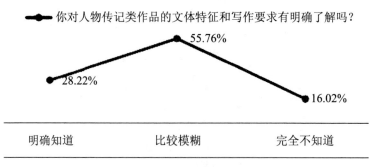

图 4-1　学生问卷数据分析

【设计意图】学生七年级时已经学过写人相关的文学作品，进行过学会记事、写人要抓住特点、思路要清晰、写出人物的精神、抓住细节、怎样选材等专项写作练习，有一定的阅读和写作基础。本练笔一方面用于巩固和迁移，另一方面其完成情况也作为本单元学情的起点，同时用作单元学习后进行修改的底稿，便于通过学习前后对比来进行评价。

写作前测诊断结果——写人的文章普遍存在如下问题：选材不恰当；详略不得当；描写不细致；立意不深刻。因而，人物形象不够鲜明突出。

（3）学习者分析。在上述基础上，我们对学生做如下分析（见表4-12）。

表 4-12　学习者分析表

角度	已有基础	待发展区
文体知识方面	对散文文体不陌生	但对人物传记类作品的文体特征和写作要求不能明确知道
人物刻画方法	了解人物刻画的方法	在写作过程中，无法灵活使用，人物形象不突出
语言品味与情感表达	能够多角度品析语言 了解抒情议论表达方式	对于作者的情感把握存在难度 写作时忽略抒情议论
人物价值	能总结出人物的品质	不能联系时代大背景品评人物

（4）教学对策分析。学生阅读写作存在的问题，往往与教师的教学方式

有密切的联系。我们对有关教师也进行了问卷调查，题目是："您在讲授文学传记类作品时，是否会对学生的阅读方法进行指导？"被试教师选"经常""有时""很少""从不"分别为 20.46%、41.23%、22.66%、15.65%（见图 4-2）。这说明，在讲授文学传记类作品，要加强对学生进行阅读方法的指导。

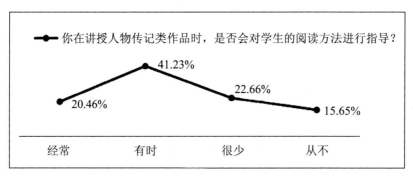

图 4-2　教师问卷数据分析

【点评】不少教师对"学习者分析"往往一带而过，重视不够。试想，我们的课堂教学是为谁服务的？当然是学生！如果对学习者分析不到位不深入，那么课堂教学的针对性、有效性怎么会有保证呢？刘老师的学习者分析令人眼前一亮，既有认知的前测，又有写作的前测，在此基础上进行学习者分析，已有的基础，待发展区（新的内容学习可能碰到的障碍），有理有据。在对教师教学实证分析的基础上，提出教学对策。对教师也做了"教情分析"，这个角度非常新颖，可操作性很强。

4.学习目标

本单元学习目标设计如下（见表 4-13）。

表 4-13　单元学习目标

教学路径	学习目标	学科核心素养
分析归纳	了解写人散文、人物传记的基本特征。	语言建构 思维发展
品读课文	体会写人散文和人物传记内容真实、事件典型、注重细节等特点，以及阅读方法。	文化理解 思维发展

再缔心愿

续表

教学路径	学习目标	学科核心素养
鉴赏评析	把握创作背景和作者的语言风格，加深对作者情感的理解和对文本意蕴的体悟。	审美鉴赏 语言运用
素养迁移	从文中人物的生平事迹中汲取精神营养，丰富自己的生活体验；并掌握课文刻画人物的方法，尝试在自己的写作中借鉴运用。	思维发展 审美创造

教学重点：人物形象的把握，语言的鉴赏品析，情感的体会。

教学难点：在写作中运用人物刻画的方法。

5.学习评价

本单元人物散文（传记）阅读评价、人物传记写作评价设计如下（见表 4-14）。

表 4-14　单元学习评价表

	合格	良好	优秀	评价结果
人物传记阅读	能读出人物外在形象与内在品质	能读出人物外在形象与内在品质，提取并分析人物描写手法	能读出人物外在形象与内在品质，提取并分析人物描写手法，理解文本各部分之间的关联，结合时代背景理解人物性格	
人物传记写作	能运用多种手法描写人物	能运用多种手法描写人物，能写出人物的外在形象与性格特点	能运用多种手法描写人物，能写出人物的外在形象与性格特点，能将人物嵌入社会时代大背景进行刻画	

6.单元学习活动设计

（1）单元整体教学思路。分为有机联系的"写""读""品""写"四个方面。一是"写"，请以"开在记忆深处的花朵"为题，选择一人或一事，写一篇记叙文。二是"读"，通过梳理情节、感知形象，在阅读中体悟人物的精神品格，从中汲取精神营养。三是"品"，提炼文章刻画人物的方法，赏析文章精妙的语言。四再回到"写"，跟随名家学写作。将学到的方法运用到自己的写作中，写出人物的风采。

（2）写人散文阅读方法引导。它包括四个方面：一是"读文识人"，默读文章，整体感知，把握人物相关事例；二是"品情悟思"，细读文本，品读人物，把握人物形象与性格特点；三是"仿学写法"，赏析字句，品读文字背后的人物情感及思想；四是"以彼观己"，发展素养，立德树人，以他人观己，以优秀作品反观自己的作品。

（3）单元学习活动。"教师节"的到来，让我们回顾过往，忆起在成长道路上给予我们引领和帮助的老师，也忆起曾和自己相伴的朋友。我们用文字记录这些珍贵的人物和情感，捧出我们生命中至美的花朵，与伙伴们分享。咱们年级要布置一个"记忆深处"人物长廊，一起来做准备吧！

7.单元作业设计

通过本单元学习，学生经历作文前测，通过《藤野先生》学选材，通过《回忆我的母亲》学抒情，通过《列夫·托尔斯泰》学写作手法，通过《美丽的颜色》学情感价值观，完成以下单元作业（见表4-15）。

表4-15　单元作业设计

启航作业	领航作业	自航作业
对自己的作文《开在记忆深处的花朵》进行最后一次检查，看文章在细节描写方面还有无修补的必要；在描写人物、表达立意的过程中是否有适度的情感的流露。如有必要，加以修改。	以"至父辈"为主题，写一首散文诗。	采访一位家人，为其写一篇传记。

【点评】单元作业设计也很有启发性。一是注意作业分层，让各层学生各有所得；二是注意单元"长作业"设计，需要伴随单元过程学习完成；三是注意实践性作业设计，如采访家人，给他写传记，学以致用。此外，从展示的作业看，教师进行了认真的批改与点拨，学生也很好地发展了写作能力。

再缔心愿

在单元整体设计下，课时教学设计就有了源头之水。下面是艾麟老师《回忆我的母亲》的教学设计。限于篇幅，这里仅分享学习活动设计和作业设计两个部分。

1. 学习活动设计

本课学习活动整体设计如表 4-16 所示。

表 4-16　《回忆我的母亲》学习活动设计

学习目标	学习环节	培育核心素养
通过品读，感受朱德母亲勤劳俭朴、宽厚仁慈的优秀品格。	初读，感受母亲的品格	审美鉴赏与创造 文化传承与理解
	再读，理解母亲对"我"的影响	
细读赏析语言，体会作者平实叙事中的深挚情感。	三读，体会"我"对母亲的情感	语言建构与运用 审美鉴赏与创造
学习用典型材料来表现人物典型形象的写法和运用议论句、抒情句来表情达意的方法。	四读，探究文章写法	语言建构与运用 思维提升与发展
	拓展延伸，比较阅读	

分述如下。

（1）导入。1944 年 2 月 15 日，朱德的母亲逝世。4 月 10 日，延安各界隆重举行追悼朱德母亲钟太夫人的大会。

中共中央的挽联是"八路功勋大孝为国，一生劳动吾党之光"。

毛泽东同志的挽联是"为母当学民族英雄贤母，斯人无愧劳动阶级完人"。

这是一个怎样的母亲，会引起如此规格的公祭？

（2）初读，感受母亲的品格。本文是一篇回忆性散文。课文回忆了母亲的哪些事情？表现了母亲的哪些品格？请默读课文 1~13 自然段，用笔圈点勾画，然后以"母亲是一个 ＿＿＿＿ 的人"的句式表达你读后的认识，并说明理由。

母亲是一个勤劳的人。——母亲含辛茹苦地养育子女、支撑家庭；母亲每日辛勤地劳动；"我"帮助母亲劳作，母亲教"我"生产知识；母亲离不开土地，习惯劳作；母亲直到老年，仍热爱劳动。

母亲是一个聪明能干的人。——维系一家人的吃穿用度。

母亲是一个任劳任怨的人。——每天早晨第一个起身。

母亲是一个待人和蔼的人。——没有打骂过"我们",也没有同任何人吵过架。

母亲是一个宽厚仁慈的人。——虽然自己不富裕,但还周济比自己更穷的亲戚。

母亲是一个不怕困难的人。——遭受天灾、地主欺压仍没有灰心。

母亲是一个爱憎分明的人。——母亲对穷苦农民的同情和对为富不仁的反感。

母亲是一个有远见、识大体的人。——父母亲节衣缩食培养"我"读书,母亲支持"我"参加新军和同盟会。

母亲是一个同情革命、支持革命的人。——母亲支持"我"的事业,一直过着勤苦的农妇生活。

初读小结,方法指导。回忆性散文的特点是什么? 围绕回忆的人物,一是略写与详写相结合,二是总写与分写相结合,三是用典型材料来表现人物典型形象。

(3)再读,理解母亲对"我"的影响。

①说一说你对朱德有哪些了解。

②朱德的成长与他母亲的教育有关系吗? 画出文中作者总结母亲对"我"影响的议论性语句,并结合课文中列举具体事件说明。

"我"应该感谢母亲,她教给"我"与困难作斗争的经验。"我"在家庭中已经饱尝艰苦,这使"我"在三十多年的军事生活和革命生活中再没感到过困难,没被困难吓倒。母亲又给"我"一个强健的身体,一个勤劳的习惯,使"我"从来没感到过劳累。

"我"应该感谢母亲,她教给"我"生产的知识和革命的意志,鼓励"我"以后走上革命的道路。在这条路上,"我"一天比一天更加认识:只有这种知识,这种意志,才是世界上最可宝贵的财产。

让"我"学会劳动,教给"我"生产的知识。"我"到四五岁时就很自然

再缔心愿

地在旁边帮她的忙，到八九岁时就不但能挑能背，还会种地了。

是"我"反抗压迫的启蒙者。母亲沉痛的三言两语的诉说以及"我"亲眼见到的许多不平事实，启发了"我"幼年时期反抗压迫追求光明的思想，使"我"决心寻找新的生活。

理解"我"的正义行为。"我"决心瞒着母亲离开家乡，远走云南，参加新军和同盟会。"我"到云南后，从家信中知道，"我"母亲对"我"这一举动不但不反对，还给"我"许多慰勉。

（4）三读，体会"我"对母亲的情感。

母亲去世了，作者在文中抒发了哪些情感？

悲痛。得到母亲去世的消息，"我"很悲痛。母亲现在离"我"而去了，"我"将永不能再见她一面了，这个哀痛是无法补救的。

敬爱。母亲是个好劳动的人。母亲这样地整日劳碌着。母亲在家庭里极能任劳任怨。母亲生"我"前一分钟还在灶上煮饭。虽到老年，仍然热爱生产。

遗憾。去年收到侄儿的来信说："祖母今年已有八十五岁，精神不如昨年之健康，饮食起居亦不如前，甚望见你一面，聊叙别后情景。"但"我"献身于民族抗战事业，竟未能报答母亲的希望。

感恩。母亲沉痛的三言两语的诉说以及"我"亲眼见到的许多不平事实，启发了"我"幼年时期反抗压迫追求光明的思想。

这个时候的学费都是东挪西借来的。

"我"母亲对"我"这一举动不但不反对，还给"我"许多慰勉。

母亲知道"我"所做的事业，她期望着中华民族解放的成功。她知道我们党的困难，依然在家里过着勤苦的农妇生活。

赞美。母亲是一个平凡的人，她只是中国千百万劳动人民中的一员，但是正是这千百万人创造了和创造着中国的历史。

"我"如何报答母亲的深恩？"我"将继续尽忠于我们的民族和人民，尽忠于我们的民族和人民的希望——中国共产党，使和母亲同样生活着的人能够过快乐的生活。这是"我"能做到的，一定能做到的。

（5）四读，探究文章写法。由两项学习任务引领。

学习任务1：作者在记叙事情的同时，穿插了精当的议论。在文中勾画出议论性语句，并联系上下文，批注它们的含义和作用。

这在母亲心里是多么惨痛悲哀和无可奈何的事情啊！

——饱含母亲的无限心酸，更有作者对母亲的理解和体谅。

在这条路上，我一天比一天更加认识：只有这种知识，这种意志，才是世界上最可宝贵的财产。

——呼应前文的记叙——母亲教"我"生产的知识，同情革命、支持革命，让"我"养成革命的意志，这是"我"为什么感谢母亲的重要原因。

母亲是一个平凡的人，她只是中国千百万劳动人民中的一员，但是，正是这千百万人创造了和创造着中国的历史。

——母亲勤苦一生，任劳任怨，反抗地主豪绅的欺压，坚强不屈，母亲就是一位普普通通的农妇，她是"平凡的"，但正是像母亲这样的千百万劳动人民，融汇成革命的洪流，推动着历史的发展，为我们的民族做出了不可磨灭的贡献。中国的现在、未来，都将是劳动人民的。这句议论，将对母亲的深情与对民族、对广大劳动人民的深情融会在一起。

小结：议论性语句的作用是画龙点睛，烘托了情感，深化了主题。

学习任务1：作者在平实如话的语言中，蕴含了深挚的情感。在文中画出打动你的地方，并赏析批注在旁边。

母亲这样地整日劳碌着。

——这一句承接上文，"这样地"即指上文中每天繁重的劳动。"整日"说明从早到晚，没有一丝空闲，每日如此，没有一点例外。作者对母亲，是敬重而又心疼的。

这类地主富人家看也不看的饭食，母亲却能做得使一家人吃起来有滋味。

——"看也不看""有滋味"，两相对比，既表现出作者对地主家穷奢生活

再缔心愿

的蔑视，也突出了母亲的善持家务、聪慧能干，表达了对母亲的怀念。

母亲年老了，但她永远想念着我，如同我永远想念着她一样。

——"我"参加了革命，不能在母亲身边侍奉，但是母子之间的思念从未因时空阻隔而中断。这一句感情强烈，表达出作者对母亲的深深怀念，以及"子欲养亲亲不待"的深刻遗憾。

母亲生我前一分钟还在灶上煮饭。

——"一分钟"，母亲连如此短暂的休息时间都没有，她把全部的精力都投入到操持家务、照顾子女上。这一句表现出沉甸甸的思念和感恩之情。

四读小结："一语天然万古新，豪华落尽见真淳。"真挚的情感，永远是文章最打动人心的力量。

（6）拓展延伸，比较阅读。

邹韬奋《我的母亲》片段：

我到十岁的时候，读的是"孟子见梁惠王"。……到年底的时候，父亲要"清算"我平日的功课，在夜里亲自听我背书，很严厉，桌上放着一根两指阔的竹板。我的背向着他立着背书，背不出的时候，他提一个字，就叫我回转身来把手掌展放在桌上，他拿起这根竹板很重地打下来。我吃了这一下苦头，痛是血肉的身体所无法避免的感觉，当然失声地哭了，但是还要忍住哭，回过身去再背。

不幸又有一处中断，背不下去；经他再提一字，再打一下。呜呜咽咽地背着那位前世冤家的"见梁惠王"的"孟子"！我自己呜咽着背，同时听得见坐在旁边缝纫着的母亲也唏唏嘘嘘地泪如泉涌地哭着。我心里知道她见我被打，她也觉得好像刺心的痛苦，和我表着十二分的同情，但她却时时从呜咽着的断断续续的声音里勉强说着"打得好"。她的饮泣吞声，为的是爱她的儿子；勉强硬着头皮说声"打得好"，为的是希望她的儿子上进。

　　思考：课文第9自然段与上面的片段，在内容上有哪些共同点？在母亲形象、表现手法上有哪些不同？

　　明确：共同点——都写母亲支持儿子读书；不同点——人物形象上。朱德的母亲借钱送儿子读书，表现母亲要求摆脱贫困和欺压的骨气；邹韬奋的母亲心疼儿子又盼望儿子有出息，表现母亲矛盾的心理和对儿子的疼爱。表现手法上，朱文采用叙述的表达方式；邹文采用描写、议论的表达方式。

　　课文学习小结。母亲是一个有着丰富的生产知识和与困难作斗争的经验的人，她身上体现着不被任何困难压垮的坚强意志。这些正是我们民族赖以生存、赖以进步的最可宝贵的品格。所以，作者的母亲是伟大的，她是创造和创造着中国历史的伟大人民的一员。

　　对写作的启示。第一，用典型材料来表现人物典型形象；第二，适时运用议论句和抒情句，深化中心思想；第三，深化立意的基础上，准确深入地表达。

　　作业要求。结合上次作业完成的作文修改提纲，再次思考自己刻画的人物性格特点是什么，带给自己最大的影响是什么，并尝试用议论抒情的表达方式，将自己最真挚的情感书写下来，作为对原稿的修补。

　　以读促写，作业展示。八（6）班裴与成《开在记忆深处的花朵》片段：

　　（修改前）《水浒传》中张老师独爱鲁智深，他认为鲁智深有三德：不滥交、随性、了无牵挂。他常感慨："我做不到鲁智深三德啊，我敷衍不齿之人，背负过多行囊，系着过多绳索……"说这些话时，他连原本容光焕发的面庞顿时黯然无光，仿佛全身都在为自己的悲哀。

　　（修改后）读《朝花夕拾》兴许让我从他身上读出一种近乎偏执的认真，但读《水浒传》却令我从他的身上读出了一种专属于文人的情怀。（议论）《水浒》中张老师独爱鲁智深，他认为鲁智深有三德：不滥交、随性、了无牵挂。他常感慨："我做不到鲁智深三德啊，我敷衍不齿之人，背负过多行囊，系着过多绳索……"

再缔心愿

（修改前）在这个追名逐利盛行的年代，在如水岁月中，我的心底始终有这样一朵香远益清的花朵，在引我向前，永不停歇。

（修改后）已经很久没听张老师的课了，对于张老师，我是极怀念，极感激，极敬重的。我每每读到鲁迅的文章，就仿佛听到老师认真地，一字一顿地吐出他与众不同的观点。

在这个追名逐利盛行的年代，先生这种近乎偏执的认真，文人的自省意识，让我在未来的一生中受用无穷，让我可以专心致志，沉心静气地享受阅读，享受思考。在如水岁月中，我的心底始终有这样一朵香远益清的花朵，在引我向前，永不停歇。

高碑店市教师参加联合教研后，纷纷交流他们的体会。高碑店市辛桥中学语文教师崔梦妮参加人大附中航天城学校线上教研的体会如下。

高屋建瓴促发展　拨云见日解疑团

金秋风景如画，十月天高云淡。10 月 17 日上午，高碑店市八年级语文教师在教研员刘亚丽的带领下齐聚二中，参加人大附中航天城学校的八年级上册第一单元，新闻单元的单元整体教学教研活动。这次活动让我受益匪浅，收获颇多。下面来谈谈我的感想：

一、提纲挈领，优化策略，整体布局，有意外惊喜

人航的刘敏老师从课标解读、教材分析、学情分析、教学目标、教学思路、单元作业及学习活动几方面进行讲解。构建语文学习任务群，以任务为导向，以学习项目为载体，整合学习情境、学习内容、学习方法和学习资源，从而在运用语言的过程中提升语文素养。大单元教学对我而言实属新鲜事物，人航老师的讲解，让身处迷雾的人惊喜不已！科学布局、整体规划、统筹安排，使我的授课思路受到很深启发。备课要基于课本，更要结合实际生活，确实让学生学会新闻相关知识，会读、

会写新闻。在"双减"政策之下，减少学生书面作业的大环境中，要更加重视学生语文学习能力的培养。这些切实措施有助于学生语文学习兴趣和语文素养的培养。

二、启发创新，百花齐放，欣赏沿途风景

新闻单元作为活动探究单元，我想这个活动过程一定是分阶段、分层次且具有持续性的。人航的教学不局限于课堂，还开展丰富多彩的课外活动，学生就是学习的直接参与者。学生用新闻的形式记录生活中美好的瞬间，比如：撰写消息或通讯稿、制作报纸、进行新闻采访、新闻播报等。这样让学生把所学知识应用到实际学习生活中。这样知识才能够转化成能力。

因此，作为教师，作为活动的总导演，我们不能急于求成，一味地赶路，而忽略了让学生欣赏沿途的风景。最美的风景在路上，也就是在学习的过程中。

三、大胆探索，别样尝试，既追求了个性，又符合共性

大单元教学模式相对于传统单篇教学模式是一种理念更新、要求更高、实效更强的新型教学方式。大单元教学如果应用得好，学生是直接受益者。他们的学习信息量会更大，学习会更系统、更全面。大单元教学最常用的教学方法是对比阅读和群文阅读。从单篇到多篇的对比，既关注了个性又探求了共性。本单元教学以前两篇消息为基础让学生了解狭义新闻的结构、要素、特征等相关新闻知识。之后通过对比阅读明确消息与新闻特写、通讯、新闻评论的相同之处与不同之处。学生在对比阅读的过程中，对不同新闻体裁的特点理解和掌握得更牢固。放手大胆尝试别样的教学方式，收获也会是别样的。

敢于尝试、勇于探索、永远不止步。在教育的道路上我们一线教师像是拓荒者，将在前行的征途上奋勇前进！

再缔心愿

高碑店市军城中学数学教师李强参加人航线上教研的体会如下。

提高效率　发展思维

10月17日，人航高碑店八年级数学集体备课教研活动在高碑店八中集中进行。大家观摩了人大附中航天城学校周海英老师对"分式"这一章的分析讲解和备课的流程，我获益良多，通过学习我认为作为一个好老师要做到以下几点：

一、胸中有整体

在这两节课的教研中，我的第一个感受就是作为一个好的老师对于本学科的核心学科素养和整体架构必须了然于胸，不仅在细节上对知识要有精准的把握，而且对知识之间的相互联系和知识的发展历程也要做到应知尽知，从而从整体上把握相关的知识内容。同时本章知识在学生成长过程中发挥的作用也是老师必须掌握的内容。周老师"分式"一章的备课从本章课标解读、结构地位、教材中的单元知识逻辑、单元整体认识、单元思想方法、单元知识基础、单元教学目标及本章中考要求等方面进行了解读。

二、思维有梯度

数学教学就是要教给学生学会用数学的眼光去观察世界，用数学的语言去描述世界，用数学思维去思考世界。而核心就是要教给学生学会思考，学会思维。而在培养学生的思维过程中，要注意思维培养的梯度。周老师在这节课备课的时候，对学生思维发展的特点进行了分析，同时又对学生在认识分式以前所拥有的知识经验进行了分析。周老师根据这些选取了类比推理的方法来学习新知，遵循了学生发展的规律和教材编排的规律，同时对如何用计算进行推理进行了细致的分析和精彩的讲解，总结了用计算进行推理的方法：要在运算前引导分析，数式类化，把运算看作"讲故事"，在运算中关注整体。这使老师们在"分式"这一章在培养学生的思维的方面有了抓手，都感到受益匪浅。

三、教学有活动

课堂是老师的阵地，如何吸引学生是老师的本领。而通过精心设计教学活动，让学生"做数学"是周老师传递给我们的一个重要的信息。关注学生的学习过程，关注在学习过程中解决问题的方法，关注老师在学生学习过程中的引导。如何引导，引导的问题的个数，每个问题如何表述让学生更容易理解，学生在回答问题的时候有什么样的可能答案，每个答案的解决方法，学生可能出现的错误的解决方法等一系列行为都是在活动中进行、在活动中解决的。

通过学习，我从内心深处感到航天城学校的老师们在业务上的高水平，也意识到了自己在理论实践等各方面的不足。见贤思齐，唯有学习才能缩小差距。

高碑店市第八中学数学教师罗廷存参加人航线上教研的体会如下。

构建以学生为中心的课堂教学

2021年10月17日下午3时，我有幸参加了人大附中航天城学校的教研活动，周海英老师的报告让我沉浸在数学独有的思维带来的享受之中。我真的盼望自己的身边有这样的引领者，有这样的机会也算是知足了，进而提醒自己静下心来努力前行。主要收获有：

一、分析教材，研究教材，都是为了以学生为中心

1.站在课标的高度确定教育价值，明确核心素养，是为了学生的长远发展。

2.纵向分析学生的学情，从小学到七、八年级的衔接，一步步提升学生的认知、能力、思想，更好地立足于学生的当下。

3.单元整体设计教学，从整体到局部，从全员到个体，让教学对象

再缔心愿

更加清晰地指向学生，更符合学生的思维发展特点。

4. 抓基础、强能力、培育数学思想，让针对学生的教学有根、有形、有魂，是完整的，是立体的。

二、教师的深度研究，引领学生的深度思考

1. 厚积薄发，教师的深度研究学生，终身学习是研究的必要条件，聆听周老师的讲座，深切感受到教师深研教材的功力。

2. 课堂教学的收和放，是引领学生思考的需要，教师的收放自如，是教师深研后的设计所呈现的互动魅力，对学生的思维的训练，更是深度思考的示范。

3. 教师不是在教教材，而是在用教材。对教材的统领，对内容的提炼、补充，都是教师引领学生在认识上的升华。

4. 结构化认识教材，课堂上是教结构，学生的认识是有联系的，是网络化的，从而更好地引领学生建构。

高山仰止，景行行止，虽不能至，然心向往之。

高碑店市辛桥中学英语教师董丽娜参加人航线上教研的体会如下。

聚焦英语学习活动　落实课程育人价值

金秋十月，碧空如洗。在这个秋高气爽的日子里，在高碑店市第八中学参加了人大附中航天城学校的线上集中研讨学习，我备感荣幸。聆听人航张佩娜老师围绕单元整体教学，从指导思想最后到教学反思每个环节进行的细致剖析，使我获益良多，收获颇丰。通过学习，结合自身教学，我进行了系列反思，现总结如下：

"观念"引领　落实素养

首先张佩娜老师解读了关于 Big Ideas（大观念）背景下对于教师和学生而言，其作用及意义。对于教师而言，大观念是统领教学设计的核心理念；对于学生而言，是学生完成学习后生成的认知结构、解决问题的思维和方法以及价值观念，应该能够对学生一生产生深远影响，并会持续影响其性格、品性和行为表现的观念。因此，大观念成为落实学科核心素养的重要抓手。

研读单元　建构关联

张老师在进行人教版初中英语 Unit 10 单元分析的时候，分别从单元维度、年级维度和学段维度，对该单元进行了单元定位、话题内容、语言学习、文本特点和学习目标的细致解读。由此可见，张老师以及人航老师对于大观念的深刻领悟与落实极其到位，这极大体现了人航教研体系的完善性、规范性，极具引领性，同时人航老师们的学习精神令我折服。

深入文本　设计目标

深入研读文本挖掘单元主题的同时，也挖掘了单元育人这一功能。这为建构教学目标起到导向作用。张老师所设计的教学目标逻辑清晰，采用阶梯式推进，将英语学科核心素养变得具体化和可视化。之前落实核心素养觉得很难，这一次我深刻感到核心素养与教学的深度融合。

基于学情　梯度设计

张老师又从学生的已有基础、存在困难方面客观而又具体分析了学生的认知结构和层次，结合具体学情，采取突破措施，帮助学生重建自己的认知结构。因此在每个教学设计环节都可以看出，张老师设计了具体而有效的学生活动，以学生活动为载体，通过创设情境、初步感知、体验探究来实现设计意图，通过每个环节的自然过渡逐步实现迁移创新，深度挖掘学生的高阶思维，从而最终实现思维品质的培养，展现课程育人这一价值观。

我认为张老师这一单元整体教学通过各个环节的缜密衔接，打通了从知识到素养的通道，真正实现了英语学习活动观从知识到素养的进阶，

再缔心愿

为我今后的教学提供了积极的导向性、示范性作用。虽然我们所使用的是冀教版教材，版本不同，但以课程标准为指导，落实英语学科核心素养这一理念始终如一。所以在今后的教学中，我将在各级领导的引领与指导下，认真研读课标，以"大观念"为背景，深度挖掘自身教材，积极摸索与探究，从而通过精心设计英语学习活动，切实落实好英语学科核心素养和课程育人目标，为帮助提升高碑店市英语教学质量贡献自己的力量。

高碑店市辛桥中学历史教师荆丽娟参加人航线上教研的体会如下。

注重单元教学　加强深度学习　彰显育人功能

有幸参加了人大附中航天城学校中学部高碑店联合集体教研活动，虽然短短两小时，但我受益匪浅，尤其是人航老师的知识储备和眼光眼界着实让人佩服。通过学习人航老师的教学设计，再回顾自己的教学实际，我进行了以下几点反思：

一、彰显育人功能

之前我也总在思考为什么要让学生学习历史，李晓宇老师一语点醒梦中人，老师要帮助学生找到所学内容的历史价值。学习历史能使我们更好地了解中华民族从哪里来、到哪里去。中华民族的优秀文化和光荣历史是中华民族的根和魂，是中华民族生生不息、薪火相传的内生力量。实现"两个一百年"奋斗目标和中华民族伟大复兴的中国梦，需要通过学习了解我们民族和国家的历史、传承祖先的成就与光荣，增强做中国人的骨气和底气，使我们的优秀文化和光荣历史更好地服务于民族复兴伟大事业。例如，通过郡县制体现出制度自信，通过青铜器与甲骨文和百家争鸣体现出文化自信。这就是我们让学生学习历史的价值。在学习中渗透家国情怀，培养学生对国家、对文化的认同感，而不是教师空喊口号。在今后的教学中，我会先思考这节课的历史价值是什么，如何引导学生体会历史价值。

二、注重单元教学

我在平时上课过程中也注重预习和复习，但听完祁麟老师的课例分享以后，我才认识到自己之前的预习形式比较单一，也没有目的性，做了很多的无用功。祁老师基于学生预习分析的单元教学，根据历史课程标准，树立以学生为中心的教学观念，注重学生自主探究的学习活动，通过预习学案，收集学生感兴趣和有疑惑的问题，通过问题串的方法进行教学设计，提高课堂效率。真正做到了以学生为主体，在上课过程中还会对学生的问题进行点评，提高学生的学习积极性。

通过学习，我还认识到，对教材的分析也很重要，首先是在不同的学段为什么要这样设计，设计者的目的也需要教师去挖掘，例如，七年级学生主要培养学生学习兴趣，培养学生思考问题的能力。学生随着年龄的变化，在不同时期所达到的要求不同。然后要找准主线去分析，整体把握教材。只有把教材分析透彻才能根据学生的预习学案反映出的问题去进行教学设计。学生通过灵活多样的学习方式，拓展学习和探究历史问题的能力，培养正确的历史观，学会辩证地观察分析问题，加深对祖国的热爱和对世界的了解。

三、加强深度学习

最终我们的教学都要落实到学生是否真的学会了，是否真的通过学习体会到了家国情怀。不同层次的学生要设计不同的学习评价，首先是过程性的评价在教学过程中就可以体现，然后是作业的评价，也要分层次进行评价。在进行知识传授和能力培养的同时，充分挖掘课程内容的思想情感教育内涵，潜移默化地对学生进行情感态度与价值观方面的熏陶。学生通过学习会给我们一个反馈，通过学生的反馈及课堂表现，教师对本节课的教学设计进行反思。

再缔心愿

通过本次学习，我的收获颇丰，也开始调整反思自己的教学模式，希望有更多的机会向人航老师学习。

高碑店市辛桥镇范庄子中学生物学教师马玉娇参加人航线上教研的体会如下。

人航高碑店初中生物学联合集体教研学习心得

2021 年 10 月 17 日下午，我有幸在高碑店第二中学参加了人大附中航天城学校与高碑店的联合集体教研活动。人航的杜豫苏老师向我们展示了"生物体的结构层次教材教法分析"的思路，在这个过程中我最常做的一件事是对课件内容进行截屏，结束后关注的第一件事情是教研活动实录去哪儿看。为什么会有这样的一种行为和想法？因为过程中我不止一次感觉到吃力，记不住、理解不了、似懂非懂。那时候我就有点理解我的学生，在短时间内接受大量的新知识的洗礼后，我们应该怎样尽快接受和吸收？我决定对杜豫苏老师所讲的内容进行一个框架整理，进而进行内容填充，以此帮助自己理解。在我看来，反思应该建立在理解之上，现在我首先需要做到理解，理解后方能应用。目前我的程度属于照葫芦画瓢的研究葫芦阶段，理解杜老师的思路和方法，是我需要做的第一步。把一节课也按杜老师的思路备出来，再糅合进自己的思路，是以后要做的事。

一、课程标准和核心素养的解析思路（见图 4-3）

1. 内容的系统性整理

杜老师最先对本单元内容进行目录分析，发现各章节之间的层次关系。此种化繁为简的方法，将杂而多的知识点进行归类，并建立各类别之间的层次关系，将一单元构建成一个相互联系的整体。

2. 核心素养的内容和解析

核心素养的四个方面：生命观念、科学思维、探究实践和态度责任。

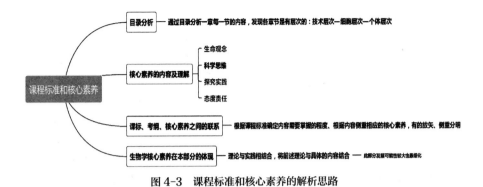

图 4-3　课程标准和核心素养的解析思路

这 16 字的理论在教学过程中落地时应该落向哪儿？杜老师帮我解决了疑惑：探究实践落在行为表现方面，科学思维落在思考过程之中，生命观念落在对于知识的理解，态度责任落在责任立场方面。

3.课程标准的深度学习

课程标准的附录 2 学习目标的说明中"说明""描述""阐明""使用"等课程内容中的行为动词分别对应各水平的要求，之前我对这些虽有了解，但是做不到在分析教材时灵活应用，这是非常不专业的一种行为。深度学习课程标准刻不容缓。

4.课程标准、核心素养、考纲的联系

教学设计中要有一种思维：学会根据不同的教学内容，按照课程标准的要求，将生物学的核心素养对应地在教学过程中进行具体的体现。根据知识内容的特点侧重相应的核心素养。

5.生物学核心素养在本部分的体现

将前边所学习的理论与本单元具体内容相结合。在教学设计过程中有倾向性地去设计采用什么样的方式将对应的核心素养潜移默化地糅进去，是非常大的一个挑战，它需要我们琢磨每个知识点。

6.思路整理

通过前 5 条的学习收获整理，我意识到自己的专业理论非常薄弱，这些专业知识并不是接触不到，而是没有用心研究所致。课程标准中每一字每一句的理解是接下来需要做的第一件事。

二、单元整体分析思路

1. 单元整体分析阶段思路整理

如图4-4所示，框架图中最后一项单元整体设计框架，杜老师是从两个维度设计的：素养系统和目标系统。我意识到：素养系统内容的确立，需要第一部分"课程标准和核心素养"的理论和具体教学内容相结合；而目标系统内容的确立，是需要这个框架图的前八项做辅助才可以完成。分析本单元内容在整册书中的地位，在小、初、高阶段的地位，这些都需要对初、高中阶段的专业知识得心应手才可以游刃有余，而又有多少初中阶段的教师对高中知识甚至大学知识也手到擒来呢？我做不到，这是我接下来努力的方向。

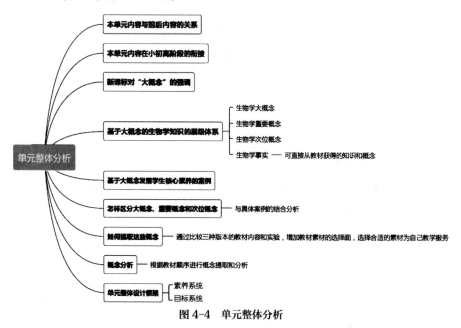

图4-4　单元整体分析

2. 首次接触"大概念"

新课标中对"大概念"还有强调，我并不知道。大概念是什么？拿它来做什么？怎么用？本是一节单元整体分析的思路解析，怎么就提到了大概念？一系列的问号在头脑中划过。新知识的冲击力就是这么突然。所幸，通过杜老师的讲解和自己的思考，我解决了。"大概念"的解释和作用，基于"大概念"的生物学知识的层级体系，各个层级概念之间的联系和区别，怎样在生物的教学内容中提取各个层级的概念？"大概念"是怎样提升学生的核心素养的？对于这单元内容是怎样做到用"大概念"的方法，将内容衔接起来的？这些问题都在杜老师的讲解中得到答案。杜老师通过理论输出和实际分析相结合的方法，向我们展示着她的思维过程。她说老师也可以根据自己的理解构建新的概念之间的关系。杜老师在构建过程中强调逻辑关系，我对逻辑关系的理论知识尚且掌握不全，又怎么可能快速学会运用逻辑关系来处理知识联系让它为构建概念关系服务呢？看似简单，做起来是需要达到一定的专业理论高度的，期待着自己的蜕变。

三、基于课时活动的教学建议

1. 项目式学习

初次接触"项目式学习"课堂设计，学习项目式设计流程，怎样将此流程与教学内容相联系？以一个项目为起点，几个项目为终点，主项目和子项目的选择、项目过渡过程中体现出的整合到拆解的过程（见图4-5），这些步骤看似只是几个字，其实依托的是整个知识内容，目前我只解其意，写不出这个过渡过程。

2. 课例分享

课程的最后，杜老师以一个子项目"探秘小白点——'它'也是小生物"为例展示了这个子项目的具体实施思路和过程，我最大的感受是：我好像听懂了，我也知道教学内容、教学方法、学习方法、核心素养在其中都有体现，但是换一个子项目我能做到这样吗？所以，这部分我还是没懂，不是因为某一方面不足，而是每一个方面都是皮毛，才会出现这种情况。接下来，照着葫芦画一画，把其他四个子项目设计出来练练手，

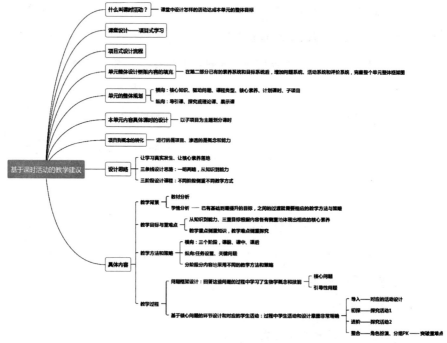

图 4-5　课时活动教学建议

可能理解就会更深刻。

3. 存在的疑惑

单元整体设计框架和单元整体规划之间，它们有怎样的关系？是事实存在的问题和解决问题的关系吗？通过什么来确定它们横向和纵向的内容？很抱歉，到现在我对这部分的思路还是比较混乱。这方面我感觉我需要指导。

其实，看似只是两小时的内容，我需要接收这些方法并吸收，几小时是远远不够的，是自己的能力有限，它需要一句一句理解，一部分一部分地整合归纳。通过观察这三个部分内容的思维导图能看出我目前的思路，每一部分都在理解也试图建立起它们之间的联系，但是尚未做到真正的无缝衔接。希望自己的学习能力能随着培训的过程逐步提升。

参与联合教研，人航教师有什么体会呢？我们进行了研究。

问题1：参与联合教研，您感觉收获如何？

统计表明，有75%的老师感觉"收获非常大"，20%的老师感觉"收获比较大"，5%的老师感觉"有收获但不大"。

问题2：参加联合教研，对您教研的促进主要体现在哪些方面？（可多选）

研究表明，92.5%的老师选择"更多关注单元整体教学设计"，82.5%的老师选择"促进自己更多地与同组老师进行研讨"，82.5%的老师选择"更多关注不同学段知识的贯通与衔接"，67.5%的老师选择"更多相关专业书籍或论文的阅读"，65%的老师选择"课堂教学活动的设计"，50%的老师选择"更多关注不同版本教材的比较研究"。

在此基础上，老师们纷纷表达参与联合教研的感受。

在教研准备过程中有很大收获，不断突破自我，学习理论基础，反复打磨，而且最后一次高碑店老师的单元教学课程也让我们看到了教研交流的反馈，高碑店的老师们经过一个学期的交流，呈现了内容丰富、精彩的单元教学。

作为一名青年教师，在同组各位老师的帮助下、各位领导的指导下完成教研，收获满满！一起联合教研，不同思路想法的碰撞，我们也向其他学校学习！

通过教研活动，我收获很大，虽然过程很辛苦，但顺利完成后感到自己的专业能力又有所提升，同时提升了自己的专业素养。

尽管今年九年级参加会有些难度，但还是坚持下来了。有这样的机会十分难得，联合教研这样的形式有助于我们自身的专业成长，对自己来说更是一种督促。在同事的帮助下收获很大，领导的把关更让我们快速成长。

5.双师教学

2021年10月9日，我邀请中国基础教育资源共建共享联盟秘书长、人大附中王军主任和他的团队来到高碑店市，进行共享中国基础教育资源的培训和双师教学调研。上午，对该市初高中校长、副校长及信息技术负责人进行了技术培训。下午，王军主任团队赴三所学校现场考察和培训。

2021年11月17日，王军主任团队联合高碑店市教师发展中心进行了一次别开生面的"双师教学"。

首先，由高碑店市东盛实验中学齐艳侠老师为学生们讲授了一节常态课，课上有导入课程、学生上台做题、学生回答问题等多种互动环节，让学生参与课堂，从而提高学生课堂学习参与度（见图4-6）。

随后，高碑店市张六庄镇张六庄中学杨建娇教师运用双师教学，通过课前复习、课上自讲与人大附中名师刘蓓老师的课上视频相结合的方法，带给了学生一场前所未有的课堂体验，让学生们在新奇的学习过程中学到新知识（见图4-7）。

图4-6 东盛实验中学齐艳侠老师授课　　图4-7 张六庄中学杨建娇老师授课

11月22日，长期担任人大附中双师教学项目主讲教师的人大附中分校李晨光老师应邀对上述两节课进行点评：齐老师采用分组教学的方式，规范严谨，语言流畅，充分让学生讨论体验，调动学生的积极性，学生参与感很强，一堂课下来，学生比较轻松愉悦。杨老师的讲课非常有感染力，热情饱满，在课堂上结合人大附中的优质教育资源，采用一课双师的模式，通过人大附中老师的深度讲解，结合现场教师的总结练习，使同学们得到了很好的学习体验。

点评环节中，李晨光老师还向大家分享了非常多实用的教学思想，如"数学是讲出来的""改一道题胜过做 10 道新题",结合自己多年的教学经验,帮助在线教师认识到让学生学会讲题、改题的重要性(见图 4-8)。

图 4-8　人大附中分校李晨光老师在点评环节分享自己的教学经验

本次同课异构及双师教学活动,高碑店市数学教师通过线上进行观看,实现了共教共研共提升的交流目标,线上听课教师和授课教师都受益匪浅(见图 4-9、图 4-10)。

图 4-9　高碑店二中分会场　　　图 4-10　高碑店市方官镇中学分会场

二、放眼未来

教育的价值至少有三种:一是工具性价值,重在传承人类文明;二是社会性价值,重在为未来社会准备人才;三是个体性价值,重在为个体在未来社会的美好生活奠定基础。我们站在过去人类创造的未来中,也站在我们将要创造的未来的入口处。澳大利亚未来委员会主席埃利雅德博士说过:"未来不是我们要去的地方，而是我们要创造的地方。"德鲁克认为："战略不是研究我们未来做什么，而是研究我们今天做什么，才有未来。"放眼未来，放眼未来教育、未来学校、未来教师将会是怎样的，无疑会启迪我们当下要为创造未来做怎样的准备。

（一）未来教育：从"五大支柱"到"社会契约"

卢梭在名著《爱弥儿》中说道："什么是最好的教育？最好的教育就是无所作为的教育：学生看不到教育的发生，却实实在在地影响着他们的心灵，帮助他们发挥了潜能，这才是天底下最好的教育。"

天底下最好的教育一直为人类所孜孜以求。一些重要国际组织的不懈努力带给我们诸多启示。

1972 年，联合国教科文组织国际教育发展委员会发布了第一份国际性教育报告《学会生存——教育世界的今天和明天》。该报告指出，人是一个未完成的动物，只有通过不断学习，才能完善自身成长。报告提出的"终身教育""学会生存"成为世界教育的发展方向，具有里程碑意义。发布重要报告也成为联合国教科文组织指明世界教育发展方向、推动教育进步的重要途径。

1996 年，联合国教科文组织发布《教育——财富蕴藏其中》的报告，报告提出了终身学习的四大支柱，即学会认知、学会做事、学会共同生活、学会生存。有人把这四个"学会"比作四个支柱，说明其对人的终身学习具有支持作用。

2003 年，联合国教科文组织又提出了"学会改变"的主张，并将其列为终身学习的第五大支柱。时代在改变，社会在发展，我们的教育当然要改变，课程和课堂也要改变。只有改变，才能主动适应未来社会的高度的不确定性。

2015 年联合国教科文组织发布《反思教育：向"全球共同利益"的理念转变？》报告，提出人类应该反思教育的目的和学习的组织方式，号召以人文主义的教育观和发展观，将教育和知识视为全球共同利益。

2021 年 11 月 10 日，联合国教科文组织发布《共同重新构想我们的未来：一种新的教育社会契约》报告，探讨和展望面向未来乃至 2050 年的教育。报告认为，教育作为解决世界不平等现象的重要支点，当前需要回应"为何学、怎样学、学什么、哪儿学和何时学"的迫切需求。报告强调，要塑造真正和平、公正和可持续的未来，教育本身亟须转型。报告提出："教育可以视为一种社会契约——一种社会成员间为了共享的利益而合作达成的默示协议。"展望 2050 年，缔结这种新的教育社会契约必须遵循两条基本原则，即确保人们终身接受优质教育的权利，强化教育作为公共行动和共同利益的形式。

从"五大支柱"到"社会契约"昭示着，共建未来教育，需要人人参与、多领域协作的社会契约的支撑。

简言之，未来教育既追求个体终身享受优质教育，又强化教育作为公共行动和共同利益的重要基础和手段，还需要全球团结和国际更加公正和公平的合作予以支撑。

（二）未来学校：从重"教"变为重"育"

2021 年 9 月 15 日，经济合作与发展组织（OECD）发布《回到教育的未来：经合组织关于学校教育的四种图景》，在该报告中，OECD 提出的四种未来学校教育图景，具体为：1. 学校教育扩展；2. 教育外包；3. 学校作为学习中心；4. 无边界学习。

朱永新教授在《未来学校——重新定义教育》中谈到，未来的学校将会变成新型的学习中心，与网络学习中心共同构建一个学习共同体。他指出，未来学习中心将有十个基本特点：从学习中心的内在本质来说，它会走向个性化；从学习中心的外在形式来说，它会走向丰富化；从学习中心的时间来说，它会走向弹性化；从学习中心的内容来说，它会走向定制化；从学习中心的方式来说，它会走向混合化；从学习中心的教师来说，它会走向多元化；从学习中心的费用来说，它会走向双轨化；从学习中心的评价来说，它会走向过程化；从学习中心的机构来说，它会走向开放化；从学习中心的目标来说，它会走向幸福化。

他认为，在未来学校，我们首先要思考教育的本质、教育和生命的内在的关系，把生命教育作为我们教育最根本的出发点，帮助我们提升生命的境界，拓展生命的长宽高。未来学校更加注重学生学习方式的变革，促进学生的主动学习，要着力培养学生四方面的能力：自我控制能力、自主学习能力、自我规划能力、合作学习能力。未来学校，还要让父母在教育中发挥更大的作用。

综上，未来学校，要从重"教"变为重"育"。一是育人目标的转型，从培养工具到培养全人。无论是现在，还是未来，正如丹尼尔·平克所说："世界将属于具有高感性能力的另一族群——有创造力、有同理心、能观察趋势、能为事物赋予意义的人。"二是育人模式的转型，而育人模式转型的核心是学习方式的转型。因此，未来学校要转向学习中心的构建。

（三）未来教师：从"教师"变为"学师"

当下社会，教师已经不再是学生获取知识的"唯一"来源，因此教师无法再做知识的"二传手"，更不能沦为学生学习的"控制者"。未来，教师更应该成为学生学习与成长的"激发者""开发者""服务者"，成为学生学习的促进者："为了学""设计学""服务学"。为了更好地成为"学师"（学习指导师），教师必须牢牢把握以下几个方面：

一是"为什么而教"的价值感。教师要真正教书育人，立德树人。做到手中有书，胸中有法，目中有人。

二是"教什么，怎么教"的方向感。教科书不应该是学生的全部世界，世界应该成为学生的教科书。老师讲学生听，更不应该成为学生学习的唯一方式，主动学习、合作学习、探究学习、项目式学习、研究性学习等，应该成为学生更多选用的学习方式。

三是"教得如何"的效能感。分数不再是评价学生学得如何、教师教得如何的唯一标准。教师应该从学习目标、学习内容、学习情境、学习过程、学习评价的创新设计与实践中，获得更高的教学效能感。

四是"跨界合作，服务成长"的协同感。教师要不断提高与不同学科教师、学生家长、专家学者，甚至是人工智能等跨界协作的教学能力。

五是"自我激励，终身学习"的动力感。习近平总书记同北京师范大学师生代表座谈时的讲话指出："过去讲，要给学生一碗水，教师要有一桶水，现在看，这个要求已经不够了，应该是要有一潭水。"因此，教师必须自我激励，终身学习，持续探索。

附　录

周建华教育教学课题研究、论著、论文发表成果

（一）课题研究类

1. 高中数学有效教学课例研究（课题批准号：DHA110240），课题负责人，全国教育科学"十二五"规划2011年度教育部重点课题，已结题。

扫码观看
人大附中航天城学校
"十四五"教育发展规划
纲要、人大附中航天城学
校课程方案

2. 中小学绿色学校建设与评估实践研究（课题批准号：CAJA18093），课题负责人，北京市教育科学"十三五"规划2018年度重点课题，已结题。

3. 基础教育创新人才培养策略的案例研究（课题批准号：HA093003），课题组核心成员，全国教育科学"十一五"规划专项课题，已结题。

4. 《人生为一大事来》获第四届全国教育科学研究优秀成果二等奖，教育部颁发，2011年9月。

5. 立德树人视域下的"三航"课程一体化建构研究（课题立项号：2020CFS126），课题负责人，中国未来学校创新计划2.0课题，已结题。

（二）论著类

1. 刘彭芝、周建华主编，我们的国培·2011·高中数学 [M]. 北京：中国大百科全书出版社，2012.

2. 刘彭芝主编、周建华副主编，托起未来的教育家（上、下）[M]. 上海：上海三联书店，2011.

3. 刘彭芝教育思想研究课题组编（本人为课题组组长），刘彭芝教育思想与实践 [M]. 北京：中国人民大学出版社，2010.

4. 刘彭芝、翟小宁、周建华、王军主编，双师教学探索与实践 [M]. 北京：中国大百科全书出版社，2018.

(三)论文获奖类

1. 周建华:《试论中学数学教学中的学法指导》,全国首届"教研杯"论文大赛一等奖(中央教科所主办),1996(9).

2. 周建华:《"向量的加法和减法"教学设计》,全国教学设计比赛特等奖(《数学通讯》编辑部主办),2003(5).

3. 周建华:《合理运用同化模式把握新知识的生长点》,全国中学数学教学研究论文评选一等奖(《中学数学教学参考》编辑部主办),1999(5).

4. 周建华:《谈"发现学习"的教学形式》,江苏省1997年度优秀中学数学教学论文一等奖,1997(12).

5. 周建华:《教学分析——教法改进的感知》,江苏省1999年度中学数学教学优秀论文一等奖,1999(12).

6. 周建华:《一定要当个好教师》,江苏省优秀青年数学教师学术研讨表彰会论文一等奖,1993(12).

7. 周建华:《一定要当个好教师》,江苏省优秀教育论文二等奖,1993(12).

8. 周建华:《感知规律在中学数学CAI中的应用》,江苏省第六届"五四杯"论文大赛一等奖,2000(5).

9. 周建华:《模糊理论及其在中学数学教学中的应用》,江苏省第四届"五四杯"论文大赛一等奖,1996(5).

10. 周建华:《激励理论及其在中学数学教学中的应用》,江苏省第三届"五四杯"论文大赛一等奖,1994(5).

11. 周建华:《高中数学学法指导的困惑与元认知开发》,江苏省优秀教育论文二等奖,1998(12).

12. 周建华:《借"球"发挥》,江苏教育报刊社"教余记趣"十佳征文,1993(12).

13. 周建华:《"数学交流"教学的课堂文化》,江苏省2000年度优秀教育论文一等奖,2001(3).

14. 周建华:《数学教学中研究性学习的切入及其超常儿童的心理效应》，全国超常教育研究会第十届年会论文二等奖，2002（9）.

15. 周建华:《作为教学方式的数学交流》，北京市基础教育课程改革实施中的中学数学教学方式课题教学论文一等奖，2005（12）.

16. 周建华:《数学课程改革与数学教学创新》，北京市基础教育课程教材试验 2004 优秀论文一等奖，2004（8）.

（四）论文发表及转载类

1. 周建华. 精心设计题组，培养识图能力 [J]. 中学教研（数学），1991（12）.

2. 周建华. 概念比中清，错误辨中明 [J]. 中学数学，1992（8）.

3. 周建华. 数学教学中的"思路教学" [J]. 中学数学，1993（5）.

4. 周建华. 数学教学中的"思路教学" [J]. 中学数学教学（人大复印），1993（7）.

5. 周建华. 借"球"发挥 [J]. 江苏教育（中学版），1993（5）.

6. 周建华. 画图·填图·构图：再谈培养识图能力 [J]. 中学教研（数学），1993（4）.

7. 周建华. 在解题教学中培养学生承受挫折的能力 [J]. 中学数学，1994（10）.

8. 周建华. 把数学教学作为思维活动的教学:《锥体体积公式》教学谈 [J]. 数学通报，1994（8）.

9. 周建华. "人际关系"教育在数学教学中的作用 [J]. 数学教师，1995（1）.

10. 周建华. 复数高考题的"整体处理" [J]. 中学数学杂志，1995（2）.

11. 周建华. 复数题的"整体思维法"（高二）[J]. 数理天地（高中版），1995（2）.

12. 周建华. 当代高中生数学学习方法探微 [J]. 中学数学，1995（5）.

13. 周建华. 当代高中生数学学习方法探微 [J]. 中学数学教学（人大复印），1995（7）.

14. 周建华. 谜语在数学教学中的作用 [J]. 数学教师，1995（7）.

15. 周建华，刘长珍. 中学数学教学中观察力培养四题 [J]. 中学教研（数学），1995（12）.

16. 周建华. 谈"发现学习"的教学形式 [J]. 中学数学，1996（7）.

17. 周建华. 诗句在数学教学中的作用 [J]. 中学数学，1996（10）.

18. 周建华. 解数学高考题的美学方法（高一、高二、高三）[J]. 数理天地（高中版），1996（6）.

19. 周建华. 用圆求解高考三角题（高二、高三）[J]. 数理天地（高中版），1996（2）.

20. 周建华. 数学教学中"思路"的失调与协调："曲线的极坐标方程"教学谈 [J]. 中学教研（数学），1997（7/8）.

21. 周建华. 数学课本语言的"稀释"与"浓缩"艺术 [J]. 中学数学月刊，1997（7）.

22. 周建华. 数学课堂教学中的科学训练探微 [J]. 中学数学，1997（8）.

23. 周建华. "一题两系"巧解高考题（高三）[J]. 数理天地（高中版），1997（6）.

24. 周建华. 应用问题的语言转换（高一、高二、高三）[J]. 数理天地（高中版），1997（4）.

25. 周建华. 高中数学学法指导的困惑与元认知开发 [J]. 中学数学，1998（4）.

26. 周建华. 高中数学学法指导的困惑与元认知开发 [J]. 中学数学教学（人大复印），1998（7）.

27. 周建华. 试论"理解"的层次结构 [J]. 中学数学，1998（6）.

28. 周建华. 合理运用同化模式把握新知识的生长点 [J]. 中学数学教学参考，1998（7）.

29. 周建华. "降雨量"引发的思考与实践 [J]. 数学教学，1998（5）.

30. 周建华，顾国章. 借班上课要注意"借"的特点 [J]. 中学数学杂志，1999（3）.

31. 周建华. 教学分析：教法改进的感知 [J]. 中学数学月刊，1998（10）.

32. 周建华. 例说高考题中的正方体模型 [J]. 中学生数学, 1998（11）.

33. 周建华. 应用直线参数方程求动点轨迹解法的一点改进 [J]. 中学数学月刊, 1998（6）.

34. 周建华. 非特殊角三角函数求值题的解题策略 [J]. 中学数学月刊, 1999（1）.

35. 周建华, 薛雷鸣. 当前数学多媒体课件制作的四个误区 [J]. 中学数学月刊, 1999（5）.

36. 周建华. 试论《几何画板》对立体几何图形的表现力 [J]. 中学数学月刊, 1999（11）.

37. 周建华. "今天起不布置数学作业" [J]. 中学数学月刊, 2000（11）.

38. 周建华. 高考数列复习指要 [J]. 中学数学月刊, 2000（3）.

39. 周建华. 丰富课堂环境, 发掘智力潜能 [J]. 数学通报, 2000（3）.

40. 周建华. 感知规律在中学数学 CAI 中的应用 [J]. 数学通报, 2001（5）.

41. 周建华. 感知规律在中学数学 CAI 中的应用 [J]. 高中数学教与学（人大复印）, 2001（9）.

42. 周建华. "研究性学习" 在高中数学教学中的应用 [J]. 中学数学月刊, 2001（8）.

43. 周建华. "研究性学习" 在高中数学教学中的应用 [J]. 高中数学教与学（人大复印）, 2002（1）.

44. 周建华. "数学交流" 教学的课堂文化 [J]. 数学教学, 2001（6）.

45. 周建华. 如何表现 "同时生成" 或 "连续变化" 的圆锥曲线 [J]. 中学数学月刊, 2001（2）.

46. 周建华. 利用 "两边夹" 法则解竞赛题 [J]. 中学生数学, 2002（23）.

47. 周建华, 匕全力. 稳中求变, 注重创新: 2002 年高考数学试卷（全国卷）评析 [J]. 中学数学月刊, 2002（9）.

48. 周建华. 继承·创新·导向: 2002 年高考数学（北京卷）评析 [J]. 中学

数学，2002（9）.

49. 周建华. 如何确定函数的周期（高一、高二、高三）[J]. 理理天地（高中版），2002（8）.

50. 周建华. 数学课程改革与数学教学创新 [J]. 中学数学，2003（7）.

51. 关阂，周建华. 知识能力并重创新导向俱佳：2003 年高考数学试题（全国卷）评析 [J]. 中学数学月刊，2003（8）.

52. 周建华. "向量的加法和减法"教学设计 [J]. 中学数学月刊，2004（3）.

53. 周建华. 解读高考"数学能力考查"[J]. 中国考试（高考版），2004（6）.

54. 周建华. "逻辑联结词"的数学交流教学设计 [J]. 数学通报，2004（5）.

55. 周建华. 突出函数主线，搞好高三复习 [J]. 中学数学月刊，2005（11）.

56. 周建华. 校长领导力：内涵、结构和提升策略 [J]. 教育研究与评论（中学教育教学），2009（10）.

57. 周建华. 校长领导力：内涵、结构和提升策略 [J]. 中小学学校管理（人大复印），2010（2）.

58. 周建华，张晓君. 她，领跑当代基础教育的创新发展：记中国人民大学附属中学校长刘彭芝 [J]. 教育研究与评论（中学教育教学版），2010（01）.

59. 周建华. 数学探究：数学思想是灵慧："对 $f(x)=ax+b/x$（$ab \neq 0$）型函数性质的探究"一课评析 [J]. 教育研究与评论（中学教育教学版），2010（8）.

60. 周建华. 数学探究：数学思想是灵慧："对 $f(x)=ax+b/x$（$ab \neq 0$）型函数性质的探究"一课评析 [J]. 高中数学教与学（人大复印），2011（3）.

61. 周建华. 试论刘彭芝教育与管理思想体系 [J]. 北京行政学院学报，2010（6）.

62. 周建华. 试论刘彭芝教育与管理思想体系 [J]. 中小学学校管理（人大复印），2011（4）.

63. 周建华. 认识深刻，但欠缺实践：解读创新人才培养调查问卷 [J]. 上海教育，2011（23）.

64. 周建华. 高中数学骨干教师专业发展情况调查研究：中小学骨干教师研修项目人大附中高中数学班的报告 [J]. 中学数学月刊，2012（1）.

65. 周建华. 高中数学骨干教师专业发展情况调查研究：中小学骨干教师研修项目人大附中高中数学班的报告 [J]. 高中数学教与学（人大复印资料），2012（3）.

66. 周建华. 高中数学骨干教师专业发展情况调查研究——来自国培计划（2011）中小学骨干教师研修项目人大附中高中数学班的报告 [J]. 教育研究，2012（2）.

67. 周建华. 高中数学骨干教师专业发展情况调查研究——来自国培计划（2011）中小学骨干教师研修项目人大附中高中数学班的报告 [J]. 高中数学教与学（人大复印资料），2012（5）.

68. 周建华. 数学概念教学中有效提问的量化研究 [J]. 中国电化教育，2012（6）.

69. 刘彭芝，周建华，张建林. 整体构建大中小学创新人才培养新模式的研究与实践 [J]. 教育研究，2013（1）.

70. 周建华. 教育家办学视野下的校长专业发展 [J]. 中国教育学刊，2013（6）.

71. 周建华. 教育家办学视野下的校长专业发展 [J]. 中小学学校管理（人大复印资料），2013（10）.

72. 周建华. 中学高效课堂评价标准实证研究：以数学教师和数学课堂为例 [J]. 课程·教材·教法，2013（8）.

73. 周建华. 中学高效课堂评价标准实证研究：以数学教师和数学课堂为例 [J]. 高中数学教与学（人大复印资料），2013（10）.

74. 周建华. 学校本位教师专业发展研究 [J]. 教育研究与实验，2014（4）.

75. 周建华. "国培计划（2013）"：骨干教师高端研修项目人大附中高中数学班培训需求调查报告 [J]. 中国特殊教育，2014（2）.

76. 周建华. 中学学术辩论赛实践探索 [J]. 创新人才教育，2014（2）.

77. 周建华. 数学有效教学课例研究的内涵与价值 [J]. 中学数学月刊，2015（6）.

78. 周建华. 数学有效教学课例研究的内涵与价值 [J]. 初中数学教与学（人大复印），2015（10）.

79. 周建华. 课例研究与教师专业发展实证研究 [J]. 创新人才教育，2015（2）.

80. 周建华. 课例研究与教师专业发展实证研究 [J]. 高中数学教与学（人大复印），2015（10）.

81. 周建华. 生发创新软实力 [N]. 中国教育报，2015-11-05.

82. 周建华. 课程管理与评价：育人为本，激发潜能 [J]. 未来教育家，2016（4）.

83. 周建华. 在教改深水区领航 [J]. 中小学校长，2016（5）.

84. 周建华. 在教改深水区领航 [J]. 中学化学教与学（人大复印），2016（11）.

85. 周建华，李作林，赵新超. 中小学如何开展人工智能教育：以人大附中人工智能课程建设为例 [J]. 人民教育，2018（22）.

86. 周建华，李作林，赵新超. 中小学如何开展人工智能教育：以人大附中人工智能课程建设为例 [J]. 中小学学校管理（人大复印），2019（3）.

87. 周建华. 基于核心素养的课堂教学变革 [J]. 创新人才教育，2018（4）.

88. 周建华. 人工智能给教育带来的变革随想 [J]. 创新人才教育，2019（4）.

89. 周建华. 亮出我们的绿色教育主张 [N]. 中国教育报（名校长专栏·追寻绿色教育深化立德树人（1）），2020-11-11.

90. 周建华. 立德树人的绿色路线图 [N]. 中国教育报（名校长专栏·追寻绿色教育深化立德树人（2）），2020-11-18.

91. 周建华. 构建实施绿色课程 [N]. 中国教育报（名校长专栏·追寻绿色教育深化立德树人（3）），2020-11-25.

92. 周建华. 指向学科核心素养提升的绿色课堂建设 [N]. 中国教育报（名校长专栏·追寻绿色教育深化立德树人（4）），2020-12-09.

93. 周建华. 专业发展生态系统打造绿色教师队伍 [N]. 中国教育报（名校长专栏·追寻绿色教育深化立德树人（5）），2020-12-16.

94. 周建华. 2020：追寻更美好的教育 [N]. 中国教育报，2020-01-15.

95. 周建华. 如何成为一名出色的初中家长 [J]. 创新人才教育，2020（4）.

96. 周建华. 开展生态文明教育 助力绿色学校创建 [J]. 人民教育，2021（Z2）.

97. 周建华. 中小学绿色学校创建行动研究 [J]. 创新人才教育，2021（2）.

98. 周建华. 中小学绿色学校创建行动研究 [J]. 中小学学校管理（人大复印），2021（12）.

99. 周建华. 指向学科核心素养提升的绿色课堂建设 [J]. 四川教育，2021（2）.

100. 周建华. 补齐劳动教育短板，促进五育并举 [J]. 学校品牌管理，2021（3）.

101. 周建华. 指向核心素养提升的校长课程领导力 [J]. 创新人才教育，2021（4）.

102. 周建华. 推进"双减"校内校外要双向发力 [N]. 中国教育报，2021-12-02.

103. 周建华，马静. 绿色课程建构与实施策略 [J]. 教育家，2021（9）.

104. 周建华. 课堂教学促进学科核心素养形成的策略 [J]. 新课程教学，2023（1）.

后 记

··········

教育是人类所特有的社会现象。人类教育的本质是有目的的培养人的社会活动。

我从事基础教育已 30 余年，从教之路多姿多彩。其中，10 年乡镇中学任教路，我从新手教师成长为优秀教师；6 年苏州实验中学任教路，我从优秀教师成长为名师；21 年人大附中任教路，我从名师成长为名校长。

在从教之路上跋涉，我不断加深对教育的理解和对教育实践的创新。尽管工作很勤奋并及时地将诸多教育感悟、实践探索整理成文，或是投稿发表，或是参赛获奖，但我每每觉得对教育的理解和创新实践仍有碎片化之嫌。

我要特别感谢教育部中学校长培训中心以及中心主任代蕊华教授、第 8 期中学校长高级研修班班主任戚业国教授以及中心学贯中西的其他教授，三年多的研修，一项重要任务是凝练自身的教育思想。三年多的研修，有被教授们满腹经纶折服的感佩，也有被教授们追问到语屈词穷的汗颜，更有醍醐灌顶而顿悟之酣畅……同学之间的讨论，有分享经验的满满收获，有诙谐幽默的会心一笑，有批判质疑的深入之思……

在教育思想凝练的过程中，中心主任代蕊华教授亲自担任我的理论导师。2017 年 11 月，在福州三中召开的"全国优秀中学校长教育思想研讨会"上，我分享的教育思想是《教育，从解放心灵开始》。

我要特别感谢刘彭芝校长，在人大附中赋予我多岗位的历练，而且充分放手，提升了我的管理才能，使得我在为人大附中发展作出贡献的同时也体现了自身的价值。刘校长还在百忙之中欣然为本书作序。

我还要特别感谢时任海淀教委副主任王方同志（现为海淀区委教工委书

记）和刘彭芝校长，积极推荐和推动我兼任人大附中航天城学校校长。

于是，人大附中航天城学校成了我教育思想再落地的平台。感谢人大附中航天城学校班子的马静书记、马艳辉副校长、孙福明副校长，更要特别感谢人大附中航天城学校的教职员工，我们"在一起，飞更远"。人大附中航天城学校高起点启航，我的教育思想发挥了很好的领航作用，也成为学校和教师自航的加油站和加速器。本书用诸多精彩的案例记录了学校的发展，它们印证了校长的教育思想可以促进学校的发展；学校发展的过程中，也必将丰富和发展校长的教育思想。

我还要特别感谢中国教育报校长周刊原主编齐林泉老师，他一直建议我将自身教育思想和实践出一本著作。也正是在他的建议下，我才从繁忙中挤出时间，克服种种困难，在极限的边缘奋斗，终于完成此书稿。

我要特别感谢北京师范大学教育家书院的李霆鸣院长对本书的全力支持。感谢北京师范大学出版社策划编辑伊师孟老师和责任编辑朱前前老师，对本书写作提出的专业的建议和高品质的编辑工作！

饮水思源，我更特别感谢我就读本科时教育学的启蒙老师——苏州大学朱永新教授，他现为十四届全国政协副主席，民进中央常务副主席。我是他的入室弟子。在我从教的过程中，他一直关心我、鼓励我、指导我，给我的发展提供了强大的助力。朱教授也在百忙中为本书作序。

所有的感谢、所有的感动、所有的感悟，都凝练在本书中，并必将成为我后继教育工作的不竭动力。

正如本书标题所云：教育解放心灵！